高等教育教材

危险货物道路运输

主　编　钱大琳
副主编　吕　莹　张玉玲　董学胜
主　审　刘浩学

人民交通出版社股份有限公司
北　京

内容提要

本书广泛吸收国内外危险货物道路运输方面的新发展、新成果，系统地介绍了危险货物道路运输基本概念、基本知识、基本原理和方法，重点介绍了危险货物道路运输相关概念、危险货物道路运输法规标准、危险货物分类一览表和包装、危险货物的危险特性、危险货物道路运输设备设施、危险货物道路运输组织、危险货物道路运输路线优化及风险管控、危险货物道路运输安全管理等方面的内容。

本书可作为大专院校交通运输和物流管理类专业的本科生、研究生教材，也可供从事危险货物道路运输以及相关延伸服务（危险化学品仓储、危险货物与包装检测、危险化学品供应链管理等）部门的工程技术人员、管理人员参考。

图书在版编目（CIP）数据

危险货物道路运输 / 钱大琳主编. — 北京：人民交通出版社股份有限公司，2020.7
ISBN 978-7-114-16715-7

Ⅰ.①危… Ⅱ.①钱… Ⅲ.①公路运输—危险货物运输—教材 Ⅳ.①U492.8

中国版本图书馆 CIP 数据核字（2020）第 123283 号

Weixian Huowu Daolu Yunshu

书　　名：	危险货物道路运输
著 作 者：	钱大琳
策划编辑：	董　倩　张　琼
责任编辑：	董　倩
责任校对：	孙国靖　魏佳宁
责任印制：	张　凯
出版发行：	人民交通出版社股份有限公司
地　　址：	（100011）北京市朝阳区安定门外外馆斜街3号
网　　址：	http://www.ccpcl.com.cn
销售电话：	（010）59757973
总 经 销：	人民交通出版社股份有限公司发行部
经　　销：	各地新华书店
印　　刷：	北京虎彩文化传播有限公司
开　　本：	787×1092　1/16
印　　张：	19.75
字　　数：	432千
版　　次：	2020年7月　第1版
印　　次：	2023年4月　第2次印刷
书　　号：	ISBN 978-7-114-16715-7
定　　价：	58.00元

（有印刷、装订质量问题的图书由本公司负责调换）

编审委员会

主　任：钱大琳（北京交通大学）

副主任：吕　莹（北京交通大学）
　　　　张玉玲（交通运输部公路科学研究院）
　　　　董学胜（上海化工院检测有限公司）

主　审：刘浩学（长安大学）

委　员：严　季（交通运输部运输服务司原调研员）
　　　　董　倩（人民交通出版社股份有限公司）
　　　　廖英勇（中国船级社质量认证公司上海分公司）
　　　　唐　阔（中国石油运输有限公司北京分公司）
　　　　任春晓（交通运输部公路科学研究院）
　　　　余绍桥（宁波金洋化工物流有限公司）
　　　　王海星（北京交通大学）
　　　　李小楠（中国交通通信信息中心）
　　　　王小艳（北京交通大学）
　　　　郑秋硕（北京交通大学）
　　　　张维豪（北京交通大学）

前　言

近年来工业生产、人民生活对化工产品的需求量日益增加，危险货物道路运输需求也随之增长，极大地促进了危险货物道路运输行业发展。危险货物道路运输法规标准体系初步建成，车辆逐步标准化、安全可靠、智能化，安全管理理念、模式和方法不断创新，云计算、物联网技术、智能传感等新一代信息技术得以有效地应用，危险货物道路运输更加安全、便利。

由于危险货物的危险性大，运输过程中的雨淋、摩擦、振动、撞击、日光暴晒，或者遇到火源、高温等，都将加大危险货物燃烧、爆炸、毒害、腐蚀、污染、感染等事故的发生概率，加上危险货物品类繁多、性质各异，危险货物道路运输生产和管理需要很高的技术性、专业性。危险货物道路运输行业的快速发展，需要大量的专业技术和组织管理人才。

培养危险货物道路运输人才，需要积极开展危险货物道路运输基础理论、方法和技术的研究和总结，逐步建立危险货物道路运输领域完整的知识体系。基于这样一个出发点，本书以危险货物理化特性为基础，依据相关法规标准，系统梳理和界定了危险货物道路运输相关概念，分析了危险货物道路运输生产活动及其规律，认识、分解、分析和描述了危险货物道路运输组织，并设计了典型案例加以说明。希望通过以上研究，为危险货物道路运输知识体系建设添砖加瓦，为危险货物道路运输人才培养奠定基础。

本书共分为八章，每章附有思考题。在本书编写过程中，北京交通大学研究生李瑾瑾、李金鹏、杨梦迪、宋贺、崔云霄、梁旭刚等参与了资料收集、图片绘制和修改等工作。

本书在编写过程中得到了交通运输部运输服务司张强、德国国际合作机构《提升中国危险货物运输安全中德合作项目》项目负责人李静竹和孟晓璇、交通运输部公路科学研究院吴金中、中国包装科研测试中心行业部路冰琳、苏州市运输管理处相金龙、诺华公司丁晓阳、陶氏化学（中国）投资有限公司杨益、新航保险经纪（北京）有限公司辽宁分公司王小龙、交通运输部公路科学研究院范文姬等的大力支持，在此表示感谢，并对支持本书出版的人民交通出版社股份有限公司的何亮、田川和董倩一并表示感谢！

本书在编写过程中参考了大量国内外文献资料，由于篇幅有限未能一一列出，引用及理解不当之处敬请谅解，并在此向这些文献资料的原作者表示衷心的感谢。

由于作者的水平有限，书中难免存在不妥或错误之处，真诚希望广大读者提出宝贵意见。

编 者
2020 年 6 月

目 录

第一章　绪论 ··· 1
　第一节　危险货物基本概念 ··· 1
　第二节　危险货物道路运输基础 ··· 6
　第三节　国内危险货物道路运输发展历程与趋势 ································ 12
　思考题 ·· 19

第二章　我国危险货物道路运输法规标准 ··· 20
　第一节　法规标准基础知识 ·· 20
　第二节　我国危险货物道路运输法规体系 ·· 23
　第三节　国际危险货物运输规则 ·· 48
　第四节　我国危险货物道路运输标准体系 ·· 54
　思考题 ·· 57

第三章　危险货物分类一览表和包装 ·· 58
　第一节　危险货物分类 ·· 58
　第二节　命名原则 ·· 88
　第三节　危险货物一览表 ··· 89
　第四节　危险货物道路运输包装及适用 ··· 97
　思考题 ·· 111

第四章　危险货物的危险特性 ··· 112
　第一节　爆炸品的危险特性 ·· 112
　第二节　气体的危险特性 ··· 116
　第三节　易燃液体的危险特性 ··· 120

第四节　易燃固体、易于自燃的物质、遇水放出易燃气体的物质的
　　　　　危险特性 ……………………………………………………… 123
  第五节　氧化性物质和有机过氧化物的危险特性 …………………… 127
  第六节　毒性物质和感染性物质的危险特性 ………………………… 130
  第七节　放射性物质的危险特性 ……………………………………… 134
  第八节　腐蚀性物质的危险特性 ……………………………………… 140
  第九节　杂项危险物质和物品的危险特性 …………………………… 144
  思考题 …………………………………………………………………… 145

第五章　危险货物道路运输设备设施 ………………………………… 146
  第一节　集装箱及其使用 ……………………………………………… 146
  第二节　危货运输车辆和专用停车场 ………………………………… 158
  第三节　标志牌标记和标志 …………………………………………… 171
  第四节　危险货物装卸机具及适用 …………………………………… 176
  思考题 …………………………………………………………………… 180

第六章　危险货物道路运输组织 ………………………………………… 182
  第一节　危险货物道路运输基本条件 ………………………………… 182
  第二节　危险货物道路运输组织及基本要求 ………………………… 189
  第三节　危险货物道路运输计划 ……………………………………… 193
  第四节　危险货物道路运输调度 ……………………………………… 197
  第五节　危险货物道路运输作业 ……………………………………… 207
  思考题 …………………………………………………………………… 223

第七章　危险货物道路运输路线优化及风险管控 …………………… 225
  第一节　风险管控基本方法 …………………………………………… 225
  第二节　危险货物道路运输路线优化方法 …………………………… 235
  第三节　危险货物道路运输路线风险评估管控方法 ………………… 247
  思考题 …………………………………………………………………… 254

第八章　危险货物道路运输安全管理 …………………………………… 256
  第一节　安全管理基本知识 …………………………………………… 256
  第二节　危险货物道路运输行业安全监管 …………………………… 261
  第三节　危险货物道路运输企业安全管理 …………………………… 266

  第四节 重点营运车辆联网联控系统 …………………………………………… 272
  思考题 …………………………………………………………………………… 282

附录 ……………………………………………………………………………………… 283

  附录一 危险货物道路运输安全卡 ……………………………………………… 283
  附录二 A类感染性物质示例 ……………………………………………………… 287
  附录三 道路运输危险货物一览表部分品名信息 …………………………… 289
  附录四 菱形标志牌图形 ………………………………………………………… 291
  附录五 危险性识别号及含义 …………………………………………………… 297

参考文献 ………………………………………………………………………………… 301

第一章 绪　　论

第一节　危险货物基本概念

一、危险货物定义

法律意义上的概念是指对各种法律事实进行概括，抽象出它们的共同特征而形成的权威性范畴，是确定法律主体的权利、义务和责任的前提。只有当人们将某人、某一种情况、某一行为或某一物品归入某一法律概念时，有关的法律规则或者原则才会适用。概念是正确理解、执行和遵守法规的前提。

危险货物是运输生产和安全管理的主要对象，需要深入分析理解其概念。

当前描述危及人体健康、人身和财产安全、环境危害的物质和物品的术语很多，主要有：危险物品、危险化学品、危险品、危险货物等。在给出这些术语的法律解释之前，先说明一下物品和货物的定义。

"物品"在现代汉语词典中被解释为"东西"，没有专属的领域，含义广泛；而"货物"则是我国交通运输领域的专业用语，被定义为"凡是经由运输企业或仓储部门承运的一切原料、材料、工农业产品、商品以及其他产品"。即货物是特定领域内的物品。

"危险物品"是生产、销售、经营、仓储和使用等领域的用语。《关于危险货物运输的建议书　规章范本》规定，危险物品是指含有危险货物的物品。其中"物品"指带有一种或多种危险货物（或其残留物）的机器、仪器或其他装置，其中的危险货物是物品的组成元件，为其使用或运行所必需，不能因为运输而拆除。内包装不是一种物品。

"危险化学品"是生产、储存、使用、经营和运输等领域的用语。《危险化学品安全管理条例》规定，危险化学品，是指具有毒害、腐蚀、爆炸、燃烧、助燃等性质，对人体、设施、环境具有危害的剧毒化学品和其他化学品。危险化学品是指列入《危险化学品目录》或者符合《危险化学品目录》关于危险化学品确定原则的物品。

"危险品"是民用航空运输领域的用语，属于物质或物品中的一类，具有容易造成人身伤亡、财产毁损或环境污染等的危害性。其范围既包括由运输部门承运的货物，也包括个人携带的物品。

"危险货物"是交通运输领域的用语，容易造成人身伤亡、财产损毁或环境污染等危害性，是由运输企业或单位承运的物质或物品，但是不包括个人携带的物品。

从适用领域、涉及主体、危害期、判定标准等方面，对危险品、危险货物和危险物品、危险化学品定义进行分析比较，结果见表1-1-1。危险货物和危险化学品分析比较内容参见第三章。

不同术语之间分析比较　　　　　　　　　　　　　　　　表1-1-1

术语	适用领域	涉及主体	危害期	判定标准	仅属某类物品
危险货物	运输	运输企业、个人	短期	（1）危险货物分类和品名编号（GB 6944）；（2）各种运输方式的行业技术标准	锂电池
危险化学品	生产、储存、消费、使用	生产经营活动单位	（1）短期；（2）长期	（1）民用爆炸物品品名表；（2）《危险化学品目录》或者符合《危险化学品目录》关于危险化学品确定原则的	硼酸

危险品、危险货物在不同运输规则中的定义见表1-1-2。

危险货物的术语和定义　　　　　　　　　　　　　　　　表1-1-2

术语	出处	定义
危险品	民用航空危险品运输管理规定	对健康、安全、财产或环境构成危险，并在《技术细则》的危险物品清单中列明和根据技术细则进行分类的物品或物质
危险货物	铁路危险货物运输安全监督管理规定	在铁路运输中，凡具有爆炸、易燃、毒害、感染、腐蚀、放射性等特性，在运输、装卸和储存保管过程中，容易造成人身伤亡和财产毁损而需要特别防护的货物，均属危险货物
危险货物	船舶载运危险货物安全监督管理规定	（1）《国际海运危险货物规则》危险货物一览表中列明的包装危险货物；（2）《国际海运固体散装货物规则》附录1中B组固体散装货物；（3）《国际防止船舶造成污染公约》附则Ⅰ附录1中列明的散装油类；（4）《国际散装危险化学品船舶构造和设备规则》列明的散装液体化学品；（5）《国际散装液化气体船舶构造和设备规则》第19章列明的散装液化气体；（6）上述条款中未列明但经评估具有安全危险的其他各项危险货物；（7）我国加入或者缔结的国际条约、国家标准规定的其他危险货物；（8）《危险化学品目录》中所列物质，不属于前款规定的危险货物的，应当按照《危险化学品安全管理条例》的有关规定执行
危险货物	危险货物道路运输安全管理办法	列入《危险货物道路运输规则》（JT/T 617），具有爆炸、易燃、毒害、感染、腐蚀、放射性等危险特性的物质或者物品
危险货物	危险货物分类和品名编号（GB 6944—2012）	具有爆炸、易燃、毒害、感染、腐蚀、放射性等危险特性，在运输、储存、生产、经营、使用和处置中，容易造成人身伤亡、财产毁损或环境污染而需要特别防护的物质和物品

需要说明的是：铁路、道路和水路运输使用的是危险货物，民用航空运输使用的是危险品，这与各方式危险货物运输法规涉及的主体和法规权利和义务指向的对象有关。

民用航空危险品运输法规的主体是国内公共航空运输经营人、在外国和中国地点间进行定期航线经营或者不定期飞行的外国公共航空运输经营人，以及与危险品航空运输活动有关的任何单位和个人，法规的权力和义务指向的对象既包括前述航空运输经营人承运的货物，也包括个人携带的物质或物品，所以使用"危险品"一词；而其他方式的危险货物运输法规的主体是运输企业或者单位，不涉及个人，法规的权力和义务指向的对象是由运输企业或单位承运的货物，因此用"危险货物"一词。

二、危险货物特点

相比普通货物而言，危险货物主要有以下特点。

1. 具有危险特性

《危险货物道路运输规则 第2部分：分类》（JT/T 617.2—2018，以下简称JT/T 617.2）依据危险货物具有的危险性或最主要的危险性将其划分成9类：爆炸性物质和物品，气体，易燃液体，易燃固体、易于自燃的物质、遇水放出易燃气体的物质，氧化性物质和有机过氧化物，毒性物质和感染性物质，放射性物质，腐蚀性物质，杂项危险物质和物品。

不同类别、不同品名的危险货物都有不同的物理和化学特性，也具有不同的危险性。当受到日晒、雨淋、摩擦、撞击，或者遇到火源、高温等情况时，容易引起物理或化学变化，发生泄漏，产生燃烧、爆炸，或污染、感染，或放出毒性、腐蚀性或易燃的气体或蒸汽，进而造成人身伤亡、财产损毁和环境污染。

2. 事故易引发严重后果

危险货物道路运输交通事故，易于引发次生灾害，由危险货物道路运输事故造成的群死群伤事故时有发生。例如，2014年3月1日，在山西省晋城市境内晋济高速公路山西晋城段岩后隧道内，两辆运输甲醇的铰接列车追尾相撞，前车甲醇泄漏起火燃烧，隧道内滞留的另外两辆危险化学品运输车和31辆煤炭运输车被引燃引爆，造成40人死亡、12人受伤和42辆车烧毁，直接经济损失8197万元。

3. 需要特别防护

正是由于危险货物的危害性大，造成事故后果严重，所以相关的法规、标准，对危险货物道路运输提出了系列管理规定和技术要求，强制性采取系列安全技术措施和手段，加强防护，降低运输风险。例如，《危险货物道路运输安全管理办法》要求，托运人应当按照《危险货物道路运输规则》（JT/T 617—2018，以下简称JT/T 617）妥善包装危险货物，并在外包装设置相应的危险货物标志。包装、标志就是保障危险货物运输安全的主要措施。

三、禁止通过道路运输的危险货物

一些危险货物由于化学性质极不稳定，在正常运输条件下容易发生爆炸、起火、放热或分解等危险的化学反应，并可能释放毒性、腐蚀或易燃气体，除非采取必要的措施

（例如，控制温度或加入稳定剂），抑制其发生危险反应，否则禁止通过道路运输。禁止通过道路运输的危险货物有以下两类：

（1）法律、行政法规、部门规章及国家政策文件禁止运输的危险货物。《危险化学品安全管理条例》明确指出：任何单位和个人不得生产、经营、使用国家禁止生产、经营、使用的危险化学品，这类危险化学品自然不能进行运输。

（2）通过JT/T 617等技术标准确定的禁止运输的危险货物。

下面阐述危险化学品"禁限控"目录、JT/T617标准中明确的禁止通过道路运输的危险货物。

1. 危险化学品"禁限控"目录

应急管理部通过推动重点地区出台实行危险化学品"禁限控"目录，管控危险化学品。例如，上海市定期发布《上海市禁止、限制和控制危险化学品目录》，该目录由全市禁止部分、工业区禁止部分、中心城限制和控制部分组成，"全市禁止部分"的危险化学品目录格式见表1-1-3，目录所列的危险化学品，在全市范围内禁止生产、储存、经营、运输和使用。

全市禁止运输的危险化学品目录格式　　　　表1-1-3

序号	危险化学品目录序号	品　名	别　名	CAS号	备注
59	1870	1,3,5-三硝基苯	均三硝基苯	99-35-4	
60	1871	2,4,6-三硝苯胺	苦基胺	489-98-5	
61	1873	2,4,6-三硝苯酚铵［干的或含水≤10%］	苦味酸铵	131-74-8	
62	1874	2,4,6-三硝基苯酚钠	苦味酸钠	3324-58-1	
63	1875	2,4,6-三硝基苯酚银［含水≥30%］	苦味酸银	146-84-9	
64	1876	三硝基苯磺酸		2508-19-2	
65	1877	2,4,6-三硝基苯磺酚钠		5400-70-4	

2. JT/T 617不应受理道路运输的规定

JT/T 617.2第5部分具体规定了不应采用道路运输方式运输的各类危险货物。例如JT/T 617.2中5.1.2列出了第1类爆炸性物质和物品中不应受理运输的货物，具体内容如下：

（1）根据《试验和标准手册》第1部分判定的高敏感或易于自发反应的爆炸性物质，以及按本部分的要求不能划入《危险货物道路运输规则 第3部分：品名及运输要求索引》（JT/T 617.3—2018，以下简称JT/T 617.3）道路运输危险货物一览表（以下简称表A.1）中的爆炸性物质或物品，不应采用道路运输方式进行运输。

（2）配装组K的物品不应受理道路运输（1.2K, UN 0020和1.3K, UN 0021）。

3. JT/T 617禁止运输的规定

一些危险货物随着物质的含量或者气候环境发生改变，其理化性质发生了变化，不适宜运输。针对这些危险货物，JT/T 617.3表A.1第（6）栏特殊规定明确给出了禁止运输的规定。

例如,"UN 1341,三硫化四磷",属于4.1项易燃固体,被广泛用于生产火柴或火柴盒的摩擦面,其生产原料之一就是白磷或黄磷。白磷/黄磷属于4.2项发火固体,在空气中就可以自发燃烧。所以,如果三硫化四磷中含有白磷或黄磷,会极大地增加运输风险。其在JT/T 617.3表A.1第(6)栏特殊规定的含义为:含有黄磷和白磷的硫化磷禁止运输。

四、JT/T 617 豁免运输条件的危险货物

豁免是免除的意思。这里"豁免"包含两种含义,一种是针对禁止道路运输的危险货物,在特定条件下豁免其禁止;另一种是针对允许通过道路运输的危险货物,在规定条件下豁免其运输条件,这种豁免包括三种类型:符合特殊规定的危险货物道路运输豁免、例外数量和有限数量的危险货物道路运输豁免和小量的危险货物道路运输豁免。

1. 豁免禁止道路运输的危险货物

豁免禁止道路运输的危险货物,是指一些危险货物即使在正常运输条件下,其危险性仍然很大,但在一些特殊情况下的确需要运输,则经有关国家主管部门特别批准(即豁免),给予免受规定约束的许可。豁免的申请和审批程序由相关的行政管理部门另行规定。这些危险货物,在JT/T 617.3表A.1第(6)栏特殊规定中有明确的规定。

例如,"UN 3357,液态硝化甘油混合物,减敏的,未另作规定的"是禁止运输的。但是JT/T 617.3表A.1第(6)栏特殊规定中指出:除非得到有关主管部门的批准,否则这些物质禁止分类和运输。

2. 豁免符合特殊规定的危险货物

当危险货物中物质的含量、形状、容量、单位包装重量,或者环境改变,其危险程度也会发生变化,有的可以豁免其运输条件。JT/T 617.3表A.1第(6)栏特殊规定中,给出了对应条目可以豁免运输的条件和要求。如"UN 3065,酒精饮料,按体积含酒精超过24%但不超过70%",适用的特殊规定的含义为"按体积酒精含量不超过24%的水溶液,不受JT/T 617.1—2018~JT/T 617.7—2018限制",即按体积酒精含量不超过24%的水溶液,可豁免运输条件。又如"UN 1350,硫",适用的特殊规定的含义为"做成某种形状(如小球、颗粒、丸状、锭状或薄片),不受JT/T 617.1—2018~JT/T 617.7—2018限制",即如做成某种形状(如小球、颗粒、丸状、锭状或薄片),可豁免运输条件。

3. 豁免例外数量和有限数量的危险货物

例外数量危险货物,是指列入JT/T 617,通过包装、包件测试、单证等特别要求,消除或者降低其运输危险性并免除相关运输条件的危险货物。

有限数量危险货物,是指列入JT/T 617,通过数量限制、包装、标记等特别要求,消除或者降低其运输危险性并免除相关运输条件的危险货物。

但是第1类爆炸品、剧毒化学品和6.2项感染性物质,不适用按照例外数量和有限数量运输。

JT/T 617.3表A.1第(7a)和(7b)栏,分别给出了危险货物相应的有限数量内包装和

例外数量运输内、外包装容量的要求,当满足这些要求时,危险货物可以按照JT/T 617.3豁免部分运输条件。

当危险货物道路运输车辆(以下简称危货运输车辆)载运例外数量危险货物包件,且包件数量不超过1000个,或者仅仅装载有限数量危险货物包件,且其总质量(含包装)不超过8000kg,而且危货运输车辆上不含有其他危险货物时,《危险货物道路运输安全管理办法》规定可以豁免危险货物道路运输资质。

4. 豁免小量的危险货物

为了降低实体经济企业成本,深化交通运输"放管服"改革,促进物流业降本增效,对于一些低危的危险货物,在数量限制、符合包装等运输安全要求前提下,通过交通运输部发文的方式,允许在道路运输环节按照普通货物进行管理。

2016年,交通运输部颁布了《交通运输部关于进一步规范限量瓶装二氧化碳气体道路运输管理有关事项的通知》(交运发〔2016〕61号),对二氧化碳(UN 1013),在符合包装和数量限制条件时,其道路运输环节豁免按照普通货物进行管理。该项通知的附件《限量瓶装二氧化碳气体道路运输指南》,对"瓶装二氧化碳气体道路运输豁免数量"内的二氧化碳气瓶道路运输提供了基本的安全操作指导。

2017年,交通运输部颁布了《交通运输部关于进一步规范限量瓶装氮气等气体道路运输管理有关事项的通知》(交运发〔2017〕96号),对氮、氦、氖、氩、氪、氙等低危气体,在符合相关要求时,其道路运输环节豁免按照普通货物进行管理。该项通知的附件《限量瓶装氮、氦、氖、氩、氪、氙道路运输指南》,对"瓶装氮、氦、氖、氩、氪、氙道路运输豁免数量"内的氮、氦、氖、氩、氪、氙气瓶道路运输提供了基本的安全操作指导。

在《危险货物道路运输规则 第1部分:通则》(JT/T 617.1—2018)中,也以标准的形式给出了载运小量危险货物道路运输时,危险货物每个运输单元最大载运量限制及其可豁免的运输条件。

第二节　危险货物道路运输基础

一、危险货物道路运输基本概念

依据《道路危险货物运输管理规定》,危险货物道路运输是指使用载货汽车通过道路运输危险货物的作业全过程。概念中涉及的三个基本术语含义如下:

(1)"载货汽车",是指满足特定技术条件和要求,从事危险货物道路运输的机动车辆,不包括小轿车、全挂汽车列车、拖拉机、三轮车、非机动车和摩托车等。

(2)"道路",在《中华人民共和国道路交通安全法》中被界定为公路、城市道路和单位管辖范围内允许社会机动车通行的地方,包括广场、公共停车场等用于公众通行的场所。对于厂区、港区内的路,不属于"道路"范畴,其运输行为,不属于道路运输,也不属于规章调整的范围。

(3)"作业全过程",是指运输过程中发送前、发送作业、途中作业和到达作业,主要涉及托运人、装货人、承运人和收货人,以及载货汽车、装卸工具、消防器材等多种设施设备。

危险货物道路运输是一个复杂大系统,涉及众多要素。从法律层面看包括许多主体和客体。危险货物道路运输主体和客体,是指危险货物道路运输生产中具有法律关系的主体和客体。

危险货物道路运输主体,是指具有法律关系的参加者,即在法律关系中一定权利的享有者和一定义务的承担者,主要包括:托运人、承运人、装货人、卸货人、收货人。

1. 托运人

托运人是指在危险货物道路运输合同中,与具有危险货物道路运输资质的企业或单位签订合同的当事人。

在危险货物道路运输合同中,托运人的基本义务是委托运输、交付危险货物并支付运费。

由于托运的是危险货物,因此,托运人需要按照相关法规标准的要求,开展托运业务,以确保危险货物道路运输源头安全。

2. 承运人

承运人是指具有危险货物道路运输资质的、与托运人订立危险货物道路运输合同的企业或单位。

在危险货物道路运输合同中,承运人的基本义务是按照相关法规标准的要求,将危险货物按时、安全地由装载地通过道路送到卸载地。因此,在危险货物道路运输生产中,承运人要对责任期间内、由于自身原因而发生的货物灭失、污染和损毁等负责,并按照实际损失进行赔偿。这里责任期间,是指合同内规定的运输任务开始和结束的时间区段。

3. 装货人

装货人是指在运输合同中,受托运人委托将危险货物装进危货运输车辆、罐式车辆罐体、可移动罐柜、集装箱、散装容器,或者将装有危险货物的包装容器装载到车辆上的企业或者单位。装货人可以是托运人自身,也可以是危险货物生产企业、危险货物道路运输企业。托运人委托其他企业或者单位进行装货、充装的,应采取必要措施确保其符合JT/T 617的要求,但不应免除法规标准所规定的托运人义务。

装货人需要按照安全法规、标准,以及运输生产操作规程的要求,开展危险货物装载作业,并做好装货作业查验、记录。

4. 卸货人

卸货人是指合同指定的承担下列任务的企业或者单位:

(1)将集装箱、散装容器或可移动罐柜从车辆上卸下。

（2）将危险货物包件、小型集装箱或可移动罐柜从车辆上或集装箱中取出。

（3）将危险货物从罐体中卸放，或者从散装运输的车辆、大小型集装箱或者散装容器中卸载。

5. 收货人

收货人是指由运输合同约定，有权接收危险货物的企业或者单位。若没有运输合同指定，则负责危险货物到达的企业或者单位被视为收货人。

收货人应当及时收货，并按照安全操作规程进行卸货作业。

危险货物道路运输客体，是指法律关系主体的权利和义务所指向的对象，主要包括危险货物、危货运输车辆、罐式车辆罐体、可移动罐柜、液化天然气（LNG）罐式集装箱等。

对于危险货物，JT/T 617给出了其范围、类项划分标准、安全运输等系列要求。

对于危货运输车辆、罐式车辆罐体、可移动罐柜、罐式集装箱等，相关法规和系列标准从安全性能、结构、安全技术条件等方面给出了要求，同时对其选择、使用、维护、修理、检测、报废等方面也提出了规定和要求。

危险货物道路运输的方式很多，常用的几种划分方法如下。

1. 按照包装形式划分

依据货物的包装形式，可以分成散装运输和包件运输。

（1）散装运输是指将未包装的呈现出颗粒状、粉末状或液体形态的危险货物，依据相关标准，运用散装容器、罐体等装载并开展的运输。罐式车辆运输是典型的散装运输。

（2）包件运输是指托运人依据相关标准将危险货物进行妥善包装后开展的运输。

2. 按照运输服务类型划分

按照运输服务类型，可以分成运输和配送。

（1）运输是实现以大批量、远距离的危险货物位置转移为主的运输，一般是整车干线运输。整车货运是以一次承运整车为基本数量单位，并实现货物交付的货物服务。

（2）配送是实现以小批量、多类危险货物的近距离位置转移为主的，但同时满足客户的多种要求，如多类危险货物、准时到货、多个卸货点、小份量包装等。

二、危险货物道路运输环境

环境是个相对的概念，一般是指围绕某个中心事物的外部世界；中心事物不同，环境的概念也随之不同。危险货物道路运输环境，则是指以危险货物为中心对象的，围绕其道路运输生产活动的外部世界，主要包括社会经济环境、运输管理环境自然地理环境、道路交通环境、运输组织和技术环境、危险货物相关要素等。

1. 社会经济环境

社会经济环境，是指政治、经济、文化条件，是由国家的社会制度及经济基础所决定的影响因素。在社会主义市场经济条件下，危险货物道路运输产业的供求关系已从运输供给不足，改善为日前的供给略大于需求的局面，从而进一步推动了我国国民经济的发展和运输市场的繁荣。

2. 运输管理环境

运输管理环境，是指保障危险货物道路运输安全的法规、标准和管理措施等。

（1）法规方面，已经具有以《中华人民共和国安全生产法》等国家法律为主干，由《危险化学品安全管理条例》《中华人民共和国道路运输条例》《生产安全事故应急条例》等多部行政法规，以及《危险货物道路运输安全管理办法》《道路危险货物运输管理规定》《道路运输车辆动态监督管理办法》等部门规章组成的多层次法规，有利于维护运输市场秩序，保障运输安全。

（2）标准方面，具有《危险货物分类和品名编号》（GB 6944）、《道路运输危险货物车辆标志》（GB 13392）、《危险货物运输车辆结构要求》（GB 21668）等国家标准，以及包括《危险货物道路运输规则》（JT/T 617）、《危险货物道路运输营运车辆安全技术条件》（JT/T 1285）等行业标准在内标准体系，有利于保障危货运输车辆本质安全、规范运输生产。

（3）管理措施方面，充分利用现代技术，采用电子运单技术、卫星定位车辆动态跟踪技术、智能视频监控报警技术等，对危险货物道路运输生产进行监控。

3. 自然地理环境

自然地理环境，是指气候的自然变化及地表自然环境等构成的影响因素。

不同的自然地理环境，应采取相应的技术措施，以保证危货运输车辆安全地完成运输生产。

（1）在热带地区，危货运输车辆发动机易产生过热现象，冷却水沸腾，发动机充气系数减小，功率下降，燃料与润滑油消耗量增加，机件磨损增加，还可能出现爆震、早燃、产生气阻，驾驶室气温过高、驾驶条件恶化等现象。

（2）在寒冷地区，危货运输车辆容易出现发动机启动困难问题，在冰雪路面上行驶时会出现车轮打滑现象，冷启动加剧发动机磨损等。

（3）在高原和山区，由于空气稀薄，危货运输车辆发动机充气系数减小，功率下降，燃料消耗增加，动力性能下降；由于空气制动压力不足，制动性能下降等。

（4）在沙漠地区，由于气候干燥、尘土飞扬，危货运输车辆机件磨损增加，通过性能差，行驶困难等；在沼泽、潮湿地区行驶时，危货运输车辆还会出现电器装置工作不正常现象。

4. 道路交通环境

道路交通环境，是指作用于危险货物在道路运输途中的外界影响与力量的总和。主要包括道路、道路交通设施和交通。

（1）道路，是指提供各类车辆和行人通行的基础设施，主要包括道路宽度、最大纵向坡度、最小平面曲线半径、路面种类等，对危险货物道路运输安全有很大影响。例如，若道路的最小平面曲线半径过小，即通常所说的急转弯，危货运输车辆由于重心高易于侧翻。

（2）道路交通设施，是指为保障行车、行人安全，充分发挥道路功能，在道路沿线设置的各种设施，主要有信号灯、交通标志、标线、护栏、分隔设施、照明设备，以及电子警察监控系统等，可以起到交通管理、安全防护、交通诱导、隔离封闭、防止眩光等多种功能。如果交通设施设置不合理，也易引起交通事故。

（3）交通，主要指道路上的交通通行状况，包括交通个体表现的运动特性和群体形成的运动态势两大类。

交通个体表现的运动特性主要是车辆的跟驰、换道、避碰等行为，这些行为与人为操作有着直接的关系。群体形成的运动态势主要包括机动车和非机动车混合程度、交通流量、密度和速度等，这些群体要素与人为因素间接相关。交通个体表现的运动特性和交通群体形成的运动态势直接影响着交通状况好坏，例如一些危货运输车辆驾驶人员，习惯性地跟车过近，易于产生追尾事故。因此，有序、和谐的交通状况将保障交通的安全。

5. *运输组织与技术环境*

运输组织与技术环境，是指危险货物道路运输企业本身的运输组织与技术水平所决定的影响因素，它们对汽车运输工作效益将产生较大影响，主要包括危货运输车辆的运行制度及行车人员的工作组织与制度；危货运输车辆保管、技术维护工作制度；运输组织和技术水平及技术装备水平；装货和卸货地点的装备条件及工作组织情况等。

6. *危险货物相关要素*

危险货物相关要素，是指由危险货物的理化特性和运输要求所决定的各项因素，主要包括危险货物理化特性、类项、批量、运距、运达期限等。不同的危险货物对运输条件也提出了不同的要求，对危货运输车辆利用程度和工作效果影响很大。

危险货物类项不同，对危货运输车辆会提出不同要求，如第1类爆炸性物质和物品或第2类气体，需使用不同类型的危货运输车辆来组织运输。

危险货物的批量及货物流向、流量、流时等影响着运输工作组织、装卸机械化程度及危货运输车辆的装载质量。在运输小批量危险货物时，适于采用小装载质量危货运输车辆；当货运量很大、货源相对稳定时，则应采用大装载质量危货运输车辆。

危险货物的运输区域、运输距离及运达期限，对运输组织也会产生较大影响。如市内运输，货物种类繁多，可以根据运输对象使车辆专业化；而城际运距较长，则对车辆的动力性、可靠性要求较高。

三、危险货物道路运输基本特征

危险货物道路运输除了具有汽车公路运输的特点外，还有其自身的特点。

1. *危险性大，有安全管理的要求*

危险货物容易造成人身伤亡、财产损毁或环境污染，在运输过程中需要特别防护。因此，需要坚持安全第一、预防为主、综合治理的方针，加强危险货物道路运输安全管理。

对于从事危险货物道路运输的从业人员、危货运输车辆，以及运送的危险货物，按照危险货物道路运输相关法规、规章和标准的要求，进行有关安全方面的决策、计划、组织、协调、控制等工作，从而有效地发现、分析运输中的各种不安全因素，预防各种意外事故，避免各种损失，保障危险货物道路运输安全。

2. 专业性强，有运输市场准入规定

由于危险货物具有危害性，运输作业专业性强，国家对进入危险货物道路运输市场，从事危险货物道路运输的企业、车辆和人员提出了资质、资格要求。

《危险化学品安全管理条例》规定，从事危险化学品道路运输的，应当分别依照有关道路运输的法律、行政法规的规定，取得危险货物道路运输许可。

危险化学品道路运输企业的驾驶人员、装卸管理人员、押运人员，应当经交通运输主管部门考核合格，取得从业资格。

危险化学品运输车辆应当符合国家标准要求的安全技术条件，车辆技术等级达到一级。对符合许可条件的危货运输车辆，应配发《道路运输证》。

3. 风险高，有运输条件要求

危险货物具有易燃、易爆、毒害、腐蚀、放射性等特性，危险货物泄漏将会引起燃烧、爆炸、环境污染等，其本身属于第一危险源。因此，车辆装载具有危害性的危险货物在道路上行驶，犹如是一个个移动的危险源，为路线沿途带来高风险。为此，在进行道路运输前，需要按照JT/T 617对运输的危险货物进行正确分类、妥善包装、合理托运，选用合适的运输工具、合规装卸和运输作业。从源头抓起，尽可能地降低运输途中风险。

四、危险货物道路运输作用

石油和化工是国民经济的重要支柱产业，经济总量大，产业关联度高，与经济发展、人民生活和国防军工密切相关，在我国工业经济体系中占有重要地位。改革开放以来，我国石油和化学工业发展取得了长足进步，基本满足了经济社会发展和国防科技工业建设的需要。

截至2018年底，我国石油和化工行业主营业务收入12.40万亿元人民币，已成为世界第一大化学品生产国，其中甲醇、化肥、农药、氯碱等重要大宗商品产量位居世界首位。随着我国石油和化工行业不断发展、产业链的不断延伸，石油和化工行业存在的产能分布分散，工业布局与资源分布不对称，以及地区经济发展差异较大的实际国情，为国内危险货物道路运输提供了巨大的市场和发展动力。上万种石油和化学品从原料采购、生产加工，到用户消费，都必须靠运输完成，运输已经成为石油和化工产业链中不可或缺的环节，有力地促进了国内石油和化工行业的可持续发展，具体表现在以下几个方面：

1. 危险货物运输是石油和化工生产力布局形成的重要因素

生产力布局是一国或一地区范围内生产力的空间分布与组合形式，即其在一定地域存在和发展的生产力诸要素空间组合形式。由于受石油、煤炭等自然资源因素、区域经济发展因素、人口因素、技术因素等影响，石油和化工逐步形成相适应的生产力布局，而运输则是石油和化工生产力布局形成的重要因素，只有通过运输提供的空间效用，才能使其成为事实。

2. 危险货物运输是石油和化工产业有效运转的保障

运输以其特有的能力和方式，贯穿于原料采购、生产加工，到用户消费的全过程中，有力地保证了石油和化工生产的正常运行和市场经济的稳定，促进了国民经济的发展和人民生活水平的提高。

3. 危险货物运输促进了石油和化工市场竞争，保持商品价格稳定

运输为更多的生产者和经销商进入石油和化工市场提供了有力条件，更多的生产者和经销商参与价格竞争有助于商品价格保持稳定。

4. 危险货物运输是石油、煤炭等自然资源价值得以体现的主要因素

运输是连接产、销的桥梁。石油、煤炭等自然资源作为原材料，只有被运往生产加工、用户消费，即被生产和社会所需要，其价值才得以体现，因此，运输是石油、煤炭等自然资源价值得以体现的主要因素。

据不完全统计，近年来通过道路运输的危险货物约为12亿吨，其运量占据危险货物运输总量较大比例，为推动我国石油和化工行业进步发挥了重要的作用。

第三节　国内危险货物道路运输发展历程与趋势

我国危险货物道路运输行业，从新中国成立以来发展至今，已经走过了70多年的历程。

新中国成立初期，我国的化学工业十分薄弱，化工企业也只有为数不多的几家。1958年以后全国化工部门的中小企业数量逐渐增加，但是由于不少企业生产条件较差，生产的产品安全质量不稳定、包装状况不良，运输过程经常出现撒漏外溢。加上专业性的危险货物道路运输企业和危货运输车辆不多，绝大多数危险货物道路运输是使用普通货车或简单改装的车辆运输，甚至使用人力车进行手推、肩扛，劳动防护和运输条件极差，危险货物运输事故频发。

1978年以后，化学工业进入到全面和快速大发展时期，大量社会运力投入到该行业中，一些化工生产企业的运输车辆也走向社会，不过个体运输车辆进入危险货物运输市场甚多。这个时期危险货物道路运输生产也从封闭走向开放，形成了多种经济成分、多层次、多部门的危险货物道路运输结构。到了20世纪90年代，随着市场经济体制改革，危险货物道路运输市场更加开放，危险货物运输专业化程度逐渐提高，形成了一批专业化危险货物道路运输企业。

2000年以来，石油和化工行业迅速发展，随着危险化学品产量增长、种类繁多，危险货物道路运输的企业、车辆和人员也随之不断增加，运输市场经营模式也逐渐多样

化，危险货物道路运输市场日趋繁荣。

2011年以来，中国石油和化工行业综合实力显著增强，危险货物道路运输行业也稳定发展，下面主要从危险货物道路运输供给能力、服务水平、安全管理能力及科技进步和信息化水平几个方面进行分析。

一、运输供给能力不断增强

危险货物道路运输供给能力主要体现在公路基础设施网络建设、危险货物道路运输经营性业户数量、从业人员数和危货运输车辆数等方面。

1. 公路基础设施网络建设加强

公路是危险货物道路运输的基础，发达的公路网将促进危险货物道路运输发展。据《2019年交通运输行业发展统计公报》统计，截至2019年底，全国公路总里程501.25万km，比2015年增加了43.52万km，年均增长率为1.83%；高速公路里程14.96万km，比2015年增加了2.61万km，年均增长率为3.9%；公路密度52.21公里/百平方公里，比2015年增加了4.53公里/百平方公里，年均增长率为1.8%，如图1-3-1所示。公路基础设施网络建设为危险货物道路运输发展提供了良好的平台。

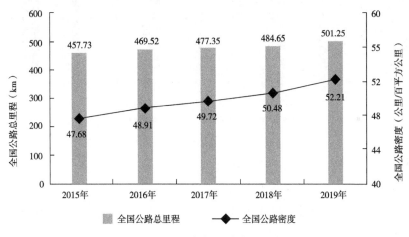

图1-3-1 2015—2019年全国公路总里程及公路密度

2. 经营性业户数量逐步增长

截至2018年底，我国从事危险货物道路运输的经营性业户总数为12292户。其中运输第2类、第3类危险货物的经营性业户数量最多，分别为7142户和8020户（由于每户同时经营多种类别的危险货物，各类别危险货物经营性业户数的总和大于总的经营性业户数），如图1-3-2所示。从2011年到2018年，经营性业户数年均增长率为2.45%。

3. 从业人员和危货运输车辆数逐年增加

截至2018年底，我国危险货物道路运输从业人员160万人，其中驾驶人员77.5万人，押运人员76.3万人，装卸管理人员6.3万人（图1-3-3）。从2010年到2018年，驾驶人员和押运人员数量的年均增长率分别为7.1%和8.2%。

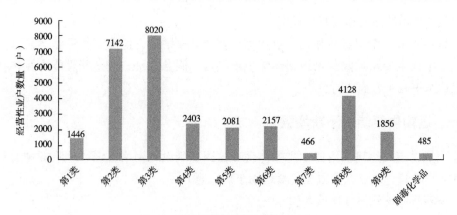

图 1-3-2　危险货物道路运输的经营性业户分布

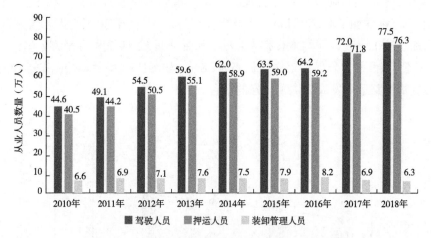

图 1-3-3　2010—2018 年我国危险货物道路运输从业人员数量

截至2018年底，我国危货运输车辆达37.3万辆，每个经营性业户平均拥有车辆31辆，每车平均吨位18.8t。从2010年到2018年，危货运输车辆和吨位总计年均增长率分别为4.3%和5.5%（图1-3-4），其中罐式车辆占比在50%以上，已经成为当前危险货物道路运输的主要运载工具。

通过对危险货物道路运输基础设施、从业人员、运输车辆等发展状况进行统计分析表明，从2010年至今，我国危险货物道路运输供给能力是平稳增长，其中从业人员增长率相对较高。

二、运输服务水平逐年提高

近些年来，危险货物道路运输行业，通过引进先进技术，提高了危货运输车辆标准化、安全性和智能化程度；通过创新运输组织模式，提高了危险货物道路运输组织水平。

1. 危货运输车辆标准化、安全和智能化程度提高

危货运输车辆是危险货物道路运输生产的主要工具，既涉及运输生产效率，也关乎危险货物道路运输的本质安全。研制和规模运用安全可靠、先进成熟、节能环保的绿色

智能谱系化交通运输装备和服务是危货运输车辆发展方向。

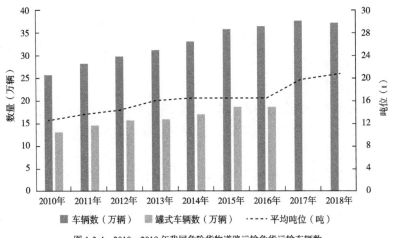

图 1-3-4　2010—2018 年我国危险货物道路运输危货运输车辆数

1）危货运输车辆标准化

危货运输车辆标准化是危险货物道路运输安全、开展多式联运和国际运输的基础。

我国货运车型种类繁多，多达2万多种，车型标准化率不足50%，许多货运企业非法拼装改装，货车超长超宽，局部地区货车超限超载现象较为突出，严重影响了运输安全和货运市场秩序。为此，需要加强车辆公告、生产、检测、注册登记、营运使用等环节的标准衔接。

《道路危险货物运输管理规定》从危货运输车辆技术性能、技术等级、外廓尺寸、轴荷和质量、燃料消耗量等方面提出要符合国家和行业标准的要求，并将此作为危货运输车辆的许可条件。2019年颁布的《危险货物道路运输安全管理办法》，又对危货运输车辆、罐式车辆罐体，提出了生产公告、生产、检测、注册登记、营运使用等环节的规定要求，推动了危货运输车辆和罐式车辆罐体的标准化工作。

《危险货物道路运输营运车辆安全技术条件》（JT/T 1285—2020）按照所运输货物性质划分车辆类型，建立了推荐车型制度，极大地促进了车型标准化。

2）危货运输车辆安全性

危货运输车辆不同于一般道路运输车辆，在安全性能和车货匹配方面有更高的要求。

《道路危险货物运输管理规定》提出了危货运输车辆的安全性能要求，将车辆技术等级达到行业标准《道路运输车辆技术等级划分和评定要求》（JT/T 198）规定的一级技术等级，作为危货运输车辆许可条件。

《危险货物道路运输营运车辆安全技术条件》（JT/T 1285）按照危险货物的危害特性，对危货运输车辆进行了合理分类，提出不同类型车辆及罐体安全要求。按照所运输危险货物性质将危货运输车辆划分成：EX/Ⅱ型和EX/Ⅲ型（运输爆炸品，第1类危险货物）、FL型（运输易燃气体和易燃液体，2.1项和第3类）、OX型（过氧化氢水溶液）、AT型（粉料罐式车辆、第6类、第8类、2.1项和2.3项等）、CT型（除上述车型以外的所有车辆）等类型，并提出了针对性的安全技术要求。如考虑了某些类别危险货物对运输过程中的温度保持、防水、隔离防护等车辆特殊要求等。《道路运输液体危险货物罐式车辆 第1部分：金属常压罐体技术要求》（GB 18564.1）等标准，通过罐体设计及安全附件配备，实现了罐体与液体介质的充分匹配，提升了危货运输车辆标准的精细化程度，完善了车货匹配设计。

3）危货运输车辆智能化

随着汽车智能化技术的快速发展，先进驾驶辅助系统（ADAS）等主动安全技术已趋于成熟，并已开始运用于危货运输车辆，以提升危货运输车辆安全性能、减少由驾驶人员操作不当引发的交通事故。

《危险货物道路运输营运车辆安全技术条件》（JT/T 1285）提出了危货运输车辆安装电子稳定性控制（ESC）、电控制动系统（EBS）、轮胎气压监测系统（TPMS）、主动安全预警系统等要求，顺应车辆信息化、智能化技术快速发展的趋势，推动危货运输车辆向智能化方向发展。

2. 运输组织水平提高

近年来，危险货物集装箱运输呈现出较快发展态势，甩挂运输逐步建设，大宗危险货物多式联运不断推进，提高了危险货物道路运输组织水平。

1）危险货物集装箱运输发展

国家鼓励使用厢式、罐式和集装箱等危货运输车辆运输危险货物，推动了国内危险货物罐式和集装箱运输逐步发展，特别是罐式集装箱运输。由于罐式集装箱具有良好的运输安全性，且具备多式联运、甩挂运输、经济高效等优势，在欧盟、美国、日本等国家和地区已经立法强制推广使用，危险货物道路运输中罐式集装箱已经比较普及。目前国内危险货物道路运输中罐式集装箱所占比例在10%左右，预计随着危险货物道路运输安全的需求的增长、进出口贸易的增多和危险货物多式联运的推进，越来越多的危险货物物流企业将使用罐式集装箱。

2）探索道路危险货物甩挂运输试点

为了推动公路甩挂运输联网，提高货物运输效率，交通运输部以推进部、省两级甩挂运输重点示范工程为抓手，探索甩挂运输运营组织模式。择优选择了一批条件好的企业作为试点对象，重点对试点企业（项目）的甩挂作业站场设施和信息管理系统改造、甩挂运输车辆购置更新给予了资金补助和政策扶持。为数不多的规模较大的危险货物道路运输企业也开展了甩挂运输试点，为创新危险货物运输运营组织模式进行有益的尝试。同时，交通运输部为了提升危险货物罐式车辆道路运输安全，也要求各地交通运输管理部门鼓励支持安全管理水平高的危险货物道路运输企业开展公路甩挂运输，支持创新"挂车池"服务、挂车租赁等新模式，提升危险货物道路运输罐式车辆管理专业化水平与运营安全水平。

3）危险货物多式联运推进发展

"十三五"综合交通规划提出要推进货物多式联运发展，通过在运输组织管理上加强各种交通方式融合发展，加快发展货物多式联运，明确了各种运输方式融合发展的主攻方向。交通运输部积极开展相关工作，深入实施多式联运示范工程。目前液体化工（甲醇、成品油）罐式集装箱铁公海多式联运示范工程已经开展，以补足运力短板、提升物流效率、降低企业物流成本，探索危险货物运输新的增长点和发展新动能。

三、安全管理体系建设科学化水平不断提高

加强危险货物道路运输安全管理是交通运输部门的主要任务，下面主要从法规标准体系建设、安全管理模式创新和安全管理机制转变等几个方面进行分析。

1. 法规标准体系初步建成

法规和标准是开展危险货物道路运输安全生产和进行危险货物道路运输监管执法的准则。

我国危险货物道路运输法规体系建设，经历了从无到有、从有到较为完整的发展过程。从20世纪80年代之前，仅有20世纪60年代初《水上、道路放射性物品运输执行办法》和20世纪70年代初试行的，适用铁路、水路、公路的《危险货物运输规则》两部规章开始，经历近半个世纪的发展，初步形成了具有法律、行政法规和部门规章在内的、具有一定法律效力层次的、相互之间协调的法规体系。

我国危险货物道路运输标准体系建设，经历了从无到有、从有到精的过程。1972年我国颁布了首部危险货物运输法规《危险货物运输规则》，而涉及危险货物及其运输操作方面的技术标准，则以附件的形式存在，没有单独发布。1978年改革开放以来，危险货物道路运输标准建设工作进入了提速时期，不仅有了单独成文的标准，而且有关危险货物、包装和容器、车辆、运输操作等危险货物道路运输各方面相关标准都已建立，据不完全统计，危险货物道路运输相关标准多达130多部。为了解决标准存在的碎片化、部分关键环节标准缺失、部分内容重复矛盾等问题，以及系统性不强、不易掌握问题，交通运输主管部门组织梳理、整合了危险货物道路运输行业相关标准，对标《危险货物国际道路运输欧洲公约》，编制了覆盖危险货物道路运输各个环节的标准JT/T 617，实现了从有到精的过程。

2. 安全管理模式不断创新

危险货物道路运输安全管理在管理理念上、管理模式和管理方式上，不断创新。

（1）运输方式合理分担化解重大风险理念。危险货物道路运输安全管理，从强调单一方式的安全发展，到通过构建综合交通运输体系实现多种运输方式合理分担来化解重大风险，管理理念发生了很大转变。

近年来，积极探索危险货物运输在各种运输方式中的合理分担，逐步推进大宗货物运输"公转铁、公转水"，提高运输组织水平，防范化解重大风险，推动运输结构调整。在多式联运示范工程中，将"液体化工（甲醇、成品油）罐式集装箱铁公海多式联运示范工程"列为第二批多式联运示范工程项目名单。

（2）全链条协同监管方式。交通运输部坚持问题导向，积极推进危险货物道路运输

全链条协同管理机制。初步建立了行业主管部门之间业务协作机制，形成"部门联合、齐抓共管"的工作格局。通过联合工信部、公安部、应急管理部门等相关部门，共同编制《危险货物道路运输安全管理办法》，实现从危险货物性质确定、包装、危货运输车辆、装卸、在途运输各个环节的管理，极大地提高危险货物道路运输安全。

（3）豁免制度和分级管理模式。《危险货物道路运输安全管理办法》明确了危险货物可以豁免为普通货物的条件、内容和要求，建立了危险货物按照危险程度实行分级管理制度。该制度的建立，有利于行业主管部门集中精力加强危险货物道路运输安全的重点监管，提高监管效能；有利于生产单位和运输企业降低运输成本、提高经济效益。

3. 安全管理机制适应性转变

在20世纪90年代之前，我国实行的安全生产管理机制是"国家监察、行政管理、群众监督"，随着改革深入，政府职能转变，企业自主权扩大，安全生产管理机制也发生了改变。2014年版的《中华人民共和国安全生产法》，升级了安全生产规范模式，将对安全生产"管控法"规范方式升级为"管理和自主结合的共治法"方式，首次提出生产经营单位安全生产主体责任的概念；明确提出建立生产经营单位负责、职工参与、政府监管、行业自律和社会监督的共同监管机制。同时为了更好发挥政府作用，坚持放管结合、并重，转变了政府监管方式，将更多行政资源由事前审批转到加强事中事后监管上来。

危险货物道路运输安全管理，也由交通运输主管部门、公安机关等相关政府主管部门管理，转变成企业负有安全生产主体责任、交通运输主管部门等负有安全生产监督管理职责部门协同监管、行业协会和企业联盟等引导的行业自律和社会监督的共同管理机制。交通运输主管部门通过加强危险货物道路运输企业信用评价和从业人员信用监管，督促危险货物道路运输企业认真落实危险货物运输车辆动态监管制度强化对车辆运行和驾驶人员的监管等手段，加强事中事后监管。

四、科技进步和信息化水平不断提高

危险货物在途运输动态监测信息化、智能化水平显著提升，在保障畅通运行、规范市场秩序、强化安全应急、服务决策支持方面取得明显成效。

危货运输车辆全面安装使用卫星定位车载终端，运行动态监测覆盖率达到100%。部分地区引入主动防护技术，安装智能视频监控报警、防碰撞设备和整车安全运行监管技术装备，实时监测驾驶人员驾驶行为、危货运输车辆状况，帮助企业提升运输过程动态监控能力，有效防范和化解风险，提高危险货物道路运输行业安全管理水平。

危险货物道路运输电子运单管理系统已经在全国13个省份组织开展了电子运单试点工作，根据交通运输部的工作部署，2020年开始在全国加快推进危险货物道路运输运单电子化工作。电子运单管理系统实现了对危险货物流动的动态监控，将有利于推动解决危险货物道路运输存在的"监而不控""以包代管"非法托运和运输等问题，加强危险货物道路运输安全监管。

思考题

（1）简述危险货物的概念。
（2）简述危险货物的特性。
（3）简述禁止道路运输的危险货物范围。
（4）简述危险货物道路运输的概念。
（5）简述危险货物道路运输基本特征。
（6）简述危险货物道路运输的作用。
（7）危险货物道路运输主体包括哪些？
（8）简述危货运输车辆发展方向。

第二章 我国危险货物道路运输法规标准

第一节 法规标准基础知识

一、法律相关概念

1. 法律

"法律"一词有广义和狭义两种说法。广义的法律是指法的整体,包括由国家制定的宪法、法律、条例、规章、规范性文件等。如全国人民代表大会及其常务委员会制定的法律、国务院制定的行政法规、地方人大制定的地方性法规以及地方政府规章等。狭义的法律则专指拥有立法权的国家机关依照立法程序制定的规范性文件。如全国人民代表大会制定的刑事、民事、国家机构职权、税收等其他基本法律,以及全国人民代表大会常务委员会制定的除基本法律以外的其他法律。

法的本质是指法的内在联系,是法区别于其他一切事物的根本属性,体现了国家统治阶级的意志,而国家统治阶级的意志是根源于现实的经济关系。

2. 法律概念

法律概念,是指对各种法律事实进行概括,抽象出它们的共同特征而形成的权威性范畴。概念本身并未规定主体的权利、义务及相应的法律后果,但它却是确定主体的权利、义务和责任的前提。只有当人们把某人、某一情况、某一行为或某一物品归入某一法律概念时,有关的法律规则和法律原则才可适用。

无论是法律规则、法律原则还是法律概念,都以法律条文的形式予以体现。所谓法律条文是指法律规范的条文化的文字表述形式。一部法律文件是法律条文的集合,而法律规则、法律原则、法律概念则是法律条文的基本构成因素。

3. 法律关系

法律关系,是指在法律规范调整社会关系的过程中所形成的特定法律主体之间的权利和义务关系。法律关系内容就是特定法律主体之间的权利和义务。

(1)法律关系主体是法律关系的参加者,即在法律关系中权利的享有者和义务的承担者。包括以下几类:公民(自然人)、企业或非盈利社会机构和组织(社会法人)、国家机关或授权的组织、外国人和外国社会组织。

(2)法律关系内容的要素为权利和义务。没有无义务的权利,也没有无权利的义务。两者相互依存。

（3）法律关系客体，是指法律关系主体之间权利和义务所指向的对象。"物"是法律关系客体之一，是指法律关系主体支配的、在生产上和生活上所需要的客观实体，可以是天然物，也可以是生产物；可以是活动物，也可以是不活动物；不仅具有物理属性，还具有法律属性。

（4）法律事实，是指法律规范所规定的、能够引起法律关系产生、变更和消灭的客观情况或现象。首先，是一种客观存在的外在现象，而不是人们的一种心理现象或心理活动。其次，是由法律规定的、具有法律意义的事实，能够引起法律关系的产生、变更或消灭。在此意义上，与人类生活无直接关系的纯粹的客观现象（如宇宙天体的运行）则不是法律事实。

法律行为是法律事实的一种，法律行为可以作为法律事实而存在，能够引起法律关系形成、变更和消灭。同一个法律事实（事件或者行为）可引起多种法律关系的产生、变更和消灭。两个或两个以上的法律事实也可以引起同一个法律关系的产生、变更或消灭。

二、法的渊源和效力

1. 法的渊源

法的渊源是指法的各种具体表现形式，主要是由不同国家机关制定或认可的，具有不同法律效力或法律地位的各种类别的规范性法律文件的总称，又可以称为法的形式。我国法的渊源与多数国家一样，是以宪法为统帅的、以制定法为主干的成文法体系，主要包括宪法、法律、行政法规和其他国务院规范性文件、地方国家机关的地方性法规和其他规范性文件、民族自治地方的自治条例和单行条例、特别行政区的规范性文件和国际条约。

（1）宪法是国家的根本大法，具有最高的法律地位和效力，由全国人民代表大会通过和修改、规定和调整国家的社会制度和法律制度、公民的基本权利和义务等最根本的全局性法律关系。

（2）法律是由全国人大及其常委会经过特定的立法程序制定的规范性法律文件，它的地位和效力仅次于宪法。法律又分为基本法律和基本法律以外的其他法律，前者由全国人大制修订，后者由全国人大常委会制修订。全国人大及其常委会发布的规范性决议、决定也具有法的效力。

（3）行政法规是由国务院根据宪法和法律，在其职权范围内制定的有关国家行政管理活动的规范性法律文件，其地位和效力仅次于宪法和法律。党中央和国务院联合发布的决议或指示，既是党中央的决议和指示，又是国务院的行政法规或其他规范性文件，具有法的效力。

国务院各部委所发布的具有规范性的命令、指示和规章也具有法的效力，但其法律地位低于行政法规。

（4）地方性法规是指省、自治区、直辖市的人民代表大会及其常务委员会，设区的市的人民代表大会及其常务委员会，根据本行政区域的具体情况和实际需要，在不同宪法、法律、行政法规相抵触的前提下，制定的适用于本地方的规范性文件。除地方性法规外，地方各级权力机关及其常设机关、执行机关所制定的决定、命令、决议，凡属规范性者，在其辖区范围内，也都属于法的渊源。地方性法规和地方其他规范性文件不得与宪法、法律和行政法规相抵触，否则无效。

（5）国际条约是指我国同外国缔结或加入并生效的国际法的规范性文件。其名称很多，如条约、公约、合约、协定、声明等。国际条约虽然不属于我国国内法的范围，但其具有与国内法相同的效力，也是我国法的渊源之一。

2. 法的效力

法的效力仅指法律的生效范围或适用范围，即法对什么人、什么事、在什么地方和什么时间适用。了解法的效力，对从实践层面上把握法的时间效力、空间效力和对人、对事的效力具有一定意义。

（1）法的效力层次，又称法的效力等级或法的效力位阶，是指在一个国家法律体系中，各种法的渊源由于其制定主体、时间、适用范围等不同，导致各种法的效力也不同，由此形成法的效力等级体系。法的效力层次遵循一定原则，主要包括宪法至上原则、等差顺序原则（下位法服从上位法原则）、特别法优先原则、新法优先原则。

等差顺序原则是指根据法律规范的效力等差顺序，来确定不同法律规范的效力地位。《中华人民共和国立法法》确定了我国各种立法文件的效力位阶：宪法具有最高的法律效力，所有法律文件都不得同宪法相抵触；法律效力高于行政法规、地方性法规、规章；行政法规的效力高于地方性法规、规章；地方性法规的效力高于本级和下级地方政府规章；部门规章之间、部门规章与地方政府规章之间具有同等效力，在各自的权限范围内施行。当法律规范效力较低的法律文件与效力较高的法律文件发生冲突时，适用法律效力较高的法律文件。

特别法优先原则是指同一机关制定的法律、行政法规、地方性法规、自治条例和单行条例、规章，特别规定与一般规定不一致的，适用特别规定。例如，交通运输部制定了《道路危险货物运输管理规定》，但由于放射性物品的辐射特性在运输管理上有其特殊性，另行制定了《放射性物品道路运输管理规定》，所以对于放射性物品运输，《道路危险货物运输管理规定》属于一般法，而《放射性物品道路运输管理规定》则属于特殊法，按照特别法优先原则，放射性物品道路运输作业及管理应优先适用《放射性物品道路运输管理规定》。

（2）法的效力范围，通常包括法律的时间效力、空间效力、对人的效力和对事的效力。时间效力是指法生效的时间范围，包括法开始生效和终止的时间，以及对法律颁布以前的事件和行为该法律是否有效，即法的溯及力问题。法的溯及力一般以法不溯及既往为原则，即法律、行政法规、地方性法规、自治条例和单行条例、规章不溯及既往，但为了更好地保护公民、法人和其他组织的权利和利益而作的特别规定除外。例如，假设《道路危险货物运输管理规定》修改过程提高了企业的行政许可条件，增加了车辆数量要求，那么《道路危险货物运输管理规定》修订生效后，行政许可机关应当按照新的许可条件许可申请人。对于已许可的运输企业则在其行政许可有效期间内，原则上无须进行车辆数量的调整，但是期限届满后，重新申请许可，则需要适用新的许可条件。空间效力是指法生效的地域范围，即法在哪些地方具有约束力。对人的效力是指法对哪些自然人和法人适用。对事的效力是指在实施过程中对哪些事项具有约束力。

三、标准基本知识

1. 标准定义和类型

依据《中华人民共和国标准化法》，标准是指农业、工业、服务业以及社会事业等领域需要统一的技术要求。

标准有多种类型。按照标准的发布机构和使用范围划分，标准包括国家标准、行业标准、地方标准和团体标准、企业标准。如果是进出口运输，还涉及国际标准。按照强制程度划分，国家标准分为强制性标准、推荐性标准，行业标准、地方标准是推荐性标准。强制性标准必须执行。国家鼓励采用推荐性标准。

（1）强制性国家标准，是对保障人身健康和生命财产安全、国家安全、生态环境安全以及满足经济社会管理基本需要的技术要求。强制性国家标准由国务院批准发布或者授权批准发布，必须强制执行。对于不符合强制性标准的产品、服务，不得生产、销售、进口或者提供。

（2）推荐性国家标准，是对满足基础通用、与强制性国家标准配套、对各有关行业起引领作用等需要的技术要求。推荐性国家标准由国务院标准化行政主管部门制定。

（3）行业标准，是对没有推荐性国家标准、需要在全国某个行业范围内统一的技术要求。行业标准由国务院有关行政主管部门制定。

（4）地方标准，是为满足地方自然条件、风俗习惯等的特殊技术要求。地方标准由省、自治区、直辖市人民政府标准化行政主管部门制定。

推荐性国家标准、行业标准、地方标准、团体标准、企业标准的技术要求不得低于强制性国家标准的相关技术要求。

2. 法律与标准关系

法律、行政法规以及部门规章等法律文件，主要是对适用主体的权利和义务、权力和职责进行规范，而涉及具体的技术规范，则主要由标准进行规范。通常在法律文件中的法律条款，会对标准进行援引。通常表现为"×××应当按照××标准规定执行。""×××应当满足××标准规定的条件"。如《危险货物道路运输安全管理办法》规定："危险货物道路运输车辆驾驶人、押运人员在起运前，应当检查确认危险货物运输车辆按照《道路运输危险货物车辆标志》（GB 13392）要求安装、悬挂标志。"

第二节　我国危险货物道路运输法规体系

从20世纪60年代至今，经过半个多世纪的发展，我国危险货物道路运输法规体系基本建成，对保障我国危险货物道路运输的安全、高效，发挥着重要的作用。

一、危险货物道路运输法规体系建设历程

回顾我国危险货物道路运输法规体系的建设历程，不仅有助于梳理总结危险货物道路运输法规建设的成就和宝贵经验，而且有利于加强危险货物道路运输法治的理念与信心，厘清当前危险货物道路运输法治工作的历史脉络与思路。

我国危险货物道路运输法规体系，是从无到有、从有到较为完整逐步建立起来的，一共经历了四个发展阶段。

1. 萌芽阶段

1949—1978年是法规建设的第一阶段，属于萌芽阶段。该阶段编制并实施了国内首部适用于铁路、水路、公路危险货物运输的规章性文件《危险货物运输规则》。

我国危险货物运输法规建设工作，是在中华人民共和国成立以后开展的。20世纪60年代初，交通部制定了《水上、道路放射性物品运输执行办法》；20世纪70年代初，与铁道部合并后的交通部，于1972年1月1日颁布施行了规章性文件《危险货物运输规则》，要求凡由铁路、水路、公路运输的危险货物，均按该项规则办理，军运、国际联运另有规定者除外。该规则分为总则、分类和范围、托运和承运、装卸和运输、保管和交付等5个部分，共计18条，并附有危险货物品名表，危险货物包装表，危险货物配装表，放射性货物运输包装等级表，放射性货物装载限额表，装卸放射性货物容许作业时间表，对装过危险货物车、船洗刷、消毒的要求，铁路禁止溜放时限速连挂的车辆表，车辆编组隔离表，易燃货物品名表，危险货物技术说明书，放射性货物剂量检查说明书，放射性货物空容器检查证明书，气瓶的漆色及标志表，危险货物包装标志图等附件和附录。

由此，危险货物运输管理和运输技术作业有了法规依据，为开展危险货物道路运输立法工作奠定了基础。

2. 建设初始阶段

1978—1999年是法规建设的第二阶段，属于初始阶段。该阶段编制并实施了第一部危险货物道路运输管理规章《道路危险货物运输管理规定》。

为了促进经济建设稳步、健康发展，改革开放后社会主义法制建设主要表现为恢复和加强立法工作、努力实现社会主义各项事业有法可依。在这种大的法制建设背景下，危险货物道路运输相关的立法工作逐步展开。

1987年国务院颁布了《化学危险物品安全管理条例》（国发〔1987〕14号）。这里化学危险物品是指依据国家标准《危险货物分类和品名编号》（GB 6944—1986）规定的货物，包括爆炸品、压缩气体和液化气体、易燃液体、易燃固体、自燃物品和遇湿易燃物品、氧化剂和有机过氧化物、毒害品和腐蚀品等7大类。当时国家对化学危险物品的生产、流通实行统一规划、严格管理，属于计划经济时期，该条例对化学危险物品的生产、使用、储存、经营、运输装卸等各个环节做了原则性的规定，但是没有明确各个政

府管理部门的职责；该条例提出了各类企业必须建立健全化学危险物品安全管理制度要求，但没有给出制度内容；该条例还提出了运输装卸6项规定，原则上提出了运输化学危险物品，必须按照国家有关危险货物运输管理规定办理；对不符合规定的，发货人不得托运，运输部门不得承运；初步明确了发货人和运输部门的职责。

依据《化学危险物品安全管理条例》，1993年交通部组织编制了部门规章《道路危险货物运输管理规定》（交运发〔1993〕1382号），这是中华人民共和国成立以来颁布的第一部危险货物道路运输管理方面的部门规章，首次明确了各级交通主管部门及其所属道路运政管理机关为危险货物道路运输的主管机关，确定了从事危险货物道路运输的基本条件及审批程序，规定了承托双方的职责和法律责任。

至此，危险货物道路运输有了专项法规。

3. 多效力层次的法规建设阶段

2000—2010年是法规建设的第三阶段。这个阶段的危险货物道路运输相关法规众多，且效力层次丰富，涉及法律、行政法规和部门规章等多个效力层次。

建设中国特色社会主义法律体系是该时期的重点任务。"一个立足于中国国情和实际、适应改革开放和社会主义现代化建设需要、集中体现党和人民意志的，以宪法为统帅，以宪法相关法、民法商法等多个法律部门的法律为主干，由法律、行政法规、地方性法规等多个层次的法律规范构成的中国特色社会主义法律体系已经形成"。这个阶段，我国危险货物道路运输相关法律法规建设也步入了快速轨道。

2000年以来，国家陆续出台了《中华人民共和国行政许可法》《中华人民共和国行政处罚法》等法律，与危险化学品运输安全相关的安全管理类法律法规也相继颁布。2002年国家颁布了《中华人民共和国安全生产法》（主席令第70号）、修订了《危险化学品安全管理条例》（国务院令第344号）等系列法规。2002年版《危险化学品安全管理条例》中的危险化学品分类与《化学危险物品安全管理条例》是一致的，但在管理体制上有了很大突破，初步建立了市场经济体制下的我国危险化学品管理制度，首次具体明确了危险化学品安全管理方面的相关部门及其职责，把危险化学品运输企业、运输工具及从业人员的安全监管职责赋予交通运输部门；实行了危险化学品运输资质认定制度和从业人员的资格证制度，建立了押运人员配备制度，明确了托运人和承运人的职责和法律责任。

2004年国务院颁布了《中华人民共和国道路运输条例》（国务院令第406号），这是我国第一部规范道路运输经营和管理行为的行政法规，为建立统一、开放竞争有序的道路运输市场，实现道路运输管理现代化，推进依法行政提供了有力的法律武器，解决了我国道路运输市场管理有法可依的迫切需要；明确了道路运输管理职责，建立和完善了道路运输市场准入、市场监管、市场退出三个机制。

依据《危险化学品安全管理条例》和《中华人民共和国道路运输条例》，2005年交通部修订了1993年版《道路危险货物运输管理规定》。2005年版《道路危险货物运输管理规定》（交通部令2005年第9号），将保障运输安全作为首要出发点，重点完善各项安全管理规定。依据《中华人民共和国道路运输条例》，2005年版《道路危险货物运输管理规定》首次全面定义了危险货物道路运输、专用车辆（也就是我们所说的危货运输车辆），明确了管理对象，提出了经营性和非经营性危险货物道路运输企业市场准入的条件，严格了市场准入，规范了从业人员管理，引入了"车辆损害管制"概念，加强了非经营性危险货物道路运输管理，完善了危险货物运输安全管理规定，明确了违法的行政处罚种类和幅度等。

如果说2000—2010年间我国危险货物道路运输法规是以建设为主，那么2010年及以后则是以新增、修订并重。

2010年国务院颁布了《放射性物品运输安全管理条例》（国务院令第562号），该条例提出了放射性物品的运输和放射性物品运输容器的设计、制造等活动的要求和规定。据此条例，2010年交通运输部出台了《放射性物品道路运输管理规定》（交通运输部令2010年第6号），使得放射性物品道路运输有了专门的部门规章。同年，交通运输部修订了2005年版《道路危险货物运输管理规定》，2010年版《道路危险货物运输管理规定》（交通部令2010年第5号）删掉了关于放射性物品道路运输的内容。

2011年国务院修订了2002年版《危险化学品安全管理条例》，2011年版《危险化学品安全管理条例》（国务院令第591号）最大的改变，是调整了危险化学品判断标准，由《危险货物品名表》（GB 12268）改为《危险化学品目录》，由于两者涉及的对象有所不同，执法部门的执法范围也随之调整。

2012年国务院修订了2004年版《中华人民共和国道路运输条例》，2012年版《中华人民共和国道路运输条例》（国务院令第628号）针对运输超载超限等问题，提出了禁止企业生产"大吨小标"车辆、不得擅自改装车辆的规定，而且对用于危险货物运输的车辆进行了严格规定。

由此，危险货物道路运输行业具有了多重效力层次的《中华人民共和国安全生产法》《中华人民共和国突发事件应对法》《中华人民共和国道路交通安全法》等法律，《危险化学品安全管理条例》《中华人民共和国道路运输条例》等行政法规，《道路危险货物运输管理规定》《放射性物品道路运输管理规定》等部门规章，危险货物道路运输法规建设工作取得了很大进展。

4. 法规体系初步形成阶段

2012年底至今是法规建设的第四阶段。这个阶段的众多相关法规之间不仅具有多重效力层次，而且同等效力层次的法规之间开始注重相互协调，具有一定的系统性。

2012年11月党的十八大报告提出"加快建设社会主义法治国家。更加注重发挥法治在国家治理和社会管理中的重要作用"。在此背景下，2014年我国修改了2002年版《中华人民共和国安全生产法》，2014年版《中华人民共和国安全生产法》（主席令第13号）引入了法治观念，首次提出了生产经营单位是安全生产责任的主体，立法定位也由"规范"安全生产监督管理转变成"规范"安全生产工作，规范模式由"管控法"升级为"管理和自主结合的共治法"。

2019年国务院颁布了《生产安全事故应急条例》（国务院令第708号），标志着安全生产应急管理立法工作取得重大进展，对生产安全事故应急体制、应急准备、现场应急救援及相应法律责任等内容提出了规范和要求，有利于交通运输主管部门和运输企业抓好应急管理工作。

交通运输行业通过坚持以"平安交通"为统领，变革安全生产管理机制、不断出台相关政策措施，逐步建立完善了依法治理体系等安全体系。危险货物道路运输法规系统也由初创阶段、填补空白，发展到提高立法质量，提升立法层次，初步建立起危险货物道路运输法规体系。

2013年交通运输部依据《危险化学品安全管理条例》和《中华人民共和国道路运输条例》，组织修订了2005年版《道路危险货物运输管理规定》，2013年版《道路危险货物运输管理规定》（交通运输部令2013年第2号）建立了道路运输从业人员专项考试制度和危险货物运输豁免制度，加强了危险货物道路运输分级管理。2016年国务院出台了《国务院关于"先照后证"改革后加强事中事后监管的意见》（国发〔2015〕62号），将前置审批事项改为后置审批事项，促使监管重心由事前向事中事后转移，全面提高市场监管效能。同年，交通运输部改革了车辆维护制度，出台了《道路运输车辆技术管理规定》（交通运输部令2016年第1号），将车辆维护职责更多地下放到道路运输企业，改变了危险货物道路运输企业车辆管理内容。为适应这些变化，2016年交通运输部修订了2013年版《道路危险货物运输管理规定》，2016年版《道路危险货物运输管理规定》（交通运输部令2016年第36号）改变了"先证后照"的审批程序，调整了关于专用车辆的相关规定。

2014年道路运输卫星定位系统在"两客一危"车辆中全面深入应用，为了加强车辆在途运行的监督管理，预防和减少道路交通事故，交通运输部、公安部、原国家安全生产监督管理总局联合发布了《道路运输车辆动态监督管理办法》（交通运输部令2014年第5号），2016年为反映"三码合一"的变化，删除第十一条第（一）项中的"组织机构代码证"。

2019年，为了加强部门之间协调监管和运输全流程运行规范，交通运输部、工业和信息化部、公安部、生态环境部、应急管理部、市场监督管理总局共同编制了《危险货物道路运输安全管理办法》（交通运输部令2019年第29号），该办法弥补了法规制度存在的漏洞和缝隙，着力构建"市场主体全流程运行规范、政府部门全链条监管到位、运输服务全要素安全可控"的危险货物道路运输管理体系，让危险货物道路运输更加安全高效。

一个以《中华人民共和国安全生产法》等法律为主干，包括多部行政法规、部门规章在内的多层次的、互为补充的危险货物道路运输法规体系初步形成。

二、我国危险货物道路运输法规体系构成

我国危险货物道路运输法规体系包括相关法律、行政法规和部门规章。

（一）危险货物道路运输相关法律

我国关于危险货物道路运输的相关法律主要有：《中华人民共和国安全生产法》《中华人民共和国特种设备安全法》《中华人民共和国道路交通安全法》《中华人民共和国环境保护法》《中华人民共和国刑法》《中华人民共和国突发事件应对法》等。

1.《中华人民共和国安全生产法》

《中华人民共和国安全生产法》的法律调整对象并不是单独针对危险货物道路运输活动，而是我国境内所有从事生产经营活动的单位的安全生产活动，该法为危险货物道路运输安全管理其他法律规范的制定提供了上位法依据。同时，为危险货物道路运输企业生产建立经营单位负责、职工参与、政府监管、行业自律和社会监督五位一体的安全生产工作机制奠定了基础。

该法涉及危险货物道路运输的主要规定包括以下几个方面：

（1）明确企业主要负责人是危险货物道路运输企业安全生产责任的主体。

（2）建立生产安全事故责任追究制度、事故隐患排查治理制度和挂牌督办制度、安全生产标准化建设制度，并推行注册安全工程师制度、安全生产责任保险制度。

（3）规定企业安全管理的主要职责，包括安全制度建设、人员配备及其资格和培训、安全设施设备投入和维修更新、劳动防护、应急处置等。

（4）明确从业人员的权利和义务，一方面从业人员享有劳动安全卫生保护权，对岗位危险因素和防范应急措施的知情权，安全生产的建议权以及批评、检举和控告权，对违章指挥和强令冒险作业有拒绝权、紧急情况的撤离权、工伤赔偿权等，另一方面应当履行安全生产规章制度和操作规程、接受安全生产教育和培训，以及发现不安全因素的报告义务。这部分内容与危险货物道路运输从业人员密切相关。

（5）对行业管理部门的日常安全监督、应急救援与调查处理进行了职责分工，并明确了相应的管理手段。例如建立重大隐患停产停业、停止施工、停止使用相关设施或者设备制度，推进分级分类监管，实施监督检查计划等制度。

（6）规定违规行为主体应承担的法律责任，其中对违规的从业人员的规定是"由生产经营单位给予批评教育，依照有关规章制度给予处分；造成重大事故，构成犯罪的，依照刑法有关规定追究刑事责任"。

2.《中华人民共和国特种设备安全法》

《中华人民共和国特种设备安全法》对特种设备的生产（包括设计、制造、安装、改造、修理）、经营、使用、检验、检测和特种设备安全的监督管理进行了规范。危险货物道路运输使用的压力容器（含气瓶）属于特种设备。

该法涉及危险货物道路运输企业使用特种设备的相关规定主要包括以下几个方面：

（1）特种设备使用单位应当使用取得许可生产并经检验合格的特种设备。禁止使用国家明令淘汰和已经报废的特种设备。

（2）特种设备使用单位应当在特种设备投入使用前或者投入使用后三十日内，向负责特种设备安全监督管理的部门办理使用登记，取得使用登记证书。等级标志应当置于该特种设备的显著位置。

（3）特种设备使用单位应当建立岗位责任、隐患治理、应急救援等安全管理制度，制定操作规程，保证特种设备安全运行。

（4）特种设备使用单位应当建立特种设备安全技术档案。

（5）特种设备使用单位应当对其使用的特种设备进行经常性维护和定期自行检查，并作出记录。

3.《中华人民共和国道路交通安全法》

《中华人民共和国道路交通安全法》对车辆和驾驶人员、道路通行条件、如何通行以及交通事故处理等方面进行了规定。该法的法律规定与驾驶人员密切相关，是规范驾驶人员行为的最主要法律之一。

该法建立了部分危险货物运输路线审批制度，明确规定机动车载运爆炸物品、易燃易爆化学物品以及剧毒、放射性等危险物品，应当经公安机关批准后，按指定的时间、路线、速度行驶，悬挂警示标志并采取必要的安全措施。

4.《中华人民共和国固体废物污染环境防治法》

《中华人民共和国固体废物污染环境防治法》涉及的危险废物道路运输相关法律规定，主要包括以下几个方面：

（1）建立国家危险废物名录制度，规定统一的危险废物鉴别标准、鉴别方法、识别标志和鉴别单位管理要求，并动态调整。

（2）运输危险废物，必须采取防止污染环境的措施，并遵守国家有关危险货物运输管理的规定。就是说运输危险废物应当依据《道路危险货物运输管理规定》，满足企业、人员、车辆等方面的要求。同时，在企业经营许可证和车辆运输证中的经营范围应当直接标注"危险废物"，并在车辆上悬挂危险废物的标识。

（3）建立危险废物转移联单制度。托运人托运危险废物时，应当向承运人提供生态环境主管部门发放的电子或者纸质形式的危险废物转移联单。装货人充装或者装载危险废物时，应当查验转移联单。运输危险废物的企业还应当填写并随车携带电子或者纸质形式的危险废物转移联单。

（4）禁止将危险废物与旅客在同一运输工具上载运。

（5）运输固体废物的单位和个人，必须采取防扬散、防流失、防渗漏或者其他防止污染环境的措施；不得擅自倾倒、堆放、丢弃、遗撒固体废物。

（6）对危险废物的容器和包装物以及运输危险废物的设施、场所，必须设置危险废物识别标志。

（7）禁止混合运输性质不相容而未经安全性处置的危险废物。

（8）运输危险废物的单位，应当制定意外事故的防范措施和应急预案，并向所在地县级以上地方人民政府环境保护行政主管部门备案。

（9）运输危险废物的场所、设施、设备和容器、包装物及其他物品转作他用时，必须经过消除污染的处理，方可使用。

（10）从生活垃圾中分类并集中收集的有害垃圾，属于危险废物的，按照危险废物管理。

5.《中华人民共和国环境保护法》

《中华人民共和国环境保护法》涉及的危险货物道路运输相关法律规定，主要包括以下几个方面：

（1）车辆设备排放达标。违反法律法规规定排放尾气，造成或者可能造成严重污染的，县级以上人民政府环境保护主管部门和其他负有环境保护监督管理职责的部门，可以查封、扣押运输车辆；对于超过污染物排放标准的，可以责令其采取限制生产、停产整治等措施；情节严重的，报经有批准权的人民政府批准，责令停业、关闭。

（2）采取措施防止污染物排放。运输活动中产生的废气、废水、废渣、医疗废物、粉尘、恶臭气体、放射性物质以及噪声、振动、光辐射、电磁辐射等对环境造成污染和危害的，企业需要采取相应的措施，防止污染和危害环境。

（3）建立突发环境事件应急预案和应急处理。对于运输过程中导致的危险货物泄漏引发的突发事件，运输企业需要按照国家有关规定制定突发环境事件应急预案，报环境保护主管部门和有关部门备案。在发生或者可能发生突发环境事件时，企业或事业单位应当立即采取措施处理，及时通报可能受到危害的单位和居民，并向环境保护主管部门和有关部门报告。同时配合各级人民政府及其有关部门做好突发环境事件的风险控制、应急准备、应急处置和事后恢复等工作。

6.《中华人民共和国刑法》

《中华人民共和国刑法》涉及危险货物道路运输从业人员危害公共安全、妨碍社会管理秩序行为的相关规定，具体如下：

（1）非法制造、买卖、运输、邮寄、储存枪支、弹药、爆炸物和危险物质，将处3年以上10年以下有期徒刑；情节严重的，处10年以上有期徒刑、无期徒刑或者死刑。其中"危险物质"是指毒害性、放射性、传染病源体等物质。

（2）交通肇事。驾驶人员违反交通运输管理法规，发生重大事故，致人重伤、死亡或者使公私财产遭受重大损失的，处3年以下有期徒刑或者拘役；交通运输肇事后逃逸或者有其他特别恶劣情节的，处3年以上7年以下有期徒刑；因逃逸致人死亡的，处7年以上有期徒刑。在道路上驾驶机动车追逐竞驶，情节恶劣的，或者在道路上醉酒驾驶机动车的，处拘役，并处罚金。犯罪主体主要是交通肇事的驾驶人员，但在驾驶肇事过程中，押运人员或者其他人员对驾驶人员进行指使，例如"指使驾驶人员逃逸致人死亡的"，按交通肇事罪共犯论处。

（3）强令违章冒险作业。刑法规定"强令他人违章冒险作业，因而发生重大伤亡事故或者造成其他严重后果的，处5年以下有期徒刑或拘役；情节特别恶劣的，处5年以上有期徒刑。"危险货物道路运输装卸管理人员有可能因为强令装卸人员违章进行装卸作业引发重大事故，而成为这款规定的犯罪主体。

（4）危险物品肇事。违反爆炸性、易燃性、放射性、毒害性、腐蚀性物品的管理规定，在生产、储存、运输、使用中发生重大事故，造成严重后果的，处3年以下有期徒刑或者拘役；后果特别严重的，处3年以上7年以下有期徒刑。

（5）不报、谎报安全事故。在安全事故发生后，负有报告职责的人员不报或者谎报事故情况，贻误事故抢救时机，情节严重的，处3年以下有期徒刑或拘役；情节特别严重的，处3年以上7年以下有期徒刑。

（6）扩散传染病菌种、毒种。传染病菌种、毒种主要是涉及第6类的毒性物质和感染性物质。对从事运输传染病菌种、毒种的从业人员，如果违反操作规定，造成传染病菌种、毒种扩散，后果严重的，处3年以下有期徒刑或者拘役；后果特别严重的，处3年以上7年以下有期徒刑。

7.《中华人民共和国突发事件应对法》

突发事件，是指突然发生，造成或者可能造成严重社会危害，需要采取应急处置措施予以应对的自然灾害、事故灾难、公共卫生事件和社会安全事件。危险货物道路运输发生泄漏引发事故灾难事件属于突发事件类型，各级政府以及危货运输经营者都应当遵守该法的相关规定。

该法涉及的危险货物道路运输相关法律规定，主要包括以下几个方面：

（1）划分突发事件级别。按照社会危害程度、影响范围等因素，自然灾害、事故灾难、公共卫生事件分为特别重大、重大、较大和一般四级。具体的分级标准由国务院或国务院确定的部门制定。

（2）建立分类分级管理制度。对于特别重大突发事件由国务院负责，在总理领导下研究、决定和部署特别重大突发事件的应对工作；其余级别的突发事件则按照突发事件涉及的区域划分职责，即县级人民政府对本行政区域内突发事件的应对工作负责；涉及两个以上行政区域的，由有关行政区域共同的上一级人民政府负责，或者由各有关行政区域的上一级人民政府共同负责。在事件发生后，县级以上地方各级人民政府按照职责组成突发事件应急指挥机构，统一领导、协调本级人民政府各有关部门和下级人民政府开展突发事件应对工作。

（3）建立突发事件应急预案体系。应急预案是针对突发事件的性质、特点和可能造成的社会危害，具体规定突发事件应急管理工作的组织指挥体系与职责和突发事件的预防与预警机制、处置程序、应急保障措施以及事后恢复与重建措施等内容。

国务院制定国家突发事件总体应急预案，组织制定国家突发事件专项应急预案；国务院有关部门根据各自的职责和国务院相关应急预案，制定国家突发事件部门应急预案。地方各级人民政府和县级以上地方各级人民政府有关部门根据有关法律、法规、规章、上级人民政府及其有关部门的应急预案以及本地区的实际情况，制定相应的突发事件应急预案。据此规定，各级交通运输主管部门应该依据各自的职责，制定相应的交通运输突发事件应急预案。

对于危险货物道路运输企业而言，根据第二十二条规定，应当健全安全管理制度，定期检查本单位各项安全防范措施的落实情况，及时消除事故隐患；掌握并及时处理本单位存在的可能引发社会安全事件的问题，防止矛盾激化和事态扩大；对本单位可能发生的突发事件和采取安全防范措施的情况，应当按照规定及时向所在地人民政府或者人民政府有关部门如交通运输、应急管理、公安等部门报告。同时，根据第二十三条的规定，应当制定具体应急预案，开展隐患排查，及时采取措施消除隐患，防止发生突发事件。

（4）做好应急准备。政府层面需要做好应急队伍的培训和建设，应急救援物资、生活必需品和应急处置装备的储备等工作。企业层面，应当定期检测、维护其报警装置和应急救援设备、设施，使其处于良好状态，确保正常使用；开展有关突发事件应急知识的宣传普及活动和必要的应急演练。

（5）建立监测与预警制度。县级以上地方各级人民政府有关部门需要根据自然灾害、事故灾难和公共卫生事件的种类和特点，建立健全基础信息数据库，完善监测网络，划分监测区域，确定监测点，明确监测项目，提供必要的设备、设施，配备专职或者兼职人员，对可能发生的突发事件进行监测。

对可以预警的自然灾害、事故灾难和公共卫生事件的预警级别，按照突发事件发生的紧急程度、发展势态和可能造成的危害程度分为一级、二级、三级和四级，分别用红色、橙色、黄色和蓝色标示，一级为最高级别。同时，各级政府根据预警的级别，需要根据规定分别采取不同的应对措施。

（6）建立应急处置和救援制度。应急处置和救援由各级政府主导开展，企业需要做好相应的配合工作，并在事故发生时及时采取必要措施减少事故发生带来的损害。根据该法第五十六条规定，危险货物道路运输企业在运输途中发生事故时，驾驶人员或者押运人员应当立即采取其他防止危害扩大的必要措施，并向有关部门进行报告；同时企业也应当服从人民政府发布的决定、命令，配合人民政府采取的应急处置措施，做好应急救援工作，并积极组织人员参加应急救援和处置工作。

（二）危险货物道路运输相关行政法规

我国关于危险货物道路运输的行政法规主要有：《危险化学品安全管理条例》《中华人民共和国道路运输条例》《中华人民共和国道路交通安全法实施条例》《公路安全保护条例》《生产安全事故应急条例》等。

1.《危险化学品安全管理条例》

《危险化学品安全管理条例》对危险化学品生产、储存、使用、经营和运输的安全管理进行了规定，也是国务院不同主管部门制定相应部门规章的上位法依据，其中涉及危险化学品运输的规定，主要包括以下几个方面：

（1）危险化学品的概念界定，即具有毒害、腐蚀、爆炸、燃烧、助燃等性质，对人体、设施、环境具有危害的剧毒化学品和其他化学品。

（2）危险货物道路运输企业应当取得危险货物道路运输许可；具备法律、行政法规规定和国家标准、行业标准要求的安全条件，建立、健全安全管理规章制度和岗位安全责任制度，对从业人员进行安全教育、法制教育和岗位技术培训；并且根据危险化学品的危险特性采取相应的安全防护措施，并配备必要的防护用品和应急救援器材。

（3）驾驶人员、装卸管理人员和押运人员应当经过交通运输主管部门考核合格，取得从业资格，并了解所运输的危险化学品的危险特性及其包装物、容器的使用要求和出现危险情况时的应急处置方法。

（4）危险货物道路运输企业的许可和从业人员的资格由交通运输主管部门负责认定。

（5）装卸作业应当遵守安全作业标准、规程和制度，在装卸管理人员的现场指挥或监控下进行，并且按照运输车辆的核定载质量装载危险化学品，不得超载。

（6）企业应当配备押运人员，并保证运输过程都在押运人员的监控下。

（7）运输车辆必须符合国家标准要求的安全技术条件，定期进行安全技术检验，并且悬挂或喷涂符合国家标准要求的警示标志。

（8）运输途中，因住宿或者发生影响正常运输的情况，需要较长时间停车的，驾驶人员、押运人员应当采取相应的安全防范措施。同时，未经公安机关批准，车辆不得进入限制通行的区域。

（9）新增了驾驶人员和押运人员报告义务，一是运输剧毒化学品或者易制爆危险化学品的，途中因住宿或者发生影响正常运输情况需要较长时间停车的，或者在途中发生丢失、被盗、被抢或者出现流散、泄漏等情况的，应当及时向当地公安机关报告；二是当运输过程中发生危险化学品事故的，应当向事故发生地交通运输主管部门报告。

（10）明确了托运人的义务，包括委托有资质企业承运的义务、运输事项及应急处置措施等说明义务、妥善包装并设置相应标志的义务、不得匿报或谎报义务、适时添加抑制剂或稳定剂义务、道路运输剧毒化学品时申请通行证的义务等。

该条例对剧毒化学品运输环节作出的规定，主要包括以下几个方面。

（1）通过道路运输剧毒化学品的，托运人应当向运输始发地或目的地县级人民政府公安机关申请剧毒化学品道路运输通行证。

（2）运输危险化学品途中因住宿或者发生影响正常运输的情况，需要较长时间停车的，驾驶人员、押运人员应当采取相应的安全防范措施；运输剧毒化学品的，还应当向当地公安机关报告。

（3）剧毒化学品在道路运输途中丢失、被盗、被抢或者出现流散、泄漏等情况的，驾驶人员、押运人员应当立即采取相应的警示措施和安全措施，并向当地公安机关报告。

（4）运输剧毒化学品，国家有严格的要求和处罚。对有下列情况之一的，由公安机关责令改正，处1万元以上5万元以下的罚款；构成违反治安管理行为的，依法给予治安管理处罚：①运输剧毒化学品途中需要较长时间停车，驾驶人员、押运人员不向当地公安机关报告的；②剧毒化学品在道路运输途中丢失、被盗、被抢或者发生流散、泄漏等情况，驾驶人员、押运人员不采取必要的警示措施和安全措施，或者不向当地公安机关报告的。

2.《中华人民共和国道路运输条例》

《中华人民共和国道路运输条例》对从事道路运输经营以及道路运输相关业务进行了规定，其中对从事危险货物道路运输的企业和从业人员的资质、车辆维护检测、运输操作等方面也提出了明确要求。

（1）申请从事危险货物运输经营的，应当具备以下条件：①有5辆以上经检测合格的危险货物运输专用车辆、设备；②有经所在地设区的市级人民政府交通主管部门考试合格，取得上岗资格证的驾驶人员、装卸管理人员、押运人员；③危险货物运输专用车辆配有必要的通信工具；④有健全的安全生产管理制度。

（2）驾驶人员、押运人员、装卸管理人员必须经过考试取得从业资格证。同时驾驶人员需要取得相应机动车驾驶证，且年龄不超过60周岁。

（3）运输危险货物应当配备必要的押运人员，保证危险货物处于押运人员的监管之下，并悬挂明显的危险货物运输标志。

（4）托运危险货物的，应当向货运经营者说明危险货物的品名、性质、应急处置方法等情况，并严格按照国家有关规定包装，设置明显标志。

（5）在具体运输作业过程，运输危险货物应当采取必要措施，防止危险货物燃烧、爆炸、辐射、泄漏等；道路运输车辆应当随车携带车辆营运证，不得转让、出租；道路运输从业人员应当遵守道路运输操作规程，不得违章作业。驾驶人员连续驾驶时间不得超过4个小时。

（6）驾驶人员不符合从业条件驾驶道路运输经营车辆的，由县级以上道路运输管理机构责令改正，处200元以上2000元以下的罚款；构成犯罪的，依法追究刑事责任。

3.《中华人民共和国道路交通安全法实施条例》

该条例是为了配合《中华人民共和国道路交通安全法》的实施而制定的，其法律条款结构与《中华人民共和国道路交通安全法》基本相似；同时，具体的条款内容主要是针对《中华人民共和国道路交通安全法》中相关条款进行了细化规定。

4.《公路安全保护条例》

《公路安全保护条例》涉及危险货物道路运输的条款，主要是第四十三条和第六十九条。第四十三条是对车辆装载物的要求。即"车辆应当规范装载，装载物不得触地拖行。车辆装载物易掉落、遗洒或者飘散的，应当采取厢式密闭等有效防护措施方可在公路上行驶。公路上行驶车辆的装载物掉落、遗洒或者飘散的，车辆驾驶人、押运人员应当及时采取措施处理；无法处理的，应当在掉落、遗洒或者飘散物来车方向适当距离外设置警示标志，并迅速报告公路管理机构或者公安机关交通管理部门……车辆装载物掉落、遗洒、飘散后，车辆驾驶人、押运人员未及时采取措施处理，造成他人人身、财产损害的，道路运输企业、车辆驾驶人应当依法承担赔偿责任。"第六十九条是对违反第四十三条规定的行政处罚规定，即"车辆装载物触地拖行、掉落、遗洒或者飘散，造成公路路面损坏、污染的，由公路管理机构责令改正，处5000元以下的罚款。"

5.《生产安全事故应急条例》

《生产安全事故应急条例》适用于生产安全事故应急工作，其对于危险货物道路运输的规定，主要涉及以下几个方面：

（1）建立应急工作责任制度。运输单位应当建立、健全生产安全事故应急工作责任制，其主要负责人对本单位的生产安全事故应急工作全面负责。

（2）制修定应急救援预案并备案。运输单位应当针对本单位可能发生的生产安全事故的特点和危害，进行风险辨识和评估，制定相应的生产安全事故应急救援预案，并向本单位从业人员公布。预案应当符合有关法律、法规、规章和标准的规定，具有科学性、针对性和可操作性，明确规定应急组织体系、职责分工以及应急救援程序和措施，并及时根据条例规定的情形进行修订。同时易燃易爆物品、危险化学品等危险物品运输单位应当及时将应急救援预案按照国家有关规定报送县级以上人民政府负有安全生产监督管理职责的部门备案，并依法向社会公布。

（3）组织应急救援预案演练。易燃易爆物品、危险化学品等危险物品运输单位应当至少每半年组织1次生产安全事故应急救援预案演练，并将演练情况报送所在地县级以上地方人民政府负有安全生产监督管理职责的部门。

（4）建立应急救援队伍并开展培训。易燃易爆物品、危险化学品等危险物品运输单位应当建立应急救援队伍；小型企业或者微型企业等规模较小的生产经营单位，可以不建立应急救援队伍，但应当指定兼职的应急救援人员，并且可以与邻近的应急救援队伍签订应急救援协议。应急救援队伍的应急救援人员应当具备必要的专业知识、技能、身体素质和心理素质。运输单位按照国家有关规定对应急救援人员进行培训；经培训合格后，方可参加应急救援工作。应急救援队伍应当配备必要的应急救援装备和物资，并定期组织训练。应急救援队伍建立情况按照国家有关规定报送县级以上人民政府负有安全生产监督管理职责的部门，并依法向社会公布。

（5）建立应急值班制度。危险物品运输单位应当建立应急值班制度，配备应急值班人员。规模较大、危险性较高的易燃易爆物品、危险化学品等危险物品运输单位应当成立应急处置技术组，实行24小时应急值班。

（6）开展从业人员应急培训。运输单位应当对从业人员进行应急教育和培训，保证从业人员具备必要的应急知识，掌握风险防范技能和事故应急措施。

（7）积极开展应急救援。应急救援队伍接到有关人民政府及其部门的救援命令或者签有应急救援协议的生产经营单位的救援请求后，应当立即参加生产安全事故应急救援。现场指挥部实行总指挥负责制，参加生产安全事故现场应急救援的单位和个人应当服从现场指挥部的统一指挥。

（8）明确法律责任。

①未制定生产安全事故应急救援预案、未定期组织应急救援预案演练、未对从业人员进行应急教育和培训，生产经营单位的主要负责人在本单位发生生产安全事故时不立即组织抢救的，将依照《中华人民共和国安全生产法》有关规定追究法律责任。

②未对应急救援器材、设备和物资进行经常性维护，导致发生严重生产安全事故或者生产安全事故危害扩大，或者在本单位发生生产安全事故后未立即采取相应的应急救援措施，造成严重后果的，依照《中华人民共和国突发事件应对法》有关规定追究法律责任。

③未将生产安全事故应急救援预案报送备案、未建立应急值班制度或者配备应急值班人员的，由县级以上人民政府负有安全生产监督管理职责的部门责令限期改正；逾期未改正的，处3万元以上5万元以下的罚款，对直接负责的主管人员和其他直接责任人员处1万元以上2万元以下的罚款。

除此之外，对于放射性物品、民用爆炸品、烟花爆竹、危险废物、城镇燃气等特定种类的危险货物，国家也出台了系列管理条例，具体包括《放射性物质安全管理条例》《民用爆炸物品安全管理条例》《烟花爆竹安全管理条例》《医疗废物管理条例》《麻醉药品和精神药品管理条例》《易制毒化学品管理条例》《城镇燃气管理条例》等，这些行政法规对危险货物运输安全管理提出了各自的要求。

（三）危险货物道路运输相关部门规章

我国关于危险货物道路运输的部门规章主要有：《危险货物道路运输安全管理办法》《道路危险货物运输管理规定》《放射性物品道路运输管理规定》《道路运输车辆技术管理规定》《道路运输车辆动态监督管理办法》等。

1.《放射性物品道路运输管理规定》

该规定主要是规范放射性物品道路运输活动，保障人民生命财产安全，保护环境，适用于从事放射性物品道路运输活动的管理。

该规定的主要内容包括：

（1）明确放射性物品运输的分类管理制度。

（2）建立放射性物品运输行政许可制度，明确车辆、人员和管理制度三个方面的行政许可条件、程序和提交的材料。

（3）明确车辆和监测仪器设备的定期监测和使用管理一般要求。

（4）明确承托环节，承托双方应当查验相关文件的要求，以及运输过程中，承运人应当履行的相关证件携带、车辆悬挂标志、人员辐射监测、应急处置等方面的义务要求。

2.《道路运输车辆技术管理规定》

该规定主要是为了加强道路运输车辆技术管理，保持车辆技术状况良好，保障运输安全，发挥车辆效能，促进节能减排，适用于道路旅客运输车辆、道路普通货物运输车辆、危货运输车辆技术管理。

对于危险货物道路运输的规定，主要涉及以下几个方面：

（1）明确危货运输车辆基本技术条件。车辆的外廓尺寸、轴荷和最大允许总质量、车辆的技术性能、车型的燃料消耗量限值应当满足国家标准的规定，车辆技术等级必须为一级。运输车辆实行道路运输证制度。禁止使用报废、擅自改装、拼装、检测不合格以及其他不符合国家规定的车辆从事道路运输经营活动。

（2）建立车辆技术档案制度，实行一车一档。同时明确了车辆基本信息，车辆技术等级评定、车辆维护和修理、车辆主要零部件更换、车辆变更、行驶里程、对车辆造成损伤的交通事故记录等档案内容。具体要求可以参见《危险货物道路运输企业安全生产档案管理技术要求》（JT/T 914—2014）。

（3）建立车辆维护制度。车辆维护分为日常维护、一级维护和二级维护。日常维护由驾驶人员实施，一级维护和二级维护由道路运输经营者组织实施，并做好记录。运输剧毒化学品、爆炸品的专用车辆及罐式专用车辆（含罐式挂车），应当到具备危货运输车辆维修条件的企业进行维修。专用车辆的牵引车和其他运输危险货物的车辆由道路运输经营者消除危险货物的危害后，可以到具备一般车辆维修条件的企业进行维修。

（4）车辆应定期检测。运输企业应当定期到车籍所在地机动车综合性能检测机构，对道路运输车辆进行综合性能检测。车辆自首次经国家机动车辆注册登记主管部门登记注册不满60个月的，每12个月进行1次检测和评定；超过60个月的，每6个月进行1次检测和评定。

3.《道路运输车辆动态监督管理办法》

该办法主要是为了加强道路运输车辆动态监督管理，预防和减少道路交通事故。适用于道路运输车辆安装、使用具有行驶记录功能的卫星定位装置以及相关安全监督管理活动。

该办法提出了道路运输车辆动态监督管理应当遵循企业监控、政府监管、联网联控的原则，确立了道路运输企业是道路运输车辆动态监控的责任主体，政府部门监督企业履行动态监控的主体责任，实施政府监管职责；建立了包括企业、政府部门的二级道路运输车辆动态监督管理体系。

该办法规范了危险货物道路运输企业建设道路运输车辆动态监控平台的标准，以及接入全国重点营运车辆联网联控系统的要求；提出了企业将车辆行驶的动态信息和企业、驾驶人员、车辆的相关信息逐级上传至全国道路运输车辆动态信息公共交换平台，规定了企业配备监控人员、建立健全动态监控管理相关制度，规范了企业加强车辆动态监管内容和违法处理措施；给出了道路运输管理机构、公安机关交通管理部门、安全监管部门等的监督检查职责。

三、危险货物道路运输主要部门规章

（一）《危险货物道路运输安全管理办法》（交通运输部令2019年第29号）

1. 适用范围和法律关系

该办法适用于使用道路运输车辆从事危险货物运输及相关活动的安全管理，军用车辆运输危险货物的安全管理、未列入《危险货物道路运输规则》（JT/T 617—2018，以下简称JT/T 617）的危险化学品、《国家危险废物名录》中明确的在转移和运输环节实行豁免管理的危险废物、诊断用放射性药品的道路运输安全管理，不适用该办法。

该办法涉及的法律主体有托运人、承运人、装货人和收货人，涉及的安全监管部门有交通运输部、工业和信息化部、公安部、生态环境部、应急管理部、市场监督管理总局等。

该办法涉及的法律客体包括危险货物、运输车辆、设备、包装物等。其中危险货物，是指列入JT/T 617，具有爆炸、易燃、毒害、感染、腐蚀、放射性等危险特性的物质或者物品，包括《危险货物道路运输规则 第3部分：品名及运输要求索引》（JT/T 617.3—2018，以下简称JT/T 617.3）道路运输危险货物一览表（以下简称表A.1）中，或者符合《危险货物道路运输规则 第2部分：分类》（JT/T 617.2—2018，以下简称JT/T 617.2）正确分类的物质、物品。

该办法涉及的法律关系主要只是法律主体的权利和义务关系。法律事实则主要是各法律主体的托运、承运、运输、装卸、包装、监管等行为。

2. 主要特点

1）强化全链条管理，明确运输各参与方责任和管理部门监管职责

（1）以现有法律法规为依据，规定了托运人、装货人、承运人、收货人等危险货物道路运输及相关活动各参与方的责任，强化企业落实安全生产主体责任。

（2）依据《危险化学品安全管理条例》明确了交通运输部、工业和信息化部、公安部、生态环境部、应急管理部、市场监督管理总局等管理部门的监管职责，要求建立联合执法协作机制和违法案件移交、接收机制，促进各部门形成监管合力。

（3）涵盖危险货物托运、承运、装卸、车辆运行等环节，以及人员、车辆、罐体、包装、标签、标志等各要素，是构建危险货物道路运输全链条管理体系的重要举措。

2）建立系列管理制度，弥补了既有管理制度的漏洞

（1）针对非法托运危险货物问题，建立了危险货物托运清单制度，要求托运人在托运危险货物时应当提交托运清单，不得匿报谎报，强化运输源头管理。

（2）针对运输企业对所属车辆"挂而不管""以包代管"等问题，建立了危险货物运单制度，运输过程中应当随车携带危险货物运单，强化运输过程的安全管理。

（3）针对违规装货和违法运输等突出问题，建立了充装环节查验制度，装货人在充装或者装载货物前要对车辆、人员、罐体、货物合规性进行查验，强化装货环节安全

管理。

（4）针对常压罐式车辆安全水平低、带病运行等问题，建立了常压罐式车辆罐体检验制度，只有经具备专业资质检验机构检验合格的罐式车辆罐体方可出厂使用，保障运输装备本质安全。

3）建立车辆通行、例外数量及有限数量制度

（1）针对各地危险化学品车辆通行管控措施不统一的问题，明确公安机关可以对5类特定区域、路段、时段限制危险化学品运输车辆通行，并应提前向社会公布，确定绕行路线。确需限制危险化学品车辆通行高速公路的，限制通行时段应当在0~6时之间确定，以推动统一通行管理政策，保障了危险货物高效流通。

（2）例外数量及有限数量制度。在总结有关农药、涂料等小件危险货物运输豁免经验基础上，参考国际通行做法，完善了有限数量和例外数量管理制度，对84消毒液等小包装日化品，以及气雾剂和化工品试剂等低危物品运输实施豁免管理，符合要求的可以按照普通货物运输，降低企业经营负担。

4）接轨国际危险货物运输规则

借鉴了联合国《关于危险货物运输的建议书 规章范本》（TDG）和《危险货物国际道路运输欧洲公约》（ADR）的要求，参考了欧美等发达国家和地区的做法，保障了系统性及相关制度的科学化水平。同时，该办法引用的JT/T 617，可以实现危险货物的分类、品名、编号、包装、标签等要求与国际规则保持一致，为实现危险货物多式联运及国际运输奠定了基础。

3. 主要内容简介

该办法界定了危险货物、有限数量和例外数量、装货人基本概念，对危险货物道路运输托运、承运、装卸、运输各个环节，运输生产各个参与方、相关负有危险货物道路运输安全监管部门、危货运输车辆和罐体等要素给出了系列规定。该办法共10章79条，包括总则，危险货物托运，例外数量与有限数量危险货物运输的特别规定，危险货物承运，危险货物装卸，危货运输车辆及罐式车辆罐体、可移动罐柜、罐式集装箱（以下简称罐箱），危货运输车辆运行管理，监督检查，法律责任和附则。主要内容简述如下：

（1）危险货物托运。提出了托运人应当合规托运危险货物，明确了托运人关于确定危险货物危险性质、妥善包装、正确编制托运清单、提供特定种类危险货物运输的相关单证报告等责任。

（2）例外数量与有限数量危险货物运输。提出了有限数量和例外数量的条件，明确了豁免的特殊规定。

（3）危险货物承运。规定了承运人在经营范围内合规承运和运输，建立了运单制度并明确了承运人编制运单的责任，明确了承运人、驾驶人员和押运人员发车前例检义务等。

（4）危险货物装卸。明确了装货人在充装或装载前的"五必查"内容和查验、记录制度的内容；规定了装货人合规装载、不超载装运的义务，提出了起运前查验要求和内容。

（5）危货运输车辆及罐式车辆罐体、可移动罐柜、罐箱。建立了出厂前和重大维修

改造的常压罐式车辆罐体检验制度，提出了可移动罐柜、罐箱应当具有检验合格证书并取得相应的安全合格标志要求。

（6）危货运输车辆运行管理。提出了专用车辆安装和悬挂警示标志要求，给出了随车携带各类应急用品和特定种类危险货物单证具体内容，确定在途出行的各项规定。确定了公安机关限行的情形，统一了高速公路限行时间。

（7）监督检查。明确了危险货物道路运输负有安全监督管理职责的部门监督检查内容。

（8）法律责任。明确了从事危险货物道路运输的各方法律责任，确定了行政执法的安全监督管理部门和处罚措施，提出了负有安全监督管理部门相互通报有关处罚情况和将处罚信息社会公示的要求。

（二）《道路危险货物运输管理规定》（交通运输部令 2019 年第 42 号）

1. 适用范围和法律关系

该规定适用于道路运输车辆从事危险货物运输及相关活动的安全管理，军用车辆运输危险货物的安全管理不适用该规定。与《危险货物道路运输安全管理办法》相比，《道路危险货物运输管理规定》更侧重对承运人行政许可管理、承运人日常运输管理要求以及行业管理部门的监管要求。

该规定涉及的法律主体有托运人、承运人、相关从业人员以及交通运输部门。涉及的法律客体包括危险货物、运输车辆、设备等。法律关系主要是法律主体的权利和义务关系。法律事实则主要是各法律主体的托运行为、承运行为、运输行为、监管行为等。

如果运输的危险货物是放射性物品、剧毒、易制毒、麻醉药品和精神药品等特定种类的危险货物，还需要参照相应的规定执行，这些规定有：《放射性物品道路运输管理规定》《剧毒化学品购买和公路运输许可证件管理办法》《易制毒化学品购销和运输管理办法》《麻醉药品和精神药品运输管理办法》等。

2. 主要内容简介

该规定共 7 章 68 条，分为总则、运输许可、专用车辆、设备管理、危险货物运输、监督检查、法律责任、附则。主要内容简述如下：

（1）运输许可。规定了经营性和非经营性危险货物道路运输企业或单位的许可条件、申请所需提交的材料、许可程序、许可证换发、被许可人履行拟投入车辆、拟聘用人员承诺相关事项、变更许可事项、终止危险货物运输业务，以及禁止一次性、临时性运输、办理《企业法人营业执照》、外资投资危险货物道路运输、设立子公司、分公司许可程序等相关内容。

（2）专用车辆、设备管理。规定了专用车辆的维护、检测、使用、管理、定期审验、禁止性事项、维修，装卸危险货物机械及工、属具的技术要求，罐式专用车辆罐体要求、罐体清洗（置换），以及重复使用包装物和容器的检查、维修等内容。

(3) 危险货物运输。给出了危险货物运输的托运人、驾驶人员、押运人员、装卸管理人员等人员的管理要求，专用车辆从事普通货物运输、悬挂危险货物车辆标志、运输剧毒化学品、爆炸品停放、配备应急处理器材和安全防护设备、携带道路运输证和危险货物道路运输安全卡、安装卫星定位监控系统、禁止运输、限制运输以及严禁超载超限等车辆的管理要求，危险货物运输企业对从业人员进行安全培训、制定突发事件应急预案、进行安全评估、运输事故采取的措施和报告、异地经营备案管理以及危险货物运输经营者投保承运人责任险等相关规定。

(4) 监督检查。提出了交通运输主管部门按照《道路货物运输及站场管理规定》开展监督检查要求，以及对从业资格进行核实、扣押专用车辆以及举报移送等规定。

(5) 法律责任。规定了未依法取得、非法转让、出租危险货物道路运输许可证，不按规定投保承运人责任险，不携带《道路运输证》，从业人员、承运人、托运人，配备专职安全管理人员行为以及擅自改装专用车辆的法律责任。

(三) 对各参与方运输安全生产责任的规定

参与方即是第一章界定的危险货物道路运输生产主体，包括托运人、承运人、装货人、卸货人、收货人。《危险货物道路运输安全管理办法》和《道路危险货物运输管理规定》明确规定了各参与方在运输生产活动中（托运、承运、装载、在途运输和接收环节）的安全生产责任。作为托运人、承运人和装货人，不得托运、承运法律、行政法规禁止运输的危险货物。

1. 托运

托运环节是危险货物道路运输的源头，为了加强运输源头管理，《危险货物道路运输安全管理办法》规定了托运人应承担的主要责任，主要包括对承运人资质把关、对托运危险货物把关、对危险货物包装把关、准备运输单证和应急保障。

1) 对承运人资质把关

危险货物托运人应当委托具有相应危险货物道路运输资质的企业承运危险货物，而且托运的危险货物在《道路运输经营许可证》上标注的经营范围内。例如，对于经营范围只有第3类危险货物的企业，若托运的危险货物属于第2类的，就不能委托其运输。

对于托运民用爆炸物品、烟花爆竹的，应当委托具有第1类爆炸品或者第1类爆炸品中相应项别运输资质的企业承运。

2) 对托运危险货物把关

托运人在危险货物合规、危险货物分类和危险货物安全方面负有主要职责。

托运人应当按照JT/T 617.2、JT/T 617.3等标准规范，确定危险货物的类别、项别、品名、编号。对于JT/T 617.3表A.1中"特殊规定"要求添加抑制剂或者稳定剂的，应当按照规定添加，并将有关情况告知承运人。

托运人不得在托运的普通货物中违规夹带危险货物，或者将危险货物匿报、谎报为普通货物托运。

3）对危险货物包装把关

托运人按照《危险货物道路运输规则 第4部分：运输包装使用要求》（JT/T 617.4—2018），结合危险货物理化性质，选择符合标准规范要求并检测合格的危险货物运输包装，妥善包装危险货物，并按照《危险货物道路运输规则 第5部分：托运要求》（JT/T 617.5—2018，以下简称 JT/T 617.5）的规定在外包装设置相应的危险货物标志。

托运人委托其他企业或者单位进行包装、充装或者装载的，应当确保其满足相关标准要求。

对于例外数量、有限数量的危险货物，确保危险货物包装、每个内容器和外容器可运输的危险货物的最大数量符合 JT/T 617.3 的要求。

4）准备运输单证

（1）编制托运清单。

托运人负责编制托运清单，并应当妥善保存，保存期限不得少于12个月。

这里托运清单是托运人托运危险货物的原始凭证，也是运输单位承运危险货物的原始依据，明确了承托双方在运输过程中的权利、义务和责任。托运清单主要包括托运人、收货人、装货人和承运人等企业基本信息、货物信息、应急信息和其他等几大类信息，主要内容如下：

①托运人的名称和地址；

②收货人的名称和地址；

③装货单位名称；

④实际发货/装货地址；

⑤实际收货/卸货地址；

⑥运输企业名称（用全称）；

⑦所托运危险货物的 UN 编号；

⑧危险货物正式运输名称；

⑨危险货物类别；

⑩危险货物包装类别；

⑪危险货物运输数量；

⑫24小时应急联系电话；

⑬必要的危险货物安全信息，作为托运清单附录，主要包括操作、装卸、堆码、储存安全注意事项以及特殊应急处理措施等。

托运爆炸品、气体、4.1项中的自反应物质、5.2项有机过氧化物以及6.2项感染性物质时，JT/T 617.5 还提出了特殊填写要求。

（2）准备相关部门许可或批准文件。

国家对剧毒化学品、民用爆炸物品、烟花爆竹、放射性物品和危险废物实行全链条安全管理。运输这些货物，托运人都应向承运人提供相关部门核发的许可或批准文件，见表2-2-1。证明文件作为托运清单的附录，在托运时一并交付给承运人。

证明文件列表 表2-2-1

序号	货物类型	证明文件	法规	主管部门
1	剧毒化学品	剧毒化学品公路运输通行证	剧毒化学品购买和公路运输许可证件管理办法	公安机关
2	民用爆炸物品	民用爆炸物品运输通行证	民用爆炸物品安全管理条例	公安机关
3	烟花爆竹	烟花爆竹道路运输许可证	烟花爆竹安全管理条例	公安机关
4	放射性物品	道路运输放射性物品的审批文件	放射性物品道路运输管理规定	公安机关
5	一类放射性物品	核与辐射安全分析报告书的审批文件		国务院核安全主管部门
6	危险废物（包括医疗废物）	危险废物转移联单	危险废物转移联单管理办法	生态环境主管部门

①托运剧毒化学品、民用爆炸物品、烟花爆竹或者放射性物品的，应当向承运人相应提供公安机关核发的剧毒化学品道路运输通行证、民用爆炸物品运输许可证、烟花爆竹道路运输许可证、放射性物品道路运输许可证明或者文件。

②托运第1类放射性物品的，应当向承运人提供国务院核安全监管部门批准的放射性物品运输核与辐射安全分析报告。

③托运危险废物（包括医疗废物，下同）的，应当向承运人提供生态环境主管部门发放的电子或者纸质形式的危险废物转移联单。

④托运人应向承运人提供相关部门核发的许可或批准文件。

（3）其他文件。

托运人需要提交的材料，还包括如下几项。

①化学品安全技术说明书（SDS）。托运人将待运危险货物的 SDS 提供给运输企业。SDS 是联合国《全球化学品统一分类和标签制度》（以下简称 GHS）法规制定的一种将化学品危害、存储、处置等各类信息沿着供应链进行上下游传递的措施之一。一份完整的 SDS 包含了化学品的理化性质、健康危害、环境危害、操作与存储注意事项、泄漏处置措施以及急救方式等信息，是化学品生产企业制定针对工人防护和环境保护措施的依据，是运输工人、仓储人员、急救人员、消防人员进行安全操作和科学处置突发事件的指南。

②化学品安全标签。化学品安全标签与 SDS 类似，也是 GHS 法规制定的转递化学品危害信息的方式之一。与 SDS 不同的是，化学品安全标签的内容相对简洁、明了，而且采用了图形化展示化学品危害的方式，提高了化学品安全标签的辨识性和理解性，能够有效且及时地为运输人员、消防人员和应急人员提供有关化学品的危害信息和有效的预防措施。

③包装证明。托运危险货物的包装如果与国家有关规定的包装不同时，必须附有"包装检查证明书"和"包装适用证明书"，"包装检查证明书"经主管部门确认后才能生效。

以例外数量包装形式托运危险货物的，托运人应当向承运人出具满足 JT/T 617.3 包装要求的书面声明。

④装箱证明书。使用集装箱托运危险货物，要附有现场检查员签字的"集装箱装运危险货物装箱证明书"，详尽说明箱内危险货物的包件装在何装置上或装于何装置内、

集装箱/车辆/装置的识别号,以及证明操作是按规定进行的。

⑤其他承运人认为必要的证明文件。

5)应急保障

托运人应当在危险货物运输期间保持应急联系电话畅通。其目的是危险货物道路运输突发事件应急过程中,可以向承运人提供事故应急救援技术指导。

2. 承运

承运是危险货物道路运输的关键环节,承运人是危险货物道路运输活动的主体。其主要职责包括依法受理、编制运单、使用合规的车辆和从业人员、出车前安全检查。

1)依法受理

承运人应当按照交通运输主管部门许可的经营范围受理危险货物托运。

交通运输主管部门许可的经营范围,标注在为承运人发放的《道路运输经营许可证》或《道路危险货物运输许可证》"经营范围"栏目中,内容有类别、项别或品名,如果为剧毒化学品标注为"剧毒"。

如果从事放射性物品运输业务,承运人需要具有放射性物品《道路运输经营许可证》或《放射性物品道路运输许可证》。

如果在"经营范围"栏标注的内容只有"第3类",承运人就不应受理属于其他类的危险货物,例如第2类的"氧气"。

2)编制运单

货物运单是承运人与托运人之间为完成货物运输而共同填制的、具有运输契约性质的一种运送票据。

为了避免运输企业对所属车辆"挂而不管""以包代管"等现象,要求承运人制作符合《危险货物道路运输安全管理办法》规定的危险货物运单,并交由驾驶人员随车携带。危险货物运单包含托运人、承运人和收货人等企业基本信息、货物基本信息、车辆信息、人员信息和其他等几类基本信息(图2-2-1)。

①托运人的名称和联系电话;

②收货人的名称和联系电话;

③装货人(或充装人)的名称;

④运输企业名称、许可证号、联系电话;

⑤车辆车牌号码、道路运输证号;

⑥挂车车牌号码、道路运输证号;

⑦罐式车辆(如适用)罐体编号、罐体容积;

⑧驾驶人员姓名、从业资格证号及联系电话;

⑨押运人员姓名、从业资格证号及联系电话;

⑩危险货物信息;

⑪实际发货/装货地址;

⑫实际收货/卸货地址;

⑬起运日期；
⑭是否为城市配送；
⑮备注；
⑯调度人、调度日期。

运单格式要求如图2-2-1所示。

危险货物道路运输运单

运单编号：						
托运人	名称		收货人	名称		
	联系电话			联系电话		
装货人	名称		起运日期			
	联系电话		起运地			
目的地					□城市配送	
承运人	单位名称		联系电话			
	许可证号					
	车辆信息	车牌号码(颜色)		挂车信息	车牌号码	
		道路运输证号			道路运输证号	
	罐体信息	罐体编号			罐体容积	
	驾驶员	姓名		押运员	姓名	
		从业资格证			从业资格证	
		联系电话			联系电话	
货物信息	包括序号，UN开头的联合国编号，危险货物运输名称，类别及项别，包装类别，包装规格，单位，数量等内容，每项内容用逗号隔开					
备注				（电子运单二维码*）		
调度人：				调度日期：		

注：*电子运单会由系统生成二维码，具体参见第六章内容。

图2-2-1 危险货物道路运输运单格式

3）使用合规的危货运输车辆

承运人应当使用符合《道路危险货物运输管理规定》要求的且与所承运的危险货物性质、重量相匹配的车辆及设备进行运输。

运输"剧毒"或"放射性物品"的，危货运输车辆《道路运输证》相关栏，应标注"剧毒"，或者放射性物品类别或者品名。

使用常压液体危险货物罐式车辆运输危险货物的，应当在罐式车辆罐体的适装介质列表范围内承运；使用移动式压力容器运输危险货物的，应当按照移动式压力容器使用登记证上限定的介质承运。

危险货物承运人应当按照运输车辆的核定载质量装载危险货物，不得超载。

4）使用合格的驾驶人员和押运人员

承运人配备的驾驶人员和押运人员，应具有危险货物道路运输从业资格，且运输作业前身体健康、心理状态良好。

5）出车前安全检查

运输前对车辆等设备进行安全检查，是确保途中行车安全的有效手段之一。为此，要求承运人在运输前，应当对运输车辆、罐式车辆罐体、可移动罐柜、罐箱及相关设备的技术状况，以及卫星定位装置进行检查并做好记录，对驾驶人员、押运人员进行运输安全告知。

执行运输任务的驾驶人员、押运人员，在出车前应做好车辆、携带证件单据的检查。

危货运输车辆驾驶人员、押运人员在起运前，应当对承运危险货物的运输车辆、罐式车辆罐体、可移动罐柜、罐箱进行外观检查，确保没有影响运输安全的缺陷。应当检查确认危货运输车辆按照《道路运输危险货物车辆标志》（GB 13392）要求安装、悬挂标志。运输爆炸品和剧毒化学品的，还应当检查确认车辆安装、粘贴符合《道路运输爆炸品和剧毒化学品车辆安全技术条件》（GB 20300）要求的安全标示牌。

驾驶人员和押运人员检查随身携带的单据和证件是否齐全。驾驶人员除了应携带一般驾驶人员需要的证件之外，还需要携带危险货物道路运输要求的证件和单据，主要包括以下几项：

（1）道路运输证；

（2）从业资格证；

（3）危险货物运单；

（4）危险货物道路运输安全卡；

（5）运输剧毒化学品、民用爆炸物品、烟花爆竹、放射性物品或者危险废物时，还应当随车携带规定的单证报告。

这里的危险货物道路运输安全卡，规定了事故发生后，驾驶人员和押运人员应该采取的基本应急救援措施和防护措施，以及运输过程中随车携带的基本安全应急设备，具体内容见附录一。

3. 装载

危险货物装载是目前危险货物道路运输安全的薄弱环节，加强装载环节安全监管对于提升危险货物道路运输安全水平具有重要促进作用。

装货人是危险货物装载作业的主要责任人，为了把好危险货物运输的装货源头关，装货人应承担的安全生产职责主要包括压力罐体充装作业资质要求、装载前的"五必查"、规范充装、充装后确认。

1）压力罐体充装作业资质要求

如果是压力罐体，充装人员需要持有特种设备作业人员证。

2）装载前的"五必查"

装货人应当在充装/装载货物前，查验车辆、驾驶人员和押运人员的资质资格，检查车辆和载运工具的检验有效性、待充装货物与运单一致性，以及与载运工具的适装性，即"五必查"；对不符合要求的，不得充装或者发货。具体检验内容如下：

（1）车辆是否具有有效的行驶证和营运证；

（2）驾驶人员、押运人员是否具有有效的资质证件；

（3）运输车辆、罐式车辆罐体、可移动罐柜、罐箱是否在检验合格有效期内；

（4）所充装或者装载的危险货物是否与危险货物运单载明的事项相一致；

（5）所充装的危险货物是否在罐式车辆罐体的适装介质列表范围内，或者满足可移动罐柜导则、罐箱适用代码的要求。

充装或者装载剧毒化学品、民用爆炸物品、烟花爆竹、放射性物品或者危险废物时，还应当查验相应的单证报告。

需要注意的是，为便于事故调查和责任追查，装货人还应当建立装货记录制度，相关信息保持期限不得少于12个月。

3）规范充装作业

装货人应遵循相关规定和要求进行装载作业，装载货物不得超过运输车辆核定载质量，并且不得超出罐式车辆罐体、可移动罐柜、罐箱的允许充装量范围。

装货人应当建立危险货物装货记录制度，记录所充装或者装载的危险货物类别、品名、数量、运单编号和托运人、承运人、运输车辆及驾驶人员等相关信息并妥善保存，保存期限不得少于12个月。

4）充装后确认

危险货物交付运输时，装货人应当确保危险货物运输车辆按照《道路运输危险货物车辆标志》（GB 13392）要求安装、悬挂标志，确保包装容器没有损坏或者泄漏，罐式车辆罐体、可移动罐柜、罐箱的关闭装置处于关闭状态。

爆炸品和剧毒化学品交付运输时，装货人还应当确保车辆安装、粘贴符合《道路运输爆炸品和剧毒化学品车辆安全技术条件》（GB 20300）要求的安全标示牌。

4. 在途运输

在途运输作业是实现危险货物从装货点通过道路运输到卸货点、完成合同任务的核心环节，由于在途运输所处的道路环境和交通环境具有复杂多变、不易控制等特点，因此需要加强危险货物道路运输在途运输监管。

1）押运人员配备要求

在危险货物道路运输过程中，除驾驶人员外，还应当在专用车辆上配备必要的押运人员，确保危险货物处于押运人员监管之下。

2）在途运输安全要求

驾驶人员应遵守相关法规和标准要求，在道路上安全行驶。

运输民用爆炸物品、烟花爆竹和剧毒、放射性等危险物品时，应当按照公安机关批准的路线、时间行驶。

运输过程中,押运人员应每隔 2 小时检查一次货物,及时发现货物的异常状态。若货物发生燃烧、爆炸、污染、中毒或者被盗、丢失、流散、泄漏等事故,驾驶人员、押运人员应当立即根据应急预案和危险货物道路运输安全卡的要求,采取应急处置措施,并向事故发生地应急管理部门、交通运输主管部门和本企业或者单位报告。

3)在途运输动态监控要求

危险货物承运人应当按照《中华人民共和国反恐怖主义法》和《道路运输车辆动态监督管理办法》要求,在车辆运行期间通过定位系统对车辆和驾驶人员进行监控管理。

5. 接收

接收是指货物达到后,收货人验货、卸货,完成承运人和收货人之间的货物交接的过程,是危险货物道路运输作业最后一个环节。

危险货物到达指定卸货点,收货人应当及时收货,并按照安全操作规程进行卸货作业。

为了保障各参与方履行自身的安全责任,两部法规明确了各参与方的法律责任。对于违反法规相关规定的,依据情节严重程度,或者责令限期整改,处以规定数额的罚款,或者有违法所得的,没收违法所得;对于一些情节严重的违法行为,责令停产停业整顿;构成犯罪的,依法追究刑事责任。

第三节 国际危险货物运输规则

一、国际危险货物运输规则

国际危险货物运输规则是指由危险货物运输国际组织编写的系列国际规则和技术标准。危险货物运输国际组织主要有联合国经济及社会理事会下设的危险货物运输专家委员会(UN CETDG)、国际民航组织(ICAO)、国际海事组织(IMO)、国际铁路组织和国际原子能机构(IAEA)等。为了加强危险货物运输安全管理,危险货物运输国际组织制定了指导各种运输方式运输危险货物的系列国际规则和技术标准。按照适用范围,国际危险货物运输规则可以分为以下几种类型。

1. 适用于所有运输方式的国际规则

这类规则主要指《关于危险货物运输的建议书 规章范本》和《试验和标准手册》,这是一套适用于各种运输方式的基本规定,其目的是确保危险货物运输高度安全,防止在运输过程中发生危及人和财产、破坏环境的事故,同时提出一套统一的管理框架,为各国政府、政府间组织和其他国际组织的规则修编工作提供应遵守的原则,为各单项危险货物运输规则修订提供一个总体框架,使得全球、各种运输方式有一个统一协调的危险货物运输规则体系,有利于促进世界贸易发展。

2.适用于单一运输方式的国际规则

这类规则是以《关于危险货物运输的建议书 规章范本》为依据开展修编工作的。根据各自方式的特点,具体化《关于危险货物运输的建议书 规章范本》中的一般要求和规定。这些规则包括国际海事组织制定的《国际海运危险货物规则》(IMDG Code)、国际航空组织编制的《危险物品航空安全运输技术细则》(ICAO-TI)和国际航空运输协会编制的《IATA危险品规则》(IATA DGR)等。

3.适用于特定种类的国际规则

由于放射性物质危害的严重性,国际原子能机构编制了《放射性物质安全运输规程》。国际原子能机构成员国、与放射性物质运输有关的国际组织及地区性组织执行了该条例,或执行了以该条例为基础的运输规程,该条例成为制定放射性物质运输管理法规和安全标准的准则和基础。

《关于危险货物运输的建议书 规章范本》中有对放射性物质运输的要求即是以国际原子能机构的运输安全标准为基础编制的。

主要国际危险货物运输规则构成要素相互关系如图2-3-1所示。

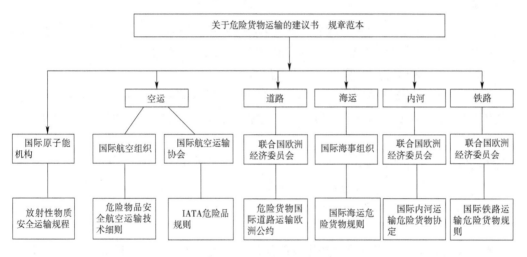

图 2-3-1 危险货物运输组织和国际危险货物运输规则框架

二、《关于危险货物运输的建议书 规章范本》介绍

(一)发展历程

1956年,危险货物运输专家委员会首次出版了《关于危险货物运输建议书》(ST/ECA/43-E/CN.2/170)。为适应技术发展、新物质和材料的出现,满足现代运输系统的要求、用户不断变化的需要和管理部门对安全的要求,危险货物运输专家委员会在随后的历届会议上,按照经济及社会理事会1957年4月26日第645G(XXIII)号决议和之后的有关决议,建立了《关于危险货物运输建议书》定期修订和增补的制度。

1996年12月2日至10日,危险货物运输专家委员会(UN CETDG)在第十九届会议上，通过了《危险货物运输规章范本》第1版，并将其以附件的形式列入《关于危险货物运输建议书》第10修订版，形成了当前的《关于危险货物运输的建议书 规章范本》。专家小组委员会每两年组织对《关于危险货物运输的建议书 规章范本》进行定期修订和增补，还单独出版了《试验和标准手册》，作为其补充。

（二）框架介绍

《关于危险货物运输的建议书 规章范本》是各国政府和与危险货物运输安全相关的各国际组织制定规则的基本依据，其提出了一套关于分类、包装、托运、标记等方面的基本规定，使各国和国际组织在危险货物及运输中有统一的要求，从而使国际运输中的承运人、发货人和检查机关，在保障安全的前提下，简化运输、装卸和检查的程序，便利工作，消除或减少危险货物国际运输的障碍，促进经济发展。

该规定的适用对象是各国政府和关心危险货物运输安全的各国际组织，适用于所有运输方式；不适用以下危险货物运输：

（1）须遵守专门的国际或国家规定的远洋或内陆散装货船或油轮的散装危险货物运输；

（2）运输工具推进所需的危险货物或运输过程中其特殊设备（例如制冷装置）运转所需的危险货物或按照业务规则所需的危险货物（例如灭火器）；

（3）个人携带供自用的零售包装的危险货物。

《关于危险货物运输的建议书 规章范本》的系列规定只是"建议"性质，没有法律约束力和强制性。因此，我国危险货物道路运输需要执行国内的有关法律法规和标准。

该规定由7部分组成：一般规定、定义、培训和安全；分类；危险货物一览表特殊规定和例外；包装规定和罐体规定；托运程序；容器、中型散货集装箱（中型散货箱）、大型容器、便携式罐体、多元气体容器和散装货箱的制造和试验要求；有关运输作业的规定。

1. 一般规定、定义、培训和安全

1）一般规定

该部分明确了《关于危险货物运输的建议书 规章范本》的范围和适用、例外、邮递和禁运等特殊情况。

在范围和适用部分，提出了危险货物运输的详细要求；确定了《关于危险货物运输的建议书 规章范本》不适用于危险货物的运输范围，主要包括：

（1）运输工具推进所需的危险货物或运输过程中其特殊设备（例如制冷装置）运转所需的危险货物或按照业务规则所需的危险货物（例如灭火器）；

（2）个人携带供自用的零售包装的危险货物。

在例外部分，确定了有限数量包装的危险货物，按照《关于危险货物运输的建议书 规章范本》规定的条件，可以豁免系列规定。

在禁运部分，确定了在正常运输条件下可能发生爆炸，起危险反应，产生火焰，危险发热，或危险地放出毒性、腐蚀性或易燃气体或蒸汽的货物，禁止运输。

在邮递部分，根据《万国邮政联盟公约》的要求，明确了本章所界定的危险货物，不允许国际邮寄运输。同时也给出了在符合国家主管当局规定下，可以国际邮寄运输危险货物。

2）定义、培训和安全

该部分给出了《关于危险货物运输的建议书 规章范本》中的法律概念解释，列出了相关单位制的换算。

对于从事危险货物运输相关人员，包括托运人、承运人等，提出了强制性培训的要求。

界定了有严重后果的危险货物，并提出了运输该类货物的安全保障详细要求。

明确了第7类放射性物质规定的适用和不适用的范围、例外条件，以及运输要求。

2. 分类

该部分明确了危险货物的类项，以及各类危险货物的定义和分类判定程序。

为了便于确定危险货物的运输条件，保障运输安全，对受《关于危险货物运输的建议书 规章范本》约束的危险货物，依据其属性被划分成九大类，有的类别再具体划分成项别。同时，确定了危险货物划分成高度、中度和轻度三类危险程度，用包装类别表示；按照危险货物危险性类别和组成，划定了货物的联合国编号和正式运输名称；建立了混合物确定主要和次要危险性的原则。

该部分对每类危险货物给出了类、项的定义，提出了危险程度划分的标准，结合《试验和标准手册》确定了分类程序。

3. 危险货物一览表

该部分包括2000多种常运的危险货物一览表，有限数量和例外数量的具体要求和豁免内容。

在危险货物一览表中，列出了每个品名货物的联合国编号、正式运输名称、类别或项别、次要危险性、包装类别等危险货物的基本属性，有限数量和例外数量的条件，以及该品名货物运输适用的包装和中型散装容器、移动罐柜和散装货箱规范。

4. 包装规定和罐体规定

该部分针对不同类型包装、不同类项危险货物，提出具体的包装要求、一般使用规定、包装规范。

对于包装、中型散装容器、大型包装、便携式罐体、多元气体容器和散装货箱，将其总的要求和使用规定归纳成两点：一是包装应与所装介质相适应，而且对内装介质在运输过程中起到保护作用，在一定程度上降低危险货物在运输过程中的危险性；二是包装方式和包装件性能满足特定运输方式的需要，不会出现泄漏和其他危险。

5. 托运程序

该部分明确了托运程序中托运人的责任，包括妥善包装、正确粘贴包件的标记标签、揭示牌，需要准备的托运单据、证明材料和应急资料；给出了包件的标记标签和运输装置揭示牌的式样和粘贴要求，明确了托运单据的基本内容、证明材料的基本信息要求。

6. 运输作业

该部分明确了可以接受和不能接受的货物要求、装卸货物规定，以及危险货物在运载工具内的隔离要求；并围绕防止货物在运输过程中出现泄漏、发生反应、引起燃爆等，提出了运输爆炸品，气体，4.1项、5.2项、6.1和6.2项规定的物品，以及放射性物质的特殊运输规定，以确保运输安全。

三、《危险货物国际道路运输欧洲公约》简介

（一）发展历程

《危险货物国际道路运输欧洲公约》在《关于危险货物运输的建议书 规章范本》的基础上，为其缔约国规范跨境危险货物道路运输的国际法律框架和技术规章，是国际上主要的危险货物道路运输规章。联合国欧洲经济委员会于1957年9月30日在日内瓦完成了《危险货物国际道路运输欧洲公约》，1968年1月29日生效，随后进行多次修改调整，最终确保在整个欧洲具有统一的监管框架。它认为明确运输链中各参与方的责任是有必要的，以便更系统地划分各参与方的要求。该公约生效后，将每两年按照计划修订其附录A和B。该公约缔约方除了欧盟各国外，还有挪威、瑞士、俄罗斯、土耳其等非欧盟成员国。

（二）框架介绍

《危险货物国际道路运输欧洲公约》是公路运输危险货物及包装检验管理的必备技术法规，为公路运输危险货物的生产经营、包装的生产经营、仓储运输及管理等部门提供了最具权威性的国际准则。该公约是国家之间的公约，不具备整体执行权，本身未提出任何处罚措施。这表明联合国欧洲经济委员会不对任何国家的法律地位表示任何意见，各国危险货物运输尤其是境内的危险货物运输，要遵守本国的法规标准。该公约主要由以下四个部分组成：

（1）危险货物国际道路运输欧洲公约；

（2）签署备忘录；

（3）附录A 关于危险物质和物品的一般规定和要求；

（4）附录B 关于运输设备和运输作业的规定。

"危险货物国际道路运输欧洲公约"主要给出了"危险货物""国际道路运输""车辆"基本法律概念的定义，确定了禁止运输和适运的危险货物范围，明确了《危险货物国际道路运输欧洲公约》的法律地位，提出了缔约方加入/退出方式、缔约方对进入本国领土的控制权利，给出了公约实施中出现争议的解决方法，建立了公约修订机制。

"签署备忘录"也是《危险货物国际道路运输欧洲公约》的组成部分，在第16条指出，签署备忘录与该公约本身具有同等效力、作用和期限。签署备忘录主要记录了缔约方在实施该公约中的一些特殊规定。

"附录A"和"附录B"主要是关于危险货物运输技术性的规定和要求。

（三）附录 A 和附录 B 技术内容简介

《危险货物国际道路运输欧洲公约》的附录，包括附录A和附录B共9个部分，内容涵盖运输全过程、全要素。

附录A是关于危险货物的一般规定和要求，与《关于危险货物运输的建议书 规章范本》结构一致，包括7个部分：危险货物的一般规定，分类，危险货物一览表，特殊规定，有限数量和例外数量危险货物的豁免，包装和罐体规定，托运程序，包装等的制造和试验要求，运输、装卸及操作条件的规定。附录B是关于道路运输作业和运输装备制造方面的规定，是《危险货物国际道路运输欧洲公约》作为道路运输危险货物规则的特有内容。包括车组人员、设备、作业和单据的要求，车辆制造和批准的要求。各部分内容简述如下。

（1）一般规定。这是最基础部分，包括所有在其他部分使用的术语定义、适用范围，还包括了有关培训、免除、过渡措施、各参与方安全义务、控制措施、安全顾问、运输危险货物的通行隧道限制以及安保等条款。

（2）分类。该部分对危险货物分类和试验方法进行了规定。危险货物分类规定主要包括分类准则、不应受理运输的物质和物品、集合条目列表等。

（3）危险货物一览表，特殊规定，有限数量和例外数量危险货物的豁免。该部分提出了道路运输危险货物一览表以及特殊规定内容，确定有限数量危险货物和例外数量危险货物的条件和道路运输要求。危险货物一览表明确了每个危险货物品名的联合国编号、包装类型、车辆选择、装卸以及运输要求，是《危险货物国际道路运输欧洲公约》最为关键的内容。

（4）包装和罐体规定。该部分提出了危险货物包装、中型散装容器、大型包装、可移动罐柜、UN多单元气体容器、罐式车辆、罐箱、管束式车辆等包装、罐体的使用要求。该部分还给出了货物可接受的单一包装和组合包装类型。对于组合包装，还以包装指南的形式列出了可接受的外包装、内包装，以及每个内包装或外包装允许装载的最大净质量或最大容量。《危险货物国际道路运输欧洲公约》为每个包装指南确定一个代码，每一危险货物品名可以通过《危险货物国际道路运输欧洲公约》的危险货物一览表第（8）栏包装指南代码确定相应的包装类型。《危险货物国际道路运输欧洲公约》在该部分还独创性地将混合物同化为标准溶液，以确定其与包装的兼容性的规则、程序及同化列表。

（5）托运程序。该部分主要提出了托运危险货物进行道路运输时使用的包装标记和标志，运输工具的标记、菱形标志牌和矩形标志牌，运输单据等方面的要求。

（6）包装、中型散装容器、大型包装、罐体和散装容器的制造和试验要求。该部分对包装、中型散装容器、大型包装、罐体和散装容器的制造和检验，提出了具体的规定。

（7）运输、装卸及操作条件的规定。该部分主要提出了危险货物包件运输、散装运输、罐装运输时运输装备要求，以及装卸操作具体要求，包括装卸操作一般规定、混合装载的禁止性规定、与普通货物的装卸要求、运输量限制、操作和堆放、卸载后的清洗、禁止吸烟、预防静电，以及适用于特定种类或货物的特殊装卸和操作规定等。《危险货物国际道路运输欧洲公约》为这些规定内容确定了代码，这些代码在危险货物一览表相应栏中列出。

（8）车组人员、设备、作业和单据的要求。该部分提出了危险货物道路运输的运输条件及作业的一般要求，给出了从业人员培训要求、车组成员应遵守的规定、车辆监护要求、隧道通行要求以及对特殊危险类别危险货物的附加规定等。

（9）车辆制造和批准要求。该部分划分了危货运输车辆的类型，提出了各类危货运输车辆的结构要求，并提出了运输爆炸品、需要温控货物等时对车辆的特殊规定。

第四节　我国危险货物道路运输标准体系

一、标准体系建设历程

我国危险货物道路运输标准体系建设，经历了从无到有、从有到精的过程。

1978年后，国内陆续发布了一批危险货物技术标准，主要包括《危险货物包装标志》（GB 190—1985）、《危险货物分类和品名编号》（GB 6944—1986）、《危险货物品名表》（GB 12268—1990）和《道路运输危险货物车辆标志》（GB 13392—1992）。

1988年和1991年交通运输部发布了两项重要的危险货物道路运输行业标准：《汽车危险货物运输规则》（JT 3130—1988）、《汽车危险货物运输、装卸作业规程》（JT 3145—1991）。2004年经过修订，标准号分别为JT 617—2004和JT 618—2004。这两部强制性行业标准在我国危险货物道路运输发展过程中发挥了重要作用。

随着标准建设工作的加快，国内建立了有关危险货物、包装和容器、危货运输车辆、运输操作和动态监控等方面的国家和行业相关标准，初步估计有130多部。

2018年交通运输部组织专家，对标《危险货物国际道路运输欧洲公约》，梳理、整合了危险货物道路运输相关标准，编制了覆盖危险货物道路运输各个环节的行业标准《危险货物道路运输规则》（JT/T 617—2018），实现了从有到精的过程。

二、标准体系构成

参照《危险化学品安全生产标准体系》标准划分方法，危险货物运输标准系统包括通用基础安全标准、运输安全技术标准和运输安全管理标准三部分。通用基础安全标准包括：安全通则标准、术语标准、分类、安全警示等相关标准。运输安全技术标准包括：包装和罐体安全标准、危险货物运输装卸作业安全标准、危险货物运输作业安全标准等。运输安全管理标准包括：危险货物运输企业安全管理规范类标准、运输动态监督管理标准、事故应急救援类标准。

1. 通用基础安全标准

（1）危险货物类：《危险货物分类和品名编号》（GB 6944）、《危险货物品名表》（GB 12268）等。

（2）安全警示类：《危险货物包装标志》（GB 190）、《道路运输危险货物车辆标志》（GB 13392）、《化学品安全技术说明书 内容和项目顺序》（GB/T 16483）、《化学品安全标签编写规定》（GB 15258）等。

2. 运输安全技术标准

（1）危险货物包装和罐体类：《危险货物运输包装通用技术条件》（GB 12463）、《道路运输液体危险货物罐式车辆 第1部分：金属常压罐体技术要求》（GB 18564.1）和《道路运输液体危险货物罐式车辆 第2部分：非金属常压罐体技术要求》（GB 18564.2）、《系列1集装箱 技术要求和试验方法 液体、气体及加压干散货罐式集装箱》（GB/T 16563）、《移动式压力容器安全技术监察规程》（TSG R0005）等。

（2）车辆类：《机动车运行安全技术条件》（GB 7258）、《道路运输车辆综合性能要求和检验方法》（GB 18565）、《营运货车安全技术条件 第1部分：载货汽车》（JT/T 1178.1）、《营运货车安全技术条件 第2部分：牵引车辆与挂车》（JT/T 1178.2）、《道路运输车辆技术等级划分和评定要求》（JT/T 198）等。

危险货物运输车辆主要标准有：《危险货物运输车辆结构要求》（GB 21668）、《液化气体汽车罐车》（GB 19905）、《道路运输爆炸品和剧毒化学品车辆安全技术条件》（GB 20300）、《危险货物道路运输营运车辆安全技术条件》（JT/T 1285）等。

（3）卫星定位系统、电子运单类：《汽车行驶记录仪》（GB/T 19056）、《道路运输车辆卫星定位系统 平台技术要求》（GB/T 35658）、《道路运输车辆卫星定位系统 车载终端技术要求》（JT/T 794）、《道路运输车辆卫星定位系统 视频终端技术要求》（JT/T 1076），《交通运输物流信息交换 第2部分：道路运输电子单证》（JT/T 919.2）、《道路运输电子政务平台编目编码规则》（JT/T 415）等标准。

（4）运输规则主要技术标准：《放射性物质安全运输规程》（GB 11806）、《气瓶直立道路运输技术要求》（GB/T 30685）等。

（5）运输安全技术行业标准：《危险货物道路运输规则》（JT/T 617）。

3. 安全管理标准

这类标准主要包括：《危险货物道路运输企业运输事故应急预案编制要求》（JT/T 911）、《危险货物道路运输企业安全生产管理制度编写要求》（JT/T 912）、《危险货物道路运输企业安全生产责任制编写要求》（JT/T 913）、《危险货物道路运输企业安全生产档案管理技术要求》（JT/T 914）等。

三、《危险货物道路运输规则》(JT/T 617)简介

1. 主要特点

JT/T 617以问题导向、对标国际规则、立足行业安全发展为原则,按照"一个市场、一条底线、一个标准"的总体思路,在充分吸收借鉴《关于危险货物运输的建议书 规章范本》《危险货物国际道路运输欧洲公约》等国际规则的基础上,结合我国实际情况编制,对危险货物分类、运输包装、托运、装卸、运输等环节的操作要求进行了系统性规定,重构了危险货物道路运输规则。

(1) 全链条的危险货物道路运输规则体系。JT/T 617首次对危险货物道路运输各参与方提出了安全要求,对分类、包装、托运、承运、装卸和车辆运行等危险货物道路运输各个环节的技术要求进行了全面系统的规定,弥补了管理漏洞和缝隙,全方位保障了危险货物道路运输安全。

(2) 系统的危险货物道路运输豁免体系。JT/T 617引入了特殊规定豁免、有限数量豁免、例外数量豁免、小量豁免等多种豁免形式,在保证运输安全的前提下,可提高运输效率,降低运输成本。

(3) 全范围的危险货物运输要求索引。JT/T 617针对每一个危险货物品名给出了运输要求索引,规定每一个危险货物品名在道路运输过程中需遵守的包装、标志、车辆、通行、装卸、运输、操作等各项要求,具有操作性和实用性。

(4) 提出了高风险危险货物范围及安保防范要求。JT/T 617提出了高风险危险货物的判定标准,并规定了每个运输单元最大装载量,明确了危货运输车辆安全应急设施的配置要求,严格管控重大安全风险,提升了应急保障能力。

2. 主要内容简介

主要包括以下七个方面的内容:

(1) 通则。主要包括危险货物范围,危险货物道路运输的豁免,与海运、空运等其他运输方式的衔接,人员培训,各参与方的安全要求以及安保防范要求等内容。

(2) 分类。主要包括危险货物分类一般要求以及9大类的具体分类规定。危险货物分类一般要求中主要包括危险货物类别、条目类别和包装类别,分类原则,未列出名称的物质(含溶液及混合物)的分类,样品分类,废弃的、空的、未清洁包装的分类等。9大类具体分类规定主要包括分类准则、不应受理运输的物质和物品、集合条目列表等。

(3) 品名及运输要求索引。主要包括道路运输危险货物一览表的一般要求、道路运输危险货物一览表以及特殊规定、有限数量危险货物和例外数量危险货物道路运输要求。道路运输危险货物一览表主要参考《危险货物国际道路运输欧洲公约》,并在其基础上增加了中文名称和描述。

(4) 运输包装使用要求。主要包括危险货物包装、中型散装容器、大型包装、气瓶及其集束装置、可移动罐柜、罐式车辆罐体的使用要求。

（5）托运要求。主要包括托运危险货物进行道路运输时使用的包装标记和标志，运输工具的标记、菱形标志牌和矩形标志牌，运输单据要求。

（6）装卸条件及作业要求。主要包括针对危险货物包件运输、散装运输、罐装运输时的运输装备要求，以及装卸操作具体要求，包括装卸操作一般规定、混合装载的禁止性规定、与普通货物的装卸要求、运输量限制、操作和堆放、卸载后的清洗、禁止吸烟、预防静电，以及适用于特定种类或货物的附件规定等。

（7）运输条件及作业要求。主要包括危险货物道路运输的运输条件及作业的一般要求、从业人员培训要求、车组成员应遵守的规定、车辆监护要求、隧道通行要求以及对特殊危险类别危险货物的附加规定等。

 思考题

（1）简述法律的概念。
（2）简述法的效力层次。
（3）我国危险货物道路运输有哪些主要的法律、法规？
（4）我国危险货物道路运输有哪些主要标准？
（5）简述《危险货物道路运输安全管理办法》适用范围和法律关系。
（6）简述《道路危险货物运输管理规定》适用范围和法律关系。
（7）简述《危险货物道路运输规则》（JT/T 617）的主要特点。

第三章　危险货物分类一览表和包装

第一节　危险货物分类

一、危险货物类（项）别和包装类别

1. 危险货物类别和项别

危险货物根据其具有的危险性或最主要的危险性划分为《危险货物道路运输规则》（JT/T 617—2018，以下简称 JT/T 617）规定的 9 个类别，其中第 1 类、第 2 类、第 4 类、第 5 类和第 6 类再分项别，类别和项别的序号并不是危险程度的顺序。具体类别和项别如下：

第 1 类：爆炸性物质和物品［《危险货物分类和品名编号》（GB 6944—2012）记作爆炸品］。

1.1 项：有整体爆炸危险的物质和物品。

1.2 项：有迸射危险，但无整体爆炸危险的物质和物品。

1.3 项：有燃烧危险并有局部爆炸危险或局部迸射危险或这两种危险都有，但无整体爆炸危险的物质和物品。

1.4 项：不呈现重大危险的物质和物品。

1.5 项：有整体爆炸危险的非常不敏感物质。

1.6 项：无整体爆炸危险的极端不敏感物品。

第 2 类：气体。

2.1 项：易燃气体。

2.2 项：非易燃无毒气体。

2.3 项：毒性气体。

第 3 类：易燃液体。

第 4 类：易燃固体、易于自燃的物质、遇水放出易燃气体的物质。

4.1 项❶：易燃固体、自反应物质和固态退敏爆炸品。

4.2 项：易于自燃的物质。

4.3 项：遇水放出易燃气体的物质。

---

❶ 此项别，JT/T 617 中还有"与自反应物质相关的物质"，《关于危险货物运输的建议书　规章范本》中还有"聚合性物质和混合物"。

第5类：氧化性物质和有机过氧化物。

5.1项：氧化性物质。

5.2项：有机过氧化物。

第6类：毒性物质和感染性物质。

6.1项：毒性物质。

6.2项：感染性物质。

第7类：放射性物质。

第8类：腐蚀性物质。

第9类：杂项危险物质和物品，包括危害环境物质。

2. 包装类别

除第1类、第2类、5.2项、6.2项和第7类，以及4.1项中的自反应物质以外的物质，根据物质本身的的危险程度，将其分为以下三个包装类别。

（1）包装类别Ⅰ：适用内装高度危险性的物质；

（2）包装类别Ⅱ：适用内装中等危险性的物质；

（3）包装类别Ⅲ：适用内装低度危险性的物质。

每种物质划分的包装类别见《危险货物道路运输规则 第3部分：品名及运输要求索引》(JT/T 617.3—2018，以下简称JT/T 617.3)道路运输危险货物一览表(以下简称表A.1)第（4）栏，物品则无须划分包装类别。

对于第1类、5.2项和4.1项中的自反应物质，除了《危险货物道路运输规则 第2部分：分类》（JT/T 617.2—2018，以下简称JT/T 617.2）另作不同规定外，其包装应符合中等危险（包装类别Ⅱ）的规定。

二、危险货物分类定义

（一）第1类爆炸性物质和物品

1. 基本概念

爆炸性物质和物品包括如下物质和物品：

（1）爆炸性物质（物质本身不是爆炸品，但能形成气体、蒸气或粉尘爆炸环境者，不列入第1类），不包括那些太危险以致不能运输或其主要危险性符合其他类别的物质。

（2）爆炸性物品，不包括下述装置：其中所含爆炸性物质的数量或特性，不会使其在运输过程中偶然或意外被点燃或引发后因迸射、发火、冒烟、发热或巨响而在装置外部产生任何影响。

（3）为产生爆炸或烟火实际效果而制造的（1）和（2）中未提及的物质或物品。

爆炸性物质是指自身能够通过化学反应产生气体，其温度、压力和速度高到能对周围造成破坏的固体或液体物质（或物质混合物）。烟火物质即使不放出气体，也包括在内。

烟火物质是通过不起爆的自持放热化学反应,用来产生热、光、声、气或烟的效果或综合效果的物质或物质混合物。

爆炸性物品是指含有一种或几种爆炸性物质的物品。

2. 项别

第1类划分为6项。

（1）1.1项：有整体爆炸危险的物质和物品。整体爆炸是指瞬间能影响到几乎全部载荷的爆炸。

（2）1.2项：有迸射危险，但无整体爆炸危险的物质和物品。

（3）1.3项：有燃烧危险并有局部爆炸危险或局部迸射危险或这两种危险都有，但无整体爆炸危险的物质和物品。

本项包括满足下列条件之一的物质和物品：

①可产生大量热辐射的物质和物品。

②相继燃烧产生局部爆炸或迸射效应或两种效应兼而有之的物质和物品。

（4）1.4项：不呈现重大危险的物质和物品。包括运输中万一点燃或引发时仅造成较小危险的物质和物品。其影响主要限于包件本身，并预计射出的碎片不大、射程也不远，外部火烧不会引起包件几乎全部内装物的瞬间爆炸。

（5）1.5项：有整体爆炸危险的非常不敏感物质。

①包括有整体爆炸危险性、但非常不敏感，以致在正常运输条件下引发或由燃烧转为爆炸的可能性极小的物质。

②密闭空间内装有大量本项物质时，由燃烧转为爆炸的可能性较大。

（6）1.6项：无整体爆炸危险的极端不敏感物品。

①本项包括仅含有极不敏感的爆炸物质，并且其意外引发爆炸或传播的概率可忽略不计的物品。

②本项物品的危险仅限于单个物品的爆炸。

3. 配装组

在爆炸品中，如果两种或两种以上物质或制品放在一起能安全积载或运输，而不会明显地增加事故率，或在一定量的情况下不会明显地提高事故危害的程度，这些货物的组合叫作配装组。按爆炸品的物理性质、爆炸性能、内外包装方式、特殊危险性等不同特点，划分为A、B、C、D、E、F、G、H、J、K、L、N、S共13个配装组，其代码定义见表3-1-1。

4. 组别代码

除第7类外，各类（项）别依据货物的物理、化学以及危险性等特性，进行了更细的划分，用大写字母和阿拉伯数字形成了各类（项）别的组别代码。第1类爆炸性物质和物品的组别代码则由项别数字和配装组代码两部分组成（表3-1-1）。

第1类爆炸性物质和物品配装组的代码、定义及组别代码　　表3-1-1

配装组代码	定义	组别代码
A	一级爆炸性物质	1.1A
B	含有一级爆炸性物质，但不含有两种或两种以上有效保护装置的物品。某些物品，例如爆破用雷管、爆破用雷管组件和帽形起爆器，即使不含一级爆炸性物质，也属于该类物质	1.1B 1.2B 1.4B
C	推进爆炸性物质或其他爆炸性物质或含有这类爆炸物质的物品	1.1C 1.2C 1.3C 1.4C
D	二级起爆物质或黑火药或含有二级起爆物质的物品，无引发装置和发射药；或含有一级爆炸性物质和两种或两种以上有效保护装置的物品	1.1D 1.2D 1.4D 1.5D
E	含有二级起爆物质的物品，无引发装置，带有发射药（不包括含有易燃液体或胶体或自燃液体）	1.1E 1.2E 1.4E
F	含有二级起爆物质的物品，有引发装置，带有发射药（不包括含有易燃液体或胶体或自燃液体的物品）或不带有发射药	1.1F 1.2F 1.3F 1.4F
G	烟火物质或含有烟火物质的物品或既含有爆炸性物质又含有照明、燃烧、催泪或发烟物质的物品（不包括遇水激活产生照明、发烟等效果的物品，以及含有白磷、磷化物、发火物质、易燃液体或胶体、自燃液体的物品）	1.1G 1.2G 1.3G 1.4G
H	含有爆炸性物质和白磷的物品	1.2H 1.3H
J	含有爆炸性物质和易燃液体或胶体的物品	1.1J 1.2J 1.3J
K	含有爆炸性物质和毒性化学试剂的物品	1.2K 1.3K
L	爆炸性物质或含有特殊危险性的爆炸性物质（例如由于遇水激活产生照明、发烟等效果的物品或含有自燃液体、磷化物或发火物质的物品），需要彼此隔离的物品	1.1L 1.2L 1.3L
N	只含有极端不敏感起爆物质的物品	1.6N
S	包装或产品设计符合以下要求的物质或物品：除了包件被火烧损的情况外，意外起爆引起的任何危险效应仅限于包件之内。在包件被火烧损的情况下，所有爆炸和迸射效应不会对在包件紧邻处救火或其他应急处理产生不利影响	1.4S

5. 不应受理道路运输的物质和物品

（1）根据《试验和标准手册》第1部分判定的高敏感或易于自发反应的爆炸性物质，以及按分类程序的要求不能划入 JT/T 617.3 表 A.1 中条目的爆炸性物质或物品，不应采用道路运输方式进行运输。

（2）配装组 K 的物品不应受理道路运输（1.2K，UN 0020 和 1.3K，UN 0021）。

（二）第 2 类气体

1. 基本概念

气体指满足下列条件之一的物质：在 50℃时，蒸气压力大于 300kPa 的物质；或是 20℃时在 101.3kPa 标准压力下完全是气态的物质。

若某种纯气体含有生产过程中产生的衍生物或者为保持其稳定性而添加的稳定剂，只要这些成分的浓度不会改变其分类或者充装系数、充装压力、试验压力等运输条件，则该物质仍视为纯气体。第 2 类气体物质或物品类型见表 3-1-2。

第2类气体的类型　　　　　　　　　表3-1-2

序号*	类　型
1	压缩气体：在 −50℃下加压包装运输时完全是气态的气体，包括临界温度低于或等于 −50℃的所有气体
2	液化气体：在温度高于 −50℃下加压包装运输时部分是液态的气体，可分为以下两种类型： a）高压液化气体：临界温度在 −50 ~ 65℃之间的气体； b）低压液化气体：临界温度高于 65℃的气体
3	冷冻液化气体：运输时由于其温度低而部分呈液态的气体
4	溶解气体：加压包装运输时溶解于液相溶剂中的气体
5	气雾剂或气雾剂喷罐、盛装气体的小容器
6	其他含有带压气体的物品
7	符合特定要求的常压气体（气体样品）
8	加压化学品：液体、糊状或粉末状物质与推进剂一起使用，符合压缩气体或液化气体及其混合物的定义
9	吸附气体：在运输时，通过吸附于多孔固态物质上，使其内容器压力在 20℃时小于 101.3kPa、50℃时小于 300kPa 的气体

注：*序号中的数字也即气体组别代码中的数字部分。

2. 组别代码

除气雾剂及加压化学品外，第 2 类气体根据其危险特性分为不同组别，其具体的组别和含义见表 3-1-3。

第2类气体的组别和含义　　　　　　　表3-1-3

组别	组别含义	组别	组别含义
A	窒息性	TC	毒性，腐蚀性
O	氧化性	TO	毒性，氧化性
F	易燃	TFC	毒性，易燃，腐蚀性
T	毒性	TOC	毒性，氧化性，腐蚀性
TF	毒性，易燃	—	—

气雾剂（UN 1950）各组别和含义见表 3-1-4。

气雾剂（UN 1950）的组别和含义　　　　　　　　　　表3-1-4

组　别	组别含义	组　别	组别含义
A	窒息性	FC	易燃性，腐蚀性
O	氧化性	TF	毒性，易燃性
F	易燃性	TC	毒性，腐蚀性
F	毒性	TO	毒性，氧化性
C	腐蚀性	TFC	毒性，易燃性，腐蚀性
CO	腐蚀性，氧化性	TOC	毒性，氧化性，腐蚀性

加压化学品（UN 3500—3505）根据其危险特性划分为不同组别，在进行组别划分时充分考虑了其不同组分在不同条件下（是否具有推进剂，液态或固态）的危险特性，其组别和含义见表 3-1-5。

加压化学品（UN 3500—3505）的组别和含义　　　　　　　　　　表3-1-5

组　别	组别含义	组　别	组别含义
A	窒息性	C	腐蚀性
F	易燃	FC	易燃性，腐蚀性
T	有毒	TF	毒性，易燃性

第 2 类气体的组别代码见 JT/T 617.2 表 B.2。

3. 项别

对于第 2 类危险货物，具有两个项别以上危险性的气体和气体混合物，其危险性先后顺序如下：2.3 项优先于所有其他项；2.1 项优先于 2.2 项。

（1）2.1 项：易燃气体。包括在 20℃和 101.3kPa 条件下满足下列条件之一的气体：爆炸下限小于或等于 13% 的气体；不论其爆炸下限如何，其爆炸极限范围（燃烧范围）大于或等于 12% 的气体。

（2）2.2 项：非易燃无毒气体。包括窒息性气体、氧化性气体以及不属于其他项别的气体，但不包括在温度 20℃时压力低于 200kPa 并且未经液化或冷冻液化的气体。

①窒息性气体：非氧化性、非易燃性和无毒性气体，会稀释或取代空气中氧气的气体。

②氧化性气体：一般是含有氧气的气体，可能比空气更能引起或导致其他材料的燃烧。这些气体包括纯气体或按《化学品危险性分类试验方法　气体和气体混合物燃烧潜力和氧化能力》（GB/T 27862—2011）规定的方法测定出氧化性（按氧化能力折算成氧气的百分比含量）大于 23.5% 的气体混合物。

（3）2.3 项：毒性气体。包括满足下列条件之一的气体：

①已知有毒性或腐蚀性，能对人类健康造成危害的气体。

②试验所得的半数致死浓度 LC_{50}（见 6.1 项毒性物质的基本概念）小于或等于质量浓

度 5000mL/m³ 或体积浓度 5000×10⁻⁶ 的毒性或腐蚀性气体。

4. 不应受理道路运输的气体

（1）对于化学性质不稳定的第 2 类气体，除非采取必要的措施防止所有可能发生的危险反应，并确保容器和罐体中不含有促进其反应的物质，否则不应采用道路运输方式进行运输。

（2）下列物质和混合物不应受理道路运输：

① UN 2186，氯化氢，冷冻液体。

② UN 2421，三氧化二氮。

③ UN 2455，亚硝酸甲酯。

④ 不能划入 UN 1001、UN 2073 或 UN 3318 的溶解气体。

⑤ 属于毒性气体或者《危险货物道路运输规则　第 4 部分：运输包装使用要求》（JT/T 617.4—2018，以下简称 JT/T 617.4）表 A.35 的包装指南 P200 中被界定为发火性气体作为推进剂的气雾剂；组成成分满足包装类别 I 标准的毒性或腐蚀性气雾剂。

⑥ 内装半数致死浓度（LC_{50}）小于 200mL/m³ 的毒性气体或者 JT/T 617.4 表 A.35 的包装指南 P200 中被界定为发火性气体的小型容器。

（三）第 3 类易燃液体

1. 基本概念

第 3 类易燃液体包括易燃液体和液态退敏爆炸物。

（1）易燃液体，是指同时满足以下三个条件的液体物质：101.3kPa（绝对压力）下熔点或起始熔点等于或低于 20℃；50℃时蒸气压不超过 300kPa，并且在 20℃及 101.3kPa 压力下不会完全气化；闭杯闪点（以下简称闪点）不超过 60℃。

（2）液态退敏爆炸物，是指爆炸物溶/悬浮于水或其他液体物质中，形成均相的液态混合物，从而抑制了其爆炸特性的爆炸性物质。例如，UN 1204, UN 2059, UN 3064, UN 3343, UN 3357 以及 UN 3379。

闪点高于 35℃的易燃液体，若不能持续燃烧则不属于第 3 类物质；但如果这些物质在运输过程中和交付运输时加热的温度高于或等于其闪点，则归类于第 3 类物质。若液态物质和固态熔融物质的闪点超过 60℃，且这些物质在运输及被交付运输过程中加热的温度高于或等于它们的闪点时，应划入 UN 3256；若柴油、瓦斯油、轻质燃料油（包括人工合成的产品）的闪点高于 60℃且不超过 100℃，也应被定义为第 3 类物质，划入 UN 1202。

此外，吸入毒性为高毒（包装类别 I）的易燃液体和闪点高于或等于 23℃的有毒物质（包装类别 II），归类于 6.1 项毒性物质；用作农药的易燃性液体物质或制剂，如果其毒性是包装类别 I、II 和 III，且闪点高于或等于 23℃，归类于 6.1 项毒性物质。

如果含有第 3 类易燃液体的溶液或混合物，其危险性不同于 JT/T 617.3 表 A.1 中列出名称的纯物质，则溶液或混合物应根据其真实的危险程度进行分类。

在某些特定的情况下，当黏性液体同时符合以下特定性质、包装和试验要求时，则可不受 JT/T 617 的限制。

①特定性质、包装要求为：闪点高于或等于 23℃且低于或等于 60℃；不具有毒性、腐蚀性以及环境危险性；在按干质量计算，氮含量不超过 12.6%，硝化纤维含量不超过 20%；包装在容积不超过 450L 的容器中。

②试验要求为：在溶剂分离试验中，溶剂分离层的高度低于总高度的 3%；在黏度试验中（参见《试验和标准手册》），流出孔径为 6mm 时物质流出时间大于或等于 60s；或者当黏性液体含有第 3 类易燃液体（不超过 60%）时，流出孔径为 6mm 时物质流出时间大于或等于 40s。

2. 组别代码

第 3 类易燃液体根据其危险性质分为不同组别，组别代码和含义见表 3-1-6。

第3类易燃液体的组别代码和含义 表3-1-6

一级组别代码	一级组别代码含义	二级组别代码	二级组别代码含义
F	易燃液体，无次要危险性，包括含有此类物质的物品	F1	易燃液体，闪点低于或等于60℃
		F2	易燃液体，闪点高于60℃，以高于或等于其闪点的温度运输或交付运输（高温物质）
		F3	含有易燃液体的物品
FT	易燃液体，毒性	FT1	易燃液体，毒性
		FT2	农药
FC	易燃液体，腐蚀性		
FTC	易燃液体，毒性，腐蚀性		
D	液态退敏爆炸物		

3. 包装类别

第 3 类易燃液体根据易燃性程度划分相应的包装类别，见表 3-1-7。

第3类易燃液体包装类别划分标准（单位：℃） 表3-1-7

包装类别	闪　　点	初始沸点
Ⅰ	—	≤35
Ⅱ	23	>35
Ⅲ	≥23，≤60	>35

4. 不应受理道路运输的情形

（1）对于与醚或杂环氧化物接触时，容易形成过氧化物的第 3 类易燃液体，如果其过氧化物含量（按过氧化氢计）超过了 0.3%，则不应受理运输。

（2）对于化学性质不稳定的第 3 类易燃液体，除非采取必要的措施防止所有可能发生的危险反应，并确保容器和罐体中不含有促进其反应的物质，否则不应采用道路运输方式进行运输。

（3）JT/T 617.3 表 A.1 以外的液态退敏爆炸物不应作为第 3 类易燃液体受理道路运输。

（四）第 4 类易燃固体、易于自燃的物质、遇水放出易燃气体的物质

本类包括易燃固体、易于自燃的物质和遇水放出易燃气体的物质 3 个项别。

1.4.1 项：易燃固体、自反应物质、固态退敏爆炸品和与自反应物质相关的物质

1）基本概念

本项包括易燃固体物质和物品、自反应固体或液体、固态退敏爆炸品、与自反应物质相关的物质等。

（1）易燃固体，包括易于燃烧的固体以及摩擦会起火的固体。

易于燃烧的固体可能是粉状、粒状或糊状物质，当与火源进行短暂接触时很容易被点燃，并且火焰会迅速蔓延。这种危险性不仅来自于燃烧，也来自于燃烧产生的有毒物质。

可摩擦起火的固体应根据类似条目（如火柴）或合适的特殊规定进行类推，划分为 4.1 项中的易燃固体。

金属粉末或金属合金粉末，如果能被火焰点燃，在 10min 之内燃烧蔓延长度超过整个样品的长度（100mm），则属于 4.1 项中的易燃固体；由于不能使用普通的灭火剂如二氧化碳或水进行灭火，金属粉末尤其危险。除金属粉末或金属合金粉末外，粉状、粒状及糊状物质与火源（如燃烧的火柴）接触易被点燃或在点火后火焰蔓延很快，在 100mm 的测试距离内的燃烧时间小于 45s，或燃烧速度大于 2.2mm/s，应属于 4.1 项中的易燃固体。

对于在 JT/T 617.3 表 A.1 中列出名称的 4.1 项物质，若该物质的混合物的危险性分类与原物质不同，则应根据其实际的危险性进行分类；若由于其形状变化或其他因素的影响，不符合 4.1 项相关分类要求，则不划分为 4.1 项物质。

（2）自反应物质，是指在没有氧（空气）的环境下也能发生强烈的放热分解反应的热不稳定性物质。根据危险程度，自反应物质划分为 A~G 型 7 种类型。A 型（装在所试验的包件中）不应受理运输，G 型不受 4.1 项自反应物质的运输条件限制。B 型至 F 型的分类与单个包装的最大容量有关。分类的原则、程序、试验方法、要求和试验报告的样式见《试验和标准手册》第 2 部分。

若货物符合以下条件之一，则不属于 4.1 项自反应物质：

①符合第 1 类爆炸性物质和物品的分类要求；

②符合 5.1 项氧化性物质的分类要求（不包括含有 5% 或者以上有机可燃物的氧化性物质的混合物）；

③符合 5.2 项有机过氧化物的分类要求；

④分解热小于 300J/g；

⑤ 50kg 包件的自加速分解温度（SADT）高于 75℃。

此外，某种符合 5.1 项氧化性物质定义的混合物，如果含有 5% 或以上有机可燃物，且不满足①③④或⑤的要求，按自反应物质的划分程序进行分类；如果该混合物符合 B~F 型自反应物质特性，则划为 4.1 项中的自反应物质；如果符合 G 型自反应物质特性，

根据《试验和标准手册》划分为 5.1 项。

未在 JT/T 617.2 表 E.1 中列出的自反应物质或者其配制品的样品，如果没有完整的试验数据，通过运输送样做进一步的试验或评估，若满足下列条件则应被划分于 C 型自反应物质中的一个恰当的条目中：

①现有数据显示样品的危险性不高于 B 型自反应物质；

②样品根据包装方法 OP2 进行包装，并且每个运输装置所载的量不超过 10kg；

③现有数据显示其温度控制范围合理，可以避免温度过高导致分解反应，或者温度过低发生危险的相态分离。

由于自反应物质涉及含有脂肪族偶氮化合物（—C—N=N—C）、有机叠氮化合物（—C—N_3）、重氮盐（—$CN^{+2}Z$—）、N-亚硝基化合物（—N—N=O）和芳族硫代酰肼（—SO_2—NH—NH_2）等反应基团的物质或某些物质的混合物，因而，可因热、与催化性杂质（如酸、重金属化合物、碱）接触、摩擦或碰撞而发生分解，分解速率随温度升高而加快。自反应物质分解可能会释放有毒气体或蒸气（特别是在未着火情况下）、爆炸性分解（特别是在封闭的情况下），以及剧烈燃烧。因此，某些自反应物质，应采取措施控制其温度，避免自反应发生；除此之外，自反应物质可通过添加稀释剂或使用适合的包装降低其危险性，以保障道路运输的安全。

对于自加速分解温度不超过 55℃ 的自反应物质在运输中应进行温度控制。某些自反应物质的控制温度和应急温度列于 JT/T 617.2 表 E.1 中，不同容器的控制温度和应急温度列于表 3-1-8 中。在运输过程中，实际温度应比控制温度低，从而避免状态（相态）改变的危险；当自反应物质的温度达到应急温度时，能够及时启动应急程序。

不同容器的控制温度和应急温度表（单位：℃）　　　　表3-1-8

容器类型	SADT	控制温度（T_c）	应急温度（T_e）
单个包件和中型散装容器（IBC）	SADT ≤ 20	T_c ≤ SADT −20	T_e ≤ SADT −10
	20 < SADT ≤ 35	T_c ≤ SADT −15	T_e ≤ SADT −10
	SADT > 35	T_c ≤ SADT −10	T_e ≤ SADT −5
罐体	SADT ≤ 50	T_c ≤ SADT −10	T_e ≤ SADT −5

另一方面，也可以通过在某些自反应物质中添加稀释剂以降低其敏感性的方法，来提升其运输安全性。如果使用稀释剂，则应满足以下要求：

①自反应物质在运输中应使用与试验过程中相同浓度和形式的稀释剂；

②不能使用在包件发生泄漏时会使自反应物质浓度达到危险程度的稀释剂；

③稀释剂（固体或液体）应与自反应物质相容，对自反应物质的热稳定性和危险类型不会产生不利影响；

④需要控温的液体稀释剂沸点至少应为 60℃，闪点不低于 5℃，液体稀释剂的沸点应该比自反应物质的控制温度至少高 50℃。

相反地，某些自反应物质可通过添加激活剂（如锌化合物）来改变其反应活性。通过调整激活剂的类型和浓度可降低自反应物质热稳定性，改变其爆炸特性。如果混合物的性质发生变化，则应根据分类程序重新确定。

（3）固态退敏爆炸品，包括用水或酒精润湿，或者用其他物质稀释抑制爆炸性的物质。JT/T 617.3 表 A.1 列出了典型的常见的固态退敏爆炸品，如 UN 1310、UN 1320、UN 1321、UN 1322、UN 1336、UN 1337、UN 1344、UN 1347、UN 1348、UN 1349、UN 1354、UN 1355、UN 1356、UN 1357、UN 1517、UN 1571、UN 2555、UN 2556、UN 2557、UN 2852、UN 2907、UN 3317、UN 3319、UN 3344、UN 3364、UN 3365、UN 3366、UN 3367、UN 3368、UN 3369、UN 3370、UN 3376、UN 3380 和 UN 3474。

（4）与自反应物质相关的物质，如 UN 2956、UN 3241、UN 3242 和 UN 3251，当物质同时满足以下要求时，应被分为 4.1 项与自反应物质相关的物质：

①根据《试验和标准手册》中第 1 部分试验系列 1 和试验系列 2 被暂时列入第 1 类爆炸性物质，但根据试验系列 6 却被排除在第 1 类之外的物质；

②非 4.1 项的自反应物质；

③非 5.1 项或 5.2 项的有机过氧化物。

2）组别代码

对于 4.1 项物质及物品，根据其危险特性划分为不同组别，相应的组别代码和含义见表 3-1-9。

4.1 项易燃固体、自反应物质及固态退敏爆炸品的组别代码和含义　　表3-1-9

一级组别代码	一级组别代码含义	二级组别代码	二级组别代码含义
F	易燃固体，无次要危险性	F1	有机
		F2	有机，熔融状态
		F3	无机
FO	易燃固体，氧化性		
FT	易燃固体，毒性	FT1	有机，毒性
		FT2	无机，毒性
FC	易燃固体，腐蚀性	FC1	有机，腐蚀性
		FC2	无机，腐蚀性
D	固态退敏爆炸品，无次要危险性		
DT	固态退敏爆炸品，毒性		
SR	自反应物质	SR1	无须控温
		SR2	需要控温

3）不应受理道路运输的情形

对于化学性质不稳定的 4.1 项易燃固体、自反应物质及固态退敏爆炸品，除非采取必要的措施防止所有可能发生的危险反应，并确保容器和罐体中不含有促进其反应的物质，否则不应采用道路运输方式进行运输。

此外，不应受理道路运输的4.1项物质还包括：
（1）经《试验和标准手册》方法鉴定为A型自反应物质；
（2）含黄磷和白磷的硫化磷；
（3）未列入JT/T 617.3表A.1中的固态退敏爆炸品；
（4）除UN 2448（硫，熔融的）之外的熔融状态无机易燃物质；
（5）UN 3097，易燃固体，氧化性。

2. 4.2项：易于自燃的物质

1）基本概念

本项包括发火物质和自热物质。

①发火物质，包括混合物和溶液（液体或固体），这些物质即使只有少量与空气接触不到5min便能燃烧，是最易于自燃的4.2项物质；

②自热物质和物品，包括混合物和溶液，这些物质和物品与空气接触时，无能量供给也会产生自热，通常只有在量大（数千克）而且时间较长（数小时或数天）的情况下才会燃烧。

物质的自热过程是物质与氧气（空气中）缓慢反应产生热量。当热量产生的速度超过热量损失的速度时，物质就会升温。当达到了自燃温度时，就会导致自燃现象。《试验和标准手册》第3部分第33.3节给出了自燃物质的测定方法以及包装类别的划分。

对于在JT/T 617.3表A.1中列出名称的4.2项易于自燃的物质，若该物质的混合物的危险性分类与原物质不同，则应根据其实际的危险性进行分类。

2）组别代码

对于4.2项易于自燃的物质，根据其危险特性划分为不同组别，相应的组别代码和含义见表3-1-10。

4.2项易于自燃的物质的组别代码和含义 表3-1-10

一级组别代码	一级组别代码含义	二级组别代码	二级组别代码含义
S	易于自燃的物质，无次要危险性	S1	有机，液体
		S2	有机，固体
		S3	无机，液体
		S4	无机，固体
		S5	有机金属物质
SW	易自燃物质，遇水产生可燃气体		
SO	易自燃物质，氧化性		
ST	易自燃物质，毒性	ST1	有机，毒性，液体
ST	易自燃物质，毒性	ST2	有机，毒性，固体
		ST3	无机，毒性，液体
		ST4	无机，毒性，固体
SC	易自燃物质，腐蚀性	SC1	有机，腐蚀性，液体
		SC2	有机，腐蚀性，固体
		SC3	无机，腐蚀性，液体
		SC4	无机腐蚀性固体

3）不应受理道路运输的情形

以下物质不应采用道路运输方式进行运输：

（1）UN 3255，次氯酸叔丁酯；

（2）UN 3127，自热固体，氧化性。

3.4.3 项：遇水放出易燃气体的物质

1）基本概念

本项包括遇水反应放出易燃气体的物质以及含有此类物质的物品，所释放的气体与空气易形成爆炸混合物，该混合物能被常规火源（例如明火、产生火花的手动工具或没有保护的灯具）点燃，产生爆炸波和火焰危害人和环境。

对于 JT/T 617.3 表 A.1 中列出名称的 4.3 项遇水反应放出易燃气体物质，若该物质的混合物的危险性分类与原物质不同，则应根据其实际的危险性进行分类。对于 JT/T 617.3 表 A.1 中未列明的物质和物品，同样应根据《试验和标准手册》（第 3 部分第 33.4 节的试验结果）进行分类，在符合下列情况之一时，应划为 4.3 项遇水反应放出易燃气体物质：

（1）试验中放出的气体在试验程序的任何一步发生自燃；

（2）释放易燃气体的速度大于 1L/（kg·h）。

由于有机金属物质可能被划分为 4.2 项或者 4.3 项，同时又有次要危险性，因此对于这些危险货物的类别和项别的具体划分，JT/T 617.2 附录 A.6 中给出了一个特殊的分类流程。

2）组别代码

对于 4.3 项遇水反应放出易燃气体的物质和物品，根据其危险特性划分为不同组别，相应的组别代码和含义见表 3-1-11。

4.3 项遇水反应放出易燃气体的物质和物品的组别代码和含义　　表 3-1-11

一级组别代码	一级组别代码含义	二级组别代码	二级组别代码含义
W	遇水放出易燃气体的物质，无次要危险性	W1	液体
		W2	固体
		W3	物品
WF1	遇水放出易燃气体的物质，液体，易燃		
WF2	遇水放出易燃气体的物质，固体，易燃		
WS	遇水放出易燃气体的物质，固体，自热		
WO	遇水放出易燃气体的物质，氧化性，固体		
WT	遇水放出易燃气体的物质，毒性	WT1	液体
		WT2	固体
WC	遇水放出易燃气体的物质，腐蚀性	WC1	液体
		WC2	固体
WFC	遇水放出易燃气体的物质，易燃，腐蚀性		

3）不应受理道路运输的情形

UN 3133，遇水反应固体，氧化性，不应采用道路运输方式进行运输。

（五）第5类氧化性物质和有机过氧化物

本类包括氧化性物质和有机过氧化物2个项别。

1. 5.1项：氧化性物质

1）基本概念

某些物质虽然不可燃，但能通过放出氧气而引发或促使其他物质燃烧，则属于5.1项氧化性物质，包含此类物质的物品也属于5.1项。

在JT/T 617.3 表A.1中列出名称的5.1项氧化性物质，若该物质的混合物的危险性分类与原物质不同，则应根据其实际的危险性进行分类。

（1）在《试验和标准手册》试验O.1中，将待测固体物质与纤维素按质量4∶1或1∶1的比例混合，当混合后的试样可以被点燃、燃烧，且其平均燃烧时间小于或等于按质量3∶7混合的溴酸钾和纤维素的混合物的平均燃烧时间时；

（2）在《试验和标准手册》试验O.3中，将待测固体物质与纤维素按质量4∶1或1∶1的比例混合，当混合后试样的平均燃烧速度大于或等于按质量1∶2混合的过氧化钙和纤维素的混合物的平均燃烧速度时；

（3）在《试验和标准手册》试验O.2中，将待测液体物质与纤维素按质量1∶1的比例混合，当该混合物压力升高至2070kPa或更高所需的平均时间小于或等于65%液态硝酸与纤维素按质量1∶1的混合物的平均压力上升时间时。

2）组别代码

对于5.1项氧化性物质和含此类物质的物品，可根据其危险特性划分为不同组别，组别代码和含义见表3-1-12。

5.1项氧化性物质的组别代码和含义 表3-1-12

一级组别代码	一级组别代码含义	二级组别代码	二级组别代码含义
O	氧化性物质，无次要危险性	O1	液体
		O2	固体
		O3	物品
OF	氧化性物质，固体，易燃		
OS	氧化性物质，固体，自热		
OW	氧化性物质，固体，遇水产生易燃气体		
OT	氧化性物质，毒性	OT1	液体
		OT2	固体
OC	氧化性物质，腐蚀性	OC1	液体
		OC2	固体
OTC	氧化性物质，毒性，腐蚀性		

3）不应受理道路运输的物质

对于化学性质不稳定的 5.1 项氧化性物质，除非采取必要的措施防止所有可能发生的危险反应，并确保容器和罐体中不含有促进其反应的物质，否则不应采用道路运输方式进行运输。

以下物质和混合物不应受理道路运输：

（1）UN 3100，氧化性固体，自热；

（2）UN 3121，氧化性固体，遇水反应；

（3）UN 3137，氧化性固体，易燃；

（4）过氧化氢，不稳定，或含超过 60% 过氧化氢的水溶液，不稳定；

（5）四硝基甲烷，含可燃性杂质；

（6）含超过 72%（质量）的高氯酸溶液，或高氯酸和水以外的液体的混合物；

（7）含超过 10%（质量）的氯酸溶液，或氯酸和任何水以外的液体的混合物；

（8）卤代氟化合物（不包括 5.1 项的 UN 1745 五氟化溴、UN 1746 三氟化溴、UN 2495 五氟化碘以及第 2 类气体的 UN 1749 三氟化氯和 UN 2548 五氟化氯）；

（9）氯酸铵及其水溶液，以及氯酸盐和铵盐的混合物；

（10）亚氯酸铵及其水溶液，以及亚氯酸盐和铵盐的混合物；

（11）次氯酸盐和铵盐的混合物；

（12）溴酸铵及其水溶液，以及溴酸盐和铵盐的混合物；

（13）高锰酸铵及其水溶液，以及高锰酸和铵盐的混合物；

（14）含超过 0.2% 可燃物质的硝酸铵（包含所有有机物，按碳计）；

（15）化肥中所含硝酸铵的量（测定硝酸铵含量时，混合物中与铵离子等当量的所有的硝酸根离子的量都应作为硝酸铵含量计算）或所含某可燃物质的量超过了 JT/T 617.3 附录 B 特殊规定 307 中的指定值；

（16）亚硝酸铵及其水溶液，以及无机亚硝酸盐和铵盐的混合物；

（17）硝酸钾、亚硝酸钠和铵盐的混合物。

2.5.2 项：有机过氧化物

1）基本概念

在 5.2 项中包括有机过氧化物和有机过氧化物配制品。

对于 5.2 项有机过氧化物，根据其特性划分为不同组别，组别代码和含义如下：

（1）P1 有机过氧化物，不需要控温；

（2）P2 有机过氧化物，需要控温。

有机过氧化物可看作是过氧化氢的衍生物，是包含有二价氧结构（—O—O—）的有机物质，即其中 1 个或 2 个氢原子被有机基团所取代。因此，一般具有以下主要特性：

（1）在正常温度或高温下易放热分解，分解可由受热、与杂质（如酸、重金属化合物、胺）接触、摩擦或碰撞而引起，分解时可产生有害、易燃的气体或蒸气，分解速度会因有机过氧化物配方不同或温度不同而变化；

（2）某些有机过氧化物需在运输时控制温度；

（3）封闭条件下，某些有机过氧化物可通过添加稀释剂或使用适当容器降低其发生爆炸性分解的风险；

（4）许多有机过氧化物燃烧时会非常剧烈；

（5）某些有机过氧化物在短暂接触时会对眼角膜和皮肤造成伤害。

2）分类

根据危险程度，有机过氧化物划分为 A~G 型 7 种类型。A 型（装在所试验的包件中）不应受理运输，G 型不受 5.2 项有机过氧化物的运输条件限制。B~F 型的分类与单个包装的最大容量有关。

有机过氧化物配制品的混合物可划入其最危险的成分对应的有机过氧化物类型。如果两种稳定的组成成分混合后可使得热稳定性变差，混合物的 SADT 应重新测定，并以此确定控制温度和应急温度。

未在 JT/T 617.2 表 F.1 中列出的有机过氧化物或者有机过氧化物配制品的样品，如果没有完整的试验数据，通过运输送样做进一步的试验或评估，若满足下列条件则应被划分于 C 型有机过氧化物中的一个恰当的条目中：

（1）现有数据显示样品的危险性不高于 B 型有机过氧化物；

（2）样品根据包装方法 OP2 进行包装，并且每个运输装置所载的量不超过 10kg；

（3）现有数据显示其温度控制范围合理，可以避免温度过高导致分解反应，或者温度过低发生危险的相态分离。

一般情况下，含有有机过氧化物的物质或配制品应被划入 5.2 项有机过氧化物，但以下情况例外：

（1）当有机过氧化物配制品的过氧化氢含量不超过 1.0% 时，有效氧含量不超过 1.0%；

（2）当有机过氧化物配制品的过氧化氢含量超过 1.0%，但不超过 7.0% 时，有效氧含量不超过 0.5%。

3）有机过氧化物的退敏

有机液体或固体、无机固体或水可以作为有机过氧化物的退敏稀释剂。退敏稀释剂应能确保在发生泄漏时，有机过氧化物的浓度不会升高到危险程度。

由有机过氧化物配制形成的退敏稀释剂，除非另有说明，配制品中有机过氧化物的退敏稀释剂有两种类型，包括 A 型和 B 型两种：

（1）A 型稀释剂，是与有机过氧化物相容、沸点不低于 150℃ 的有机液体。A 型稀释剂可对所有机过氧化物退敏。

（2）B 型稀释剂，是与有机过氧化物相容、沸点低于 150℃ 但不低于 60℃，闪点不低于 5℃ 的有机液体。B 型稀释剂可对所有有机过氧化物进行退敏，但其沸点应至少比 50kg 包件的 *SADT* 高 60℃。

仅在相容的情况下，有机固体和无机固体可以用于有机过氧化物的退敏。相容是指对有机过氧化物配制品的热稳定性和危险性类别没有任何不利影响。只有在 JT/T 617.2 表

F.1中列明为"可使用水"或"在水中稳定扩散"的有机过氧化物才可以用水进行退敏;此外,部分符合要求但未列出的有机过氧化物样品或配制品,也可用水为其退敏。

4）有机过氧化物的温度控制

某些有机过氧化物仅在满足控制温度的条件下方可运输。当达到应急温度时,应启动应急程序的控制温度和应急温度见表3-1-8。

应合理控制有机过氧化物在运输过程中的实际温度范围,以避免温度过高导致分解反应,或者温度过低发生危险的相态分离。

常见的需要在运输中进行温度控制的有机过氧化物包括：

（1）SADT ≤ 50℃的B型和C型有机过氧化物；

（2）SADT ≤ 50℃密闭条件下加热时表现出中等效应,或SADT ≤ 45℃密闭条件下加热时表现出微弱效应或无效应的D型有机过氧化物；

（3）SADT ≤ 45℃的E型和F型有机过氧化物。

5）不应受理道路运输的物质

在5.2项中的A型有机过氧化物,不应进行道路运输。

（六）第6类毒性物质和感染性物质

本类包括毒性物质和感染性物质2个项别。

1.6.1项：毒性物质

1）基本概念

毒性物质是指经吞食、吸入或与皮肤接触后可能造成死亡或严重受伤或损害人类健康的物质。由经验或从动物试验推定,在一次性或短时期的吸入、皮肤吸收或吞食相对少量的毒性物质情况下会损害人体健康或引起死亡的物质,属于6.1项。转基因微生物和生物若满足条件也应归入本项。

评价急性毒性的参数：

（1）急性口服毒性的半数致死量（LD_{50}）,是经过统计方法得出的一种物质的单次剂量,该剂量可使青年白鼠口服后,在14天内造成50%的死亡。LD_{50}用每千克体质量的毫克数（mg/kg）表示。

（2）急性皮肤接触毒性的半数致死量（LD_{50}）,是使家兔的裸露皮肤持续接触24h,最可能引起这些试验动物在14天内死亡一半的物质剂量。试验动物的数量应足够大以使结果具有统计意义,且与良好的药理实践相一致。LD_{50}用每千克体质量的毫克数（mg/kg）表示。

（3）急性吸入毒性的半数致死浓度（LC_{50}）,是使雄性和雌性青年白鼠持续吸入1h的蒸气、烟雾或粉尘,最可能引起这些试验动物在14天内死亡一半的浓度。就粉尘和烟雾而言LC_{50}以每升空气中毫克数表示,蒸气则以每立方米空气中的毫克数表示（百万分率）。

关于毒性程度的评估,应根据经验考虑人类意外中毒实例,以及个别物质拥有的特殊性质。如果缺乏人类的经验数据,应以动物试验获得数据的方法确定毒性程度。当一种物质通过两种或以上暴露方式显示出不同的毒性程度时,应以最高毒性程度为准。毒性以吸入 1h 的 LC_{50} 数据作为判断依据。若只有吸入 4h 的 LC_{50} 数据时,对于粉尘和烟雾将该数字乘以 4 视为吸入 1h 的 LC_{50} 数据,即 $LC_{50}(4h) \times 4$ 视为 $LC_{50}(1h)$,蒸汽则乘以 2 视为吸入 1h 的 LC_{50} 数据,即 $LC_{50}(4h) \times 2$ 视为 $LC_{50}(1h)$。

对于 6.1 项毒性物质包装类别的划分见表 3-1-13 和表 3-1-14。

口服摄入、皮肤接触和吸入粉尘和烟雾物质包装类别划分条件　　　　表3-1-13

包装类别	口服毒性 LD_{50} (mg/kg)	皮肤接触毒性 LD_{50} (mg/kg)	吸入粉尘和烟雾毒性 LC_{50} (mg/L)
Ⅰ	$LD_{50} \leq 5$	$LD_{50} \leq 50$	$LC_{50} \leq 0.2$
Ⅱ	$5 < LD_{50} \leq 50$	$50 < LD_{50} \leq 200$	$0.2 < LC_{50} \leq 2$
Ⅲ①	$50 < LD_{50} \leq 300$	$200 < LD_{50} \leq 1000$	$2 < LC_{50} \leq 4$

注:①催泪性气体物质,即使其毒性数据相当于包装类别Ⅲ的数值,也应划在包装类别Ⅱ中。

释放毒性蒸气液体包装类别划分条件　　　　表3-1-14

包装类别	所需要满足的条件
Ⅰ	当 $V^① \geq 10 \times LC_{50}$,且 $LC_{50} \leq 1000 mL/m^3$
Ⅱ	当 $V \geq LC_{50}$,且 $LC_{50} \leq 3000 mL/m^3$,不满足包装类别Ⅰ的要求
Ⅲ②	当 $V \geq 1/5 LC_{50}$,且 $LC_{50} \leq 5000 mL/m^3$,不满足包装类别Ⅰ和Ⅱ的要求

注:① V 为在 20℃和一个标准大气压力下的饱和蒸气浓度(挥发度)。
②对于满足包装类别Ⅲ的催泪性气体物质仍应被划入包装类别Ⅱ。

对于 JT/T 617.3 表 A.1 列出名称的 6.1 项物质,若其混合物的危险性分类与原物质不同,则该混合物应根据其实际的危险性进行分类。其中,农药类物质应基于其有毒成分、物理状态及可能的次要危险性,确定其正式运输名称。若农药制剂的口服或皮肤接触 LD_{50} 未知,但农药原药的 LD_{50} 已知,则可根据混合物的口服或皮肤接触毒性半数致死量 TM 计算方法确定农药制剂的毒性及其相应包装类别;此外,一些普通杀虫剂的 LD_{50} 毒性数据,可参考最新版本的《世界卫生组织建议的农药按危险性的分类和分类准则》。

2)混合物毒性的计算

(1)具有吸入毒性的液体混合物,如果混合物中每种毒性物质的 LC_{50} 数据已知,可按式(3-1-1)计算混合物的半数致死浓度 $H_{LC_{50}}$。

$$H_{LC_{50}} = \frac{1}{\sum_{i=1}^{} \frac{f_i}{LC_{50i}}} \tag{3-1-1}$$

式中:$H_{LC_{50}}$——混合物的吸入毒性半数致死浓度(mL/m³);
　　　f_i——混合物的组分 i 的摩尔分数;
　　　LC_{50i}——组分 i 的平均半数致死浓度(mL/m³)。

此外，为了确定具有吸入毒性的液体混合物的包装级别，还应根据混合物的挥发度进一步计算挥发度与 LC_{50} 的比率 R。

混合物（具有吸入毒性的液体混合物）中每种成分物质的挥发度：

$$V_i = P_i \times \frac{10^6}{101.3} \quad (3\text{-}1\text{-}2)$$

式中：V_i——混合物中每种成分物质的挥发度（mL/m^3）；

P_i——在 20℃和一个标准大气压力下，第 i 种成分物质的分压（kPa）。

挥发度与 LC_{50} 的比率 R 计算公式如式（4-1-3）。

$$R = \sum_{i=1}^{n} \frac{V_i}{LC_{50i}} \quad (3\text{-}1\text{-}3)$$

因此，可以利用 LC_{50}（混合物）和 R 的计算值，查表 3-1-15 确定混合物的包装类别。

液体混合物包装类别划分条件对照表　　　　　表3-1-15

包装类别	所应满足的条件
Ⅰ	$R \geq 10$，且 $H_{LC_{50}} \leq 1000 mL/m^3$
Ⅱ	$R \geq 1$，且 $H_{LC_{50}} \leq 3000 mL/m^3$，并且混合物不满足包装类别Ⅰ的要求
Ⅲ	$R \geq 1/5$，且 $H_{LC_{50}} \leq 5000 mL/m^3$，并且混合物不满足包装类别Ⅰ和Ⅱ的要求

（2）混合物的口服或皮肤接触毒性的半数致死量 T_M，确定方法如下。

①若混合物只含有 1 种毒性物质且该物质的 LD_{50} 已知，但混合物无可靠的急性口服毒性和皮肤接触毒性数据，该混合物的口服或皮肤接触半数致死量可按照式（3-1-4）计算。

$$T_M = \frac{T_A \times 100}{C_A} \quad (3\text{-}1\text{-}4)$$

式中：T_M——混合物的口服或皮肤接触 LD_{50}（mg/kg）；

C_A——混合物中组分 A 的百分浓度；

T_A——物质 A 的口服或皮肤接触 LD_{50}（mg/kg）。

②若混合物含有 1 种以上的毒性组分，有 3 种可选方法确定混合物的口服毒性或皮肤接触 LD_{50}。首选方法是获得可靠的混合物的急性口服和皮肤接触毒性数据。如无可靠、准确的数据，则下列两种方法均可：

a. 将最危险的混合物组分视作浓度等同于全部有毒组分的总浓度，据此对混合物配方进行归类；

b. 按式（3-1-5）计算。

$$T_M = \frac{100}{\dfrac{C_A}{T_A} + \dfrac{C_B}{T_B} + \cdots + \dfrac{C_Z}{T_Z}} \quad (3\text{-}1\text{-}5)$$

式中：T_M——混合物的口服或皮肤接触 LD_{50}（mg/kg）；

C_A、C_B…C_Z——混合物中组分 A、B、…、Z 的百分浓度；

T_A、T_B…T_Z——成分 A、B、…、Z 的口服或皮肤接触 LD_{50}（mg/kg）。

3）组别代码

对于 6.1 项毒性物质和含此类物质的物品，可根据其危险特性划分为不同组别，组别代码和含义表 3-1-16。

6.1 项毒性物质的组别代码和含义 表3-1-16

一级组别代码	一级组别代码含义	二级组别代码	二级组别代码含义
T	毒性物质，无次要危险性	T1	有机液体
		T2	有机固体
		T3	有机金属物质
		T4	无机液体
		T5	无机固体
		T6	液体，用作杀虫剂
		T7	固体，用作杀虫剂
		T8	样品
		T9	其他毒性物质
TF	毒性物质，易燃	TF1	液体
		TF2	液体，用作杀虫剂
TF	毒性物质，易燃	TF3	固体
TS	毒性物质，固体，自热		
TW	毒性物质，遇水放出易燃气体	TW1	液体
		TW2	固体
TO	毒性物质，氧化性	TO1	液体
		TO2	固体
TC	毒性物质，腐蚀性	TC1	有机液体
		TC2	有机固体
		TC3	无机液体
		TC4	无机固体
TFC	毒性物质，易燃，腐蚀性		
TFW	毒性物质，易燃，遇水放出易燃气体		

4）不应受理道路运输的物质

对于化学性质不稳定的 6.1 项毒性物质，除非采取必要的措施防止所有可能发生的危险反应，并确保容器和罐体中不含有促进其反应的物质，否则不应采用道路运输方式进行运输。

不应受理道路运输的物质和混合物还包括：

①氰化氢（无水或溶液），不符合 UN 1051、UN 1613、UN 1614 和 UN 3294 的说明；

②闪点低于 230℃ 的羰基金属，但 UN 1259，羰基镍和 UN 1994，五羰基铁除外；

③2,3,7,8-四氯二苯并-p-二噁英(TCDD);
④UN 2249,对称二氯二甲醚;
⑤无添加剂以抑制其放出毒性易燃气体的磷化物制剂。

2.6.2项:感染性物质

1)基本概念

6.2项感染性物质是指已知或有理由认为含有病原体的物质。包括已知或可能含有病原体的物质。

病原体是会造成人类或动物感染疾病的微生物(包括细菌、病毒、立克次氏体、寄生虫、真菌)和其他媒介,如病毒蛋白。符合此项条件的转基因微生物及生物、生物制品、诊断标本和受感染的活体动物,都应该划入6.2项。若物质取自植物、动物或细菌源的毒素,如果不含有任何感染性物质,应划入6.1项,使用编号UN 3172或UN 3462。

对于感染性物质中涉及的生物制品、培养物、医学或医疗废物和病患者试样,具有特定含义和范围,具体如下。

(1)生物制品,包括但不限于疫苗等最终或非最终产品,是从活体生物取得的,用于预防、治疗或诊断人或动物的疾病,或用于与此类活动有关的以开发、试验或调查为目的的产品。其生产和销售应遵守国家主管部门的规定。

(2)培养物,是有意使病原体繁殖的结果,不包括本部分中所定义的人或动物病患者试样。

(3)医学或医疗废物,是来自对动物或人进行医学治疗或来自生物研究所产生的废物。

(4)病患者试样,直接从人或动物采集的,包括但不限于排泄物、分泌物、血液及血液成分、组织及组织液、身体部位等,用于研究、诊断、调查、治疗和预防疾病等的物质。

6.2项感染性物质,可根据其危险特性划分为不同组别,组别代码和含义见表3-1-17。

6.2项感染性物质的组别代码和含义　　　　　　　　　表3-1-17

组别代码	组别代码含义	组别代码	组别代码含义
I1	影响人类的感染性物质	I3	医疗废物
I2	只影响动物的感染性物质	I4	生物物质

2)分类

感染性物质分为A类感染性物质和B类感染性物质。

(1)A类感染性物质:在运输过程中与之发生接触可造成健康的人或动物的死亡、永久性失能或生病的物质。这里的发生接触,是指感染性物质泄漏到保护性包装之外,造成与人或动物的实际接触。

JT/T 617.2给出了A类感染性物质的示例,见附录二。示例中未列出的感染性物质(包括新的或刚刚出现的病原体),如果符合或怀疑符合A类感染性物质的判定方法应被划入A类感染性物质。

符合A类感染性物质标准，可对人或同时对人或动物造成疾病的感染性物质，应划入UN 2814，正式运输名称为"影响人类的感染性物质"。只对动物造成疾病的感染性物质，应划入UN 2900，正式运输名称为"只影响动物的感染性物质"。在确定UN编号时，应根据已知的原始病人或动物的病历和症状、当地地方流行病的情况以及对原始病人或动物具体情况的专业诊断。

（2）B类感染性物质：不符合A类感染性物质标准的感染性物质，编号为UN 3373。

感染性物质的编号主要为UN 2814、UN 2900、UN 3291或UN 3373。具体地，含有A类感染性物质的医疗废物，应根据情况列入UN 2814或UN 2900。含有B类感染性物质的医疗废物，应列入UN 3291。含有感染性物质可能性较低的医疗废物应列入UN 3291。确定UN编号时，应参考国家废弃物目录。受到A类病原体或A类病原体培养物影响的动物应被列入UN 2814或UN 2900，受B类病原体影响的动物应被划入UN 3373。不符合感染性物质定义的转基因微生物应按9进行分类。

除非感染性物质无法通过其他方式托运，否则不应使用活体动物运输感染性物质。

（七）第7类放射性物质

放射性物质包括任何含有放射性核素，其放射性浓度和托运货物中的总放射性活度均超过《放射性物品安全运输规程》（GB 11806—2019）中规定的限值的物质。

各单个放射性核素的基本数值详见JT/T 617.2附录H。放射性物质的运输应符合《放射性物品安全运输规程》（GB 11806）的要求。放射性物质分类条目见表3-1-18。

第7类放射性物质分类条目列表　　　　表3-1-18

UN编号	正式运输名称和说明
例外包装件	
UN 2908	放射性物质，例外包装件—空包装
UN 2909	放射性物质，例外包装件—用天然铀或贫化铀或天然钍制造的物品
UN 2910	放射性物质，例外包装件—有限数量的物质
UN 2911	放射性物质，例外包装件—器械或物品
UN 3507	六氟化铀，放射性材料，例外包装件，每个包件小于0.1kg，非裂变或例外裂变
低放射性比度放射性材料	
UN 2912	放射性物质，低比活度（LSA-Ⅰ），非裂变或例外裂变
UN 3321	放射性物质，低比活度（LSA-Ⅱ），非裂变或例外裂变
UN 3322	放射性物质，低比活度（LSA-Ⅲ），非裂变或例外裂变
UN 3324	放射性物质，低比活度（LSA-Ⅱ），裂变
UN 3325	放射性物质，低比活度（LSA-Ⅲ），裂变
表面放射性污染物体	
UN 2913	放射性物质，表面污染物体（SCO-Ⅰ或SCO-Ⅱ），非裂变或例外裂变
UN 3326	放射性物质，表面污染物体（SCO-Ⅰ或SCO-Ⅱ）裂变

续上表

UN 编号	正式运输名称和说明
A 型货包	
UN 2915	放射性物质，A 型包装件，非特殊形式，非裂变或例外裂变
UN 3327	放射性物质，A 型包装件，非特殊形式，裂变
UN 3332	放射性物质，A 型包装件，特殊形式，非裂变或例外裂变
UN 3333	放射性物质，A 型包装件，非特殊形式，裂变
B（U）型货包	
UN 2916	放射性物质，B（U）型包装件，非裂变或例外裂变
IJN 3328	放射性物质，B（U）型包装件，裂变
B（M）型货包	
UN 2917	放射性物质，B（M）型包装件，非裂变或例外裂变
UN 3329	放射性物质，B（M）型包装件，裂变
C 型货包	
UN 3323	放射性物质，C 型包装件，非裂变或例外裂变
IJN 3330	放射性物质，C 型包装件，裂变
特殊安排	
UN 2919	放射性物质，特殊安排运输，非裂变或例外裂变
UN 3331	放射性物质，特殊安排运输，裂变
六氟化铀	
UN 2977	放射性物质，六氟化铀，裂变
UN 2978	放射性物质，六氟化铀，非裂变或例外裂变

注：本表格中"包装件"与其他放射性物质相关标准中"货包"概念一致。

（八）第 8 类腐蚀性物质

1. 基本概念

第 8 类包括腐蚀性物质以及包含腐蚀性物质的物品。腐蚀性物质指接触上皮组织（皮肤或黏膜）时会通过化学作用造成伤害，或发生渗漏时会严重损伤甚至毁坏其他货物或运输工具的物质。此类物质也包含遇水形成腐蚀性液体的物质，或在自然条件下与潮湿空气形成腐蚀性蒸气或薄雾的物质。

2. 危险程度和包装类别的划分

根据第 8 类物质在运输中的危险程度，划分为如下 3 个等级，对应不同的包装类别，具体划分见表 3-1-19。

此外，液体和在运输途中可变为液态的固体，若被判定为不会引起人类皮肤全厚度损伤，仍需考虑其是否会对某些金属表面造成腐蚀。在试验中，应使用型号为 S235JR+CR（1.0037 resp.St 37-2）、S275J2G3+CR（1.0144 resp.St 44-3）、ISO 3574、统一编号系统

（UNS）G10200 或 SAE 1020 的钢，以及非复合型铝，如 7075-T6 或 A25GU-T6。试验时，使用钢或铝中任何一种其初步试验结果表明被试验物质具有腐蚀性时，则无须再对另一种金属进行试验。在判断物质腐蚀性时，需考虑人体接触经验；若没有这类经验时，则一般根据《经济合作与发展组织化学试验法准则》（以下简称 OECD 准则）第 404 号《急性皮肤过敏/腐蚀》或 435 号《体外皮肤腐蚀：膜屏障试验方法》的试验数据确定。

第8类腐蚀性物质影响及包装类别划分 表3-1-19

暴露时间 t	观察期	影响	腐蚀程度	包装类别
$t \leq 3\text{min}$	$\leq 60\text{min}$	完好皮肤全厚度损伤	高度腐蚀性物质	I
$3\text{min} < t \leq 1\text{h}$	≤ 14 天	完好皮肤全厚度损伤	腐蚀性物质	II
$1\text{h} < t \leq 4\text{h}$	≤ 14 天	完好皮肤全厚度损伤	轻度腐蚀性物质	III
—	—	在 55℃ 的试验温度下对铝和钢进行试验，在钢或铝表面的年腐蚀率超过 6.25mm	轻度腐蚀性物质	III

对于 JT/T 617.3 表 A.1 中列出名称的第 8 类物质，若其混合物的危险性分类与原物质不同，则该混合物应根据其实际的危险性进行分类。

3. 组别代码

第 8 类物质和物品可根据其危险特性划分为不同组别，组别代码和含义见表 3-1-20，其中 C1~C11 是无次要危险性的腐蚀性物质。

第8类腐蚀性物质和物品组别代码和含义 表3-1-20

一级组别代码	一级组别代码含义	二级组别代码	二级组别代码含义
C1	酸性腐蚀性物质，无机，液体		
C2	酸性腐蚀性物质，无机，固体		
C3	酸性腐蚀性物质，有机，液体		
C4	酸性腐蚀性物质，有机，固体		
C5	碱性腐蚀性物质，无机，液体		
C6	碱性腐蚀性物质，无机，固体		
C7	碱性腐蚀性物质，有机，液体		
C8	碱性腐蚀性物质，有机，固体		
C9	其他腐蚀性物质，液体		
C10	其他腐蚀性物质，固体		
C11	腐蚀性物品		
CF	腐蚀性物质，易燃	CF1	液体
CF	腐蚀性物质，易燃	CF2	固体
CS	腐蚀性物质，自热	CS1	液体
CS	腐蚀性物质，自热	CS2	固体

续上表

一级组别代码	一级组别代码含义	二级组别代码	二级组别代码含义
CW	腐蚀性物质，遇水放出易燃气体	CW1	液体
		CW2	固体
CO	腐蚀性物质，氧化性	CO1	液体
		CO2	固体
CT	腐蚀性物质，毒性	CT1	液体
		CT2	固体
		CT3	物品
CFT	腐蚀性物质，易燃，液体，毒性		
COT	腐蚀性物质，氧化性，毒性		

4. 不应受理道路运输的物质

对于化学性质不稳定的第 8 类腐蚀性物质，除非采取必要的措施防止所有可能发生的危险反应，并确保容器和罐体中不含有促进其反应的物质，否则不应采用道路运输方式进行运输。

不应进行道路运输的腐蚀性物质还包括：

（1）UN 1798，王水；

（2）化学性质不稳定的废硫酸混合物；

（3）化学性质不稳定的硝化酸混合物，或未脱硝的残留硫酸和硝酸混合物；

（4）质量浓度高于 72% 的高氯酸水溶液，或高氯酸与除水以外的任何液体的混合物。

（九）第 9 类杂项危险物质和物品

1. 基本概念

杂项危险物质和物品是指在运输过程中具有未列入其他类别的危险性的物质和物品，涉及以微细粉尘形式吸入可危害健康的物质、一旦发生火灾可形成二噁英的物质和物品、可释放出易燃气体的物质、锂电池、救生设备、危害环境的物质（水生环境）、转基因微生物或生物体、高温物质，以及其他杂项物质等。

2. 以微细粉尘形式吸入可危害健康的物质

该类物质包括石棉和含有石棉的混合物。

3. 一旦发生火灾可形成二噁英的物质和物品

该类物质包括多氯联苯（PCBs）、三联苯（PCTs）和多卤联苯，以及含有这些物质的混合物。还包括含有这些物质或混合物的设备，如变压器、冷凝器等。

4. 可释放出易燃气体的物质

该类物质为含有闪点不超过 55℃ 的易燃液体的聚合物。

5. 锂电池

电池和电池组、安装在设备中的电池和电池组以及与设备一起包装的电池和电池组，应划入 UN 3090、UN 3091、UN 3480 或 UN 3481。

锂电池只有当满足下述条件时，方可进行运输：

（1）经过证明，每个电池或电池组的型号均符合《试验和标准手册》第 3 部分第 38.3 节各项试验的要求。

（2）每一电池和电池组都装有安全排气装置，或设计上能防止在正常运输条件下发生破裂。

（3）每一电池和电池组都装有防止外部短路的有效装置。

（4）每个由多个电池或电池系列并联而成的电池组，都装有防止反向电流造成危险所需的有效装置（例如二极管、熔断丝等）。

对于使用锂电池的车辆，应符合下述要求：

（1）UN 3171 电池供电车辆，仅适用于使用湿电池组、钠电池组、锂金属电池组或锂离子电池组供电的车辆，且运输时这些电池组已被安装在车辆上。UN 3171 中的车辆指自动推进的、设计用来乘坐 1 个或以上人员或装载货物的设备，例如电力驱动的车辆、摩托车、小型摩托车、三轮或四轮车、电动自行车、轮椅、草坪拖拉机、船或飞行器。

（2）由锂金属电池组或锂离子电池组供电的设备，如割草机、清洗机、船模和飞机模型，应划入条目 UN 3091 装在设备中的锂金属电池组，或 UN 3091 同设备包装在一起的锂电池组，或 UN 3481 装在设备中的锂离子电池组或 UN 3481 同设备包装在一起的锂离子电池组。

（3）同时使用内燃机和湿电池、钠电池、锂金属电池或锂离子电池驱动的混合动力电动汽车，在运输时若已安装电池组，应划入条目 UN 3166 易燃气体推动车辆或 UN 3166 易燃液体推动车辆进行运输。已装有燃料电池的车辆应划入条目 UN 3166 燃料电池、易燃气体动力车辆，或 UN 3166 燃料电池、易燃液体动力车辆。

6. 救生设备

救生设备包括满足 JT/T 617.3 附录 B 特殊规定 235 或 296 描述的救生设备和机动车组件。

7. 危害环境的物质（水生环境）

危害环境的物质包括污染水生环境的液体、固体，以及这类物质的溶液和混合物（如制剂和废物）。其中，水生环境包括生活在水中的水生生物及其水生生态系统。危害环境物质或混合物的判断依据是其水生毒性，必要时可根据有关降解和在生物体内积累的资料对其加以修正。

1）危害环境物质（水生环境）分类的基本要素

（1）急性水生毒性。

急性水生毒性是物质固有的、对在水中短时间暴露于该物质的生物体能造成伤害的物质，主要涉及以下两个方面：

①急性（短期）危害，对于危险货物分类是指生物体短时间在水中暴露于该物质时，由于该物质对生物体的急性毒性所产生的危害。

②急性水生毒性，通常使用鱼类 96h LC_{50}（OECD 准则 203 或等效方法），甲壳纲类 48h EC_{50}（OECD 准则 202 或等效方法）和/或藻类 72h 或 96h EC_{50}（OECD 准则 201 或

等效方法)确定。当采用其他合理的试验方法时也可考虑使用其他物种(如浮萍)的数据。

(2)慢性水生毒性。

慢性水生毒性是指物质固有的、对在水中暴露于该物质的生物体造成有害影响的物质,暴露的时间应根据生物体的生命周期决定。慢性水生毒性将主要造成长期危害,对于危险货物分类是指生物体长期在水中暴露于该物质时,由于该物质的慢性毒性对生物体造成的危害。

若分类过程中,可用的慢性毒性数据比急性毒性数据少,可采用 OECD 准则 210(鱼类早期生命阶段)或 OECD 准则 211(水蚤繁殖)和 OECD 准则 201(藻类生长抑制)及其他经过验证的、国际上接受的试验方法获得的数据。应使用无显见效果浓度 $NOEC_x$ 或其他等效的 EC_x 值。

(3)有潜在可能形成实际生物体内的积累。

生物积累指通过各种暴露途径(如空气、水、沉积物/土壤和食物),生物体内对一种物质摄入、转化和消除的最终结果。生物积累潜力通常用正辛醇/水分配系数来确定,通常根据 OECD 准则 107 或 117 确定的 K_{ow} 值作为判定,以反映生物积累的可能性。通过试验确定生物富集系数(BCF)的方法更好。BCF 根据 OECD 准则 305 确定。

(4)有机化学物质(生物或非生物)降解。

降解是有机分子分解为更小的分子,甚至最后分解为二氧化碳、水和盐,环境降解可以是生物的或非生物的(例如水解)作用。

物质若满足以下条件之一,可认为能在环境中快速降解:

①在 28 天的快速生物降解试验中,达到以下降解水平:基于溶解性有机碳的试验结果≥70%;或基于氧气消耗量或二氧化碳生成量的试验,得到结果≥理论最大量的 60%。除由多个结构类似的组分组成的复杂物质外,10% 的物质被降解时作为降解开始时间,在降解开始后 10 天内达到上述降解水平;否则应采用上述 28 天的测试方法(见 GHS 第 4.1 章和附件 9,A9.4.2.2.3)。

②当只有 BOD 和 COD 数据时,$BOD/COD ≥ 0.5$。

③有科学证据表明物质或混合物在水生环境中能在 28 天内达到 70% 以上的降解水平[生物的和(或)非生物的]。

2)危害环境物质的类别和划分原则

若物质满足急毒 1、慢毒 1 或慢毒 2 类要求,即应列为"危害环境物质(水生环境)",关于危害环境物质(水生环境)的分类描述见表 3-1-21。

危害环境物质(水生环境)的分类 表3-1-21

急性(短期)水生危害
类别:急毒 1 96h LC_{50}(鱼类)≤ 1mg/L; 48h EC_{50}(甲壳纲动物)≤ 1mg/L; 72h 或 96h ErC_{50}(藻类或其他水生植物)≤ 1mg/L

长期水生危害
（i）有充足慢性水生毒性数据可用的非快速降解物质
类别：慢毒1 慢性 $NOEC$ 或 EC_x（鱼类）≤ 0.1mg/L； 慢性 $NOEC$ 或 EC_x（甲壳纲动物）≤ 0.1mg/L； 慢性 $NOEC$ 或（藻类或其他水生植物）≤ 0.1mg/L。 类别：慢毒2 慢性 $NOEC$ 或 EC_x（鱼类）≤ 1mg/L； 慢性 $NOEC$ 或 EC_x（甲壳纲动物）≤ 1mg/L； 慢性 $NOEC$ 或（藻类或其他水生植物）≤ 1mg/L
（ii）有充足慢性水生毒性数据可用的快速降解物质
类别：慢毒1 慢性 $NOEC$ 或 EC_x（鱼类）≤ 0.01mg/L； 慢性 $NOEC$ 或 EC_x（甲壳纲动物）≤ 0.01mg/L； 慢性 $NOEC$ 或（藻类或其他水生植物）≤ 0.01mg/L。 类别：慢毒2 慢性 $NOEC$ 或 EC_x（鱼类）≤ 0.1mg/L； 慢性 $NOEC$ 或 EC_x（甲壳纲动物）≤ 0.1mg/L； 慢性 $NOEC$ 或（藻类或其他水生植物）≤ 0.1mg/L
（iii）无充足慢性水生毒性数据可用的物质
类别：慢毒1 96h LC_{50}（鱼类）≤ 1mg/L； 48h EC_{50}（甲壳纲动物）≤ 1mg/L； 72h 或 96h ErC_{50}（藻类或其他水生植物）≤ 1mg/L，且该物质不能快速降解，和（或）试验确定 $BCF \geqslant 500$（或，若无数据则 $l_{og}K_{ow} \geqslant 4$）。 类别：慢毒2 96h LC_{50}（鱼类）>1 但 ≤ 10mg/L； 48h EC_{50}（甲壳纲动物）>1 但 ≤ 10mg/L； 72h 或 96h ErC_{50}（藻类或其他水生植物）>1 但 ≤ 10mg/L，且该物质不能快速降解，和（或）试验确定 $BCF \geqslant 500$（或，若无数据则 $l_{og}K_{ow} \geqslant 4$）

如果物质或混合物被分类为环境危害物质（水生环境），并且根据规定不能归入其他类别，应将其划入以下两个条目中的一个，并对应包装类别Ⅲ：

（1）UN 3077，对环境有害的固态物质，未另作规定的；

（2）UN 3082，对环境有害的液态物质，未另作规定的。

另外，对于不符合1~9类分类标准，但已列入《国家危险废物名录》的危险废物，也应按上述条目道路运输。

8. 转基因微生物或生物体

转基因微生物和转基因生物体是其基因物质被有意地通过遗传工程，以非自然地方式加以改变的微生物和生物体。对于非自然变化而产生的变异动物、植物或微生物，若其不符合6.1项毒性物质或6.2项的要求，应将其归为第9类（UN 3245）。

感染性的转基因微生物和生物体归类为6.2项，UN 2814、UN 2900 或 UN 3373。除非另有规定，不应使用活体动物运输第9类转基因微生物。

9. 高温物质

高温物质包括运输或托运温度高于或等于100℃的液态物质（若该物质有闪点，则该物质的运输或托运温度应低于其闪点），以及高于或等于240℃的固态物质。一般地，高温物质只有在不符合其他类别时才划入第9类。

10. 运输过程中表现出危险性但不符合其他类定义的物质

下列物质如不符合其他类别定义，但在运输过程中表现出危险性，应划分为第9类物质，包括：

（1）闪点低于60℃的固态氨化合物；

（2）低危险性的连二亚硫酸盐；

（3）高度挥发液体；

（4）释放有害烟雾的物质；

（5）包含过敏原的物质；

（6）化学工具箱和急救药箱；

（7）电子双层电容器（蓄能容量大于0.3W·h）。

11. 第9类物质和物品的包装类别和组别代码

一般地，第9类物质和物品根据其危险程度主要采用包装类别Ⅱ（适用内装中度危险的物质）和包装类别Ⅲ（适用内装轻度危险的物质）。

第9类物质和物品根据其特性划分为不同组别，组别代码和含义见表3-1-22。

第9类杂项物质和物品组别代码和含义　　　　表3-1-22

组别代码	组别代码含义
M1	以微细粉尘的形式吸入，可以危害健康的物质
M2	一旦发生火灾可形成二噁英的物质和设备
M3	会放出易燃气体的物质
M4	锂电池组
M5	救生设备
M6	污染水生环境的液体
M7	污染水生环境的固体
M8	转基因微生物和生物体
M9	高温液体
M10	高温固体
M11	在运输过程中具有危险的，但又不满足其他类别条件的物质和物品

12. 不应受理道路运输的物质和物品

不符合JT/T 617.3附录B特殊规定230、310或636的锂电池不应受理运输。

（十）多种危险性的先后顺序

当某种物质、混合物或溶液有一种以上危险性，且名称又未列入JT/T 617.3表A.1时，其危险性的先后顺序按表 3-1-23 确定。对于具有多种危险性而在 JT/T 617.3 表 A.1 中没有具体列出名称的货物,不论其在表 3-1-23 中危险性的先后顺序如何,其有关危险性的最严格包装类别优先于其他包装类别。

危险性的先后顺序表　　　　　　　　　　　　表3-1-23

类或项和包装类别		4.2	4.3	5.1			6.1				8					
				Ⅰ	Ⅱ	Ⅲ	Ⅰ		Ⅱ	Ⅲ	Ⅰ		Ⅱ		Ⅲ	
							皮肤	口服			液体	固体	液体	固体	液体	固体
3	Ⅰ ᵃ		4.3				3	3	3	3	3	−	3	−	3	−
	Ⅱ ᵃ		4.3				3	3	3	3	8	−	3	−	3	−
	Ⅲ ᵃ		4.3				6.1	6.1	6.1	3ᵇ	8	−	3	−	3	−
4.1	Ⅱ ᵃ	4.2	4.3	5.1	4.1	4.1	6.1	6.1	4.1	4.1	−	8	−	4.1	−	4.1
	Ⅲ ᵃ	4.2	4.3	5.1	4.1	4.1	6.1	6.1	6.1	4.1	−	8	−	8	−	4.1
4.2	Ⅱ ᵃ		4.3	5.1	4.2	4.2	6.1	6.1	4.2	4.2	8	8	4.2	4.2	4.2	4.2
	Ⅲ ᵃ		4.3	5.1	5.1	4.2	6.1	6.1	6.1	4.2	8	8	8	8	4.2	4.2
4.3	Ⅰ ᵃ			5.1	4.3	4.3	6.1	4.3	4.3	4.3	4.3	4.3	4.3	4.3	4.3	4.3
	Ⅱ ᵃ			5.1	4.3	4.3	6.1	4.3	4.3	4.3	8	8	4.3	4.3	4.3	4.3
	Ⅲ ᵃ			5.1	5.1	4.3	6.1	6.1	6.1	4.3	8	8	8	4.3	4.3	4.3
5.1	Ⅰ ᵃ						5.1	5.1	5.1	5.1	5.1	5.1	5.1	5.1	5.1	5.1
	Ⅱ ᵃ						6.1	6.1	5.1	5.1	8	8	5.1	5.1	5.1	5.1
	Ⅲ ᵃ						6.1	6.1	6.1	5.1	8	8	8	8	5.1	5.1
6.1	Ⅰ	皮肤									8	6.1	6.1	6.1	6.1	6.1
		口服									8	6.1	6.1	6.1	6.1	6.1
	Ⅱ	吸入									8	6.1	6.1	6.1	6.1	6.1
		皮肤									8	6.1	8	6.1	6.1	6.1
		口服									8	8	8	6.1	6.1	6.1
	Ⅲ										8	8	8	8	8	8

注:"−"表示不可能组合。
ᵃ 自反应物质和固态退敏爆炸品以外的 4.1 项物质以及液态退敏爆炸品以外的第 3 类物质。
ᵇ 农药为 6.1 项。

下列物质和物品的危险性总是处于优先地位,其危险性的先后顺序没有列入表 3-1-23:

(1)第 1 类爆炸性物质和物品;
(2)第 2 类气体;
(3)第 3 类液态退敏爆炸品;
(4)4.1 项自反应物质和固态退敏爆炸品;
(5)4.2 项发火性物质;
(6)5.2 项有机过氧化物;

（7）具有 I 类包装吸入毒性的 6.1 项物质；
（8）6.2 项感染性物质；
（9）第 7 类放射性物质。

第二节 命名原则

一、正式运输名称

（1）中文名称和英文名称应采用 JT/T 617.3 表 A.1 中的正式运输名称准确地描述货物。

正式运输名称的中文用黑体字（加上构成名称一部分的数字、希腊字母、正、仲、叔、间、对、邻等），英文用大写字母表示。可替代的正式运输名称写在主要正式运输名称之后外加括号，例如：环三亚甲基三硝胺（旋风炸药，黑索金，RDX）。中文名称和英文名称中，用中文宋体字、英文小写字母写出的部分不应视为正式运输名称的一部分，但可以使用。

（2）当正式运输名称中有中文宋体的"或"（英文小写字母的连词"or"）时，或者当名称的各部分用顿号断开时，则应根据实际选择名称相对应的部分，而不应在运输单据或包件标记上写明整个名称。

例如，UN 1057，**打火机**或**打火机加油器**，装有易燃气体，最合适的正式运输名称分别为**打火机**、**打火机加油器**。

（3）正式运输名称中的修饰词，可位于被修饰词前或后的任意位置。此外，英文正式运输名称可视情况用单数或复数。第 1 类危险货物的商品名称或军用名称，如包含正式运输名称并附加说明文字，也可以使用。

例如"**二甲胺水溶液**"，也可写成"**水溶液，二甲胺**"。

（4）属于固体的物质在熔融状态下提交运输时，应在正式运输名称后加上"熔融的"字样，除非 JT/T 617.3 表 A.1 的正式运输名称中已含该字样。

例如：**烷基苯酚类，固体的，未另作规定的，熔融的**。

（5）一些物质在不稳定状态下易发生危险化学反应，根据运输标准的规定，这类物质处于不稳定状态时禁止运输。处于稳定状态的此类物质运输时，应在其正式运输名称后加上"稳定的"字样。自反应物质和有机过氧化物，以及 JT/T 617.3 表 A.1 的正式运输名称中已含该字样的除外。

例如：**有毒液体、有机的、未另作规定的、稳定的**。

（6）水合物可按无水物质的正式运输名称运输。

（7）正式运输名称为集合条目且在 JT/T 617.3 表 A.1 第（6）栏中注明了特殊规定 274 或 318 的，应附加技术名称，法律法规或国际公约规定禁止透露技术名称的除外。对于第 1 类爆炸品，可以附加商品名称或军用名称的说明文字。

技术名称应写在正式运输名称之后的圆括号内。也可以使用适当的限定词，如"含有"或其他限定词如"混合物""溶液"等，以及技术成分的百分含量。例如：

① UN 1993，**易燃液体，未另作规定的**（含有二甲苯和苯）；

② UN 2902，**液态农药，毒性，未另作规定的**（敌菌酮）；

③ UN 3394，**有机金属物质，液体的，引火的，遇水反应的**（三甲基镓）。

（8）当一种危险货物的混合物在 JT/T 617.3 表 A.1 中注明特殊规定 274 时，应标出不多于两种构成混合物危险性的最重要成分。如果装有混合物的包件贴有次要危险性标志，则次要危险性标志应与任何一个技术名称体现的危险性匹配。

（9）运输样品使用的正式运输名称见 JT/T 617.2 第 4.4.1 部分。

二、溶液或混合物的命名原则

（1）如果某个溶液或混合物的特征、性质、形态或其物理状态不符合 JT/T 617.2 分类标准且未归入任何类别时，则该溶液或混合物不属于《危险货物道路运输规则 第 1 部分：通则》（JT/T 617.1—2018，以下简称 JT/T 617.1）所定义的危险货物。

（2）满足 JT/T 617.2 分类标准的溶液或混合物，当其单一的主要成分为 JT/T 617.3 表 A.1 中的某个物质，其他成分为不受标准限制的物质，或为少量的 JT/T 617.3 表 A.1 中的一种或一种以上物质时，应根据其主要成分物质，确定联合国编号及正式运输名称。同时，应酌情加上限定词"混合物"或"溶液"作为正式运输名称的一部分，如"丙酮溶液"。此外，在混合物或溶液的基本描述之外，还可注明混合物和溶液的浓度，如"75%丙酮溶液"。

以下情形除外：

①该溶液或混合物的名称已在 JT/T 617.3 表 A.1 中列出；

② JT/T 617.3 表 A.1 中的物质，其名称和描述特别注明仅适用于纯物质；

③该混合物或溶液的危险性类别、分类代码、包装类别或物理状态，不同于 JT/T 617.3 表 A.1 中列明的物质；

④该混合物或溶液的有害特征和属性要求采取的应急反应措施，与 JT/T 617.3 表 A.1 中列明的物质的要求不同。

（3）符合 JT/T 617.2 分类标准的混合物或溶液，在 JT/T 617.3 表 A.1 中没有列出名称，且由两种或多种危险货物组成，应划入最能准确说明该混合物或溶液正式运输名称、描述、危险性类别、分类代码及包装类别的条目。

第三节 危险货物一览表

危险货物一览表通过列出危险货物品名的方式，帮助明确危险物品的分类、UN 编号，有利于保障危险货物规范化管理和国际化安全运输，促进危险货物相关产业发展，同时对于预防危险货物运输安全事故的发生及事故的应急救援均具有重要的作用。

一、《关于危险货物运输的建议书 规章范本》

《关于危险货物运输的建议书 规章范本》（以下简称《规章范本》）危险货物一览表格式见表 3-3-1。

危险货物一览表格式　　　　　　　　表3-3-1

联合国编号	名称和说明	类别或项别	次要危险性	联合国包装类别	特殊规定	有限和例外数量		容器和中型散货箱		便携式罐体和散装货箱	
								包装规范	特殊规定	规范	特殊规定
（1）	（2）	（3）	（4）	（5）	（6）	（7a）	（7b）	（8）	（9）	（10）	（11）
—	3.1.2	2.0	2.0	2.0.1.3	3.3	3.4	3.5	4.1.4	4.1.4	4.2.5/4.3.2	4.2.5

危险货物一览表的各栏内容具体如下。

（1）第（1）栏"联合国编号"。本栏是根据联合国分类制度给物品或物质划定的系列号码。

（2）第（2）栏"名称和说明"。本栏包括英文用大写字母、中文用黑体字表示的正式运输名称，可能附加英文用小写字母、中文用宋体字写出的说明文字（见《规章范本》第 3.1.2 节）。所用某些术语的说明载于《规章范本》的附录 B 中。如存在相同分类的异构体，正式运输名称可用多数表示。水合物可酌情包括在无水物质的正式运输名称之下。

除非在 JT/T 617.3 表 A.1 的条目中另有说明，否则正式运输名称中的"溶液"系指一种或多种已定名的危险货物溶解在一种液体中，而《规章范本》对该液体未另作规定。

（3）第（3）栏"类别或项别"。本栏包括类别或项别，如果是第 1 类，还包括按照第 2.1 章描述的分类制度给物品或物质划定的配装组。

（4）第（4）栏"次要危险性"。本栏包括采用《规章范本》第 2 部分描述的分类制度确定的任何重要次要危险性的类号或项号。

（5）第（5）栏"联合国包装类别"。本栏是给物品或物质划定的联合国包装类别号码（即 I、II 或 III）。如果条目列出的包装类别超过一个，待运输物质或配制品的包装类别必须根据其性质，通过使用第 2 部分规定的危险类别标准确定。

（6）第（6）栏"特殊规定"。本栏所示的号码是指《规章范本》第 3.3.1 节中所述的与物品或物质有关的任何特殊规定。特殊规定适用于允许用于特定物质或物品的所有包装类别，除其措词表明不同的情况外。

（7）第（7a）栏"有限数量"。本栏是按照《规章范本》第 3.4 章准许运输的有限数量危险货物，规定了内容器或物品所装的最大数量。

（8）第（7b）栏"例外数量"。本栏列出《规章范本》第 3.5.1.2 节所述的字母数字编码，表明了根据《规章范本》第 3.5 章准许的例外数量，每件内容器和外容器可运输的危险货物最大数量。

（9）第（8）栏"容器和中型散货箱包装规范"。本栏中的字母数字编码系指《规章范本》第4.1.4节中规定的有关包装规范。包装规范表明可用于运输物质和物品的容器（包括中型散货箱和大型容器）。

①包含字母"P"的编码系指使用《规章范本》第6.1章、第6.2章或第6.3章描述的容器的包装规范。

②包含字母"IBC"的编码系指使用《规章范本》第6.5章描述的中型散货箱的包装规范。

③包含字母"LP"的编码系指使用《规章范本》第6.6章描述的大型容器的包装规范。

当未列出具体编码时，表明该物质不准装入按照标有该编码的包装规范可以使用的那一类型容器。

《规章范本》第4.1.4节中按数字顺序列出了包装规范：

①第4.1.4.1小节，有关使用容器（中型散货箱和大型容器除外）（P）的包装规范。

②第4.1.4.2小节，有关使用中型散货箱（IBC）的包装规范。

③第4.1.4.3小节，有关使用大型容器（LP）的包装规范。

（10）第（9）栏"容器和中型散货箱特殊规定"。本栏中的字母数字编码系指《规章范本》第4.1.4节中有关特殊包装的规定。特殊包装规定表明了适用容器（包括中型散货箱和大型容器）的特殊规定。

①包含字母"PP"的特殊包装规定，系指适用于使用《规章范本》第4.1.4.1小节中带编码"P"的包装规范的特殊包装规定。

②包含字母"B"的特殊包装规定，系指适用于使用《规章范本》第4.1.4.2小节中带编码"IBC"的包装规范的特殊包装规定。

③包含字母"L"的特殊包装规定，系指适用于使用《规章范本》第4.1.4.3小节中带编码"LP"的包装规范的特殊包装规定。

（11）第（10）栏"便携式罐体和散装货箱规范"。本栏列出一个前加字母"T"的数字，系指《规章范本》第4.2.5节中的有关规范，规定了可使用可移动罐体运输时所要求的罐体型号。

带有字母"BK"的编码，系指《规章范本》第6.8章中规定的散装货物运输使用的散装货箱类型。

允许用多元气体容器运输的气体，在《规章范本》第4.1.4.1小节中包装规范P200表1和表2的"多元气体容器"栏内标明。

（12）第（11）栏"便携式罐体和散装货箱特殊规定"。本栏列出一个前加字母"TP"的号码，系指《规章范本》第4.2.5.3小节中所述适用于可移动罐柜运输的任何特殊规定。

二、《危险货物品名表》（GB 12268）

《危险货物品名表》（GB 12268）标准文本包括危险货物的范围、规范性引用文件、术语和定义、一般规定、危险货物品名表结构、类属和未另作规定的危险货物正式运输名称、适用于某些物品或物质的特殊规定等方面内容。条目与第16次修订版《规章范本》

的危险货物一览表保持一致。

危险货物的编号和正式名称按照其危险性类别和组成确定,因此,《危险货物品名表》(GB 12268)规定了危险货物品名的一般要求和特殊规定。该品名表中列入了运输相关活动等过程中最常见的危险货物。品名表没有列入那些特别危险非经批准禁止运输相关活动的危险货物。另外,随着新产品不断出现,品名表也需要不断补充和完善,没有列入品名表的某些危险货物并不表明不受到特别限制即可运输活动。

危险货物品名表式样见表3-3-2。

危险货物品名表式样　　　　　　　　　　　　　表3-3-2

联合国编号	名称和说明	英文名称	类别或项别	次要危险性	包装类别	特殊规定
1402	碳化钙	CALCIUM CARBIDE	4.3		I	
			4.3		II	

危险货物品名表分为7栏,格式上简化了《规章范本》危险货物一览表。

三、《道路运输危险货物一览表》

《道路运输危险货物一览表》即 JT/T 617.3 表 A.1,式样见附录三。表中前4栏,列明了所属物质或物品的属性信息,有关的运输条件信息在第(6)栏特殊规定中加以注明;表中第(8)~(14)栏列明了所属物资或物品适用的包装、罐体和车辆等信息,第(15)~(19)栏列明了装卸和运输所属物资或物品的特殊要求。当单元格为空时表示该处只适用一般要求,或者表示适用于说明性注释中的运输限制。

JT/T 617.3 表 A.1 的各栏内容具体如下。

(1)第(1)栏"联合国编号"。危险物质或物品的联合国编号。

(2)第(2a)栏"中文名称和描述"。包括物质或物品的中文名称。

(3)第(2b)栏"英文名称和描述"。包括物质或物品的英文名称。

(4)第(3a)栏"类别"。包括物质或物品的危险性类别编号。

(5)第(3b)栏"分类代码"。包含危险物质或物品的分类(组别)代码,由阿拉伯数字和英文大写字母组成,对第1类危险物质或物品,分类代码由项别和配装组组成;第7类危险物质或物品,没有分类代码。

(6)第(4)栏"包装类别"。包括物品或物质的包装类别(I、II或III),根据JT/T 617.2 的程序和标准指定,部分物品和物质没有包装类别。

(7)第(5)栏"标志"。包括用于粘贴或悬挂在包件、集装箱、罐式集装箱、可移动罐柜、多单元气体容器和车辆上的标志。

(8)第(6)栏"特殊规定"。包括应遵守的特殊规定,特殊规定主要与第(1)栏~第(5)栏的内容有关。特殊规定用数字代码表示,数字代码具体内容在 JT/T 617.3 附录B 中按数字顺序依次列出。当特殊规定与其他要求冲突时,优先适用特殊规定。如果第(6)栏对应单元格为空,表示该行对应的危险货物没有针对第(1)栏~第(5)栏内容的特殊规定。

（9）第（7a）栏"有限数量"。规定了每种物质适用于内包装或物品的数量限制。该列中用"0"表示不适用于按照有限数量运输的条目。

（10）第（7b）栏"例外数量"。包含具有以下含义的字母数字代码："E0"表示标准中没有对危险货物给予例外数量豁免；所有以字母"E"开头的字母数字代码所代表的含义见标准中关于"例外数量危险货物"的解释。

（11）第（8）栏"包装指南"。包括危险货物适用的包装指南的字母数字代码，字母数字代码含义如下：以字母"P"开头的字母数字代码，是针对包装和容器的包装指南（中型散装容器和大型包装除外）；以字母"R"开头的字母数字代码，是针对轻型标准金属容器的包装指南；以字母"IBC"开头的字母数字代码，是针对中型散装容器的包装指南；以字母"LP"开头的字母数字代码，是针对大型包装的包装指南。此外，第（9a）栏的特殊包装规定可能会改变以上的包装指南。

（12）第（9a）栏"特殊包装规定"。包括适用特殊包装规定的字母数字代码，字母数字代码含义如下：以字母"PP"或"RR"开头的字母数字代码，表示包装及容器和应遵守的特殊包装规定（中型散装容器和大型包装除外）；以字母"B"或"BB"开头的字母数字代码，表示中型散装容器和应遵守的特殊包装规定；以字母"L""LL"开头的字母数字代码，表示大型包装和应遵守的特殊包装规定。

（13）第（9b）栏"混合包装规定"。包含以字母"MP"开头的字母数字编码，适用于混合包装规定，相应说明按数字顺序列于 JT/T 617.4 附录 C 中；若该列没有包含以字母"MP"开头的编码，则只适用于一般要求。

（14）第（10）栏"可移动罐柜和散装容器的指南"。包含危险货物适用的可移动罐柜导则和散装容器指南的字母数字代码；可移动罐柜导则以字母"T"开头；字母"M"表示该物质可以在多单元气体容器中运输；散装容器指南以字母"BK"开头。

（15）第（11）栏"可移动罐柜和散装容器的特殊规定"。列出了应遵守的可移动罐柜特殊规定，以字母"TP"开头的字母数字代码表示。

（16）第（12）栏"罐体代码"。包括罐体类型的字母数字代码，具体为：针对固体（S）和液体（L）的罐体代码，表示这类物质应该在固体或液体（熔融）状态下运输，一般这种规定适用于熔点为 20～180℃的物质，对于固体，如果本列只有液体（L）的罐体代码，表示该物质只能在液体（熔融）状态下运输；关于罐体使用的一般性要求（例如最大充装度）标准中有详细说明；罐体代码之后的"M"表示这类物质同样适用于管束式车辆或多单元气体容器的运输；罐体代码之后的"+"表示只有当批准型号证书中有明确规定时才允许罐体替代使用。

（17）第（13）栏"罐体特殊规定"。应遵守的罐体特殊规定。

（18）第（14）栏"罐式运输车辆"。使用罐体运输的车辆（包括罐式汽车、半挂牵引车和半挂车等）的代码。

（19）第（15）栏"运输类别（隧道通行限制代码）"。单元格上部包含一个表示运输类别（组别）的数字，用于一个运输单元最大载运量的计算。单元格下部包含一个隧道通行限制代码（位于括号内），是针对运输物质或物品的车辆通过道路隧道的限制要求。如果没有指定隧道通行限制代码，用"（—）"表示。

（20）第（16）栏"包件运输的特殊规定"。包括以字母"V"开头，适用于包件运输的特殊规定的字母数字代码。

（21）第（17）栏"散装运输的特殊规定"。包括以字母"VC"或"AP"开头，适用于散装运输的特殊规定的字母数字代码。无编码或者标准没有明确列明，则表示该危险货物不允许散装运输。

（22）第（18）栏"装卸运输的特殊规定"。包括以字母"CV"开头，适用于装卸和操作的特殊规定的字母数字代码，无编码表示只适用于一般性规定。

（23）第（19）栏"运输操作的特殊规定"。包括以字母"S"开头，适用于操作的特殊规定的字母数字代码；当两者冲突时，优先采用特殊规定。

（24）第（20）栏"危险性识别号"。包括一个由两个或三个数字组成的号码（某些号码前有字母"X"前缀），用于第 2~9 类的物质和物品；对于第 1 类的物质和物品，则为分类代码 [见第（3b）栏]。危险性识别号的解释与使用见《危险货物道路运输规则　第 5 部分：托运要求》（JT/T 617.5—2018，以下简称 JT/T 617.5）。

【例 3-1】　在 JT/T 617.3 表 A.1 中查找硝酸镁的属性信息。

解：

步骤 1，在 JT/T 617.3 表 A.1 中查找硝酸镁，见附表 3-1。

步骤 2，根据附表 3-1 前 4 栏信息，硝酸镁的属性信息如下。

（1）联合国编号：UN 1474。

（2）中文名称和描述：硝酸镁。

（3）英文名称和描述：MAGNESIUM NITRATE。

（4）类别：5.1 项。

（5）分类（组别）代码"O2"，含义见 JT/T 617.2 中 5.5.1.1.2。

（6）包装类别：Ⅲ。

【例 3-2】　在 JT/T 617.3 表 A.1 中查找硝酸镁适用的包装信息。

解： 在 JT/T 617.3 表 A.1 中第（8）~（9b）栏，查找硝酸镁的包装相关信息，见附表 3-1。

（1）第（8）栏包装指南显示代码是 P002、IBC08、LP02、R001。

P002 是包装指南代码，其含义见 JT/T 617.4 表 A.2；IBC08 是中型散装容器指南代码，其含义见 JT/T 617.4 表 A.99；LP02 是大包装指南代码，其含义见 JT/T 617.4 表 A.105；R001 在 JT/T617 中未采用。

（2）第（9a）栏包装特殊规定显示代码是 B3，其含义见 JT/T 617.4 表 A.99 中的中型散装容器指南 IBC08；硝酸镁无包装、大包装的特殊规定。

（3）第（9b）栏混合包装规定显示代码是 MP10，其含义见 JT/T 617.4 附录 C。

四、危险化学品与危险货物的联系与区别

1. 《危险化学品目录》(2015版)

根据联合国《全球化学品统一分类和标签制度》(以下简称GHS),我国制定了《化学品危险性分类和标签规范》(GB 30000系列标准),确立了化学品危险性28类的分类体系(第六版GHS新增了"减敏爆炸品")。由于《危险化学品名录》(2002版)主要采用爆炸品、易燃液体等8类危险货物的分类体系,与当时的化学品危险性28类的分类体系有巨大差异。现行《危险化学品安全管理条例》调整了危险化学品的定义,规定"危险化学品,是指具有毒害、腐蚀、爆炸、燃烧、助燃等性质,对人体、设施、环境具有危害的剧毒化学品和其他化学品"。同时,《剧毒化学品目录》(2002年版)列入的品种偏多,不符合剧毒化学品管理的实际情况,有必要进行调整。因此,原国家安全生产监督管理总局会同工业和信息化部、公安部、环境保护部、交通运输部、农业部、国家卫生计生委、质检总局、铁路总局、民航总局等依照《危险化学品安全管理条例》有关规定,从化学品的物理危险、健康危害和环境危害三大类28类95个危险类别中,选取了其中"危险性较大"的81个类别作为危险化学品的确定原则,制定了《危险化学品目录》(2015版),并于2015年5月1日起施行。

2. 危险化学品确定原则

危险化学品的品种依据化学品分类和标签国家标准,选取物理危险16类45个类别、健康危害10类30个类别和环境危害2类6个类别作为确定原则。

3. 剧毒化学品的定义和判定界限

剧毒化学品,是指具有剧烈急性毒性危害的化学品,包括人工合成的化学品及其混合物和天然毒素,还包括具有急性毒性易造成公共安全危害的化学品。

剧烈急性毒性判定界限,急性毒性类别1,即满足下列条件之一:大鼠实验,经口 $LD_{50} \leq 5mg/kg$,经皮 $LD_{50} \leq 50mg/kg$,吸入(4h)$LC_{50} \leq 100ml/m^3$(气体)或 0.5mg/L(蒸气)或 0.05mg/L(尘、雾)。经皮 LD_{50} 的实验数据,也可使用兔子的实验数据。

4. 《危险化学品目录》(2015版)式样

《危险化学品目录》(2015版)式样见表3-3-3。

《危险化学品目录》(2015版)式样 表3-3-3

序号	品名	别名	CAS号	备注
1	阿片	鸦片	8008-60-4	
2	氨	液氨;氨气	7664-41-7	
3	5-氨基-1,3,3-三甲基环己甲胺	异佛尔酮二胺;3,3,5-三甲基-4,6-二氨基-2-烯环己酮;1-氨基-3-氨基甲基-3,5,5-三甲基环己烷	2855-13-2	
4	5-氨基-3-苯基-1-[双(N,N-二甲基氨基氧膦基)]-1,2,4-三唑[含量>20%]	威菌磷	1031-47-6	剧毒

《危险化学品目录》各栏目的含义如下：

（1）"序号"是指《危险化学品目录》中化学品的顺序号。

（2）"品名"是指根据《化学命名原则》（1980）确定的名称。

（3）"别名"是指除"品名"以外的其他名称，包括通用名、俗名等。

（4）"CAS号"是指美国化学文摘社对化学品的唯一登记号。

（5）"备注"是对剧毒化学品的特别注明。

5. 危险化学品与危险货物的联系与区别

由于危险化学品与危险货物确定原则不同，危险货物分类的基础性法规文件是《规章范本》，危险化学品分类的基础性法规文件则为联合国GHS。《规章范本》作为危险货物分类的"鼻祖"性文件，也是GHS建立的技术基础之一。两者既有相通亦有差异，从内容上，GHS较《规章范本》对于化学品的危害分类更加细致全面；从适用范围上，《规章范本》主要对应的是货物的运输环节，关注的是货物的急性危害，而GHS则适用于化学品全生命周期的危害管理；监管对象上，应急管理部门主管化学品的生产、经营以及储存等环节，海关主管化学品的进出口环节；交通运输部门则主管化学品的运输环节等。主要体现在以下几个方面：

（1）既属于危险货物，也属于危险化学品，两方面的分类一致。此种情况在《危险化学品目录》里较多，例如，硼酸三乙酯（ETHYL BORATE CAS 150-46-9），《规章范本》中分类为第3类易燃液体，UN 1176，包装类别Ⅱ；《危险化学品目录》中序号为1611，危险性类别为易燃液体，类别2（源自《危险化学品分类信息表》，下同）。

（2）既属于危险货物，也属于危险化学品，但两方面的分类不一致。导致此类情况的原因之一是危险货物的分类除了依据相关试验数据，还要考虑到人类意外中毒事故的经验等情况。例如，氨基苯酚，《规章范本》将氨基苯酚（临、间、对位）分类为6.1项毒性物质，UN 2512，包装类别Ⅲ，特殊规定279（物质划入这个分类或包装类别所依据的是人类经验，而不是本规章所定分类标准的严格应用）。该类物质虽列入《危险化学品目录》中，但《危险化学品分类信息表》均未分类为急毒性，见表3-3-4。

氨基苯酚的相关信息　　　　　　　　　　　　　　　表3-3-4

序号	品名	别名	英文名	CAS	危险性类别
7	2-氨基苯酚	邻氨基苯酚	2-aminophenol; o-aminophenol	95-55-6	生殖细胞致突变性，类别2
8	3-氨基苯酚	间氨基苯酚	3-aminophenol; m-aminophenol	591-27-5	危害水生环境—急性危害，类别2 危害水生环境—长期危害，类别2
9	4-氨基苯酚	对氨基苯酚	4-aminophenol; p-aminophenol	123-30-8	生殖细胞致突变性，类别2 危害水生环境—急性危害，类别1 危害水生环境—长期危害，类别1

（3）列入《危险化学品目录》中，但不符合危险货物确定原则，不属于危险货物。其主要原因是很多健康和环境的亚慢性危害（例如致癌性，生殖毒性等），未被危险货物分类标准所采纳，例如，硼酸（BORIC ACID 10043-35-3），《规章范本》中未列入，

也不符合其分类准则;《危险化学品目录》中序号为 1609,危险性类别为生殖毒性,类别 1B。

（4）对于部分货物由于其自身的特殊性,也存在被定为危险货物却不属于危险化学品的情况。具体原因主要分为以下三种:

①该货物属于危险物品,不属于化学物质（例如,安全气囊、火柴等）；

②该货物运输条件特殊（例如,高温运输的物质等）；

③该货物的危险性不在危险化学品的 28 项危害之中（例如,锂电池,放射性物质,感染性物质等）。

第四节　危险货物道路运输包装及适用

危险货物道路运输有包装运输方式,也有散装运输的方式。对于危险货物道路运输包装,《道路危险货物运输管理规定》和《危险货物道路运输安全管理办法》均提出了要求。《危险货物道路运输安全管理办法》要求托运人应按照 JT/T 617.4 等标准要求妥善包装危险货物。该条款明确托运人为包装责任人,提出了包装需要遵循的 JT/T 617 的要求。由此可见运输包装对于危险货物道路运输的重要性。

一、包装作用和总体要求

危险货物运输包装,不仅为了保护货物的安全和质量,还具有防止危险货物在运输过程中使人、物或环境受到损害的作用,是危险货物道路运输过程采取的特别防护措施之一。危险货物运输包装的作用主要表现在以下四个方面。

1. 防止危险货物变质或产生化学反应

包装应能防止危险货物接触雨雪、潮湿空气杂质、阳光而变质,或发生剧烈的化学反应造成事故。

2. 减轻危险货物所受的应力

包装有一定强度要求,能经受正常运输条件下所遇到的碰撞、振动摩擦和挤压等压力,从而也在一定程度上减轻货物在运输过程中所受到的压力,使危险货物在包装的保护下保持相对稳定的状态,从而保证运输安全。

3. 避免货物之间直接接触

危险货物由于有了包装,可防止因货物撒漏、挥发以及与性质相悖的货物直接接触而发生事故或污染运输设备及其他货物。

4. 提高物流效率

相对于散装的货物,包装的货物便于储运过程中的堆垛、搬动、保管,加速交接、点验,提高运载效率和工作效率。

由于包装起到非常重要的作用,因此对危险货物运输包装有严格的要求,总体上包括以下两个方面。

1. 与盛装危险货物适应性要求

包装与所盛装危险货物相适应的含义包括如下几个方面：

（1）包装不应由于危险货物的影响导致其强度明显减弱；

（2）包装不应在包件内造成危险效应，例如，促使危险货物起反应或与危险货物起反应；

（3）在正常的运输条件下包装内的危险货物不会发生渗透情况。

2. 与运输过程适应性要求

JT/T 617.4 给出包装与运输过程相适应性的说明，指出新的、再次使用的、修复过的和改制的包装应足够坚固，能够承受仓储搬运、运输、周转时遇到的冲击和荷载；包装（包括中型散装容器和大型包装）应结构合理、具有良好的密封性，能够防止正常运输过程中由于振动以及温度、湿度或压力的变化（如因海拔不同所致）引起的任何内装货物损失。

为了确保危险货物运输包装在使用中起到上述作用，国家出台了系列法规和标准，规范包装设计、生产、选择、使用、维护、回收等各个环节的生产操作行为，并对此进行管理、监督。

危险货物运输包装的使用，涉及包装选择、使用和维护三大环节，包括托运人、承运人、装货人。为了加强包装使用监管，《危险货物道路运输安全管理办法》确定了托运人、装货人关于包装方面的职责。要求托运人按照 JT/T 617.4 进行妥善包装，并在外包装设置相应的危险货物标志；对于装货人，要求在危险货物交付运输时应当确保包装容器没有损坏或者泄漏。《道路危险货物运输管理规定》则要求危险货物道路运输从业人员了解包装物或者容器的使用要求，以及发生意外事故时的处置措施，以保障对包装的正确使用。

二、包装和大包装

1. 基本概念

"包装"是指在流通过程中保护产品、方便储运、促进销售，按一定技术方法而采用的容器、材料及辅助物等的总体名称。也指为了达到上述目的而采用容器、材料和辅助物的过程中施加一定方法等的操作活动。如无特殊说明，危险货物包装是指容积小于 450L 或净重不大于 400kg 的包装。

"大包装"是指由一个内装多个物品或内包装的外包装组成的包装，并且设计适用于机械方法装卸，其净重超过 400kg 或容积超过 450L，但体积不超过 $3m^3$。

"包件"是指包装作业的完结产品，包括准备好供运输的包装、大型包装或中型散装容器及其内装物。这里"包件"包括 JT/T 617.1 附录 A 定义的气体容器，以及因各种原因（如尺寸、质量或构造）可以采用无包装运输或放置在支架、围板箱或其他装置中运输的物品，但是不包括散货运输和罐式车辆运输的物质，放射性物质运输除外。

2. 包装种类

包装有多种类型，这里按照包装容器类型、组合方式简述包装种类。

1）按照包装容器类型划分

按照包装容器类型划分，主要包装类型有桶、罐、箱、袋等，见表3-4-1。这些包装可以由钢、铝、天然木、胶合板、再生木、纤维板、塑料、编织、纸和金属（非钢或铝）等材料制造。

包装类型　　　　　　　　　　　　　　　　表3-4-1

类型	定　义	示　意　图
桶	由金属、纤维板、塑料、胶合板或其他适当材料制成的两端为平面或凸面的圆柱形容器，本定义还包括其他形状的容器，例如圆锥形容器或提桶形容器	闭口钢桶（1A1） 开口钢桶（1A2）
罐	横截面呈矩形或多边形的金属或塑料包装	 闭口塑料罐（3H2）
箱	由金属、木材、胶合板、再生木、纤维板、塑料或其他适当材料制作的完整矩形或多角形容器	纤维板箱（4G） 硬质塑料箱（4H2）

续上表

类型	定 义	示 意 图
袋	由纸、塑料薄膜、纺织品、编织材料或其他适当材料制作的柔性容器	无内衬的编织（5H1） 多层纸箱

2）按照组合方式划分

按照组合方式划分的包装种类有单一包装、组合包装、复合包装、混合包装和集合包件。

（1）单一包装是指该包装直接用来容纳物质或物品，如直接装有易燃液体的桶。

（2）组合包装是为了运输目的而组合在一起的一组包装，由固定在一个外包装中的一个或多个内包装组成。例如内容器为塑料桶，外包装是纸箱构成的组合包装，如图3-4-1所示。

（3）复合包装是由一个外包装和一个内容器（或复合层）组成一个整体的包装。该包装经装配后便成为单一整体，以用于充装、储存、运输和卸空，如图3-4-2所示。

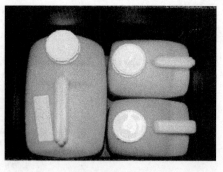

图3-4-1 组合包装

图3-4-2 复合包装

（4）混合包装是指内装两种及以上危险货物的包装。

（5）集合包件是为了方便运输过程中的装卸和存放，将一个或多个包件装在一起以形成一个独立单元所用的包装物。如将多个包件放置或堆垛在托盘上，并用塑料打包带、收缩薄膜或其他适当方式紧固，或者放在箱子或围板箱等外保护包装中，如图3-4-3所示。

图 3-4-3　集合包件

3. 气瓶

气瓶是包装的一种，具有一定的压力。

1）基本概念

在《气瓶安全技术监察规程》（TSG R0006—2014）中，气瓶是指正常环境温度（-40~60℃）下使用，公称容积为 0.4~3000L，公称工作压力为 0.2~35MPa，且压力与容积的乘积大于或者等于 1.0MPa·L，盛装压缩气体、高（低）压液化气体、低温液化气体、溶解气体、吸附气体、标准沸点等于或者低于 60℃ 的液体以及混合气体（两种或者两种以上气体）无缝气瓶、焊接气瓶、焊接绝热气瓶、缠绕气瓶、内部装有填料的气瓶以及气瓶附件。

JT/T 617.1 定义的气瓶是指水容量不超过 150L 的小容积、中容积气瓶。

气瓶附件包括气瓶瓶阀、紧急切断阀、安全泄压装置、限充及限流装置、瓶帽等。

2）气瓶品种

按照瓶体结构，可以分成无缝气瓶、焊接气瓶、缠绕气瓶、绝热气瓶和内装填料气瓶等品种，具体见表 3-4-2。

气瓶品种　　　　表3-4-2

结　构	气瓶品种
无缝气瓶	钢质无缝气瓶、消除灭火器用无缝气瓶、汽车用压缩天然气钢瓶
	铝合金无缝气瓶
	不锈钢无缝气瓶
焊接气瓶	钢质无缝气瓶、消除灭火器用焊接气瓶、不锈钢焊接气瓶
	工业用非重复充装焊接钢瓶
	液化石油气钢瓶、液化二甲醚钢瓶、车用液化石油气钢瓶、车用液化二甲醚钢瓶
缠绕气瓶	小容积金属内胆纤维缠绕气瓶
	金属内胆纤维环缠绕气瓶（含车用）
	金属内胆纤维全缠绕气瓶（含车用）
绝热气瓶	焊接绝热气瓶
	车用液化天然气焊接绝热气瓶
内装填料气瓶	溶解乙炔气瓶、吸附气体气瓶

3) 气瓶使用有效期

不同材质、结构的气瓶，使用有效期是不同的，表3-4-3列出了各品种气瓶的设计使用年限，便于承运人判断承运的气瓶是否在有效期内。

常用气瓶设计使用年限　　　　　　　　　　　　　　　表3-4-3

序号	气瓶品种	设计使用年限（年）
1	钢质无缝气瓶	30
2	钢质焊接气瓶	20
3	铝合金无缝气瓶	
4	长管拖车、管束式集装箱用大容积钢质无缝气瓶	
5	溶解乙炔气瓶及吸附式天然气焊接钢瓶	
6	车用压缩天然气钢瓶	15
7	车用液化石油气钢瓶及车用液化二甲醚钢瓶	
8	钢质内胆玻璃纤维环向缠绕气瓶	
9	铝合金内胆纤维全缠绕气瓶	
10	铝合金内胆纤维环向缠绕气瓶	
11	盛装腐蚀性气体或者在海洋等易腐蚀环境中使用的钢质无缝气瓶、钢质焊接气瓶	12

注：表中未列入的气瓶品种按相应标准确定；不包括液化石油气钢瓶、液化二甲醚钢瓶。

4) 定期检验

气瓶属于压力容器，有严格的定期检验制度，具体见表3-4-4。

气瓶定检周期　　　　　　　　　　　　　　　　　表3-4-4

气瓶	盛装介质	有效期（年）	备注
钢质无缝、焊接气瓶，铝合金无缝气瓶	氮、六氟化硫、惰性气体及纯度大于或等于99.999%的无腐蚀性高纯气体	5	钢质焊接气瓶，不含液化石油气钢瓶、液化二甲醚钢瓶、溶解乙炔气瓶、焊接绝热气瓶
	对瓶体材料能产生腐蚀作用的气体	2	
	潜水气瓶以及常与海水接触的气瓶	2	
	盛装其他气体的气瓶	3	
	盛装混合气体的前款气瓶	应按混合气体中检验周期最短的气体确定	
溶解乙炔气瓶、呼吸器用复合气瓶		3	
液化石油气钢瓶、液化二甲醚钢瓶		4	
焊接绝热气瓶		3	

气瓶的定期检验以钢印的方式刻在钢瓶。气瓶定期检验钢印，描述了检验日期和下次检验日期，如图3-4-4所示。

承运人需要关注检验钢印的检验日期和下次检验日期,以次判断气瓶是否在检验有效期内。

4. 大包装

大型包装,是指由一个内装多个物品或内包装的外包装组成的包装,并且设计适用于机械方法装卸,其净重超过 400kg 或容积超过 450L,但体积不超过 $3m^3$。

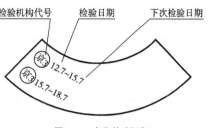

图 3-4-4 气瓶检验钢印

大包装根据结构和材质的不同可分为:金属大包装、木质大包装、柔性大包装、纤维板大包装、刚性塑料大包装,具体见表 3-4-5。

各类大包装示意图　　　　表3-4-5

类　型	示　意　图	类　型	示　意　图
金属大包装		纤维板大包装	
木质大包装		刚性塑料大包装	
柔性大包装		—	—

下列危险货物不允许使用大包装装运:

(1)第 2 类、5.2 项、第 7 类危险货物;

(2)在 JT/T 617.3 表 A.1 第(8)栏中没有"LP"包装指南代码的危险货物。

三、中型散装容器

中型散装容器是用来装运较大容量液体或固体的一种运输包装,近些年广泛用于危险货物运输。

1. 基本概念

中型散装货物集装箱,是指满足下列条件的硬质或者柔性可移动容器(不含前述的包装)。

（1）容量。

①装包装类别Ⅱ和包装类别Ⅲ的固体和液体时不大于3.0m³。

②包装类别Ⅰ的固体若装在柔性、硬塑料、复合、纤维板和木制中型散装容器时不大于1.5m³。

③包装类别Ⅰ的固体若装在金属中型散装容器时不大于3.0m³。

④装第7类放射性物质时不大于3.0m³。

（2）设计适用于机械装卸。

（3）能经受装卸和运输中产生的各种应力，该应力由试验确定。

中型散装容器主要由箱体、辅助设备和结构装置构成：

（1）箱体，容器本身，包括开口及其封闭装置，但不包括辅助设备，适用于除复合中型散装容器外的所有种类的中型散装容器。

（2）辅助设备，指装运和卸货设备，包括减压、通气、安全、加热和隔热装置以及测量仪器。

（3）结构装置，箱体的加强、固定、装卸、防护或稳定构件，包括带塑料内容器复合中形箱、纤维板和木质中型散装容器的基础托盘（适用于除柔性中型散装容器以外的中型散装容器）。

2. 中型散装容器类型

按照材质，可以将中型散装容器分成金属、木质、柔性、纤维板、复合和刚性塑料六类。金属和复合的中型散装容器，如图3-4-5所示。

a)　　　　　　　　　　　　　　b)

图 3-4-5　金属和复合的中型散装容器

（1）金属散装容器，也称金属中型散货箱。依据《危险货物金属中型散装容器检验安全规范　性能检验》（GB 19434.5—2014），金属散装容器是指符合上述中型散装容器定义，由一个金属箱体以及适当的辅助设备和结构装置组成的一种包装容器。

（2）刚性塑料中型散装容器，依据《危险货物刚性塑料中型散装容器检验安全规范　性能检验》（GB 19434.8—2004），刚性塑料中型散装容器是指符合《危险货物中型散装容器检验安全规范》（GB 19434—2009）中中型散装容器的定义，容器主体是刚性塑料的一种中型散装容器，可以具有结构装置和相应的辅助。

（3）复合中型散装容器，也称复合散货箱。依据《危险货物复合中型散装容器检验安全规范　性能检验》（GB 19434.6—2004），复合中型散装容器也称复合中型散货箱，是指符合《危险货物中型散装容器检验安全规范》（GB 19434—2009）中中型散装容器的定义，由刚性结构外包装、内含塑料内容器及其所有的辅助设备和结构装置构成的容器。其结构上的特点是外包装和内容器一旦组装在一起后应形成一个单一的整体，并在装货、储存、运输及卸货的整个过程中作为整体使用。

（4）刚性内容器，是指不封闭、无外包装且内空时，其形状保持不变的容器。

（5）柔性内容器，非刚性的其他内容器则称为柔性内容器。

3. 定期检验

依据 JT/T 617 的规定，中型散装容器需要定期检验。要求每个金属、硬塑料和复合的中型散装容器，使用期间都必须进行定期检查。中型散装容器在投入使用后，间隔 5 年要进行一次大检，每隔不超过 2.5 年进行一次中间检验。

中型散装容器在最近一次定期检验期满之日后，不应装货并提交运输。但在最近一次定期检验期满之日前已装货的中型散装容器，可提交运输，使用时间不应超过最后一次定期检验期满之日后三个月。

四、包装的适用

此处包装包括中型散装容器和大包装。

不同的危险货物有不同的包装要求。每一品名危险货物适用哪种类型的包装，可以通过 JT/T 617.3 表 A.1 第（8）栏和第（9a）栏和 JT/T 617.4 包装指南联合确定。

1. 包装指南及其组成

为了规范危险货物包装，保障危险货物道路运输安全，JT/T 617.4 附录 A 给出了包装指南、中型散装容器指南和大型包装指南，这些指南以表的形式表示，其格式见表 3-4-6。

从包装类型上看，包装指南有三类：

（1）包装指南，其代码用字母"P"加数字编码表示；

（2）中型散装容器指南，其代码用字母"IBC"加数字编码表示；

（3）大型包装指南，其代码用字母"LP"加数字编码表示。

包装指南中包括了针对某具体品名的物质或物品给出的特殊规定。特殊包装规定使用字母加数字的编码表示：

（1）"PP"开头的特殊规定适用于包装；

（2）"B"或"BB"开头的特殊规定适用于中型散装容器；

（3）"L"开头的特殊规定适用于大型包装。

包装指南没有统一的内容要求。下面以内容较为全面的液体类包装指南 P001 为例加以说明，具体结构见表 3-4-6。

包装指南

表3-4-6

P001	包装指南（液体）			P001
符合4.1和4.4的一般规定情况下，使用下列包装				
组合包装		最大容量/净质量（见4.4.5）		
内包装	外包装	包装类别Ⅰ	包装类别Ⅱ	包装类别Ⅲ
玻璃 10L 塑料 30L 金属 40L	桶 钢（1A1，1A2） 铝（1B1，1B2） …	250kg 250kg	400kg 400kg	400kg 400kg
	罐 钢（3A1，3A2） 铝（3B1，3B2） …	120kg 120kg	120kg 120kg	120kg 120kg
单一包装		最大容量/净质量（见4.4.5）		
		包装类别Ⅰ	包装类别Ⅱ	包装类别Ⅲ
桶 钢，非活动盖（1A1） 钢，活动盖（1A2） …		250L 250La	450L 450L	450L 450L
单一包装		最大容量/净质量（见4.4.5）		
		包装类别Ⅰ	包装类别Ⅱ	包装类别Ⅲ
桶 钢，非活动盖（1A1） 钢，活动盖（1A2） …		250L 250La	450L 450L	450L 450L
复合包装				
塑料容器外加钢质或铝质外桶（6HA1，6HB1） 塑料容器外加纤维质、塑料或胶合板质外桶（6HG1，6HH1，6HD1） …		250L 120L	250L 120L	250L 120L
附加要求： 对于包装类别Ⅲ的第3类物质，如其在运输时放出少量二氧化碳或氮气，包装应有通气孔				
特殊包装规定： PP1 如满足下列a）、b）规定之一，对于UN 1133、UN 1210、UN 1263和UN 1866，以及UN 3082包括的黏合剂、油墨、油墨材料、油漆、油漆材料和树脂溶液等，用于包装类别Ⅱ和包装类别Ⅲ的金属包装或塑料包装，每个包装的充装量为5L或以下，运输时无须进行第4章中规定的性能检验： a）托盘单元、集装箱或成组装运设备中，例如单个包装放置或堆叠在托盘上，并用捆扎、收缩膜、拉伸缠绕膜或其他适当手段紧固； b）最大净质量为40kg的组合包装件的内包装。 PP2 （保留）				

注：a 只允许盛装黏度大于2680mm^2/s的物质。

P001包装指南构成要素由包装指南代码、包装类型及最大容量/净质量要求、附加要求、特殊规定以及符号释义等几部分组成。当然，有些包装指南只包含其中几部分要素，如 P003 只包含了前述要素中的包装指南代码、特殊规定两部分。

"包装指南代码"是指某类包装指南的编号，以包装类型字母代码 + 数字编码构成。这里的包装指南代码是"P001"，由包装（不含中型散装容器、大型包装）类型代码"P" + 编号"001"组成。

"包装类型及最大容量/净质量要求"，P001 包装指南中列出了液体适用的包装类型：单一包装、组合包装和复合包装，提出了适用的各类包装的形状、材质，以及不同包装类别下最大容量或者净质量。给出了组合包装内包装的材质及其容量限制，以及复合包装内包装材质要求。

"附加要求"是针对某类项货物的特性所提出的特定包装要求，这里是针对包装类别 III 的第 3 类物质，如其在运输时放出少量二氧化碳或氮气，要求包装应有通气孔。

"特殊规定"是结合某品名货物的特性给出的特殊规定，在 P001 中有两条特殊规定，这是专门针对 UN 1133、UN 1210、UN 1263 和 UN 1866，以及 UN 3082 包括的黏合剂、油墨、油墨材料、油漆、油漆材料和树脂溶液等，用于包装类别 II 和包装类别 III 的金属包装或塑料包装，每个包装的充装量为 5L 或以下情况的。

"符号释义"是表中运用的符号的解释，P001 中用到上标号"a"，其含义是只允许盛装黏度大于 2680mm^2/s 的物质。

2. 适用的包装类型确定

包装选择需要考虑的因素很多，主要包括包装的相容性、类别、形式、密度、重量、压力、封口等，这些要求是依据内装货物的理化性决定的，过程很复杂。本小节说明如何依据 JT/T 617.3 表 A.1 判断某品名危险货物适用的包装类型，这里包装类型指符合包装类别要求的包装、中型散装容器和大包装。

JT/T 617.3 表 A.1 第（4）栏给出了包装类别代码，第（8）栏和第（9a）栏标明了物品或物质适用的包装指南代码及其特殊包装规定代码。通过 JT/T 617.3 表 A.1 第（4）栏和第（8）栏，可以确定某品名危险货物适用的包装类型。下面举例说明。

【例 3-3】 确定汽油（UN 1203）适用的包装类型。

解：

步骤 1，在 JT/T 617.3 表 A.1 中查找汽油（UN 1203），见附表 3-1。

步骤 2，查看表中第（4）栏和第（8）栏，第（4）栏显示的包装类别是 II，第（8）栏显示的包装指南代码是 P001、IBC03。表明汽油（UN 1203），可以运用包装类别 II 的包装或者中型散装容器装载。

如果需要进一步了解适用的包装或中型散装容器的更多要求，可以在 JT/T 617.4 附录 A 中查找包装指南 P001 和中型散装容器指南 IBC03。通过查找 JT/T 617.3 表 A.1 第（9a）栏还可以了解对该品名的包装或中型散装容器的特殊规定。JT/T 617.3 表 A.1 第（9a）栏显示的代码是 BB2（附表 3-1），说明其应用中型散装容器装运时，还需要满足中型散装容器指南 IBC02（表 3-4-7）中 BB2 的特殊规定。

包装指南IBC02　　　　　　　　　　　　　　　　表3-4-7

IBC02	包装指南	IBC02
允许使用下列中型散装容器，但应符合4.1、4.3和4.4的一般规定： a) 金属（31A、31B和31N）； b) 刚性塑料（31H1和31H2）； ……		
特殊包装规定： B5　对于UN1791、2014、2984和3149，中型散装容器应配备在运输过程中能够排气的装置。排气装置的进气口应位于运输过程中中型散装容器在最大充装条件下的蒸气空间。 ……		
针对JT/T 617的特殊包装规定： BB2　对UN 1203，尽管有特殊规定534（参见JT/T 617.3—2018中附录B），中型散装容器中能用于当实际蒸气压在50℃不超过110kPa，或在55℃不大于130kPa的情况。 ……		

【例 3-4】 确定柴油（UN 1202）适用的包装类型。

解：

步骤 1，在 JT/T 617.3 表 A.1 中查找柴油（UN 1202），见附表 3-1。

步骤 2，查看表中第（4）栏和第（8）栏，第（4）栏显示的包装类别是Ⅲ，第（8）栏显示的包装指南代码是 P001、IBC03、LP01。表明柴油（UN 1202）除了可以用包装、中型散装容器外，还可以用大包装，相比汽油（UN 1203）多了一种适用的包装类型。

JT/T 617.3 表 A.1 第（9a）栏是空的（附表 3-1），表明其适用的各类包装，没有特殊规定。

五、包件的标记和标志

在安全工程中，标记和标志是传递安全注意事项、警告和禁止信息的基本手段之一，起到指示、告诫和禁止的作用，以防事故发生。

包件标记和标志是传递包装或容器装载危险货物信息的一种有效方式，以保障相关人员的安全。

"标记"是指一种标识于货物外包装上的图形标志，提示运输信息、注意事项等，主要包括危险货物联合国编号（以"UN"开头，以下简称UN编号）、货物名称，或危害环境、放置方向等特殊信息。

"标志"是指粘贴（或喷涂）在包件外表面，形状呈菱形，标明包件中危险货物的主要和次要危险性。

下文介绍包件、集合包装、混合包装的标记和标志。

1. 包件标记要求

依据JT/T 617.5，包件的外部应醒目、耐久地标上内装危险货物对应的UN编号，无包装物品的标记应标示在物品或其托架或装卸、存储设施上。救助包装和救助压力容器应另外标明"救助"字样，或同时标明"SALVAGE"。

包件标记应满足以下要求：

（1）清晰可见且易辨识。
（2）能够经受日晒雨淋而不显著减弱其显示功能。
对于几类危险货物包件标志，还有如下特殊要求：
（1）对于第1类爆炸品，应在其包件上标记危险货物正式运输名称。
（2）对于第2类气体，特殊要求有以下几个方面。
①对可再充装容器，应清晰醒目且耐久地标记气体或混合气体的UN编号和正式运输名称，对技术名称有如下要求。
a. 对未另作规定的类属条目（N.O.S.）下分类的气体，应标记气体的技术名称；
b. 混合气体应在技术名称中显示危险性最高的一种或两种成分，其他成分不必显示。
②如果充装的是压缩气体或液化气体，可再充装容器应清晰醒目且耐久地标记其最大充装质量和容器自重（含充装时连接在容器上的配件），或总质量。
③可再充装容器应清晰醒目且耐久地标记容器下次检验的日期（年—月）。
④上述标记可镌刻或喷涂在容器上，也可显示在耐用的信息牌标签上，并固定在容器外表面，或用其他的等效方式。
（3）对于第9类危害环境的物质，应粘贴有危害环境物质标记，图例如图3-4-6所示。如果单一包装或组合包装的每个内包装，其容量或者净重小于或等于5L/kg，则不必粘贴危害环境物质标记。
（4）内容器装有液态危险货物的组合包装、配有通风口的单一包装应粘贴方向标记。方向标记图例如图3-4-7所示。如果内容器满足下列条件之一，则不必粘贴方向标记。

图3-4-6　危害环境物质标记图例

图3-4-7　方向标记图例

①内装压力容器的外包装。
②装有危险货物的内包装置于外包装之中，每一内包装的装载量不超过120mL，内包装和外包装之间有充足的吸收材料，足以吸收内包装中的全部液态危险货物。
③内装主容器的外包装，主容器内含有6.2项感染性物质，且每一主容器的装载量不超过50mL。
④内装货物在任何方向上都不会泄漏的外包装（如温度计中的酒精或汞、气雾剂等）。
⑤外包装所装危险货物均密封在内包装中，且每一内包装的装载量不超过500mL。

2. 包件标志要求

危险货物的包件应粘贴JT/T 617.3表A.1第（5）栏给出的主要或次要危险性类别对

应的标志。标志形状为与水平线呈 45°角的正方形（菱形），上面两条边缘线的颜色与标志上部图形或符号相同，下面两条边缘线的颜色与标志下部类号或项号的颜色一致，标志图例见表 3-4-8，各类别或项别的菱形标志牌图形见附录四。

类/项标志图例　　　　　　　　　　　　　　　　表3-4-8

（1）* 对 4.1 项、4.2 项和 4.3 项的标志，图例底角显示数字"4"。对 6.1 项和 6.2 项标志，图例底角显示数字"6"；
（2）** 标志的下半部分显示附加文字/数字/字母；
（3）*** 标志的上半部分显示类别图形；对 1.4 项、1.5 项和 1.6 项标志，显示项号；对符合 7E 号式样的标志，显示"易裂变"字样

图 3-4-8 为外包装上粘贴有危险货物 UN 编号、货物名称、方向标记，以及第 3 类危险货物标志的包件。

图 3-4-8　粘贴标志、标记的包件

3. 集合包装及混合包装的标记和标志要求

1）集合包装要求

应按以下要求对集合包装进行标记和标志：

（1）集合包装上标明"集合包装"字样，或同时标明"OVERPACK"字样。

（2）从集合包装外部无法清晰识别内装所有包件上的 UN 编号、标志和标记的，应按照 JT/T 617.5 要求在集合包装上标注 UN 编号和危险货物对应的标志，如果所托运货物具有环境危害性，应粘贴危害环境物质标记。

（3）包件内装的不同危险货物对应相同的 UN 编号、标志或危害环境物质标记，则只需粘贴一个即可。

（4）从集合包装外部无法清晰识别内装包件方向标记的，在集合包装相对的两面粘贴方向标记。

2）混合包装要求

两种及以上危险货物装在同一个外包装内时，包件上应按照每种危险货物的要求作

标记和粘贴标志。若危险货物对应的标志相同，则只需在外包装上粘贴一个标志。

💡 思考题

（1）危险货物是如何分类的？
（2）哪几类危险货物还有细致的项别划分？分别是什么？
（3）若危险货物存在多种危险性，则分类时必须将哪些类（项）别作为主要危险性？
（4）危险货物组别代码的作用是什么？
（5）什么是闪点？
（6）用开口杯和闭口杯实验方法测出的同一危险货物的闪点有何不同？为什么？
（7）确定第3类易燃液体运输条件涉及哪些理化参数？
（8）5.2项有机过氧化物在什么情况下应进行温度控制？
（9）确定6.1项毒性物质中"农药"的正式运输名称时需要考虑哪些因素？
（10）简述什么是腐蚀性物质。

第四章　危险货物的危险特性

第一节　爆炸品的危险特性

一、爆炸性概述

1. 感度（亦称敏感度）

感度是指爆炸品在外界作用下发生爆炸反应的难易程度。爆炸品需要外界提供一定量的能量才能触发爆炸反应，否则爆炸反应就不能进行。感度高低通常以引起爆炸所需要的最小外界能量（又称初始冲能或起爆能）来表示。显然，引起某爆炸品爆炸所需的起爆能越小，则其感度越高，危险性也越大。

不同爆炸品所需起爆能的大小是不同的，其敏感度也不同。如：TNT 对火焰的敏感度较小，但如用雷管引爆则立即爆炸。即使同一种爆炸品，所需起爆能大小也不是固定不变的。如同样是 TNT，在缓慢加压的情况下，它可经受几千千克压力也不爆炸，但在瞬间撞击情况下，即使冲击力很小也会引起爆炸。这就是为什么爆炸品在运输装卸作业中不能摔碰、撞击的原因。了解爆炸品的敏感度这一特性对运输安全意义重大。

起爆能有多种能量形式，如机械能、热能、电能、光能、爆炸能等。在运输装卸过程中，温度变化及机械作用的影响是不可避免的，所以，在各种形式的感度中，主要是确定爆炸品的热感度和撞击感度。

1）热感度

热感度指爆炸品在外界热能作用下发生爆炸变化的难易程度。一般用"爆发点"来表示。爆发点是指物质在一定延滞期内发生爆炸的最低温度。延滞期则指从开始对炸药加热到其发生爆炸所需要的时间。表4-1-1给出了在不同延滞期下梯恩梯（TNT）的爆发点。可见，同一爆炸品，延滞期越短，爆发点越高；延滞期越长，爆发点越低。虽未受高热，但受低热时间足够长时，也会诱发爆炸。因此，在运输中一定要使爆炸品远离热源或采取严格的隔离措施。

梯恩梯（TNT）炸药在不同延滞期下的爆发点　　　　表4-1-1

延滞期	5s	1min	5min	10min
爆发点（℃）	475	320	285	270

2）撞击感度

撞击感度指爆炸品在机械冲击的外力作用下，对冲击能量的敏感程度。撞击感度高，说明其对外界冲击能量的敏感度高，易于引起爆炸。反之，撞击感度低，说明其对冲击能量的感度低，不易引起爆炸。如装卸时不慎，炸药由高空落下；车辆在行驶中发生剧烈的冲击、振动等均属这一类。

炸药的纯净度对其撞击感度有很大的影响。当炸药内混入坚硬物质如玻璃、铁屑、砂石等时，则其撞击感度增加，危险性增大。当炸药中混入惰性物质如石蜡、硬脂酸、机油等时，则其撞击感度降低。

因此，在运输装卸过程中，严禁混入坚硬杂物，车厢货舱应保持干净，炸药洒漏物绝不能再装入原包装中。有些较敏感的炸药，在运输过程中为确保安全，可加入适量石蜡使其钝化，以增加安全系数。

2. 威力和猛度

1）威力

威力指炸药爆炸时的做功能力，即炸药爆炸时对周围介质的破坏能力。威力的大小主要取决于爆热的大小、爆炸后气体生成量的多少以及爆温的高低。

2）猛度

猛度又称猛性作用，系指炸药爆炸后爆轰产物对周围物体破坏的猛烈程度。其大小可用爆轰压和爆速来衡量。

爆炸品的威力和猛度越大则炸药的破坏作用越强。衡量威力和猛度的参数很多，运输中采用爆速，即爆炸品本身在进行爆炸反应时的传播速度（m/s），它是决定爆炸威力的重要因素。当炸药量相当时，爆速的大小能在一定程度上反映出炸药的爆炸功率及破坏能力。不同爆炸品具有不同的爆速。爆速越大，单位时间内进行爆炸反应的爆炸品越多，其爆炸威力也越大。通常将爆速是否大于3000m/s作为衡量爆炸品威力强弱的一个参考指标。常见炸药的参数见表4-1-2，可看出黑索金、泰安、特曲儿、硝化甘油等都是爆炸威力很强的炸药。

常见炸药的参数　　　　　　　　　表4-1-2

炸药品名	爆速（m/s）	1kg炸药爆炸后所产生的气体量（L）	1kg炸药爆炸后所产生的热量（kJ）
黑火药	500	280	2784
硝化甘油	8400	716	4196
硝化纤维	6300	765	4291
梯恩梯	6990	727	4187
特曲儿	7740	710	4564
黑索金	8380	908	6280
泰安	8400	780	6389
雷汞	4500	315	1541
叠氮铅	4500	310	1089

3. 安定性（稳定性）

爆炸品的安定性是指爆炸品在一定的储存期间内，不改变自身的物理性质和化学性质的能力。爆炸品本身不稳定，即使在正常的保管条件下，也会产生某种程度的物理或化学变化，因此，长期储存不安定的爆炸品或在一定外界条件（如环境温湿度等）影响下，不仅会改变爆炸品的爆炸性能，影响正常使用，而且还可能发生燃烧和爆炸事故。

根据我国道路运输的特点，在环境温度不超过45℃（可允许短期略超过45℃）的条件下，运输期间货物不发生分解，不改变其使用效能，即可认为该货物安定性符合安全运输要求。同时，为增加运输过程中的化学安定性，对某些炸药，在运输途中必须加入一定量的水、酒精或其他钝感剂。

综上所述，爆炸性是运输过程中对安定性的最大威胁。其中感度和安定性是用来衡量货物起爆的难易程度，而威力和猛度则关系到一旦发生爆炸所产生的破坏效果。一般来讲，可选用爆发点低于350℃、爆速大于3000m/s、撞击感度在2%以上作为爆炸性的3个主要参考数据。满足其中之一，即可认为具有爆炸性。

二、危险性质

（1）爆炸性强。爆炸品具有化学不稳定性，在一定的外因条件作用下会发生强烈的爆炸，其爆炸性强表现在化学反应速度猛烈、释放大量气体和热量、产生瞬间高温和高压等方面，具有极大的破坏力。

（2）敏感度高。爆炸品对环境的作用力，如加热、火花、摩擦、撞击、冲击波等作用敏感，极易发生爆炸，但不同的爆炸品对不同的环境作用力具有感度选择性。

（3）自热危险性。某些火药在一定温度下不需要火源就会自行着火或爆炸。

（4）带静电危险性。炸药经常与容器壁或其他介质摩擦产生静电荷，在没有采取有效接地导除静电的情况下，会使静电荷积聚起来，一旦放电条件形成就会产生放电火花，当电火花足以点燃炸药时，会发生着火、爆炸事故。

（5）毒害性。有些爆炸品，如梯恩梯、特屈儿、雷汞等本身都具有一定的毒害性，会通过呼吸道、消化道或皮肤进入人体而引起中毒伤害。另外，爆炸品爆炸后产生的一氧化碳及氮氧化物等有毒气体也会对人体造成伤害。

三、运输中常见的爆炸品

1. 火药

火药又叫发射药，是极易燃烧的固体物质，量大时或在密闭状态下也能产生爆炸，但在军事上主要利用其燃烧有规律的性质，用做枪弹、炮弹的发射药和火箭导弹的推进剂及其他驱动装置的能源。火药按其结构又分为：

（1）单基药。主要成分为硝化纤维素（UN 0340，UN 0341）。

（2）双基药。主要成分是硝化纤维素（UN 0340，UN 0341）、硝化甘油（UN 0143）和硝化甘油乙醇（UN 0144）。

（3）三基药。主要成分是硝化纤维素（UN 0340，UN 0341）、硝化甘油（UN 0143）与硝基胍（UN 0282）。

（4）黑火药。主要成分是硝酸钾、硫磺、木炭的有机混合物，各成分配比不同，其性能也不同。

硝化纤维素（别名硝化棉），为纤维素与硝酸酯化反应的产物，是用精制棉与浓硝酸和浓硫酸酯化反应而得。广泛用于火工、造漆等行业，摄影胶片、赛璐珞、乒乓球都用其做原料。其外观像受过潮的棉花，色白而纤维长，因此，将其误认为棉花而发生事故也时有所见。硝化棉中含氮量不超过12.5%时，一般只能引起易燃，不会产生爆炸。

硝化棉不仅易燃且易分解。松散的硝化棉在空气中燃烧不留残渣，增大密度时，燃速下降。大量硝化棉在堆积或密闭容器中燃烧能转化为爆轰。干燥的硝化棉极不稳定，易被点燃，易因摩擦而产生静电，在较低温度下能自行缓慢分解，放出大量的有毒气体并伴随放热，温度迅速上升而自燃。当含水大于25%时硝化棉较为安全。

火药是以燃烧反应为主要化学变化形式的爆炸性物质，它具有规定的几何形状和尺寸、一定的密度和足够的机械强度。当采用适当的方式点火后，能够按照平行层规律燃烧，放出大量热和气体，对弹丸做发射功或对火箭做推动功。常见火药的形式有：带状、棍状、片状、长管状、七孔状、短管状和环状等。

2. 引信及火工品

引信是装配在弹药中，能够控制战斗部（如炮弹的弹丸等）在相对目标最有利的地位或最有利的时间完全引起作用的装置。而引信中能够适时起激发作用的元件就是火工品。某些火工品不只装在引信中，它还装于发射装药或火箭发动机中用来点燃发射药。因此火工品是引燃和引爆器材的总称，火工品、引信和战斗部三者是不可分割的一个整体。战斗部靠引信来控制，而引信的控制作用的重要部分由火工品来完成。

火工品都是小的炸药元件，具有比较高的感度。其大致可分为两种：一种按输入冲量形式分为机械、热、电、爆炸装置等；另一种按输出形式分为点火器和起爆器材。

引信的构造主要包括发火和保险两个部分。引信的机构由多种零件组成，其引爆过程为：击针冲击火帽，火帽的火焰能量引爆雷管产生爆轰波，此波在引爆传爆管药粒后产生较大的爆轰波使整个弹丸爆炸。

3. 烟花爆竹

烟花爆竹是指以烟火药为主要原料制成，引燃后通过燃烧或爆炸产生光、声、色、型、烟雾等效果，用于观赏，具有易燃易爆危险的物品。

烟花、爆竹是我国传统的手工艺品，其历史悠久，品种繁多。其中有欢庆节日的大型高空礼花；有应用于航海、渔业的求救信号弹；有体育、军事训练用的发令纸炮、纸壳手榴弹、土地雷；还有农业、气象用的土火箭等。但对撞击、摩擦引发的拉炮、摔炮以及"穿天猴""地老鼠""土火箭"之类的烟花，因为不安全，国家已明令严禁制造和销售。

四、安全运输注意事项

（1）为确保爆炸品储存和运输的安全，必须根据各种爆炸品的性能或敏感程度严格分类，专库储存、专人保管、专车运输。

（2）爆炸品严禁与氧化剂，自燃物品，酸、碱、盐类，易燃可燃物，金属粉末和钢铁材料器具等混储混运。

（3）点火器材、起爆器材不得与炸药、爆炸性药品以及发射药、烟火等其他爆炸品混储混运。

（4）运输爆炸品应使用厢式货车，车厢内不得有酸、碱、氧化剂等残留物。

（5）车厢装货总高度不得超过1.5m。无外包装的金属桶只能单层摆放，以免压力过大或撞击摩擦引起爆炸。

（6）不具备有效的避雷电、防潮湿条件时，雷雨天气应停止对爆炸品的运输、装卸作业。

（7）施救人员应戴防毒面具。扑救时禁止用沙土等物压盖，不得使用酸碱灭火剂。

（8）装卸和搬运爆炸品时，必须轻装轻卸，严禁摔、滚、翻、抛以及拖、拉、摩擦、撞击，以防引起爆炸。对散落的粉状或粒状爆炸品，应先用水润湿后，再用锯末或棉絮等柔软的材料轻轻收集，转到安全地带处置，确保无残留。操作人员不准穿带铁钉的鞋和携带火柴、打火机等进入装卸现场，禁止吸烟。

（9）应按公安部门核发的道路通行证所指定的时间、路线等行驶。

第二节　气体的危险特性

一、气体的理化性质

1. 气体的液化

物质由气态转变为液态的过程叫做液化。液化是放热过程，有两种方式：降低温度和压缩体积。任何气体都可压缩，处于压缩状态的气体叫做压缩气体。若在对气体进行压缩的同时进行降温，压缩气体就会转化为液体。经加压降温后成为液态的而在常温常压下为气态的物质叫做液化气体。为区别一种气体货物的两种不同状态，被液化的气体在气体名称之前应冠以"液化"或"液态"。如液化氢气、液态氧（又可简称为液氢、液氧）和液化石油气等。

气体只有将温度降低到一定温度时施加压力才能被液化。若温度超过此值，则无论怎样增大压力都不能使之液化。这个加压使气体液化所允许的最高温度叫做临界温度。不同气体，临界温度不同。气体在临界温度时，需施加压力才能被液化。在临界温度时，使气体液化所需要的最小压力叫做临界压力。不同气体，临界压力也各不相同。几种气体的临界温度和临界压力见表4-2-1。

几种气体的临界温度和临界压力　　　　　表4-2-1

气体名称	临界温度（℃）	临界压力（MPa）	气体名称	临界温度（℃）	临界压力（MPa）
氦气	-267.9	0.23	乙烯	9.7	5.07
氢气	-239.9	1.28	二氧化碳	31.0	7.29
氖气	-228.7	2.59	乙烷	32.1	4.88
氮气	-147.1	3.35	氨气	132.4	11.13
氧气	-118.8	4.97	氯气	143.9	7.61
甲烷	-82.1	4.63	二氧化硫	157.2	7.77
一氧化碳	-138.7	3.46	三氧化硫	218.3	8.38

通常在常温下使用和储运气体，而且灌装气体的容器不绝热，即容器内、外的温度是一样的。因此，临界温度低于常温的气体是压缩气体，临界温度高于常温的气体是液化气体。无论是处于压缩状态，还是处于液化状态，气体的临界温度越低，危险性越大。

2. 气体的物理爆炸

物质因状态或压力发生突变而形成的爆炸现象称为物理爆炸。如锅炉的爆炸、气体钢瓶的爆炸等。

气体要储存和运输，必须灌装在耐压容器中。根据不同气体的临界温度和临界压力，气体耐压容器所承受的内压也不同，最低为1MPa，最高达15MPa以上。

按规定压力装罐在合乎质量要求和安全标准容器内的气体，在正常情况下不会发生危险。但当受到剧烈撞击、振动、高温、受热时，会使容器内压力骤增，该压力超过容器的耐受力时就会发生气瓶爆炸。在实际运输中，气瓶发生爆炸的主要原因往往是超过规定过量充装气体，或使用过期的应报废的钢瓶。此时如再加上撞击、高热等因素，气瓶爆炸的危险性就更大了。气瓶爆炸后，紧跟着的往往是易燃气体的化学爆炸或有毒气体的扩散，产生比物理爆炸更严重的后果。因此，防止气瓶的物理爆炸是保证气体储运安全的首要事项。储运气瓶应轻拿轻放，远离火源，防止日晒，注意通风散热。

3. 气体的溶解性

某些液体对某种气体有非常大的溶解能力。如氨气、氯气可以大量溶解在水里，乙炔可以大量溶解在丙酮中。利用这个性质可以储运某些不易液化或压缩的气体。乙炔就是如此。乙炔钢瓶内填充了多孔性物质，再注入丙酮，然后把乙炔加压灌入，使之溶解在丙酮中。把这种溶解在溶剂中的气体称为溶解气体。

溶解有气体的溶剂受热后，气体会大量逸出，从而引起容器爆炸。特别是乙炔钢瓶，如果从火灾中抢救出来，瓶内的多孔材料可能熔结，溶剂可能挥发，钢瓶就会失效。此时如果再用来灌装乙炔，就可能造成大事故。因此，乙炔钢瓶经火烤后就不能再使用。

利用气体在水中的溶解性，一旦发现某些易溶于水的气体逸漏时，可用水吸收扑救。

二、气体的危险性质

（1）可压缩性。气体在温度不变时，所受到的压力越大其体积越小，若继续加压则会被压缩为液态。

（2）热膨胀性。气体在光照或受热后温度升高，体积增大，若气体的热膨胀性发生在密闭容器中，则会对密闭容器产生一定的压应力，而且气体的受热温度越高，压应力越大，当压应力超过容器的耐压强度时，容器则会发生爆炸事故。

（3）扩散性。处于气体状态的任何物质都没有固定的形状和体积，且能自发地充满任何容器，由于气体的分子间距大，相互作用力小，所以非常容易扩散。

（4）易燃易爆性。易燃气体与空气形成的混合性气体，若在爆炸极限内，则遇明火极易发生燃烧爆炸危险。

（5）氧化性。具有氧化性的气体是物质燃烧得以发生的最重要因素之一，能直接或间接放出氧，导致可燃物燃烧或爆炸。

（6）其他危险性。有些气体还具有毒害性、刺激性、致敏性、腐蚀性和窒息性。

三、运输中常见的气体

1. 压缩氧（UN 1072）

氧气无色、无味、微溶于水，氧的临界温度为 $-118.8℃$，沸点为 $-183℃$，临界压力为 4.97MPa，液氧为淡蓝色。氧气本身不能燃烧，但它是一种极为活泼的助燃气体，几乎能与所有的元素化合生成氧化物。气焊、气割正是利用可燃气体和氧燃烧所放出的热量作为热源的。

氧气浓度对其化学性质有很大影响。空气中氧气含量不大，棉花、酒精等在空气中只能比较平缓地燃烧，超过正常比例的氧气能使燃烧迅猛。油脂在纯氧中的反应比在空气中剧烈得多，当高压氧气喷射在油脂上就会引起燃烧或爆炸，其实质就是油脂和纯氧的反应，因此氧气瓶（包括空瓶）应绝对禁油。储氧钢瓶不得与油脂配装，不得用油布覆盖；储运氧气钢瓶的仓间、车厢、集装箱等不得有残留的油脂；氧气瓶及其专用搬运工具严禁与油脂接触，阀门、轴承都不得用油脂润滑；操作人员不能穿戴沾有油污的工作服和手套。

2. 压缩氢（UN 1049）

氢气是最轻的气体，重量约为空气的 1/14。氢气无色、无嗅，极难溶于水，临界温度为 $-239℃$，临界压力为 1.28MPa。氢气可燃，纯净的氢气在空气中燃烧平静，火焰为淡蓝色。燃烧温度可达 2500~3000℃，压缩氢可作火箭和航天飞机的燃料。

氢气的的爆炸范围极宽，为 4.0%~75%，所以氢气是一种极危险的气体，在运输过程中，氢气瓶漏气后会与空气或氧气混合，一旦遇明火或高温即可发生强烈爆炸，这一点要求运输人员充分重视。

氢气有极强的还原性，能与许多非金属直接化合。如氢能在氯气中燃烧生成氯化氢，能与硫反应生成硫化氢。氢气在氯气中的爆炸极限为 5.5%~89%，氢和氯的混合气体在日光照射下就会发生剧烈的爆炸。因此，氢气不能与任何氧化剂尤其是氧气、氯气混储、混运。

3. 氯（UN 1017）

氯（氯气）的临界温度为144℃，临界压力为7.61MPa。常温下压力为0.6MPa就会使氯气液化，故氯气总是在液化状态下储存运输，习惯称氯气为液氯。

氯气是一种黄绿色的剧毒气体，有强烈的刺激气味。空气中的最高允许浓度为$2mg/m^3$，如浓度超过$150mg/m^3$，人吸入后会发生咽喉、鼻、支气管痉挛，眼睛失明，并导致肺炎、肺气肿、肺出血而死亡；如浓度超过$2.5g/m^3$，则会立即使人畜窒息死亡。

氯气的蒸气相对密度为2.5。因此，氯气泄漏在空气中会沉在下部沿地面扩散，危害地面人员。氯气溶于水，常温下1体积水可溶解2.5体积的氯气。依据此特性，当氯气瓶漏气时可大量浇水，或迅速将其推入水池，或用潮湿的毛巾捂住口鼻，以减轻危害。

氯气是很活泼的物质，有极强的氧化性。如铜能在氯气中燃烧；氯气与易燃气体能直接化合，其混合气遇光照会发生爆炸；氯与非金属如磷、砷等接触会发生剧烈的反应甚至爆炸；氯气与有机物接触也会发生强烈反应。

在运输中，氢气和氯气、氧气占了气体储运量中的极大部分。

4. 冷冻液态甲烷或冷冻液态天然气（UN 1972）

天然气广泛用作工业、农业、家用及商业的动力燃料，是重要的化学及石油化学工业原料。天然气是无色无嗅的混合气体，主要成分为烷烃，其中甲烷占绝大多数，因此其性质基本与纯甲烷相似。另有少量的乙烷、丙烷和丁烷，此外一般还含有氮、水气、二氧化碳、硫化氢以及微量的惰性气体（氦、氩）等。天然气极易燃烧。蒸气能与空气形成爆炸性混合物，在室温下的爆炸极限为5%~15%，在-162℃时爆炸极限为6%~13%。

液化后的天然气称为液化天然气（Liquid Natural Gas，LNG），被公认是地球上最干净的能源。其组成与气态稍有不同，因为LNG在液化过程中，已将硫、二氧化碳、水分等除去。沸点为-164~-160℃。当LNG由液体蒸发为冷的气体时，其密度与常温下的天然气不同，约比空气重1~5倍。泄漏后，其气体不会立即上升，而是沿着液面或地面扩散，吸收水与地面的热量以及大气与太阳的辐射热，形成白色云团。由雾可察觉冷气的扩散情况，但在可见雾的范围以外，仍有易燃混合物存在。如果易燃混合物扩散到火源，就会发生回燃。当冷气温度至-112℃左右，就变得比空气轻，开始向上升。LNG比水轻（相对密度约为0.45），遇水生成白色冰块。冰块只能在低温下保存，温度升高即迅速蒸发，如急剧扰动能猛烈爆喷。液化天然气与皮肤接触会造成严重灼伤。

四、安全运输注意事项

（1）采用钢瓶运输时必须戴好钢瓶上的安全帽。

（2）钢瓶一般平放，并应将瓶口朝同一方向，不可交叉，高度不得超过车辆的防护栏版，并用三角木垫卡牢，防止滚动。

（3）运输时运输车辆应配备相应品种和数量的消防器材。

（4）装运该物品的车辆排气管必须配备阻火装置，禁止使用易产生火花的机械设备和工具装卸。

（5）夏季运输应检查并保证瓶体遮阳、瓶体冷水喷淋降温设施等安全和有效。

（6）中途停留时应远离火种、热源。

（7）运输时要按规定路线行驶，禁止在居民区和人口稠密区停留。

第三节　易燃液体的危险特性

一、易燃液体的理化性质

1. 易燃液体的物理性质

（1）高度挥发性。

液体物质在任何温度下都会蒸发，并在加热到沸点时，迅速变为气体。静置的液体，表面看似静止，但实际上其分子是在不停的运动之中。一些能量较高的液体分子在运动中会克服液体分子间的吸引力成为气体，这个过程一般称为"汽化"。如果汽化只发生在液体的表面，又称为"蒸发"。蒸发是液体分子从液体表面不断进入气相变为气体的过程。蒸发可以在低于沸点的温度下进行。液体在低于沸点温度下的蒸发现象又称"挥发"。不同液体的蒸发速度是不同的。同一液体，蒸发的速度受外界温度、液体的表面积大小和与液体表面接触的空气的流动速度三个因素的影响。

一般来讲，沸点低的液体，挥发性也大。易燃液体大多是低沸点液体，在常温下就能不断地挥发，如乙醚、乙醇、丙酮和二硫化碳等的挥发性都较大，这类物质也称为挥发性液体。

（2）高度流动扩散性。

易燃液体的黏度一般都较小，而且大多数易燃液体的相对密度比较小，且不溶于水，会随水的流动而扩散。易燃液体还具有渗透、毛细管引力、浸润等作用，即使容器只有细微裂纹，易燃液体也会渗出容器壁外，扩大其表面积，源源不断地挥发，使空气中的蒸气浓度增高，增加了燃烧爆炸的潜在危险。

（3）受热膨胀性。

敞开的液体物质总是或快或慢地蒸发着，直至全部变为蒸气为止，但装在密闭容器内的液体则不然。如果在一定温度条件下将某种液体盛装在一个留有空间的容器中，即有少量液体蒸气进入液体表面的空间，直到液体与其蒸气达到平衡为止。温度越高，液体蒸气压力越大，且由于其沸点低、易挥发特性必然使其蒸气压也较高，危险性也越大。蒸气压高的易燃液体，易于产生能引起燃烧所需要的最低限度的蒸气量，因此蒸气压越高，危险性也相对增加。运输途中由于环境温度变化的影响，蒸气压高的易燃液体容易导致包装容器出现"鼓桶"现象，甚至爆炸。为此，盛装易燃液体的容器应有足够的安全系数，甚至在容器内还必须加入某些性质相容的稳定剂以抑制其挥发。

热胀冷缩是物质的固有特性。液体物质的受热膨胀系数较大，加上易燃液体的易挥发性，受热后蒸气压也会增大，装满易燃液体的容器往往会造成容器胀裂而引起液体外溢。因此，易燃液体灌装时应充分注意，容器内应留有足够的膨胀余位。

（4）易积聚静电。

大部分易燃液体都是电解质，如醚类、酮类、汽油、酯类、芳香烃及石油产品等。这些物质由于振动、摩擦作用极易积聚静电，特别是罐式车辆运输，在灌装时的灌装流速过快也极易积聚静电。

2. 易燃液体的化学性质

（1）高度易燃性、易爆性。

易燃液体几乎都是有机化合物，这些液体的挥发性较大，并在液体表面与空气形成可燃性混合物，当混合物浓度达到一定范围（即爆炸极限）时，一旦遇明火或加热就会与空气中的氧化合而引起燃烧或爆炸。易燃液体爆炸极限范围越宽，燃烧、爆炸的可能性越大；温度升高，易燃液体挥发量增大，易燃易爆性增大；相同温度下，易燃液体闪点越低，越易挥发，易燃易爆性越高。

（2）能与氧化剂剧烈反应。

易燃液体遇氧化剂或具氧化性的强酸如高锰酸钾、浓硫酸、硝酸会剧烈反应而自行燃烧。因此，装运时应注意易燃液体不得与强氧化性酸、氧化剂混装，或者采取有效措施进行隔离。

二、易燃液体的危险性质

（1）易燃性。易燃液体即蒸气压较大、容易挥发出足以与空气混合形成可燃混合物的蒸气的液体，其着火所需的能量极小，遇火、受热以及和氧化剂接触时都有发生燃烧的危险。当易燃液体挥发出的蒸气与空气混合形成的混合气体达到爆炸极限浓度时，可燃混合物就转化成爆炸性混合物，一旦点燃就会发生爆炸。

（2）易挥发和扩散性。易燃液体多数沸点低、闪点低、黏度较小，随着周围环境的升高，极易挥发，且温度越高，挥发速度越快，流动和扩散速度快，并易与空气形成爆炸性混合气体，造成火灾或爆炸危害。

（3）受热膨胀性。易燃液体受热后，体积膨胀，若在密闭容器中，则易导致爆炸危险。

（4）流动性。流动性是所有易燃液体的通性，由于易燃液体易着火，故其流动性更增加了火灾的危险性。

（5）带电性。多数易燃液体是非极性物质，在管道、储罐、槽车等的运输过程中，由于摩擦而产生静电，当静电荷聚集到一定程度时则会放电产生火花，易引起火灾和爆炸危险。因此，装运易燃液体的罐式车辆必须配备导除静电的装置。

（6）毒害性。大多数易燃液体具有不同程度的毒性。易燃液体可通过皮肤、消化道或呼吸道被人体吸收而中毒。特别是挥发性较大的易燃液体，其蒸气带来的毒性更不可忽视，即使是挥发性很小的易燃液体，直接与之接触也是有害的。易燃液体蒸气浓度越大，毒性也越大。

三、运输中常见的易燃液体

1. 苯（C_6H_6）（UN 1114）

苯是从炼焦以及石油加工的副产品中提取的，属于重要的工业原料，广泛用于制作乙烯、酚，以及合成橡胶、乳酸漆、塑料、黏合剂、农药、树脂、香料等工业。苯是组成结构最简单的芳香烃，在常温下为一种无色透明液体，易挥发，具有芳香气味。苯比水密度低，相对密度为0.879，易溶于有机溶剂，难溶于水，故不能用水扑救苯引起的火灾；沸点为80.1℃，闭杯闪点为-11℃，爆炸极限为1.3%~7.10%，挥发性大，暴露在空气中很容易扩散。

苯有毒，人和动物吸入或皮肤接触大量苯而进入体内，会对造血器官与神经系统造成损害。苯与氧化剂反应剧烈，易于产生和积聚静电。

2. 车用汽油或汽油（UN 1203）

汽油系轻质石油产品中的一大类。主要成分是碳原子数为4~12的烃类混合物，是一种无色至淡黄色的易流动的油状液体。沸点为40~200℃，相对密度为0.67~0.71，闪点为-50~-45℃，自燃点为415~530℃，爆炸极限为1.3%~6.0%，挥发性极强，不溶于水。其蒸气与空气能形成爆炸性混合物，遇火种、高温氧化剂等有火灾危险。用作溶剂的汽油没有添加其他物质，故毒性较小。而用作燃料的汽油在早期因加入四乙基铅等作抗爆剂，而大大增加了毒性。

3. 涂料及其相关材料类

涂料（包括油漆）在易燃液体中占很大比例。

涂料一般是胶黏状的液体，在物体表面上能结成一层薄膜，起到装饰和保护作用。涂料不都是危险货物，但其中含有大量的丙酮（UN 1090）、甲苯（UN 1294）等溶剂，或一些腐蚀性的助剂（往往起固化作用），这些都是易燃液体或腐蚀性物质。

四、安全运输注意事项

（1）根据所装货物和包装情况，如化学试剂、油漆等小包装，随车携带好遮盖、捆扎等防散失工具，并检查随车灭火器是否完好，车辆货厢内不得有与易燃液体性质相抵触的残留物。

（2）车辆应配备相应品种和数量的消防器材及泄漏应急处理设备。

（3）夏季最好早晚运输，运输时所用的槽（罐）车应有导静电拖地带，槽内可设孔隔板以减少振荡产生静电。

（4）运输途中应防暴晒、雨淋，防高温。

（5）中途停留时应远离火种、热源及高温区。

（6）装运该物品的车辆排气管必须配备阻火装置，禁止使用易产生火花的机械设备和工具装卸。

（7）道路运输时要按照规定路线行驶，勿在居民区和人口稠密区停留。

第四节　易燃固体、易于自燃的物质、遇水放出易燃气体的物质的危险特性

一、易燃固体、自反应物质和固态退敏爆炸品

1. 燃烧原理

（1）燃烧的本质和过程。

燃烧是一种放热、发光剧烈的氧化反应。可燃物质的燃烧一般不是物质本身直接在燃烧，而是物质受热分解放出的气体或液体蒸气在空气中燃烧，也有的物质不能成为气态燃烧，如焦炭燃烧时呈灼热状态，而不是通常燃烧的火焰。

（2）燃烧的速度。

由于可燃物质的化学组成和物理状态各不同，燃烧的过程和速度也不同：

①同一可燃物质的燃烧速度，取决于燃烧速度表面积与体积的比例。比例越大，即与空气接触的面积越大，供氧越充分，燃烧速度越快。反之，燃烧速度越慢。所以颗粒比块状的固体容易燃烧，粉末状固体更危险。

②不同物质的燃烧速度取决于物质的组成成分。

③物质的燃烧速度还与其还原功能有关，还原性越强，燃烧越快。

（3）燃烧的类型。

燃烧按其速度和持续时间不同，一般分为闪燃、着火、受热自燃、本身自燃和化学爆炸等类型。

（4）燃烧的条件。

物质燃烧必须具备三个条件：可燃的物质、助燃剂和着火源（或热量），三者必须同时具备，相互结合，相互作用，燃烧才能发生。

2. 易燃固体的危险性质

（1）需明火点燃。虽然本项物质燃点较低，但自燃点很高，在常温条件下不易达到，故不会自燃，需要明火点着之后才能持续燃烧。

（2）高温条件下遇火星即燃。环境温度越高，此类物质越容易着火。当外界的温度高达此类物质的自燃点时，不需明火就会自燃。

（3）粉尘有爆炸性。该项物质的粉尘因与空气接触表面积大，燃烧速度极快，遇火星即会爆炸。

（4）与氧化剂混合能形成爆炸品。许多易燃固体与强氧化剂放在一起，在一定的外界条件作用下，会发生剧烈的燃烧反应甚至爆炸，如红磷与氯酸钾接触，略加摩擦或冲击立即着火燃烧。有些易燃固体如萘、樟脑会从固态直接转化为气态，这种现象称为升

华。升华后的易燃固体的蒸气与空气混合后，具有爆炸的危险。

（5）遇水分解。易燃固体中有不少物质遇水会发生化学反应而被分解。如硫磷化物遇水或潮湿空气分解，会放出有毒易燃的硫化氢（H_2S）；氨基化钠遇水放出有毒及腐蚀性的氨气等。

（6）易燃固体虽很容易发生燃烧，但是若没有火种、热源等外因作用，没有助燃物质的存在，不易发生燃烧。在储运过程中，易燃固体发生燃烧事故都是因其接触明火、火花、强氧化剂、受热或受摩擦、撞击等引起。因此，只要在储运中严格防止上述外因的作用，就可保证其运输安全。

二、易于自燃的物质

1. 易于自燃的物质基本概念

自燃物质是指自燃点低，在空气中易于发生氧化反应，放出热量而自行燃烧的物质。此类反应不需要外界提供火源，其自身在空气中能够缓慢氧化反应，同时放出热量，并积热不散，当热量积聚到其自燃点即自行燃烧。

自燃可分为两种，一种是物质虽不与明火接触，但需受外界热源加热，使物质升到一定温度而自燃，称为受热自燃；另一种是物质不需要明火，也不需要加热，在一定的条件下会自身发热达到一定的温度而自燃，称为自热自燃。

2. 易于自燃物质的危险特征

（1）不需受热和明火，会自行燃烧。隔绝这类物质与空气接触是储运安全的关键。

（2）自燃点低，物质引起自燃的最低温度称为自燃点。很多物质与空气接触会发生氧化反应，但不会自燃。而易于自燃的物质，除了本身是可燃物和与空气接触反应较快造成热量积累两个条件外，最主要的原因是自燃点较低。

（3）受潮后，会增加自燃的危险性。易于自燃的物质中的油纸、油布等含油脂的纤维制品，干燥时由于物质的间隙大，易于散热，只要注意通风，自行缓慢氧化产生的热量就不会聚积，一般不会自燃。但一旦受潮，产生的热量就会积聚不散而自燃。

（4）部分易于自燃的物质与水反应剧烈。易于自燃的物质会自动发热，其原因是与空气中的氧发生反应。易于自燃的物质储运保管中关键的防护措施是阻隔其与空气的接触，如将黄磷存放在水中。但不少易于自燃的物质，如三异丁基铝、三氯化三甲基锡等，与水会发生剧烈反应并放出易燃气体和热量，引起燃烧。因此，采取何种措施阻隔易于自燃的物质与空气的接触要根据具体品种而定。

（5）接触氧化剂会发生爆炸。易于自燃的物质的还原性很强，一旦接触到氧化性物质或酸类物质会发生强烈的氧化还原反应，产生爆炸的效果，因此危险性也更大。

三、遇水放出易燃气体的物质

1. 遇水放出易燃气体的物质特征

遇水释放易燃气体物质是指遇水或受潮时，发生剧烈化学反应，放出大量易燃气体和热量的物质，有些释放的气体不需要明火也能燃烧或爆炸。因此，该类物质必须具备以下三个条件：在常温或高温下受潮或与水反应，且反应速度快；反应产物为易燃气体；反应过程放出大量热，可引起燃烧或爆炸。

2. 遇水放出易燃气体的物质的危险特征

（1）遇水燃烧性。此项物质化学特性极其活泼，遇湿会发生剧烈化学反应，产生可燃性气体和热量。当这些可燃性气体和热量达到一定浓度或温度时，能立即引起自燃或在明火作用下引起燃烧。此外，此项物质还会与酸类或氧化性物质发生剧烈反应，其反应比遇湿更为剧烈，危险性也更大。如若把金属钠撒入硫酸中，立即会有大量气泡和热量溢出，反应非常剧烈。

有些遇水放出易燃气体的物质本身易燃或放置在易燃的液体中，它们遇火种、热源也有很大的危险。

（2）爆炸性。遇水放出易燃气体的物质中的碳化钙等，会与空气中的水分发生反应，生成易燃气体。放出的易燃气体与空气混合达到一定量时，遇明火即有引起爆炸的危险。

（3）毒害性和腐蚀性。遇水放出易燃气体的物质均有较强的吸水性，与水反应后生成强碱和有毒气体，接触人体后，能使皮肤干裂、腐蚀并引起中毒。

（4）自燃性。硼氢类物质和化学性质极活泼的金属及其氧化物均能发生自燃。

综上所述，虽然按燃烧的不同条件把第4类危险货物分为3项，每项货物都有其具体的特征，但它们的共同危险特征是具有易燃性、腐蚀性、毒害性和爆炸性。

四、运输中常见的易燃固体、易于自燃的物质、遇水放出易燃气体的物质

1. 常见的易燃固体

1）非晶形磷（UN 1338）

非晶形磷又称赤磷，其与黄磷是磷的同素异形体，但两者性质相差极大。赤磷为紫红色立方结晶或无定形粉末，无毒、无嗅；相对密度为2.34，溶点为590℃（4.3MPa时），416℃时升华；不溶于水、二硫化碳和有机溶剂，略溶于无水乙醇；着火点比黄磷高得多，易燃但不易自燃，燃点为200℃，自燃点为240℃。赤磷与氧化剂接触会爆炸。磷与硫能生成多种化合物（如P_4S_3，P_2S_5），且都是易燃固体。所有这些磷化物都不太稳定，在遇水或受热时易分解，甚至发生燃烧。

2）硫（UN 1350）

硫又称硫黄，是硫元素构成的单质，为黄色晶体，性脆，易研成粉末。相对密度为2.06，熔点为114.5℃，自燃点约为250℃。在113~115℃时溶化为明亮的液体。继续加热到160~170℃时变稠变黑，形成新的无定型变体，继续加热到250℃时，又变成液体。444.5℃时，硫开始沸腾，而产生橙黄色蒸气。硫在空气中燃烧成SO_2。

硫黄往往是散装运输。由于性脆、颗粒小、易粉碎成粉末散在空气中，有发生粉尘爆炸的危险。当每升空气中含硫的粉尘达7mg以上时，遇到火源就会爆炸。这里，硫是作

为还原剂被氧化,所以硫是易燃固体。但是,硫对金属如铁、锌、铜等又有较强的氧化性。几乎所有金属都能与硫起氧化反应。反应开始需要加热,但一旦开始反应便产生氧化热,此时不需要外部热源也能使反应加速进行,有起火和爆炸的危险。

硫与氧化剂(如硝酸钾、氯酸钠)混合,就形成爆炸性物质,敏感度很强。我国民间生产的爆炸、烟花等,以硫黄、氯酸钾以及炭粉等为主要原料。

2. 常见的易于自燃的物质

1)白磷或黄磷(UN 1381)

黄磷是白色或淡黄色的半透明的蜡状固体。相对密度为1.828,自燃点为30℃,熔点为44.1℃,沸点为280℃,蒸气相对密度为4.42,蒸气压为133.3kPa(76.6℃)。黄磷性质极活泼,暴露在空气中即被氧化,加之自燃点低,因此只需一两分钟即自燃。所以,黄磷必须浸没在水中,若包装破损使水渗漏,导致黄磷露出水面,就会自燃。

黄磷有毒,大鼠经皮LD_{50}为100mg/kg可致死。黄磷自燃的生成物氧化磷也有毒。在救火过程中应防止中毒。黄磷对皮肤有刺激性,可引起烧伤。

2)油浸的麻、棉、纸等及其制品

纸、布、油脂都是可燃物,但通常情况下不作为易燃品,更不会自燃。它们在空气中会氧化,如纸发黄、油结成一层硬膜等,但过程缓慢,不聚热,不会自燃。

当把它们经浸油处理后,油脂与空气的接触面积增加了无数倍,氧化反应放出的热量就增大,再加上纸、布又有很好的保温作用,使生成的热量难于逸散。时间一长,热量积聚,温度不断升高,达到自燃点就会自燃。

特别是在空气潮湿的情况下,会因温度逐渐升高而发生自燃。所以这些物质要充分干燥才能装箱储运,且要用花格透笼箱包装,并保持良好的通风散热条件。在装运和储存过程中,要慎防这些物质淋雨受潮,只要注意通风,一般不会自燃。

3. 常见的遇水放出易燃气体的物质

1)钠(UN 1428)、钾(UN 2257)等碱金属

钠、钾都是银白色柔软轻金属。钠相对密度为0.971,常温时为蜡状,溶点为97.7℃;钾相对密度为0.862,溶点为63℃。钠、钾等碱金属是化学性质最活泼的金属元素。暴露在空气中会与氧作用生成金属氧化物,也会吸收空气中的水分,发生反应而置换出氢气。若放在水中,反应进行得迅速而剧烈,反应热会使放出的氢气爆炸,引起金属飞溅。

二氧化碳不能作为碱金属火灾的灭火剂。因为二氧化碳能与钠、钾等碱金属起反应。

由于这些金属与煤油、石蜡不反应,所以把钠、钾等浸没在这些矿物油中储存;使其能与空气中的氧和水蒸气隔离。应当注意,用于存放活泼金属的矿物油必须经过除水处理。这些物质的包装如损漏则非常危险。

2)碳化钙(CaC_2)(UN 1402)

碳化钙又称电石。纯品为无色晶体,工业品为灰黑色块状物,相对密度为2.22。电石有强烈的吸湿性,能从空气中吸收水分而发生反应,放出乙炔和大量热量。热量能很

快达到乙炔的自燃点而起火燃烧,甚至爆炸。需要注意的是,由于工业品常含有砷化钙(Ca_3As_2)、磷化钙(Ca_3P_2)等杂质,与水作用时会放出砷化氢(AsH_3)、磷化氢(PH_3)等有毒气体,因此使用由电石产生的乙炔具有毒性。

五、安全运输注意事项

(1) 运输时车辆应配备相应品种和数量的消防器材及泄漏应急处理设备。
(2) 装运该物品的车辆排气管必须配备阻火装置。
(3) 运输过程要确保容器不泄漏、不倒塌、不坠落、不损坏。
(4) 运输途中应防暴晒、雨淋、防高温。
(5) 中途停留时应远离火种、热源。
(6) 运输用车必须干燥,并有良好的防雨设施。
(7) 车辆运输完毕应进行彻底清扫。

第五节 氧化性物质和有机过氧化物的危险特性

一、氧化性物质的性质

1. 氧化性物质的理化性质

氧化性物质有很多,它们的氧化能力有强也有弱,有的性质很活泼;有的性质比较稳定,不属于危险货物。因此,不能笼统地认为氧化性物质都是危险货物。被列入危险货物的氧化性物质是指处于高氧化态、具有强氧化性、易分解并放出氧和热量的物质,包括含过氧基的无机物。其本身不一定可燃,但能导致可燃物的燃烧。与松软的粉末状可燃物能组成爆炸性混合物,对热、振动或摩擦较敏感。

2. 氧化性物质的危险性质

(1) 氧化性。在其分子组成中含有高价态的原子或过氧基。高价态原子有极强的夺取电子能力,过氧基能直接释放出游离态的氧原子,两者都具有极强的氧化性。

(2) 受热易分解。不少氧化性物质的分解温度都小于500℃(表4-5-1),这些物质经摩擦、撞击或接触明火,局部温度升高就会分解放出氧,促使可燃物质燃烧。

几种无机氧化剂的分解温度 表4-5-1

品名	分解反应分子式	分解温度(℃)
硝酸铵	$2NH_4NO_3 \rightarrow 2N_2\uparrow +4H_2O+O_2\uparrow$	210
高锰酸钾	$2KMnO_4 \rightarrow MnO_2+O_2\uparrow +K_2MnO_4$	<240
硝酸钾	$2KNO_3 \rightarrow 2KNO_2+O_2\uparrow$	400
氯酸钾	$2KClO_3 \rightarrow 2KCl+3O_2\uparrow$	400
过氧化钠	$Na_2O_2 \rightarrow Na_2O+[O]$	460

（3）化学敏感性。氧化性物质与还原剂、有机物、易燃物质或酸等接触时，有的能立即发生不同程度的化学反应。如氯酸钾或氯酸钠与蔗糖或淀粉接触，高锰酸钾与甘油或松节油接触，三氧化铬与乙醇等混合，都能引起燃烧或爆炸。用扫帚清扫撒在地上的硝酸银即能引起局部燃烧爆炸。

（4）与水作用分解。有些氧化性物质，特别是活泼金属的过氧化物，如过氧化钠（钾）遇水则猛烈分解放出氧气和热量，有助燃作用。若遇有机物、易燃物即引起燃烧；这些氧化性物质应防止受潮，着火时严禁用水、酸碱、泡沫、二氧化碳灭火扑救。

（5）毒性和腐蚀性。氧化性物质一般都具有不同程度的毒性，有的还具有腐蚀性，人吸入或接触可能发生中毒、灼伤现象。如硝酸盐、氯酸盐都有不同程度的毒性，三氧化铬（铬酸酐）、过氧化钠都有腐蚀性等，操作时应做好个人防护。

（6）与酸作用分解。大多数氧化剂，特别是碱性氧化剂，遇酸反应剧烈，甚至发生爆炸，如过氧化钠（钾）、氯酸钾、高锰酸钾等，遇硫酸会发生爆炸。这些氧化剂不得与酸接触，也不可用酸碱灭火剂灭火。

（7）强氧化剂与弱氧化剂之间的反应。同属氧化性物质，由于氧化性的强弱不同，相互混合后也能引起燃烧爆炸，如硝酸铵和亚硝酸钠、硝酸铵和氯酸盐等。

二、有机过氧化物的性质

1. 有机过氧化物的理化性质

含有过氧基（—O—O—）的有机化合物称为有机过氧化物，也可看作是过氧化氢的衍生物。有机过氧化物很不稳定，容易分解，有很强的氧化性，对热、振动或摩擦极为敏感。当其受到振动、冲击、摩擦或遇热时即分解生成易燃气体并放出热量，加之其本身就是可燃物，就会因高温引起自身燃烧，而燃烧又产生更高的热量，最后导致反应体系的爆炸。有机过氧化物具有前述氧化性物质的特点，而且比无机氧化物有更大的危险性。

2. 有机过氧化物的危险性质

（1）分解爆炸性。有机过氧化物比无机氧化物更容易分解。其分解温度一般在150℃以下，有的甚至在常温或低温时即可分解，故需保持低温运输，如过氧化苯甲酰分解温度只有105℃，甚至在拧瓶盖时，如操作不当也可能引起爆炸。由于分解温度低，有机过氧化物对摩擦、撞击等因素也比无机氧化物敏感。同时，有机过氧化物对杂质很敏感，少量的酸类、金属氧化物或胺类即会引起剧烈分解。有机过氧化物分解后的产物，几乎都是气体或易挥发的物质，再加上易燃性和自身氧化性，分解时易发生爆炸。

（2）易燃性。有机过氧化物绝大多数是可燃物质，有的甚至是易燃物质；有机过氧化物分解产生的氧往往能引起自燃；燃烧时放出的热量又加速分解，循环往复极难扑救。

（3）人身伤害性。过氧化物容易灼伤皮肤和伤害人的眼睛，如过氧乙酸在运输时需要贴腐蚀性次要危险性标签，又如过氧化环己酮、叔丁基过氧化氢等对眼睛有伤害作用。

三、运输中常见的氧化性物质和有机过氧化物

1. 常见的氧化性物质

1)硝酸钾（KNO_3）（UN 1486）

硝酸钾又称钾硝石、火硝。无色透明晶体或粉末，相对密度为2.109，溶于水，且在水中的溶解度随水温上升而剧烈增大。该物质为强氧化剂，与有机物接触能燃烧爆炸，遇热则分解放出氧气。当硫酸钾与易燃物质混合后，受热甚至轻微的摩擦冲击都会迅速地燃烧或爆炸。黑火药就是根据这个原理配制的。

2)氯酸钾（$KClO_3$）（UN 1485）

氯酸钾为白色晶体或粉末，味咸，相对密度为2.32。常温下稳定，在400℃分解成氯化钾（KCl）和氧气（O_2）。与还原剂、有机物（如糖、面粉）、易燃物（如硫、碳、磷）或金属粉末等混合可形成爆炸性混合物，经摩擦、撞击或加热时会爆炸。

氯酸钾的热敏感和撞击感度都比黑火药灵敏得多，是一种敏感度很高的炸响剂，有时候甚至会在日光照射下自爆。近几年，由于烟花爆竹引发的重大安全事故中有70%就是因为氯酸钾爆炸引起的，因此我国现在严禁在烟花爆竹中使用氯酸钾。

因包装破损，氯酸钾撒漏在地面后被践踏发生火灾的事故时有发生。

氯酸钾遇浓硫酸（H_2SO_4）则生成高氯酸（$HClO_4$）和二氧化氯（ClO_2）。高氯酸是一种极强的酸，也有极强的氧化性，而二氧化氯是极不稳定的物质。因此氯酸盐不可与浓硫酸配载。

2. 常见的有机过氧化物

1)过氧化二苯甲酰

过氧化二苯甲酰又名过氧化苯甲酰或过氧化苯酰，白色结晶或粉末，有难闻的气味，微溶于水。干燥的过氧化二苯甲酰易燃烧。在受到撞击、热或摩擦时会爆炸。与硫酸能发生剧烈反应引起燃烧，放出大量有毒气体。为安全起见，一般储存在水中，运输时必须保持30%以上的水分，因此，运输过程中的过氧化二苯甲酰一般是糊状物。

2)过氧化乙基甲基酮

过氧化乙基甲基酮又称过氧化丁酮，无色液体，对热、振动极为敏感。一般用苯二甲酸二乙酯溶剂稀释，稀释量不低于45%方可运输。即使是含量55%的过氧化丁酮苯二酸二乙酯溶液，其自加速分解温度也为63℃，开杯闪点为50℃，在100℃时就会自行爆炸。

四、安全运输注意事项

（1）运输过程要确保容器不泄漏、不倒塌、不坠落、不损坏。

（2）运输时运输车辆应配备相应品种和数量的消防器材及泄漏应急处理设备。

（3）严禁与酸类、易燃物、有机物、还原剂、自燃物品、遇湿易燃物品等混运。

（4）运输车辆装卸前后，均应彻底清扫、洗净、严禁混入有机物、易燃物等杂质。

（5）有机过氧化物应选用控温厢式货车运输；若车厢为铁质底板，需铺有防护衬垫。车厢应隔热、防雨、通风，保持干燥。

（6）有机过氧化物的混合物按所含最高危险有机过氧化物的规定条件运输，并确认自行加速分解温度（SADT），必要时应采取有效控温措施。

（7）运输应控制温度的有机过氧化物时，要定时检查运输组件内的环境温度并记录，及时关注温度变化，必要时采取有效控温措施。

第六节 毒性物质和感染性物质的危险特性

一、毒性物质的性质

1. 毒性物质的基础知识

按毒性物质的定义，属于毒性物质的危险货物繁多复杂。按其化学组成，可分为有机毒性物质和无机毒性物质两大部分。根据运输中毒害危险程度，就包装目的而言，毒性物质的包装被划分为三个类别。毒性物质可能是固体，也可能是液体或气体。尤其以气体、蒸气、雾、烟、粉尘等形态活跃于生产环境的毒性物质会污染空气，且易经呼吸道进入人体，还可能污染皮肤，经皮肤吸收进入人体。

1）人畜中毒的途径

毒性物质对人畜发生作用的先决条件是侵入体内。人畜中毒的途径是呼吸道、皮肤和消化道。在运输以及装卸过程中，毒性物质主要经呼吸道和皮肤进入人体内，经消化道进入的量较少。

（1）消化道。毒性物质经消化道进入体内，一般都是在运输装卸作业后，被毒性物质污染的手未彻底清洗就进食、吸烟或将食物、饮料带到作业场所被污染而误食。另外，一些进入呼吸道的粉尘状毒性物质也可随唾液咽下而进入消化道。毒性物质经消化道吸收的部位主要是在小肠。但某些无机盐（如氰化物）及脂溶性毒性物质，可经口腔黏膜吸收的毒性物质一般先经过肝脏，在肝脏转化后，才进入血液循环，故其毒性较小。

（2）皮肤。许多毒性物质能通过皮肤吸收，吸收后不经过肝脏即直接进入血液循环。毒性物质经皮肤吸收的途径大致有3条：通过表皮屏障；通过毛囊；通过汗腺极少数。由于表皮角质层下的表皮细胞膜富有固醇磷酯，故对非脂溶性物质具有屏障作用。表皮与真皮连接处的基膜也有类似作用。脂溶性物质虽能透过此屏障，但除非该物质同时具有一定的水溶性，否则不易被血液吸收。但当皮肤损伤或患有皮肤病时，其屏障作用被破坏，此时原来不会经过皮肤被吸收的毒性物质能大量被吸收。毒性物质经皮肤吸收的数量和速度，除与毒性物质本身的脂溶性、水溶性和浓度等有关外，还与皮肤的温度升高、出汗增多、创伤部位等有关。

（3）呼吸道。整个呼吸道都能吸收毒性物质，尤以肺泡的吸收能力最大。肺泡面积很大，肺泡壁很薄，有丰富的微血管，所以肺泡对毒性物质的吸收极其迅速。有毒气体和蒸气，粒径5μm以下的尘埃能直接到达肺泡，进入血液循环而分布全身，可在未经肝脏转化之前就起作用。呼吸道吸收毒性物质的速度，取决于空气中毒性物质的浓度、毒性物质的理化性质、毒性物质在水中的溶解度和肺通气量、心血输出量等因素。而肺通气量和心血输出量又与劳动强度、气温等有关。

2）毒性大小的影响因素

就毒性物质本身而言，其化学组成和结构是毒性大小的决定因素。但毒性物质的物理特性也可影响毒性作用的大小。

（1）毒性物质的化学特性是毒性大小的决定因素。

无机毒性物质中，含有汞（Hg）、铅（Pb）、钡（Ba）、氰根（CN—）等的物质一般均属于毒性物质。凡带有氰根（CN—）的化合物，能在人体内释放出游离氰根，即可抑制细胞色素氧化酶，毒性较大。如氰化钠溶于水后即释出游离氰根，属剧毒品。而氰化银不溶于水，在水中几乎不释出游离氰根，因此其毒性比氰化钠小。硫氰酸钠在水中不释出游离氰根，而以硫氰酸根存在，毒性又小得多。

有机毒性物质中，含有磷（P）、氯（Cl）、汞（Hg）、氰基（—CN）、铅（Pb）、硝基（—NO_2）、氨基（—NH_2）的多数属于毒性物质。如苯胺、硝基苯等进入人体后，形成高铁血红蛋白，使血液失去运输氧气的功能，最后造成人体组织缺氧。卤代烃随着卤原子增多，其毒性增大。如一氯甲烷、二氯甲烷、三氯甲烷、四氯甲烷，随着氯元素的增加，毒性依次增强。

（2）毒性物质的物理特性对毒性大小的影响。

①毒性物质在水中的溶解度越大，其毒性也越大。如氯化钡能溶于水，毒性较大。硫酸钡不溶于水，人吞服基本无毒。三氧化二砷的溶解度比三硫化二砷大3万倍，故前者的毒性大。

②毒性物质的颗粒越小，越易引起中毒。因为颗粒越小，越易进入呼吸道而被吸收。将氰化钠制成颗粒状进行运输或储存，就是为降低其毒性。

③脂溶性毒性物质易透过皮肤溶于脂肪进入血液引起中毒。如苯胺、硝基苯一类毒性物质很容易通过皮肤引起中毒。

④毒性物质沸点越低，越易引起中毒。毒性物质沸点越低，就越易挥发成蒸气，增加毒性物质在空气中的浓度，而引起吸入中毒。同理，气温越高，毒性物质的挥发性越大，同时还会增加毒性物质的溶解度和加剧人体呼吸的次数，从而增加毒性物质进入人体的可能性。

（3）毒性的量度。

毒性物质虽对人有毒害作用，但如果进入体内的毒性物质剂量不足，则不会中毒。通常认为，动物致死所需某物质的摄入量（或浓度）越小，则表示该物质的毒性越大。

常用的毒性指标除第三章介绍的急性口服毒性的半数致死量、急性皮肤接触毒性的

半数致死量和急性吸入毒性的半数致死浓度外,还有以下5个指标:

①最高容许浓度,又称极限阈值,用符号TLV表示。TLV是指在该浓度下健康成人长期经受也不致引起急性或慢性危害的浓度。所谓最高,是指生产场所空气中含有该毒性物质的浓度的极限,在多处多次的采样测定时,每次测定都不得超过此上限,而不是平均值不超过此限值。

②绝对致死量,用符号LD_{100}表示。指使实验动物全部死亡的毒性物质的最小用量。

③最低致死量,用符号LDL_0表示。指在已发生的中毒死亡的病历报告中的最小摄入量。

④最小中毒量,用符号TDL_0表示。指能引起染毒动物出现中毒症状的最小用量。

⑤最小中毒浓度,用符号了TCL表示。指能引起染毒动物出现中毒症状的最小浓度。

2. 毒性物质的危险性质

(1) 毒害性是毒性物质的主要性质,表现为对人体及其他动物的伤害。

(2) 易燃性毒性物质中的有机物都是可燃的,其中有不少液体的闪点低于60℃,能够达到易燃液体的标准。这些物质一旦遇明火、高热或与氧化剂接触会燃烧爆炸,燃烧时会放出有毒气体,加剧毒性物质的危险性。如戊腈,闪点为40℃;异戊腈,闪点为25℃;氯甲酸丁酯,闪点为36~38℃等。

(3) 遇酸或水反应放出有毒气体。如氰化钾能与盐酸发生反应,生成毒性更强的氰化氢气体,气体更容易通过呼吸道中毒。因此,氰化物不得与酸性腐蚀性物质配装。

有些毒性物质遇水反应放出有毒气体。如氟化砷遇水发生反应放出的有毒气体是氟化氢,其危害性比液体状的氟化砷大得多。

(4) 腐蚀性。有不少毒性物质对人体和金属有较强的腐蚀性,强烈刺激皮肤和黏膜,甚至会发生溃疡加速毒物经皮肤的入侵。

二、感染性物质的性质

1. 感染性物质的生物安全分级

感染性物质是那些已知或被认为含有病原体的物质,包括微生物和生物、生物制品、诊断样品和临床及医疗废物。"生物制品"和"诊断样品"只要其不含有或有足够的理由相信不含有感染性物质或其他危险货物,可认为不是危险货物。生物制品包括按照国家卫生当局的要求制成的,在卫生当局认可或特许下的,用于人类或兽类的各种生物制剂成品;或在国家卫生当局特许之前运输用来供研制或调查目的用于人或动物的生物制品;或用于动物实验符合国家卫生当局要求的生物制品。这些制品还包括按照国家专业机关程序制成的半成品。活的动物和人的疫苗可认为是生物制品,但不认为是感染性物质。

世界卫生组织出版的《实验室生物安全手册》中将感染性物质划为4个危险度等级中的一个,见表4-6-1。各国可以按照自己的实际情况进行分级。

感染性物质的生物安全分级　　　　　　　　　表4-6-1

类　别	1级	2级	3级	4级
按对个人危害	无或极低	中等	高	高
按对社会危害	无或极低	低	低	高

感染性物质无法给出衡量参数，也无法用化学实验确定，而由卫生防疫部门认定。感染性物质单纯的存在状态多为菌种或毒种，其在实验室环境下发生感染的机会较多，感染的危害性更大，感染性物质的运输过程也存在感染性。

2. 感染性物质的危险性质

感染性物质的危险特性在于其能使人或动物感染疾病或其毒素引起病态，甚至死亡。

三、运输中常见的毒性物质和感染性物质

1. 毒性物质

（1）氢氰酸（UN 1613）及氰化钡（UN 1565）、氰化钾（UN 1680）、氰化钠（UN 1689）等氰化物。

氢氰酸即氰化氢（HCN），具有苦杏仁味，极易扩散，易溶于水（即称为氢氰酸）。含氰基（—CN）的化合物叫氰化物。大多数氰化物属剧毒物质，在体内能迅速离解出氰根（CN—）而起毒性作用。如氰化钠，俗称山萘，人口服50~100mg即可引起猝死。

氰化物虽有较大毒性，但易被分解为低毒或无毒的物质。如氰化钾与水作用会逐渐被分解成甲酸钾和氨。遇H_2O_2分解很快，故小量的含氰毒物可用H_2O_2作解毒剂。氰化物遇酸或酸性腐蚀物质时会放出HCN。

（2）砷粉（UN 1562）及砷化合物（UN 1558）。

砷的俗名为砒，为元素砷（As）的单质。通常为灰色的金属状的晶体，还有黄及黑的两种同素异形体。灰色的金属特性较突出，但性脆。相对密度为5.7，不溶于水。在空气中表面会很快被氧化而失去光泽。纯的未被氧化的砷是无毒的，口服后几乎不被吸收就排出体外。但因为砷易氧化，表面几乎都生成了具有剧毒的氧化物，所以砷也列为剧毒品。砷在自然界主要是以化合物存在，如硫化砷（雄黄，AsS），三硫化二砷（雌黄，As_2S_3）等。

砷主要有三价和五价两种化合物。五价的砷毒性较弱，三价的砷毒性极强。砷的三价氧化物（三氧化二砷，As_2O_3）又称亚砷酐。不纯的砷俗称砒霜或白砒，有剧毒。

砷为非金属，故其氧化物为酸性氧化物。氧化物有两种：三氧化二砷（As_2O_3）（UN 1561）和五氧化二砷（As_2O_5）（UN 1559）其对应的酸为亚砷酸（H_3AsO_3）和偏亚砷酸（$HAsO_2$）及砷酸（H_3AsO_4），皆为弱酸。其对应的盐则为亚砷酸盐和偏亚砷酸盐及砷酸盐。亚砷酸钠（$NaAsO_2$）及砷酸钾（K_3AsO_4）等皆为剧毒品。其他砷化物也大都具有毒性。

砷与氢的化合物叫砷化氢，是气体，极毒，砷化氢分子中的氢原子被有机化合物中的烃基取代后得到的有机砷化合物则叫䏡。䏡类化合物也大都具有毒性。砷的可溶性化合物一般都具有毒性。砷及其化合物可用作药物和杀虫剂等。

2. 感染性物质

（1）口蹄疫病毒。此类病毒目前研究发现只对动物感染，传播快，能造成大量动物伤亡。

（2）临床及医疗废物。临床及医疗废物情况较复杂，可能会隐含多种感染源。

四、安全运输注意事项

1. 毒性物质

（1）运输前应先检查包装容器是否完整、密封。

（2）运输过程中确保容器不泄漏、不倒塌、不坠落、不损坏。

（3）严禁与食品及食品添加剂混运。

（4）运输时，运输车辆应配备相应品种和数量的消防器材及泄漏应急处理设备。

（5）运输途中应防暴晒、雨淋、防高温。

（6）装运之后的车辆及工具要严格清洗、消毒。

（7）在夏季高温期，尽量安排在早晚气温较低时作业。

（8）剧毒化学品应按公安部门核发的道路通行证所指定的时间、路线等行驶。

2. 感染性物质

这类物质的运输需经当地省（自治区、直辖市）政府卫生行政部门批准。运输中传染病菌（毒）种的容器若发生破损，应遵循以下原则。

（1）迅速查明容器被损坏的原因和菌（毒）种名称。

（2）及时划定被污染的范围，并实施严格消毒。

（3）及时登记接触者名单，必要时进行医学观察或留验、化学预防、应急免疫接种及丙种球蛋白保护。

（4）事故发生时，提请运输部门向当地交通、卫生行政部门（或卫生防疫站）报告事故情况，必要时请求协助处理。

（5）如鼠疫杆菌、霍乱弧菌和艾滋病病毒的容器破损时，应在立即处理的同时，向当地政府卫生行政部门和卫生部报告。

第七节　放射性物质的危险特性

一、射线性质

粒子在物质中穿行的距离叫"射程"。射程大小主要取决于电离作用，电离作用越强，粒子每前进一步损失的能量就越大，因而射程就越短。带电粒子在物质中电离作用的强弱，主要取决于粒子的种类、能量及被穿透物质的性质。

外照射是指射线透过皮肤杀死人体组织细胞，使人体生理作用失调而引起病状，当射线作用后，体内不存在放射性物质。外照射造成的危害称为外照射危害。与外照射相对应的是内照射。内照射是指射线进入人体内而没有穿透人体即留在体内，自于电离作用而杀死人体组织细胞，使人的生理作用失调。内照射造成的危害称为内照射危害。

放射性物质所放出的射线通常有α射线、β射线和γ射线，还有一种中子流。各种不同的放射性元素或化合物，有的只能放出一种射线，有的可以同时放出几种射线。如镭的同位素，在其衰变过程中，就同时放出3种射线。各种射线的性质和对人体的危害性都不同。

1. α 射线

α射线又称甲种射线。是带正电的粒子流。其质量等于氦原子核（He），即具有2个正电荷，质量是质子的4倍，是电子的7000倍。铀等放射性元素衰变时会放出α粒子。α射线通过物质时，由于α粒子与物质原子中的电子相互作用，使这些原子电离成为离子。因此，当α粒子通过物质时，沿途发生电离作用而损耗能量，其前进速度也随之减慢。最后，当其把能量耗尽，就会停止前进，并和空气中的自由电子结合而成为氦原子。

α粒子在物质中的电离能力很强，射程很短，穿透能力很弱。在空气中只能前进2.7cm，在生物中只能穿透35μm，衣服纸张等即可挡住α射线。因而α射线对人体不存在外照射危害。由于α粒子的电离作用，一旦进入人体内，因电离作用强而大量损耗能量，穿不透人体就会积蓄在体内。α射线源若受生物组织包围，即会使人体器官和组织在电离作用下受到严重损伤，而且致伤集中，不易恢复。因此，α粒子的内照射危害最大，要特别注意防止放射线的物质进入人体内。

2. β 射线

β射线又称乙种射线。β粒子是电子，β射线即是电子流，带负电，有很快的速度，通常达到20万km/s。速度越高，能量越大，从而穿透能力也就越大。β射线的穿透能力比α射线强。如磷-32（32P）衰变时放出的β射线，在空气中能穿透7m，在生物体中能穿透8mm，在金属铅中能穿透3.5mm。较大剂量的β射线就能穿透人体皮肤角质层而使组织受到伤害。因此，β射线对人体可以造成外照射危害。但β射线很容易被有机玻璃、塑料、薄铝片等材料屏蔽。同时由于β粒子比α粒子质量小、速度快、电荷少，因而其电离作用也就比α射线小得多，约是α射的1/100。因此，β射线对人体组织的内照射危害比α射线小。

3. γ 射线

γ射线又称丙种射线。是一种波长很短的电磁波，即光子流，不带电，以30万km/s的速度运动。由于它速度快、能量大、不带电，不易被其他物质吸收，通过障碍物时，能量的损失只是其数目逐渐减少，而剩余光子的速度不变。所以γ射线的穿透能力很强，是β射线的50~100倍，是α射线的1万倍，要完全强阻挡或吸收γ射线是很困难的。如要把钴–60（60Co）的γ射线减弱到原来的1/10，阻隔它的铅板厚度必须达5cm，混凝土层厚度必须达20~30cm，泥土层厚度必须达50~60cm。因此，γ射线的外部辐射会破坏人体细胞，对有机体造成伤害。γ射线的电离能力最弱，只有α射线的1/1000、β射线的1/10，而且不会滞留在体内。可见，γ射线对人体基本上不存在内照射危害，而主要应防护γ射线的外照射。

4. 中子流

中子是一种不带电的粒子，是原子核的组成部分。在自然界，中子不单独存在，中子流不是核衰变的产物，而是在原子核分裂中所产生的。即只有在原子核分裂时，才能从原子核里释放出中子。运输过程中常见的是中子源放出的中子流。中子源即将某些放射性物质与非放射性物质放在一起时，放射性物质衰变时放出α粒子轰击非放射性物质进而放出中子。

由于中子不带电，不能直接由电离作用而消耗能量，因而穿透力很强。当中子通过物质时，会与物质中的原子核碰撞而损失能量，使它的速度减低。中子与氢原子核碰撞时损耗的能量多，在和重原子核碰撞时损耗的能量少。由此可见，中子最容易被含有很多氢原子的物质和碳氢化合物所吸收，却能顺利通过铁铅等很重的物质。因此，通常用相对密度较小的物质使中子减速，或将其吸收，如水、石蜡和其他碳氧化合物或水泥等。

人体是一个有机体，有大量的碳、氢轻质元素，这正是中子的良好减速剂。中子流在人体内长距离穿透时，撞击碳、氢的原子核而发生核反应。这些反应都有γ射线放出，对人体的危害极大。所以，中子流对人体的伤害，不论是外照射还是内照射都是极严重的。而且重物质挡不住中子流。中子弹比原子弹更有杀伤力而且不毁坏建筑物，原因即在于此。各种射线特性比较见表4-7-1。

各种射线特性比较 表4-7-1

射线种类	α射线	β射线	γ射线	中子流①
射线本质	粒子流	电子流	光子流	粒子流
极性	正	负	不带电	不带电的粒子
射线初速度	约2万 km/s	约20万 km/s	约30万 km/s	各有不同
电离能力	很强	较弱（不及α射线的1/100）	很小	不电离
穿透能力	很弱	中等	很强	很强
主要伤害	内辐射	外辐射	外辐射	内辐射和外辐射
射程	空气 2.7~12cm；生物 35μm	空气 7~20m；生物 8mm	铅 5cm；混凝土 20~30cm；泥土 50~60cm；空气数百米	氢、轻物质（人体、HC物、水）吸收中子流；重物质（金属、建筑物）不吸收中子流
主要吸收屏蔽材料②	空气、铝箔	铝板、有机玻璃、薄铁片、木材、塑料	铅板、铁板、铅玻璃、铅橡皮、混凝土、岩石、砖、土壤、水	水、石蜡、硼酸

注：①中子流在自然界不单独存在。
②材料吸收射线的效果，表中所列的次序为由强到弱。

二、放射性物质的放射性指标

1. 放射性衰变和半衰期

放射性物质的原子核由于放出某种粒子而转变为新核的变化叫做衰变。衰变是自发地、连续不断地进行的，且不受任何外界条件的影响，一直衰变到原子处于稳定状态才停止。

所谓半衰期就是放射性物质的原子数目因衰变而减少到原来的一半所需要的时间。每一种放射性物质的半衰期都是恒定的，而且各种放射性物质的半衰期都不同。如镭-226的半衰期是1620年，磷-32的半衰期是113天，碘-131的半衰期为8.04天，硼-12的半衰期只有0.027s。

对于运输储存来说，了解半衰期是十分重要的。经过n个半衰期后，放射性物质中只剩下$1/2^n$的原子还有放射性，而其余的部分都已蜕变成没有放射性的新原子核了。

因此对于半衰期短的放射性物质要优先运输，不能久储。半衰期对于内照射防护也是十分重要的，半衰期短的放射性物质如果滞留在人体内，过一段时间，其放射性会自行减弱直至消失；而半衰期长的放射性物质如果滞留在人体内，其内照射危害就是长时期的。

2. 放射性活度（也称放射性强度）

放射性活度是指放射性物质每秒衰变的原子数，是度量放射性物质放射性强弱程度的一个物理量。某放射性物质在每秒内衰变的原子数目越多，或其射出相应粒子数目越多，这种物质的放射性活度就越大。

放射性活度的国际单位制单位是贝可（Bq），即每秒有一个原子衰变。常用单位是居里（Ci）。居里还可细分为毫居里（mCi）和微居里（μCi），换算关系是：

$$1\mu Ci = 3.7 \times 10^4 Bq; \quad 1mCi = 3.7 \times 10^7 Bq$$
$$1Ci = 10^3 mCi = 10^6 \mu Ci = 3.7 \times 10^{10} Bq$$

即当放射性物质每秒内有370亿（3.7×10^{10}）个原子核发生衰变时，其放射性活度为1Ci。这个活度相当于1g纯镭的放射性活度。此外，γ射线的活度还可用克镭当量来表示。即放射性物质所放出的γ射线在空气中所产生的电离效应与1g镭的γ射线在同样条件下所产生的电离应相等时，记为1g镭当量。

$$1g镭当量 = 10^3 mg镭当量 = 10^6 \mu g镭当量$$

3. 放射性比活度

即单位质量（或体积）放射性物质的放射性活度，又称比放射或放射性比度。计算公式为：

$$放射性比活度（A_m）= \frac{放射性活度（A）}{放射性物质质量（m）}$$

放射性比活度的计量单位是：Bq/kg（贝可/千克）、Bq/g（贝可/克）或Ci/kg（居里/千克）、Ci/g（居里/克）。

使用放射性比活度，可以更确切地表示某种物质的放射性活度的大小。通常用放射性比活度来度量某一种物质是否应列入放射性物质。

4. 射线的剂量

射线照射到物质或生物体上时，被照射者吸收了射线的能量产生电离作用。为了说明物质或生物体吸收能量的大小，引用剂量这个概念。剂量是表示受照射物质在单位质量（或体积）内吸收射线的能量值。常用剂量为照射量、吸收剂量、当量剂量三种。

照射量是用来量度X射线或γ射线在空气中电离能力大小的物理量。常用单位有伦琴（R）、库伦/千克（C/kg），1R=2.58×10-4C/kg。

吸收剂量是用来表示单位质量被照射物质中吸收电离辐射能量大小的一个物理量。即单位质量物质所吸收射线的能量。国际制单位是：焦耳/千克（J/kg），专门名称为戈瑞（Gray），记为Gy，也可记为拉德（rad），1Gy=1J/kg=100rad。

人体受到辐射时，虽然生物体的吸收剂量相同，但由于辐射类型和照射条件各不相同，可能产生完全不同的生物效应。因此提出剂量当量的概念，其值等于吸收剂量、射线品质因素系数和其他一切修正因子的乘积。即：

剂量当量=吸收剂量×射线品质因素系数×其他修正因素系数

国际制单位为希沃特（Sv），1Sv=1J/kg=100rem。雷姆（rem）也是剂量当量的单位。

单位时间内剂量的大小，称为剂量率。相应于剂量的不同有照射量率、吸收剂量率和剂量当量率。单位时间内的照射量称为照射量率。其计量单位为C/kg·s（库伦/千克秒）、R/s（伦琴/秒）。单位时间内的吸收剂量称为吸收剂量率。其计量单位为J/kg·s（焦耳/千克秒）、rad/s（拉德/秒）。单位时间内所受到的剂量当量称为辐射剂量当量率，简称剂量当量率，又称辐射水平。其计量单位为Sv/s（希沃特/秒）、rem/s（雷姆/秒）、mSv/h（毫希沃特/小时）等。

很明显，时间越短，剂量当量越大，货物的辐射水平就越高，说明该放射性物质的放射危险性越大。因此辐射水平是一个很重要的参数。在运输上，把辐射水平转化为运输指数，以确定放射性货物的危险程度。运输指数是距放射性货包或货物外表面1m处的最大辐射水平的数值，单位为mrem/h（毫雷姆/小时）。

5. 最大容许剂量

随着放射性元素、同位素及其制品的应用和运输量的不断增长，接触放射性物质的人也越来越多。为确保人身安全，提出和制定了最大容许剂量的概念和限值。所谓最大容许剂量，是人们通过当前大量实践，并以现有知识水平来看，这么大的剂量在人的一生中任何时间都不应引起对人体的显著损伤。也就是人体所受到对身体健康没有危害的最大的射线照射量。在实际工作中，即使在最大容许剂量下，仍应争取将辐射的强度减至尽可能低的程度。

实际上，人们日常就生活在放射性的世界中。人在日常生活中受到的辐射剂量当量见表4-7-2。一般说每人每年从天然辐射受到的剂量当量为0.1~0.15rem。在地壳放射性含量较高的地区，居民每年从天然辐射中受到的剂量当量可达0.5~1rem，并未发现对人体或后代引起任何异常效应。国际上和我国都把除天然辐射和医疗辐射以外受照射剂量当量限制在每人每年500mrem以下，这个标准是国际公认的安全标准。

人在日常生活中收到的辐射剂量当量（单位：mrem） 表4-7-2

天然辐射		人工辐射	
宇宙射线	44	胃肠X光透	200
住房	40	放射性照相拍片	50
呼吸	18	X光胸部透射	10~25
地面	15	牙科放射性治疗	20
饮食	7	电视机（每观看1h）	约0.15

三、放射性物质的危险性质

（1）放射性。放射性物质产生的射线对人体会造成不同程度的损害，严重时会导致死亡。

（2）易燃性。不少放射性物质具有易燃性，有些燃烧非常剧烈，甚至会引起爆炸，且燃烧后可形成放射性尘埃，危害人们的健康。

（3）氧化性。很多放射性物质还兼有氧化性，如一些放射性元素的硝酸盐。

四、运输中常见的放射性物质

1. 金属铀

铀是一种天然的放射性元素，同位素天然的有U-234、U-235、U-238，为银白色金属，质地软而致密，可延展，导电性差，化学性质活泼，在空气中能形成氧化膜。U-235是重要的核燃料。

2. 硝酸铀酰（固体的）

别名硝酸双氧铀，浅黄色固体，发绿色荧光，在潮湿的空气中易潮解，干燥空气中易风化，溶于水、乙醇、乙醚等，是含放射性元素铀的一种化合物，具有放射性。

五、安全运输注意事项

（1）必须使用专车运输。

（2）驾驶人员、装卸管理人员和押运人员具备辐射防护与相关安全知识。

（3）驾驶人员、装卸管理人员和押运人员应随身携带从业资格证。

（4）运输过程中采取有效的辐射防护和保卫措施。

（5）运输一类放射性物品的，承运人可以要求托运人随车提供技术指导。

（6）运输过程中发生辐射事故的，应当按照相应的事故应急响应指南要求做好工作。

（7）运输时要按照规定路线行驶，勿在居民区和人口稠密区停留。

第八节　腐蚀性物质的危险特性

一、腐蚀性物质的基本概念

腐蚀是物质表面与腐蚀性物质接触后，发生化学反应而受到破坏的现象。腐蚀性物质是化学性质非常活泼的物质，能与很多金属、非金属及动、植物机体等发生化学反应。

1. 对人体的腐蚀（化学烧伤或化学灼伤）

具有腐蚀性的固体、液体、气体或蒸气会对皮肤或器官的表面（如眼睛、食道等）产生化学烧伤。固体腐蚀性物质如氢氧化钠等，能烧伤与之直接接触的表皮。液体腐蚀性物质则能很快侵害人体的大部分表面积，并能透过衣物发生作用。气体腐蚀性物质虽然不多，但许多液体腐蚀性物质的蒸气和粉末状固体腐蚀性物质的粉尘，同样具有严重的腐蚀性，它们不仅能伤害人体的外部皮肤，尤其会侵害人的呼吸道和眼睛。

腐蚀性物质接触人的皮肤、眼睛或进入呼吸道、消化道，就立即与表皮细胞组织发生反应，使细胞组织受到破坏，而造成烧伤。呼吸道、消化道的表面黏膜比人体表皮更娇嫩，更容易受腐蚀。内部器官被烧伤时，会引起炎症（如肺炎等），严重的会引起死亡。有些腐蚀性物质对皮肤的伤害能力很小，但对某些器官却有强烈的刺激。如稀氨水对皮肤的腐蚀作用很轻微，但如溅入眼睛，则可能引起失明。

必须注意的是化学烧伤与物理烧伤有很大的不同。物理烧伤会使人立即感到强烈的刺痛，人的机体会本能地立即避开。而化学烧伤有一个化学反应的过程，开始并不太感到疼痛，要经过数分钟、数小时，甚至数日后才表现出其严重伤害，所以常常被人们忽视，其危害性也就更大。如皮肤接触氢氟酸后，表皮腐蚀似乎不严重，但氢氟酸会侵蚀骨骼中的钙而造成严重后果。另外，物理烧伤脱离接触后，伤害不继续加深；而腐蚀性物质与皮肤接触后，灼伤逐步加剧，要清除掉沾在皮肤上的腐蚀性物质颇费周折，同时腐蚀性物质对皮肤等组织细胞的吸附作用很强，还会通过皮肤被吸收，引起全身中毒，加之化学烧伤的周围组织因坏死及中毒等原因，较难痊愈。故化学烧伤比物理烧伤更应引起重视。

2. 对物质的腐蚀

腐蚀性物质中的酸、碱甚至盐都能不同程度地对金属进行腐蚀。它们会腐蚀金属容器、车厢、货船、机能及设备等。即使这些金属物质不直接与腐蚀性物质接触，也会因腐蚀性物质蒸气的作用而锈蚀。如化工物质运输车辆的损耗程度要比普通运输车辆的损耗大得多。

有机物质如木材、布匹、纸张和皮革等也会被碱、酸腐蚀。腐蚀性物质甚至能腐蚀水泥建筑物，撒漏于水泥地上的盐酸，能把光滑的地面腐蚀成为麻面。撒漏的硫酸不加水稀释流入下水道，会使水泥制的下水道毁坏。氢氟酸甚至能腐蚀玻璃。

二、腐蚀性物质的危险性质

（1）腐蚀性。腐蚀性物质会对人体造成伤害或对运输工具带来破坏作用，是腐蚀性物质或物品的基本危险属性。

（2）毒性。腐蚀性物质中有很多物质还具有不同程度的毒性，如五溴化磷、偏磷酸、氢硼酸等。特别是具有挥发性的腐蚀性物质，如发烟硫酸、发烟硝酸、浓盐酸、氢氟酸等，能挥发出有毒的气体和蒸气，在腐蚀肌体的同时，还能引起中毒。

（3）易燃性。有机腐蚀性物质具有可燃性。这是所有有机物的通性，是它们本身的化学构成所决定的。其中有很多有机腐蚀性物质闪点很低，如冰醋酸，闪点为40℃；醋酸酐，闪点为54℃，遇明火会引起燃烧。

有些强酸强碱的腐蚀性物质，在腐蚀金属的过程中可放出氢气。当氢气在空气中占一定的比例时，遇高热、明火即燃烧，甚至引起爆炸。

（4）氧化性。腐蚀性物质中的含氧酸大多是强氧化剂。它们本身会分解释放出氧，如硝酸暴露在空气中就会分解产生氧气，或在与其他物质作用时，夺得其电子将其氧化。一方面，强氧化剂与可燃物接触时，引起燃烧，如硝酸、硫酸、高氯酸等与松节油、食糖、纸张、炭粉、有机酸等接触后，即可引起燃烧甚至爆炸。另一方面，氧化性有时也可被利用，如浓硫酸和浓硝酸的强氧化性能使铁、铝金属在冷的浓酸中被氧化，在金属表面生成一层致密的氧化物薄膜，保护了金属。这种现象称为"钝化"。根据这一特点，对运输浓硫酸可采用铁制容器或铁制罐式车辆装运，用铝制容器盛放浓硝酸。

（5）遇水反应性。腐蚀性物质中很多物质能与水发生反应，并放出大量的热量。这些反应大致分为以下两种：第一种是遇水分解，这类反应主要以氯化物为典型，如三氯化磷能被水分解成盐酸和磷酸；第二种是遇水化合，这类反应以各种酸酐为典型，如三氧化硫遇水生成硫酸，五氧化二磷遇水生成磷酸等，会发生这类反应的物质受潮后腐蚀性增强。

遇水反应的腐蚀性物质都能与空气中的水气反应而发烟，其对眼睛、咽喉和肺均有强烈刺激作用，且有毒。由于反应剧烈，并同时放出大量热量，当满载这些物质的容器遇水后，则可能因漏进水滴而猛烈反应，使容器炸裂。因此，尽管没有给这些物质贴上"遇潮时危险"的副标志，其防水要求应与遇湿释放易燃气体物质相同。

三、运输中常见的腐蚀性物质

1. 硫酸（H_2SO_4），含酸高于51%（UN 1830）

硫酸是重要的工业原料，其运输量和储存量在整个酸性腐蚀性物质中占首位。

纯硫酸是无色的油状液体，常见的不纯的硫酸为淡棕色。硫酸是一种高沸点、难挥发的强酸，易溶于水，能以任意比与水混溶。98%的硫酸水溶液的相对密度为1.84，沸点为338℃，凝固点为10℃。SO_3溶于硫酸中所得产物俗称为发烟硫酸，其化学式为$H_2S_2O_7$，又称为焦硫酸。焦硫酸比硫酸还要危险。

稀硫酸具有酸的一切通性。能腐蚀金属，能中和碱，并能与金属氧化物和碳酸盐作用。

浓硫酸有以下特性：

（1）脱水性。脱水性是浓硫酸的性质，而非稀硫酸的性质。可被浓硫酸脱水的物质一般为含氢、氧元素的有机物，如蔗糖、木屑、纸屑和棉花等，被脱水后生成了黑色的炭（碳化），并会产生二氧化硫。如脱水后的皮肤组织从成分到外观都与木炭无异。浓硫酸甚至能使高氯酸脱水，生成七氧化二氯，七氧化二氯很不稳定，几乎在生成的同时就爆炸性地分解成氯和氧。所以浓硫酸与高氯酸不能配载混储。

（2）吸水性。浓硫酸对水有极强的亲和性。当其暴露在空气中时，能吸收空气中的水蒸气。因此常做干燥剂。浓硫酸溶于水时，能释放出大量的热量。因此，稀释浓硫酸时必须十分小心，应将浓硫酸缓缓加入水中。若把水倒入浓硫酸中，开始时因水较轻浮在酸的表面，当水扩散至酸中时，即放出溶解热，可发生局部沸腾，会剧烈溅散而伤人。

（3）强氧化性。常温下，浓硫酸能使铁、铅等金属钝化。加热时，浓硫酸可以与除金、铂之外的所有金属反应，生成高价金属硫酸盐。此外，热的浓硫酸还可将碳、硫、磷等非金属单质氧化到其高价态的氧化物或含氧酸，本身被还原为SO_2。浓硫酸也能分解沸点较低的酸生成的盐。把盐与硫酸混合加热，即可分馏出更易挥发的产物。浓硫酸与硝酸盐、盐酸盐也会发生类似的反应，故浓硫酸不宜与盐类混储配载。事实上浓硫酸不宜与任何其他物质配载。

2.硝酸，发红烟的除外，含硝酸高于70%（UN 2031）；硝酸，发红烟的除外，含硝酸高于65%，但不超过70%（UN 2031）；硝酸，发红烟的除外，含硝酸不超过70少于65%（UN 2031）以及硝酸，发红烟的（UN 2032）

硝酸（HNO_3）是一种重要的强酸。纯硝酸为无色液体，但通常因溶有二氧化氮（NO_2）而呈红棕色，即硝酸，发红烟的（UN 2032），是一种非常强的氧化剂。68%~70%的硝酸水溶液相对密度为1.4，沸点为120.5℃，熔点为-42℃，与水无限混溶。

硝酸的水溶液无论浓稀均具有强氧化性及腐蚀性，溶液越浓其氧化性越强。在常温下硝酸能溶解除了金、铂、钛、铌、钽、钌、铑、锇、铱以外的所有金属，而粉末状金属则能与硝酸起爆炸性反应。浓稀硝酸在常温下都能与铜发生反应，这是盐酸与硫酸无法达到的。但浓硝酸在常温下会与铁、铅发生钝化反应，使金属表面生成一层致密的氧化物薄膜，阻止硝酸继续氧化金属。另外，浓硝酸还能溶解诸如C、S等非金属。不管具体的反应如何，硝酸在发生腐蚀反应的同时一般总会生成有毒气体NO和NO_2中的一种。

浓硝酸和浓盐酸的物质的量按1:3混合，即为王水，能溶解金等稳定金属，已被禁止道路运输。

硝酸在光照条件下分解成水、二氧化氮和氧气，因此硝酸一定要盛放在棕色瓶中，并于阴凉处保存。

浓硝酸与松节油、乙醇、醋酸、木屑和纤维产品等相混能引起燃烧甚至爆炸。硝酸的腐蚀性很强，能灼伤皮肤，也能损害黏膜和呼吸道。硝酸还能氧化毛发和皮肤的组成部分——蛋白质，使蛋白质转化为一种称为黄朊酸的黄色的复杂物质。所以硝酸溅到皮肤上，愈合很慢，并会留下很难看的疤痕。

炸药和硝酸有密切的关系。最早出现的炸药是黑火药，它的成分中含有硝酸钠（或硝酸钾）。后来，由棉花与浓硝酸和浓硫酸发生反应，生成的硝酸纤维素是比黑火药威力强得多的炸药。

3. 氢氯酸（盐酸）（UN 1789）

工业中，盐酸的重要性仅次于硫酸和硝酸。工业上俗称的三酸二碱是最重要的化工原料，三酸即硫酸、硝酸和盐酸。就产量和运输量来说，盐酸超过硝酸占第二位。

氢氯酸是无水氯化氢（UN 1050）的水溶液。氯化氢（HCl）是无色有刺激性气味的气体，相对蒸气密度为1.27，有毒，空气中可允许的氯化氢最高浓度为10mg/m^3，人吸入最低致死浓度（LCL_0）为2117mg/m^3（30min）或4884mg/m^3（5min）。在0℃时，1体积的水大约能溶解500体积的氯化氢，所得水溶液即为氢氯酸，习惯称盐酸。氯化氢和盐酸的化学式均为HCl。工业等级的盐酸浓度一般为36%左右，通常因含铁离子而呈黄色，相对水密度为1.18。

浓盐酸和稀盐酸均为强酸，具有一切酸的特性。如能与碱中和生成盐和水；能溶解碱性氧化物；能溶解碳酸盐，释放出二氧化碳气体。故盐酸泄漏时，可用碱性物质如碳酸氢钠、碳酸钠、消石灰等中和，也可用大量水施救。盐酸能溶解比较活泼的金属（如锌、镁、铁）。浓盐酸还可以溶解较不活泼的金属铜。故盐酸在运输中，严禁与碱类、胺类、碱金属、易燃物或可燃物等混装混运。

浓盐酸易挥发，其酸蒸气具有毒性。吸入危险数量的氯化氢，可使呼吸管道中的细胞完全变态，并能破坏气管内层。对于成人来说，氯化氢在空气中的含量为8mg/m^{3}时开始有气味；8~16mg/m^{3}时对黏膜有轻度刺激；57mg/m^{3}时短暂接触会强烈刺激咽喉；82~163mg/m^{3}时达忍耐的限度；1628mg/m^{3}时短暂接触就有肺水肿的危险。

此外，盐酸受热时，氯化氢会从水中逸出，此时盐酸容器内会产生相当大的压力，导致耐压能力不大的耐盐酸腐蚀容器的破裂。

因此，车辆在运输途中应防暴晒、雨淋，防高温。

4. 固态氢氧化钠（NaOH）（UN 1823）和氢氧化钠溶液（UN 1824）

氢氧化钠又被称为烧碱、苛性钠、火碱等，是最常见的强碱，在整个工业部门有许多用途。纯的无水氢氧化钠为白色半透明的块状或片状固体，极易溶于水，溶解度随温度的升高而增大。固体氢氧化钠有吸水性，除极易吸收空气中的水汽外，还会吸收二氧化碳生成碳酸钠而变质，这是因为氢氧化钠能与非金属氧化物反应生成盐和水。因此，在储存和运输固体氢氧化钠时，必须防止其与空气接触。

氢氧化钠水溶液有涩味和滑腻感，溶液呈强碱性，具备碱的一切通性。市场出售和运输的氢氧化钠大多为30%和45%的水溶液。

由于氢氧化钠对蛋白质有溶解作用，所以其浓溶液能与活体组织作用，能溶解丝、毛和动物组织，会严重灼伤皮肤。

氢氧化钠与无机酸发生中和反应产生大量热，并生产相应的盐类；与金属铝、锌、非金属硼和硅等反应放出氢气；能与玻璃的主要成分二氧化硅反应，生成易溶于水的硅酸钠，而使玻璃腐蚀，但其反应速度缓慢。故长期存放氢氧化钠溶液时，不宜使用玻璃或陶瓷器皿。

四、安全运输注意事项

（1）起运时包装要完整，装卸应稳妥。

（2）运输过程要确保容器不泄漏、不倒塌、不坠落、不损坏。

（3）运输时车辆应配备相应品种和数量的消防器材及泄漏应急处理设备。

（4）运输途中应防暴晒、雨淋，防高温。

（5）具有氧化性的腐蚀品不得接触可燃物和还原剂。

（6）有机腐蚀品严禁接触明火、高温或氧化剂。

（7）酸性腐蚀品不得与碱性腐蚀品配装，有机酸性腐蚀品不得与有氧化性的无机酸性腐蚀品配装，浓硫酸不得与任何其他物质配装。

第九节　杂项危险物质和物品的危险特性

一、杂项危险物质和物品概述

当某种物质对某种运输方式有一定的危险性，但又不具备第1~8类危险货物的任何一种特性时，可归入第9类杂项危险物质和物品。这类物质和物品包括以微细粉尘吸入可危害健康的物质、会放出易燃气体的物质、锂电池、电容器、救生设备、一旦发生火灾可形成二噁英的物质和物品、在高温下运输或交付运输的物质、危害环境物质以及运输过程中存在危险但又不能满足另一类别定义的其他物质和物品，由此可见第9类危险品没有统一的具体定义。而随运输方式的不同，各类运输规则对第9类危险货物的条目都有所取舍，如：UN 3334 和 UN 3335（空运受管制的液体和固体）在道路运输和海运危险品规则中并未采纳；又如 UN 3496（镍金属氢电池）也仅在海运规则中作为严格意思上的危险货物，道路运输可直接豁免（湿的镍氢电池除外）。

二、运输中常见的杂项危险物质和物品

1. 锂电池（UN 3090、UN 3091、UN 3480、UN 3481 和 UN 3536）

电池一般分为一次电池（不可反复充电）和二次电池（可反复多次充电），而锂电

池是一类以锂金属或锂合金为正/负极材料、使用非水电解质溶液的电池。锂电池一般分为两类：锂金属电池（包括锂合金电池，UN 3090、UN 3091）和锂离子电池（包括锂离子聚合物电池，UN 3480、UN 3481）。影响锂电池安全的因素有：

（1）内部因素。锂电池的电极材料以及电解质均有易燃性，受热（内部或外部）即可引起火灾，并分解产生气体，从而加剧了电池爆炸的可能性。而且现如今的高分子隔离膜强度都相对较低，在碰撞或过热情况下极易损坏这层薄膜，导致电池短路。

同时，制造工艺的缺陷也极易引发锂电池的安全问题。比如电芯极耳过长，与极片或壳体接触造成短路；继而压迫卷芯，导致正负极短路；在两极之间留下金属粉末、铜箔、铝箔碎片等可能导致隔膜穿孔进而引发微短路等系列问题。

（2）外部因素。影响锂电池安全的外部因素则相对较杂，比如过充电、外短路、过热以及猛烈撞击等不当行为均可能引发锂电池自燃。

2. 危害环境物质（UN 3077、UN 3082）

危害环境物质的定义在《危险货物道路运输规则　第2部分：分类》（JT/T 617.2—2018）中有着详细规定，该类物质所涉及的行业分布较广泛，包括一些低毒的农药、除草剂、药品以及其他化工品或制剂，其危害性主要表现在泄漏时会对水生生物有毒，破坏生态平衡，从而危害自然环境。

另外，《危险货物道路运输规则　第2部分：分类》（JT/T 617.2）中将不符合第1~9类分类标准的但已列入《国家危险废物名录》的危险废物也划入第9类危害环境物质，按UN 3077或UN 3082运输。

3. 救生设备（UN 2990、UN 3072、UN 3268）

救生设备一般包括救生器材、自动膨胀式（UN 2990）、非自动膨胀式（UN 3072）和安全装置（UN 3268），这些物品里可能会有压缩气瓶或氧气瓶等气体物质，或者内置的信号弹、气体发生器等含有爆炸性物质。

💡 思考题

（1）请分别列举每一类2~3种危险货物名称。

（2）请分别解释压缩气体、液化气体、溶解气体，并分别列举相应的气体名称。

（3）为什么普通的棉麻制品不属于危险货物，而油浸后却属于危险货物？属于第几类危险货物的哪个项别？应该如何保存？为什么？

（4）为什么说临界温度和临界压强是气体的重要参数？

（5）燃烧必须具备的三个条件是什么？

（6）第5类危险货物的特点是什么？

（7）除了化学组成和结构外，还有哪些物理特性影响毒性物质的毒性作用的大小？

（8）放射性射线有哪些？有何特点？各有哪些危害性？

（9）第8类危险货物的名称是什么？具有哪些特性？

第五章　危险货物道路运输设备设施

第一节　集装箱及其使用

一、集装箱的基本概念

1. 集装箱的定义

依据《集装箱术语》（GB/T 1992—2006），集装箱是指能装载包装/无包装货进行运输、并便于用机械设备进行装卸搬运的一种组成工具，应满足下列要求：

（1）具有足够的强度和刚度，可长期反复使用。

（2）适于一种或多种运输方式载运，在途中转运时，箱内货物不需要换装。

（3）具有便于快速装卸和搬运的装置，特别是从一种运输方式转移到另一种运输方式。

（4）便于货物的装满和卸空。

（5）具有1m³及以上的容积。

（6）是一种按照确保安全的要求进行设计，并具有防御无关人员轻易进入的货运工具。

2. 集装箱的分类

集装箱按运输方式、货物种类和箱体结构分为不同的类型：

（1）普通货物集装箱，包括通用集装箱和专用集装箱。

（2）特种货物集装箱，包括保温集装箱，罐式集装箱，干散货集装箱，按货物命名的集装箱等。

（3）航空集装箱，包括空运集装箱和空陆水联运集装箱。

危险货物在集装箱内运输有两种形式：一种是以包装货的形式装在集装箱内，如通用集装箱和专用集装箱；另一种是以无包装货（散装货）的形式装在集装箱内，主要是特种集装箱中的干散货集装箱和罐式集装箱。

二、干散货集装箱及其使用

1. 干散货集装箱定义和分类

依据《集装箱术语》（GB/T 1992），干散货集装箱是指一种用于装运无包装干散货的集装箱，设有便于装满和卸空的开口。根据装卸货方式不同，分为无压干散货集装箱和有压干散货集装箱。

依据《集装箱术语》（GB/T 1992）和《系列1：无压干散货集装箱技术要求和试验方法》（GB/T 17274—1998），无压干散货集装箱是指靠物料自身的重力进行装载和卸载的干散货集装箱。

无压干散货集装箱又分为箱式无压干散货集装箱和屃（漏）斗式无压干散货集装箱。箱式无压干散货集装箱是指使用具有长方形货仓，可以倾斜卸货，至少在一端设有通用集装箱门结构的无压干散货集装箱，也可作为通用集装箱使用，如图5-1-1所示。屃（漏）斗式无压干散货集装箱是指不可作为通用集装箱使用，水平卸货，无开门的无压干散货集装箱，如图5-1-2所示。

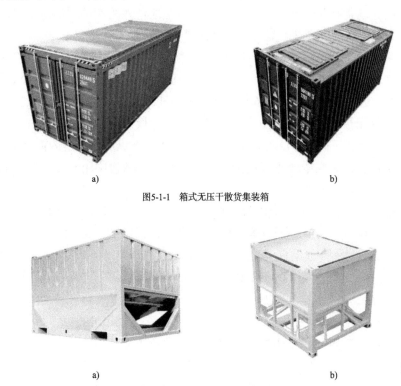

图5-1-1 箱式无压干散货集装箱

图5-1-2 屃（漏）斗式无压干散货集装箱

无压干散货集装箱也可分为帘布式无压干散货集装箱和封闭式无压干散货集装箱。帘布式无压干散货集装箱是指顶部开敞式集装箱，具有刚性底板、侧壁、端壁，顶部为非刚性的盖板。封闭式无压干散货集装箱是指具有刚性的箱顶、侧壁、端壁及底板，包括可在运输中关闭的顶开门、侧开门和端开门的集装箱。封闭式无压干散货集装箱的顶部可设有开口，用于箱内蒸气和气体与外界空气进行交换，但能在正常运输条件下防止箱内固体货物的泄出及雨水和海水的渗入。

有压干散货集装箱是指靠物料自身的重力或外部压力进行装载和卸载的干散货集装箱。通常设计为罐式集装箱形式，即加压干散货罐式集装箱。

2.无压干散货集装箱的典型结构

无压干散货集装箱一般由角件、角柱、上端梁、下端梁、上侧梁、下侧梁、底板、底横梁、叉车槽、端板、侧板、顶板、箱门、进料口、卸料口、扶梯等部件组成。各部件位置和作用如下。

①角件，通常指设在箱体的每个角的零部件，它起着支撑、堆码、搬运和系固集装箱的重要作用。对于标准集装箱，其角件也符合《系列1集装箱 角件》（GB/T 1835—2006）的要求。

②角柱，通常指位于箱体端框架的两侧连接顶角件和底角件的立柱，与相关角件共同称为角构件。角构件起着集装箱堆码、系固、吊装载荷作用，角构件具备足够的强度，对集装箱的安全尤为重要。

③上端梁，通常指位于端框架的上部连接两个顶角件的横梁。如果是在门端常称为门楣，敞顶式集装箱的门楣往往是可以拆卸或是可以回转的。

④下端梁，通常指位于端框架底部连接两个底角件的横梁。如果是在门端常称为门槛。

⑤上侧梁，通常指位于箱体侧面的上部、连接两个端部上角件的纵梁。

⑥下侧梁，通常指位于箱体侧面的下部、连接两个端部底角件的纵梁。

⑦底板，承托箱内货载的构件，通用集装箱的底板一般为木、竹或竹木胶合板；小型集装箱可使用钢制底板；保温集装箱的底板一般由带有纵向通风道的铝材构成。

⑧底横梁，也称为底梁或底板托梁，在集装箱箱体结构中用于支撑底板的构件。底横梁通常与两根底侧梁相连。

⑨叉车槽，横向贯穿箱底结构的增强梁元，供叉式装卸车的叉齿伸入后对集装箱进行搬运作业，一般用于长度小于或等于6m的集装箱。通常的20ft（1ft=0.3048m）标准集装箱（罐式集装箱除外）都设有叉槽。

⑩端板，也称端壁，箱体端部的封板，属承载构件，不包括上端梁和下端梁和相应的角构件。除另有规定外，端板至少能承受该类型满载集装箱产生的载荷。通常情况下，箱体两端的结构并不对称，箱门开口端称为后端，与之相对的另一端称为前端。

⑪侧板，也称为侧壁，箱体侧部的封板，属承载构件，不包括上侧梁和下侧梁和相应的角构件。除另有规定外，侧板至少能承受该类型满载集装箱产生的载荷。

⑫顶板，也称为箱顶，通常指箱体顶部具有风雨密功能的封板，它与两根上端梁、两根上侧梁和四个顶角件相承接。在某些情况下，设计成可拆卸结构，或开有进料口或检修口。

⑬箱门，设在箱体端部或侧部的可供启闭的箱门组合件，通过箱门进出箱内作业。当开在箱体端部时，称为端门，开在箱体侧部时，称为侧门。

⑭进料口，箱体上供充入干散货物料的开口。

⑮卸料口，箱体上供卸出干散货物料的开口。

⑯扶梯，供操作人员攀爬到箱顶作业而设的梯子。

箱式无压干散货集装箱常用参数见表5-1-1，典型结构如图5-1-3所示。

箱式无压干散货集装箱常用参数　　　　表5-1-1

项 目	规格参数
类型	箱式无压干散货集装箱
ISO 代码	22B2

续上表

项 目	规格参数
尺寸（长×宽×高）（mm）	6058×2438×2591
容积（m³）	32
最大允许总质量（kg）	30480
箱体材料	SPA-H

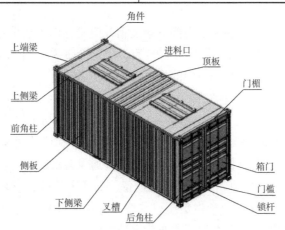

图5-1-3　箱式无压干散货集装箱典型结构

庋（漏）斗式无压干散货集装箱常用参数见表5-1-2，典型结构如图5-1-4所示。

庋（漏）斗式无压干散货集装箱常用参数　　表5-1-2

项 目	规格参数
类型	庋（漏）斗式无压干散货集装箱
ISO代码	12B2
尺寸（长×宽×高）（mm）	2991×2438×2591
容积（m³）	10
最大允许总质量（kg）	10160
箱体材料	SPA-H

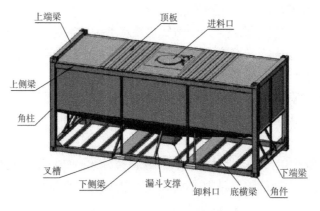

图5-1-4　庋（漏）斗式无压干散货集装箱典型结构

3. 无压干散货集装箱技术条件要求

只有当危险货物在《危险货物道路运输规则 第3部分：品名及运输要求索引》（JT/T 617.3—2018，以下简称JT/T 617.3）道路运输危险货物一览表（以下简称表A.1）第（10）栏中给出了代码BK1或BK2时，方可使用无压干散货集装箱运输。这里代码"BK1"表示允许通过帘布式无压干散货集装箱运输，"BK2"表示允许通过封闭式无压干散货集装箱运输。

装运散装固体危险货物的无压干散货集装箱，应符合以下技术条件：

（1）装运危险货物的无压干散货集装箱，应符合《系列1：无压干散货集装箱技术要求和试验方法》（GB/T 17274）中的规定，并且防撒漏。

（2）装运危险货物的无压干散货集装箱应是防撒漏的，若利用衬里使其防撒漏，则这种衬里须以合适材料制成。衬里所使用材料及其结构须与干散货集装箱的容积和用途相适应。衬里的连接部位和封闭部位须能承受正常装卸和运输过程产生的压力和撞击。对于通风式的无压干散货集装箱，其衬里不得妨碍通风装置的工作。

（3）若需要通风，则须装设空气交换设备，如通风开口，或装设主动通风设备，如风扇。通风设备须能防止箱内产生负压。装载易燃物质或易产生可燃气体或蒸气物质的集装箱，其通风元件须在设计上保证不成为火源。

（4）利用倾斜方法卸货的操作设备，须能承受填装货物在倾斜方向上的总质量。无压干散货集装箱在设计时，应充分考虑这种工况对集装箱结构强度的影响。

（5）可移动箱顶、侧门、端门或分块箱盖，须装有锁紧装置的固定设备，以示明其锁紧状态，在设计上应使地面查看的人能看到锁紧状态。

（6）装卸设备的构造与布置，须能防止集装箱在运输和搬运中被扭掉或损坏。装卸设备须能加以固定，以防不慎打开。须对开关位置和关闭方向作出醒目标志。

（7）各种开口的封闭装置，须能防止在集装箱装卸和操作中受损。

4. 无压干散货集装箱定期检验

无压干散货集装箱的定期检验，应符合《1972年国际集装箱安全公约》的规定。

（1）检验周期。无压干散货集装箱从制造出厂到第一次检验的间隔期应不超过5年，第一次检验到再次检验的间隔期应不超过2.5年。

（2）检验内容。检验应确定无压干散货集装箱是否存在足以对人员形成危险的缺陷，应至少包括对集装箱结构敏感部件的检查。对集装箱结构敏感部件的控制，应遵循《1972年国际集装箱安全公约》的规定。

（3）结构敏感部件。无压干散货集装箱的结构敏感部件如图5-1-5所示，具体包括：上侧梁、下侧梁、上端梁、下端梁、角柱、角件和中间角件（如有时）、底部结构、锁杆（如有时）等。

（4）连续检验计划。作为上述定期检验的替代方案，如对箱主提交的文件满意，主管机关则可以批准一个连续检验计划（ACEP），但该计划保证的安全标准应不低于上述定期检验的标准。

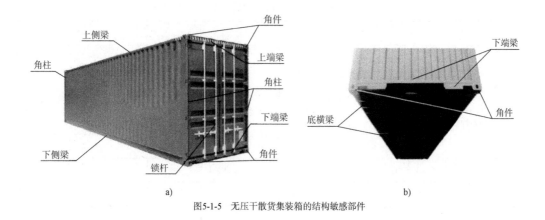

图5-1-5 无压干散货集装箱的结构敏感部件

三、罐式集装箱的种类及使用

（一）罐式集装箱的定义和分类

依据《系列1集装箱 技术要求和试验方法 液体、气体及加压干散货罐式集装箱》（GB/T 16563—2017），罐式集装箱是指一种由一个或多个罐体、框架及辅助设备组成，用于运输气体、液体、粉状或颗粒状物质，且符合GB/T 16563定义的运输设备。按照《危险货物道路运输规则》（JT/T 617—2018，以下简称JT/T 617）的规定，装运危险货物的罐式集装箱也称为可移动罐柜。

罐式集装箱有多种分类方法，下面介绍按照装载介质类项、装运介质物理特性和执行标准划分的罐式集装箱类型。

1.按照装载介质类项划分

JT/T 617中，根据介质类项不同，将运输危险货物的集装箱分为：运输第1类和第3~9类物质的罐式集装箱，用于装运第2类非冷冻液化气体的罐式集装箱和用于装运第2类冷冻液化气体的罐式集装箱。

2.按装运介质物理特性划分

按装运介质物理特性的不同，罐式集装箱可分为固体介质的罐式集装箱、液体介质罐式集装箱和气体介质罐式集装箱。

3.按照执行标准划分

按照执行标准的不同，罐式集装箱可分为国际标准罐式集装箱、国家标准罐式集装箱和非标准罐式集装箱。

（二）罐式集装箱的典型结构

罐式集装箱通常由框架和罐体及辅助设备组成。

运输第1类和第3~9类物质的罐式集装箱（以可移动罐柜导则T11为例）常用参数见表5-1-3，典型结构如图5-1-6所示。

运输第1类和第3~9类物质的罐式集装箱常用参数　　　　表5-1-3

项　目	规格参数	项　目	规格参数
类型	运输第1类和第3~9类物质的罐式集装箱	试验压力（bar）	6
尺寸（长×宽×高）（mm）	6058×2438×2591	设计负压（bar）	1
可移动罐柜导则	T11	设计温度（℃）	-40~+130
容积（m^3）	26	保温方式	矿物棉
最大允许总质量（kg）	36000	罐体材料	316L
工作压力（bar）	4	—	—

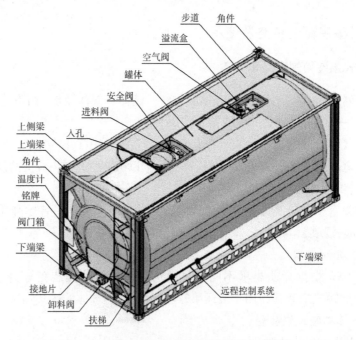

图5-1-6　运输第1类和第3~9类物质的罐式集装箱典型结构

运输第2类非冷冻液化气体罐式集装箱常用参数见表5-1-4，典型结构如图5-1-7所示。

运输第2类非冷冻液化气体罐式集装箱典型参数　　　　表5-1-4

项　目	规格参数	项　目	规格参数
类型	运输第2类非冷冻液化气体罐式集装箱	试验压力（bar）	44.9
尺寸（长×宽×高）（mm）	6058×2438×2591	设计负压（bar）	1
可移动罐柜导则	T50	设计温度（℃）	-40~+55
容积（m^3）	24.9	保温方式	遮阳板
最大允许总质量（kg）	36000	罐体材料	16MnDR
工作压力（bar）	34.5	—	—

第五章 危险货物道路运输设备设施

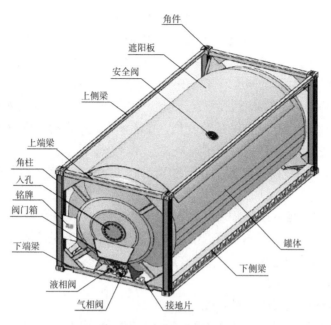

图5-1-7 非冷冻液化气体罐式集装箱典型结构

运输第2类冷冻液化气体罐式集装箱常用参数见表5-1-5，典型结构如图5-1-8所示。

运输第2类冷冻液化气体罐式集装箱常用参数　　　表5-1-5

项　目	规格参数	项　目	规格参数
类型	运输第2类冷冻液化气体罐式集装箱	设计负压（bar）	1
尺寸（长×宽×高）（mm）	6058×2438×2591	内容器设计温度（℃）	-196~+55
可移动罐柜导则	T75	外壳设计温度（℃）	-40~+55
容积（m³）	21	绝热方式	高真空多层绝热
工作压力（bar）	9	内层罐体材料	S30408
试验压力（bar）	13	外层罐体材料	16MnDR

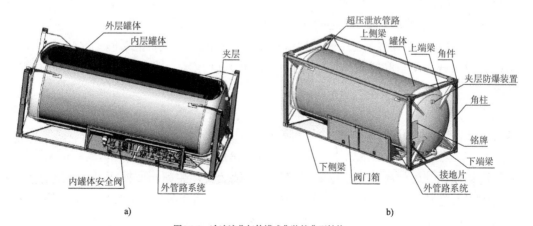

图5-1-8 冷冻液化气体罐式集装箱典型结构

上述各类罐式集装箱典型结构图中，各部件位置和作用如下。

（1）框架，是指由罐体的底架、端框和所有承力构件组成的结构，用以传递由于罐式集装箱在起吊、搬运、拴固和运输中所产生的静载和动载。罐式集装箱的框架组成部件一般包括：角件、角柱、上侧梁、下侧梁、上端梁、下端梁、斜撑等。

（2）罐体，是指由专为装载货物设计的单个或多个容器、管路以及附件组成的结构件。对于会与罐体材料发生反应的危险货物，在罐体内表面会衬上内衬材料，常见的内衬材料有聚乙烯（PE）、聚四氟乙烯（PTFE）、铅、锌等。

（3）防波板，是指为了减少罐体运行和紧急制动时液体对罐体的冲击力，而设置在罐体内部的隔板。

罐式集装箱同时满足下列情况时，应设置防波板：

①在20℃或加热运输中最高工作温度下，充装介质的粘度小于2680mm²/s。

②罐体在充装和运输过程中液体体积在罐体容积的20%~80%之间。

设置的防波板应满足下列要求：

①防波板与罐体的连接应牢固可靠。

②相邻两防波板所在罐体横截面之间的罐体几何容积不超过7.5m³。

③每个防波板的有效面积应不小于罐体横断面积的70%。

④每个防波板应能承受所隔开的液体质量的2倍乘以重力加速度的静态力。应考虑在这种动载荷作用下的筒体、防波板及其连接部位的疲劳问题。

⑤防波板的设置应考虑操作或检修人员方便进出。

（4）安全泄放装置，是一种保障罐体安全运行，超压时能自动泄压，防止罐体超压爆炸而设置在罐体顶部的一种安全附件。安全泄放装置包括安全阀、爆破片装置、安全阀与爆破片串联组合装置、紧急泄放装置和呼吸阀等。运输危险货物的罐式集装箱安全泄放装置的设置应符合《危险货物道路道路运输规则 第4部分：运输包装使用要求》（JT/T 617.4，以下简称JT/T 617.4）附录D可移动罐柜导则的要求。

（5）人孔，是指方便人员进入罐体以便对罐体内部进行检验，维护和修理的装置，一般设置在罐体顶部，多仓罐体的每个独立仓都要设置人孔。罐式集装箱的人孔直径不小于500mm（经主管部门认可机构同意减免或变更尺寸的除外）。

（6）紧急切断装置，是一种保障罐体在突发情况下不发生泄漏的主要装置，安装在罐体阀门根部，用于联通或隔绝罐体和外部装卸货物管路。紧急切断装置一般由紧急切断阀、远程控制系统组成。

（7）装卸阀，是用于装卸货物的阀门，通常设在罐式集装箱底部或顶部。底部装卸阀的设置，应符合JT/T 617.4附录D可移动罐柜导则关于底部开口要求的规定。

（8）空气阀，是指连接罐体内部气相空间的阀门。在装卸货物时，可起到平衡罐体内、外气压的作用，确保罐体不会因卸货产生负压或装货产生超压而损坏。在卸货时也可将空气阀接入气源，增加罐内压力，从而提高卸货速度。对于某些不宜接触空气的特殊货物，在卸货时将空气阀接入惰性气体（如N_2）管路，从而避免产品与空气接触。

（9）步道，是指在集装箱顶部或载货部位为保证安全作业而设计的部件。步道的设计应能在 600mm×300mm 的面积上承受 3kN 的均布载荷，纵向步道的最小宽度为 400mm。

（10）隔热装置，是指包覆在罐式集装箱罐体外表面、减少热传导的绝热层，常见的有矿物棉、遮阳板、聚氨酯发泡层、真空夹层、隔热涂层等。

（11）加热装置，是指用于给罐内货物加热的装置，一般为蒸汽或电加热。蒸汽加热通过接外部蒸汽在罐体表面设置的蒸汽槽与所装货物完成热交换；电加热通过分布在罐体上的电阻丝与所装货物完成热交换或通过加热导热介质（如乙二醇）然后通过导热介质流入分布在罐体上的槽与所装货物完成热交换。

（12）导静电装置，是为了防止静电累积对装运易燃、易爆的危险货物的罐式集装箱产生危险而设置的导静电连接端子。在装卸易燃、易爆货物时，应用导静电线接地。

（13）夹层防爆装置，是指当双层罐体的内罐体出现泄漏，导致夹层真空破坏时，自动打开，防止夹层超压，保护外罐体安全的部件。

（三）罐式集装箱的选择

装运危险货物的罐式集装箱应遵循 JT/T617.4 可移动罐柜导则和特殊规定。

可移动罐柜导则和特殊规定由字母数字代码来表示（例如 T1、TP1），含义分别见 JT/T 617.4 附录 D 和 E。

①可移动罐柜导则 T1~T22，适用于第 1 类和第 3 ~ 9 类物质；
②可移动罐柜导则 T23，适用于 4.1 项自反应物质和 5.2 项有机过氧化物；
③可移动罐柜导则 T50，适用于非冷冻液化气体；
④可移动罐柜导则 T75，适用于冷冻液化气体。

JT/T 617.3 表 A.1 第（10）栏标明了每一品名危险货物适用的可移动罐柜导则代码，第（11）栏标明了可移动罐柜需要遵守的特殊规定。

虽然 JT/T 617.3 表 A.1 第（10）栏标明了具体的可移动罐柜导则，但是也可使用具有更高试验压力、更大壳体厚度、更坚固底部开口和安全泄放装置的其他可移动罐柜（罐式集装箱），JT/T 617.4 给出了可以使用其他可移动罐柜导则的关系表，见表 5-1-6。

可移动罐柜导则 表5-1-6

列出的可移动罐柜导则	可以使用的其他可移动罐柜导则
T1	T2,T3,T4,T5,T6,T7,T8,T9,T10,T11,T12,T13,T14,T15,T16,T17,T18,T19,T20,T21,T22
T2	T4,T5,T7,T8,T9,T10,T11,T12,T13,T14,T15,T16,T17,T18,T19,T20,T21,T22
T3	T4,T5,T6,T7,T8,T9,T10,T11,T12,T13,T14,T15,T16,T17,T18,T19,T20,T21,T22
T4	T5,T7,T8,T9,T10,T11,T12,T13,T14,T15,T16,T17,T18,T19,T20,T21,T22
T5	T10,T14,T19,T20,T22
T6	T7,T8,T9,T10,T11,T12,T13,T14,T15,T16,T17,T18,T19,T20,T21,T22

续上表

列出的可移动罐柜导则	可以使用的其他可移动罐柜导则
T7	T8,T9,T10,T11,T12,T13,T14,T15,T16,T17,T18,T19,T20,T21,T22
T8	T9,T10,T13,T14,T19,T20,T21,T22
T9	T10,T13,T14,T19,T20,T21,T22
T10	T14,T19,T20,T22
T11	T12,T13,T14,T15,T16,T17,T18,T19,T20,T21,T22
T12	T14,T16,T18,T19,T20,T22
T13	T14,T19,T20, T21,T22
T14	T19,T20,T22
T15	T16,T17,T18,T19,T20,T21,T22
T16	T18,T19,T20,T22
T17	T18,T19,T20,T21,T22
T18	T19,T20,T22
T19	T20,T22
T20	T22
T21	T22
T22	无
T23	无

（四）罐式集装箱定期检验

罐式集装箱在营运过程中，应同时遵循相应的国际公约、国内法规的相关要求，进行营运中的定期检验。

1.《1972年国际集装箱安全公约》的要求

1）检验周期

罐式集装箱从制造出厂到第一次检验的间隔期应不超过5年，第一次检验到再次检验的间隔期应不超过2.5年时间。

2）检验内容

所有的检验都应确定罐式集装箱是否存在足以对人员形成危险的缺陷。应至少包括对集装箱结构敏感部件的检查。对于罐式集装箱结构敏感部件的控制，应遵循《1972年国际集装箱安全公约》的规定。

3）结构敏感部件

罐式集装箱的结构敏感部件如图5-1-9所示，包括：上侧梁（如有时）、下侧梁（如有时）、上端梁、下端梁、角柱、角件和中间角件（如有时）、底部结构（如有时）。

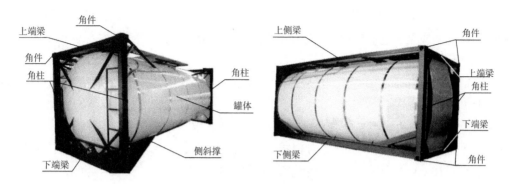

图5-1-9 罐式集装箱的结构敏感部件

4）检验标记

定期检验合格后，在罐式集装箱铭牌上相应位置标识检验钢印和下次检验日期（年，月）。

5）连续检验计划

作为定期检验的替代方案，如对箱主提交的文件满意，主管机关则可以批准一个连续检验计划（ACEP），但该计划保证的安全标准应不低于上述定期检验的标准。

2.《关于危险货物运输的建议书 规章范本》的要求

1）检验周期

罐式集装箱的罐壳和各设备部件在投入使用前都须进行检验和试验（初始检验和试验），其后每隔最多5年作检验和试验（以下简称5年定期检验和试验），并在5年定期检验和试验的中期点作中间定期检验和试验（以下简称2.5年定期检验和试验）。2.5年定期检验和试验可在规定日期的3个月内进行。。

2）检验内容

（1）用于运输第1类和第3~9类物质的罐式集装箱，以及用于装运第2类非冷冻液化气体的罐式集装箱。

5年定期检验和试验应包括内外部检验、附属设备的检验，还应包括液压试验（如设有加热系统，对其的检验和试验须包括对加热盘管和管路的压力试验）和防渗漏试验。

2.5年定期检验和试验包括内、外部的检查及附属设备的检查，还须进行防渗漏试验和所有辅助设备是否能满足操作要求的测试。对于指定运输某种单一物质的罐式集装箱，在主管机关或经授权机构的批准下，其2.5年定期检验和试验的内部检查可以免除或用其他测试方法和检查程序代替。

（2）用于装运第2类冷冻液化气体的罐式集装箱。

5年和2.5年的定期检验和试验须包括对罐式集装箱及其配备的附件的外部检查并充分考虑到所运输的冷冻液化气体，还应包括防渗漏试验，及所有辅助设备的操作是否符合要求的测试，适用时，应包括真空度数。

（3）特殊检验。

如果有迹象表明罐式集装箱损坏、腐蚀、渗漏或有其他影响罐式集装箱完整性的缺陷时，必须对其进行特殊检验和试验。特殊检验和试验的范围取决于罐式集装箱损坏或破损的程度。应至少包括2.5年定期检验和试验的内容。

3）检验标记

定期检验合格后，在罐式集装箱铭牌上相应位置标识检验机构的检验标记和本次检验日期（年，月）。

3.《移动式压力容器安全技术监察规程》（TSG R0005—2011）的要求

当罐式集装箱属于移动式压力容器时，还应满足《移动式压力容器安全技术监察规程》（TSG R0005）中关于罐式集装箱定期检验的规定。

1）检验周期

罐式集装箱的定期检验分为年度检验和全面检验，年度检验每年至少一次；首次全面检验应当于投入使用后1年内进行，下次全面检验周期由检验机构根据移动式压力容器的安全状况等级确定。罐体安全等级为1~2级的罐式集装箱全面检验周期为5年；罐体安全等级为3级的罐式集装箱全面检验周期为2.5年。罐式集装箱安全状况等级的评定按照《压力容器定期检验规则》（TSG R7001—2013）的规定。

2）检验内容

（1）年度检验。罐式集装箱年度检验项目，包括资料审查，罐体宏观检验，附属设施连接检验，隔热层检验，附件检验，安全附件检验，组装检验，耐压试验（必要时）和气密试验，真空度检测（适用于真空绝热罐体）等。

（2）全面检验。罐式集装箱全面检验项目，包括年度检验全部内容及结构检验和几何尺寸检验，紧急切断阀耐压试验，壁厚测定，表面缺陷和埋藏缺陷检测，罐体外表面油漆检验和强度校核等。

真空绝热罐式集装箱可以不进行结构检验和几何尺寸检验，壁厚测定，表面缺陷和埋藏缺陷检测。

（3）设计文件检验项目、方法和要求有专门规定的，还应当遵从其规定。

3）检验标记

检验合格后，在罐体上喷涂下次检验日期，并在登记使用证书上记录。

第二节　危货运输车辆和专用停车场

一、危货运输车辆

1. 基本概念

《道路危险货物运输管理规定》规定，危货运输车辆是指满足特定技术条件和要求，从事危险货物道路运输的载货汽车，同时明确了危货运输车辆是载货汽车，三轮车、电动摩托车等不属于危险货物道路运输法规约束的范畴。

《机动车运行安全技术条件》（GB 7258—2017）规定，载货汽车是指设计和制造上主要用于载运货物或牵引挂车的汽车，也包括装置有专用设备或器具但以载运货物为主要目的的汽车；以及由非封闭式货车改装的，虽装置有专用设备或器具，但不属于专项作业车的汽车。危货运输车辆，是指设计和制造上用于运输危险货物的货车、挂车、汽车列车，《道路危险货物运输管理规定》及《危险货物道路运输营运车辆安全技术条件》（JT/T 1285—2020）中也明确规定，除半挂汽车列车外，其他类型的汽车列车不允许用于危险货物道路运输。

2. 危货运输车辆分类

危货运输车辆分类的维度较多，如按照用途、载货部位结构及所运输危险货物特性等。为体现危险货物运输特色，同时便于车货安全匹配及开展行业管理工作，国内外主要根据所承运危险货物的危险特性，对危货运输车辆进行分类。国家标准《危险货物运输车辆结构要求》（GB 21668—2008）和《危险货物道路运输营运车辆安全技术条件》（JT/T 1285），根据车辆的适运货物范围，将危货运输车辆分为 EX/Ⅱ、EX/Ⅲ、FL、OX、AT 及 CT 型等类型。

（1）EX/Ⅱ、EX/Ⅲ型车辆，适用于爆炸品运输。两者依据车辆用途划分类型，载质量存在差异，但与车辆的载货部位结构形式无关（如厢式或罐式）。我国爆炸品运输车辆主要为厢式货车。这两种类型车辆的配载限额差异见表 5-2-1。

车辆配载限额表　　　　　　　　　　　　表5-2-1

危险货物类型	允许装载第 1 类危险货物的最大净重							
	1.1		1.2	1.3	1.4		1.5 和 1.6	未清洁的空包装
	1.1A	除 1.1A			除 1.4S	1.4S		
EX/Ⅱ	6.25	1000	3000	5000	15000	不限	5000	不限
EX/Ⅲ	18.75	16000	16000	16000	16000	不限	16000	不限

（2）FL 型车辆，适用于运输闪点不高于 60℃的液体，易燃气体，满足《车用柴油》（GB/T 19147—2016）规定的车用柴油及列入 UN 1202 的油品的车辆。即主要用于运输 2.1 项和第 3 类危险货物。

（3）OX 型车辆，适用于运输稳定的过氧化氢或其水溶液（浓度大于 60%）的车辆。

（4）AT 型车辆，指载货容器与 FL 型和 OX 型车辆相同的非 FL 型和 OX 型车辆，主要包括 2.2 项、2.3 项、第 5 类、第 6 类、第 8 类和第 9 类中的液体和气体危险货物。

FL、OX 和 AT 型车辆，适用于罐式运输，包括罐式货车、罐式半挂车、罐式集装箱运输半挂车、用于牵引罐式半挂车或罐式集装箱运输半挂车的半挂牵引车等，其载货容器为罐式车辆罐体、罐式集装箱或可移动罐柜，容器的容积大于 $3m^3$。

（5）CT 型车辆，指除了 EX/Ⅱ、EX/Ⅲ、FL、OX 和 AT 型车辆以外的用于运输危险货物的车辆，主要用于中型散装容器、包件危险货物和散装危险货物等的运输。

3. 危货运输车辆安全要求

与普通货物相比，危险货物具有爆炸、燃烧、毒害、腐蚀、放射性等危险特性。运输过程中，运输车辆不仅是危险货物安全实现位置移动的工具，也与危险货物的包装物一起，对危险货物起到一定的保护作用，避免危险货物因温度、雨水、剧烈碰撞等外界条件变化导致危险。为实现对所运输危险货物的防护，我国主要从以下几个方面对危货运输车辆提出安全技术要求：车辆结构、安全性能、与所运载货物的适应性、随车工具及应急防护用品、安全运用、在用车性能保持等。

1）车辆结构

车辆结构要求主要包括电气装置、防火、限速及挂车的连接等内容。

视所运输货物危害特性的不同，危货运输车辆电气装置的差异主要体现在导线、电源开关、蓄电池、常通电电路以及驾驶室后部电气装置等方面，主要考虑电气装置对电火花、火种、粉尘敏感等因素进行确定。例如，运输具有易燃、爆炸特性的危险货物（即 GB 21668 中所规定的 EX/Ⅱ、EX/Ⅲ、FL 等车型），其车辆电气装置的防护等级要求高，包括排气管布置应避免加热危险货物，电涡流缓速器这类容易产生热量的装置应采取措施进行防护，且应具备导静电拖地带避免静电的累积，部分车辆应具有排气火花熄灭器等措施。上述装置的核心作用是避免产生热量聚集、高温或电火花，进而避免点燃或引爆所承载的货物。

限速装置或限速功能是危货运输车辆不同于普通货车的重要特征。限速装置（功能）能够通过控制发动机加速踏板、燃料输入或动力输出等方式来限制车辆的行驶速度。我国标准规定限速装置（功能）的调定车速不超过 80km/h，即通常情况下，危货运输车辆的运行速度达到 80km/h 后，即使驾驶人员继续踩踏加速踏板，车辆的运行速度也不会再增加。

2）车辆安全性能

危货运输车辆发生事故后，一旦出现货物泄漏，可能会造成严重的人员伤亡、财产损失和环境污染，因此，危货运输车辆性能要求比普通货运车辆更高，减少事故的发生并在事故后减少货物的安全风险。车辆的很多性能涉及运行安全，尤其是制动性、侧向稳定性、制动协调性及紧急状态下安全防护等性能。

现有的技术标准规范主要采用加强安全装置配置等方式，促进危货运输车辆性能提升。危货运输车辆的安全装置主要分为主动安全和被动安全装置。主动安全装置是避免汽车发生安全事故的设备，例如制动防抱死系统（ABS）、电子稳定性控制系统（ESC）、电控制动系统（EBS）、胎压监测报警系统（TPMS），以及近年来得到快速发展的高级驾驶辅助系统（ADAS）等，这些装置通过提升车辆的制动性、侧向稳定性、制动协调性、轮胎安全等性能，以及加强环境侦测等方式，提升安全水平。被动安全装置是在汽车事故不可避免的情况下，在事故中起到保护驾乘人员不伤亡或减少伤亡的装置，例如爆胎应急安全装置、罐式车辆上使用的后下部防护装置等。

3）与所运输货物的适应性

危货运输车辆与货物的适应性不仅体现在车辆的结构、安全装置与货物的特性相匹配，也体现在车辆的制造材料、车身上与货物可能接触的部位不应与货物发生反应，或者具备相应的防护措施或阻断危害措施。例如，爆炸品运输车辆的车厢内衬具有一定的阻燃特性；部分容易与水发生反应的货物，要求车厢必须密闭；部分需在特定温度范围内运输的货物，其车厢应采取保温材料等；气体的运输应按规定选用移动式压力容器等。

罐式车辆罐体与液体危险货物的匹配性更加复杂，涉及罐体的设计、材料、安全附件、涂层、阀门、泄放装置等内容，具体见后续的罐车章节。

4）随车工具、个人防护用品和应急物品

为保护危货运输车辆驾驶人员和押运人员的安全和健康，提升从业人员对突发事件的应急响应能力，现行法规要求车辆配备随车工具和应急防护用品。主要包括灭火器、随车工具、个人防护装备。

危货运输车辆随车配备的灭火器，主要用于扑灭制动系统、轮胎、发动机舱和驾驶室等区域的火灾。根据车辆总质量的增加，所需配备的灭火器数量和容量要求也逐渐增加。危货运输车辆随车灭火器配置见表 5-2-2。

危货运输车辆随车灭火器配置表 表5-2-2

运输单元最大总质量 M（t）	灭火器配置最小数量（个）	适用于发动机或驾驶室的灭火器		额外灭火器	
		最小数量（个）	最小容量（kg）	最小数量（个）	最小容量（kg）
$M \leqslant 3.5$	2	1	1	1	2
$3.5 < M \leqslant 7.5$	2	1	1	1	4
$M > 7.5$	3	1	1	1	4

注：容量是指干粉灭火剂（或其他同等效用的适用灭火剂）的容量。

随车工具方面，应按照道路交通法律法规，随车携带轮档和三角警示牌。轮档主要用于配合驻车制动，防止停车后发生"溜车"现象。三角警示牌能够对其他车辆起到警示作用。

在危险货物运输突发事件发生后，个人防护用品能够对从业人员起到保护作用，主要包括眼部冲洗液、反光背心、防爆式便携照明设备、防护手套、眼部防护设备。此外，运输毒性物质的，还应配备防护面具；运输第 3 类、4.1 项、4.3 项、第 8 类和第 9 类固体或液体危险货物的，还应配备一把铲子和下水道口封堵器具，对具有易燃特性的危险货物，铲子应具有防爆功能，避免操作时产生火花。

5）安全运用

除车辆本身的安全技术水平外，运输过程中车辆的操纵和管控对危险货物运输安全具有非常重要的影响。因此，需采取相应的措施，加强对运行中车辆的管控。

车辆动态联网联控技术，是运用卫星定位系统车载终端，对行驶过程中车辆的位置、速度等信息进行采集，并通过互联网远程实时传输给企业和政府的监管平台，将存在的超速、偏离路线等情况向企业和行业管理部门实时报警，强化监管能力和水平的一种技术。近年来，在原有的传输文本数据技术基础上，视频实时监控技术也得到广泛应用，用于采集驾驶人员及载货区数据进行远程传输，进一步提升了监管能力。

高级驾驶辅助系统（ADAS），是通过对车辆运行环境信息、其他交通参与对象的实时侦测，发现存在安全隐患时，对驾驶人员进行预警和报警的系列技术。目前比较成熟的技术包括前向碰撞预警系统（FCW）、车道偏离报警系统（LDW）等。该领域是车辆智能化发展的热点，除上述两项技术外，还在行人识别、交通标志识别、自动灯光控制、后向防碰撞、盲区监测等方面有大量的技术和装备成果。随着车辆智能化水平的发展，利用现代信息技术提升车辆运行安全具有广阔的前景。ADAS属于车辆主动安全技术的范畴。

在途驾驶人员驾驶行为监测技术，主要通过视频方式，采用机器学习、人工智能等技术，对驾驶人员的疲劳驾驶、不规范驾驶行为（如打手机、双手脱离方向盘、长时间不目视前方等）进行监测，并及时向驾驶人员和企业提供预警和报警信息，利于驾驶人员和企业及时采取纠正措施，安全驾驶。

6）在用车性能保持

做好在用车性能保持是保障运输安全的重要措施。针对车辆特点和运输需求，国家提出了表征危货运输车辆性能水平的技术指标体系，并制定了相关技术标准，通过定期的技术检查、技术维护和技术检验，确保车辆技术状况满足安全使用要求，技术等级合格。应定期将车辆实际情况与技术指标对标，并进行实车检验，判定车辆技术条件是否满足使用要求。

二、道路运输液体危险货物常压罐式车辆

1. 基本概念

《道路运输液体危险货物罐式车辆 第1部分：金属常压罐体技术要求》（GB 18564.1—2019），给出了罐式汽车、罐式半挂车、罐式半挂汽车列车、道路运输液体危险货物罐式车辆的定义，以及常压罐式车辆的条件。常压罐体的材质不局限于金属，也可以为非金属材料。对由非金属材料制造的罐体，应满足《道路运输液体危险货物罐式车辆 第2部分：非金属常压罐体技术要求》（GB 18564.2—2008）的要求，下文以金属罐体为例进行说明，非金属材料技术要求参见《道路运输液体危险货物罐式车辆 第2部分：非金属常压罐体技术要求》（GB 18564.2）。

（1）罐式汽车，是指罐体安装在定型汽车底盘上的道路运输罐式车辆（图5-2-1）。

（2）罐式半挂车，是指罐体安装在无动力半挂行走机构上的道路运输罐式车辆，包括半承载式（有车架）和承载式（无车架），如图5-2-2所示。

（3）罐式半挂汽车列车，是指由半挂牵引车与罐式半挂车组成的半挂汽车列车（图5-2-3）。

（4）道路运输液体危险货物罐式车辆，是指罐体内充装液体危险货物，且与定型汽车底盘或罐式半挂车行走机构采用永久性连接的道路运输罐式车辆。包括罐式汽车、罐式半挂车以及罐式半挂汽车列车。

（5）道路运输液体危险货物常压罐式车辆，是指其罐体在正常运输过程中的工作压力小于0.1MPa的道路运输液体危险货物罐式车辆。

图 5-2-1 罐式汽车

图 5-2-2 罐式半挂车

图 5-2-3 罐式半挂汽车列车

2.罐体构成

罐式车辆罐体三大组成部件主要是罐体、罐体内部构件、安全附件及相关附件。下面以金属常压罐体为例,分析三大组成部件主要构成。

1)罐体

罐体主要由筒体、前后封头、人孔、倾覆防护装置、侧防护装置和下部防护装置等构成,如图 5-2-4 所示。

图 5-2-4 罐体主要结构

(1)人孔,罐式车辆罐体的人孔,应符合《道路运输液体危险货物罐式车辆 第1部分:金属常压罐体技术要求》(GB 18564.1)的要求,位置及作用参见本章第一节罐式集装箱部分。人孔上应设置人孔盖,避免罐体内液体危险货物溅出。罐体的安全附件如紧急泄放装置、呼吸阀、防溢出传感器等也通常集成安装在人孔盖上,如图 5-2-5 所示。

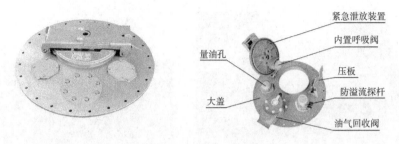

图 5-2-5 人孔盖及其上常集成的装置

（2）倾覆保护装置，是指当罐顶的安全附件和装卸附件等突出罐体时所需要安装的装置（图 5-2-6），是用来防止因碰撞、翻车而损坏罐顶的安全附件和装卸附件。倾覆防护装置必须具备一定的强度和尺寸，确保罐式车辆侧翻时，具有充分的保护能力，我国标准要求罐体顶部的安全附件和装卸附件的最高点应低于保护装置的最高点至少 20mm，保护装置应能承受车辆总质量乘以 2 倍重力加速度的力。

图 5-2-6 倾覆保护装置（罐体顶部视角）

2）罐体内部构件

罐体内部构件主要包括防波板、隔仓板（非必需）等。

（1）隔仓板，是指罐体分仓的隔板，部分不需要分仓的罐式车辆可以不设置隔仓板。

（2）防波板，是指国家强制性要求罐式车辆罐体内部设置防波板。金属罐体内相邻防波板及防波板与相邻封头或隔仓板之间的容积应不大于 $7.5m^3$，塑料罐体不大于 $3m^3$，玻璃纤维增强塑料罐体不大于 $4m^3$。罐式车辆的防波板作用和设置要求与罐式集装箱相类似，具体可参见《道路运输液体危险货物罐式车辆　第 1 部分：金属常压罐体技术要求》（GB 18564.1）等标准。

3）安全附件

安全附件，是安装于罐体上的安全泄放装置、紧急切断装置、液位测量装置、压力测量装置、温度测量装置及导静电装置等能起安全保护作用的附件的总称，是罐体使用安全的重要保障。

（1）安全泄放装置，罐式车辆的安全泄放装置与前述罐式集装箱基本相同。安全泄放装置用以保障罐体压力在安全范围内，因此其应能承受罐体内的压力、可能出现的危险超压及包括液体流动力在内的动态载荷。

（2）紧急切断装置，罐式车辆上配备的紧急切断装置一般由紧急切断阀、易熔塞自动切断装置以及远程控制系统组成，其中紧急切断阀是最基本的组成部分，图5-2-7给出了紧急切断装置及其构成部件。罐式车辆的紧急切断装置与前述罐式集装箱的切断装置有所差异，主要体现在罐式车辆紧急切断装置安装在罐体根部，且具有易熔塞装置等，罐式集装箱不具备此特性。

a) 紧急切断装置安装在罐体底部　　b) 紧急切断装置实物图　　c) 紧急切断装置构成部件

图 5-2-7　内置式紧急切断装置实物图

①紧急切断阀。根据《道路运输液体危险货物罐式车辆紧急切断阀》（QC/T 932—2012），紧急切断阀是指安装在罐体底部，具有封闭和切断外力传递等安全防护功能的阀门。

在运输过程中，紧急切断阀应处于关闭状态。通常利用气动、液压或机械方式控制紧急切断阀启闭；在工作过程中当环境温度由于火灾等原因升高至规定范围时，借助易熔元件能自动闭止；当受到剧烈冲击时，剪断槽将受力断裂使罐体与管道分离，避免介质泄露。

②易熔塞自动切断装置。当火灾等原因使其温度升高至设定温度时（一般为75℃±5℃），易熔塞元件融化，切断外部装卸货物管路与罐体之间的通路，保护罐体。易熔塞自动切断装置也是罐车紧急切断装置明显不同于罐式集装箱的特征。

紧急切断装置的远程控制开关安装在阀门箱（一般位于罐体中部）、罐式车辆尾部等人员易于到达的位置，连接在紧急切断阀驱动装置上，用于远程快速启闭紧急切断阀。远程控制系统由常用启闭开关（一般与阀门箱相邻）和应急关闭开关（图5-2-8）组成。

（3）导静电装置，是指能够将罐体产生的静电及时导除至地面或车辆底盘，避免因静电聚集放电引起货物燃烧或爆炸的装置。常见的罐体导静电装置包括接地片（柱）和接地卷盘（末端装设弹性"鳄鱼夹"）等，如图5-2-9所示。

三、危货运输车辆选型要求

（一）基本选型要求

根据危险货物的危害特性和理化性质，每种货物都应由兼顾安全和效率的车型载运，这是技术标准和技术规则设置的出发点和落脚点，也是道路运输行业转型升级高质量发展的必由之路。为给企业和行业管理提供具体技术指引，行业制定了JT/T 617.3和JT/T 617.6等标准，管理人员、从业人员和研究人员可以根据上述标准，确定适用的车辆类型。

若 JT/T 617.3 未指定某种危险货物适用的车辆类型代码，除相关法规和标准另有规定外，可以选用 CT 型车辆运输。

图 5-2-8　远程应急开关

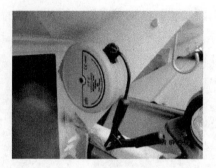

图 5-2-9　导静电接地卷盘

（二）罐式车辆罐体和车辆选型兼容要求

1. 罐式车辆罐体选择

罐体选择，是指确定介质是否适用于罐式车辆运输，以及充装介质适用罐体基本设计要求。

1）确定是否适用于罐式车辆运输

JT/T 617.3 表 A.1 第（12）栏是罐体代码，该栏若有代码，则表明可采用罐式车辆运输；如果该栏为空，说明不能用罐式车辆运输。

例如，UN 1207，己醛，JT/T 617.3 表 A.1 第（12）栏有代码 LGBF（附表 3-1），表明该介质可以用罐式车辆运输。

UN 1050，氯化氢，无水的，其罐体代码"PxBH"之后还有代码"M"（附表 3-1），表示这类物质同样适用于管束式车辆或多单元气体容器的运输。

UN 1052，氟化氢，无水的，其罐体代码"L21DH"之后还有代码"+"（附表 3-1），表示只有当批准型号证书中有明确规定时，才允许罐体替代使用。

【例 5-1】　UN 3107，过氧化二叔丁基，判断其是否适用罐式车辆运输。

解：

步骤 1，查找 JT/T 617.3 表 A.1，该品名属于 E 型有机过氧化物，液体的。

步骤 2，查找 JT/T 617.3 表 A.1 第（12）栏，是空的，没有罐体代码，说明该品名不适用罐式车辆运输。

2）罐体基本设计要求

JT/T 617.3 表 A.1 第（12）栏列出的罐体代码，提出了充装某介质适用罐体的基本设计要求。罐体代码由 4 部分组成。

（1）第 1 部分代码代表罐体介质形态。罐体介质形态有气态、液态和固态。

①以 P 开头的罐体代码表示可以装载液化气体或溶解气体，以 R 开头的表示可以装载冷冻液化气体。

②以 S 和 L 的罐体代码，表示这类物质应该在固体或液体（熔融）状态下运输；一

一般这种规定适用于熔点在20℃~180℃的物质。对于固体，如果JT/T 617.3 表 A.1 第（12）栏只有液体（L）的罐体代码，表示该物质只能在液体（熔融）状态下运输。

（2）第 2、3、4 部分代码，分别代表计算压力、开口和安全泄放装置。JT/T 617.4 给出了液体危险货物罐式车辆罐体代码的含义，以及各代码值之间的层级关系，具体见表 5-2-3。

罐体设计代码　　　　　　　　　　　　　　　　表5-2-3

部分	代码名称	代码含义及层级关系
1	罐体类型	L= 针对液态物质的罐体
2	计算压力	G 或数值：G 按照 JT/T 617.4 中 6.5.3.2 的要求确定；当数值为 1.5、2.65、4、10、15、21 时，分别表示最小计算压力（×0.1MPa），计算压力应符合 JT/T 617.4 中 6.5.3.1 和 6.5.3.3 的要求。 层级关系由低至高为：G → 1.5 → 2.65 → 4 → 10 → 15 → 21
3	开口	A= 充装和卸载开口在底部，具有 2 道封闭装置的罐体； B= 充装或卸载开口在底部，具有 3 道封闭装置的罐体； C= 仅清洗口在液面下部，充装或卸载开口在上部的罐体； D= 液面下无开口，充装或卸载开口在上部的罐体。 层级关系由低到高为：A → B → C → D
4	安全泄放装置	V= 带有紧急泄放装置，可不装配阻火器； F= 带有紧急泄放装置，并装有阻火器； N= 不安装紧急泄放装置，需安装安全阀的罐； H= 紧密关闭罐，其计算压力不小于 0.4MPa，紧密关闭为如下的任一种情况： 不安装安全阀、爆破片、其他安全装置或真空减压阀； 不安装安全阀、爆破片或其他安全装置，但安装真空减压阀； 安装爆破片与安全阀的串联组合装置，但不安装真空减压阀； 安装爆破片与安全阀的串联组合装置，同时安装真空减压阀。 层级关系由低到高为：V → F → N → H

罐体代码各部分具有层级递增关系，表 5-2-3 中各代码含义栏的底部列出了代码值之间的层级关系。这意味着某介质，除了选择 JT/T 617.3 表 A.1 第（12）栏列出的罐体代码外，还可以选择具有更高层级的罐体代码。表 5-2-4 给出了介质的罐体代码与允许用于充装介质的其他罐体代码的关系。

【例 5-2】 UN 1207，己醛，确定该介质可以充装的罐体代码。

解：

步骤 1，查找 JT/T 617.3 表 A.1，确定其可以选用的罐体代码为 LGBF。

步骤 2，查找表 5-2-4，通过介质的罐体设计代码栏中的 LGBF，查看 LGBF 允许用于充装该介质的其他罐体设计代码，有 L1.5BN、L4BN、L4BH、L4DH、L10BH、L10CH、L10DH。

罐体设计代码对应表　　　　　　　　　　　　表5-2-4

介质的罐体设计代码	允许用于充装该介质的其他罐体设计代码
LGAV	LGBV；LGBF；L1.5BN；L4BN；L4BH；L4DH；L10BH；L10CH；L10DH
LGBV	LGBF；L1.5BN；L4BN；L4BH；L4DH；L10BH；L10CH；L10DH
LGBF	L1.5BN；L4BN；L4BH；L4DH；L10BH；L10CH；L10DH

续上表

介质的罐体设计代码	允许用于充装该介质的其他罐体设计代码
L1.5BN	L4BN；L4BH；L4DH；L10BH；L10CH；L10DH
L4BN	L4BH；L4DH；L10BH；L10CH；L10DH
L4BH	L4DH；L10BH；L10CH；L10DH
L4DH	L10DH
L10BH	L10CH；L10DH
L10CH	L10DH

注：介质的罐体设计代码提出了充装该介质的罐体的基本设计要求，该介质也可按更高要求进行罐体设计，本表列出了其对应关系。

由于罐体代码只是表明了罐体的基本设计要求，若确定适装的罐体，还需要考虑罐体材料的适应性等方面的指标。除此外，选择的罐体使用时候还需要符合 JT/T 617.3 表 A.1 第（13）栏列出的特殊规定。

例如，UN 1052，氟化氢，JT/T 617.3 表 A.1 第（13）栏特殊规定有代码 TU14、TU34 等，根据 JT/T 617.4 附录 F 中的含义，TU14 表示在运输时，应锁上密闭装置的保护盖。

2. 罐式车辆选型兼容要求

JT/T 617.3 表 A.1 第（14）栏给出了罐式车辆车型代码，有 EX/Ⅲ、FL、OX、AT，表 5-2-5 给出了货物对应的车辆类型代码与可选用的车型之间关系。表格中打"√"，表示其所在列的车型可以选用。

罐式车辆选型兼容要求　　　　　　　　表5-2-5

货物对应的车辆类型代码	可选用的车型			
	EX/Ⅲ	FL	OX	AT
EX/Ⅲ	√			
FL		√		
OX		√	√	
AT		√	√	√

（三）半挂牵引车选择和兼容要求

表 5-2-6 给出了车辆类型与半挂牵引车类型之间关系。依据货物对应的车辆类型代码，可以选择适用的半挂牵引车类型。

半挂牵引车选择和兼容要求　　　　　　　　表5-2-6

货物对应的车辆类型代码	半挂牵引车类型			
	FL	OX	AT	CT
FL	√			
OX	√	√		
AT	√	√	√	√
CT	√	√	√	√

(四)包件运输车辆选择要求

1. 包件运输车辆选型兼容要求

高安全等级车辆可以运输低安全等级车辆要求的货物,可以提升危货运输车辆的利用效率。例如,设计用于运输易燃货物的车辆,其安全要求高于一般不易燃的危险货物(不含剧毒化学品、放射性物品或需要特殊定制车辆的货物)。又如,车辆已采取措施消除危害的前提下,用于运输包件(不含温度控制货物)的车辆类型选择可以按照如下要求进行:

(1)若货物属于剧毒化学品,选用符合 GB 20300 要求的 CT 型车辆。

(2)若货物属于放射性物品,选用符合 GB 11806 要求的 CT 型车辆。

(3)若货物属于爆炸品,只能选用 EX/Ⅱ型、EX/Ⅲ型车辆。

(4)若货物属于 JT/T 617.2 规定的第 2.1、3、4.1、4.2、4.3、5.1、5.2 等类项,应选用满足《危险货物道路运输营运车辆安全技术条件》(JT/T 1285)要求的运输易燃货物的车辆。

(5)若货物不属于 JT/T 617.2 规定的第 2.1、3、4.1、4.2、4.3、5.1、5.2 等类项,可选用设计和制造用于运输易燃货物的车型,或选用普通的 CT 型车辆。

2. 包件运输 CT 型车辆类型选择

JT/T 617.6 给出了包件运输 CT 型车辆类型选择的规定如下:

(1)包件可用封闭式车辆、侧帘车辆或敞开式车辆;

(2)当包件采用的包装若由易受潮湿环境影响的材质制成,则只能选择侧帘车辆、封闭式车辆;

(3)如果 JT/T 617.3 表 A.1 第(16)栏给出特殊规定代码,则以特殊规定中指定的车辆类型为准,特殊规定代码含义见 JT/T 617.6 附录 A。

【例 5-3】 UN 1402,碳化钙,确定该介质是否可以采用包装运输方式,如果可以,确定其包件运输 CT 型车辆的类型。

解:

步骤 1,查找 JT/T 617.3 表 A.1 中碳化钙的信息。

步骤 2,根据 JT/T 617.3 表 A.1 第(8)栏给出的包装指南,判断其可以采用包装运输方式。

步骤 3,查找 JT/T 617.3 表 A.1 第(16)栏给出的特殊规定代码为 V1,根据 JT/T 617.6 附录 A 中的含义,V1 表示包件应装载在封闭式车辆或侧帘车辆中。同时也意味着碳化钙包件不能使用敞开式车辆运输。

四、危货运输车辆停车场

危货运输车辆停车场(图 5-2-10),是指危险货物道路运输企业停放自有危货运输车辆的场所,停放的危货运输车辆应是空车。

图5-2-10　危货运输车辆停车场

危货运输车辆停车场有企业自有和企业租赁两种形式。《道路危险货物运输管理规定》规定，自有或租借期限为3年以上，且与经营范围、规模相适应的停车场地，停车场地应当位于企业注册地市级行政区域内。

危货运输车辆停车场一般由以下几个方面构成。

（1）场地：是停车场的主要组成部分，包括车辆的出入口、车辆的停车区域。

（2）交通设施和标志：不同适装范围车辆停车区之间的隔离设施，用于引导车辆在停车场内出入走行的交通标志、标线。

（3）消防设施配备，防雷、防静电设施。

危货运输车辆停车场，有面积、安全和消防方面的要求。

1. 面积要求

《道路危险货物运输管理规定》规定了危货运输车辆停车场地的面积要求。运输剧毒化学品、爆炸品危货运输车辆以及罐式危货运输车辆，数量为20辆（含）以下的，停车场地面积不低于车辆正投影面积的1.5倍，数量为20辆以上的，超过部分，每辆车的停车场地面积不低于车辆正投影面积；运输其他危险货物的，危货运输车辆数量为10辆（含）以下的，停车场地面积不低于车辆正投影面积的1.5倍；数量为10辆以上的，超过部分，每辆车的停车场地面积不低于车辆正投影面积。

停车场地面积要求的提出，有效解决了当前存在的挂靠经营、异地经营和公共场所乱停车问题。

2. 安全要求

危货运输车辆停车场地，依据法规要求停放的是空车，但仍然具有一定的危险性。设置停车场要考虑如下安全要求：

（1）应当封闭并设立明显标志，必须远离住宅区、学校等人口密集区，不得选择在城市干道交叉路口，不得妨碍居民生活和威胁公共安全。

（2）停车场应明确标识行走线、停车位，设置停车区之间的隔离设施。

（3）场地必须平整、结实，停放运输剧毒化学品、爆炸品危货运输车辆的停车场地应当硬化。

（4）排水流畅、不积水。

（5）停放运输高温增压危险货物的槽罐车的停车场，应配备隔热、防火材料的防晒设施。

3. 消防要求

危货运输车辆停车场，需要配备与运输介质相适应的消防类设施。

（1）消防设施，主要是用于初起火灾的扑救。常用的有灭火器、消防沙等，应保持其处于有效状态。

（2）防雷设施，主要是防止直击雷、雷电波侵入和雷电效应。主要设备有避雷针、避雷线等。

（3）防静电设施，主要是防止电荷聚集，产生高电位，形成火花放电，引起燃烧或爆炸。防静电常用的是静电接地设施。

第三节　标志牌标记和标志[①]

集装箱、罐式车辆罐体与车辆的标志牌、标记和标示，与包件标志标记作用一样，也起到信息传递和警示作用。其警示的对象除了危险货物道路运输相关作业人员外，还包括道路上社会车辆驾驶人员、非机动车驾驶人员和行人。

装载危险货物的集装箱、罐式车辆罐体与车辆，除了与机动车一样，按照《机动车运行安全技术条件》（GB 7258）要求喷涂反光标识外，还需要按照《道路运输危险货物车辆标志》（GB 13392—2005）的要求悬挂菱形标志牌，按照JT/T 617.5的要求悬挂矩形标志牌、危害环境物质标记、高温标记。

一、标志牌和标记介绍

1. 菱形标志牌

菱形标志牌表示运载工具装运的介质信息，悬挂在集装箱、罐体与车辆上。除运输第7类放射性物质外，菱形标志牌是与水平面呈45°角的正方形，最小尺寸为250mm×250mm，内有一条边缘内侧线，距边缘距离为12.5mm，菱形标志牌图例如图5-3-1所示。菱形标志牌内显示待运危险货物类别或项别（对第1类爆炸品，还应标明配装组字母），数字高度不小于25mm。各类别或项别的菱形标志牌式样见附录二。

2. 矩形标志牌

矩形标志牌是在应急处置时，传递给应急救援人员载运的介质及其应急处置措施。矩形标志牌显示了危险货物的危险性识别号和UN编号。危险性识别号刻于矩形标志牌上部，UN编号刻在矩形标志牌下部，中间为15 mm粗的黑色横线。底色为橙，边缘、

[①] 《道路运输危险货物车辆标志》（GB 13392—2005）的修订版未颁布之前，仍按照现行版执行。

水平线和数字为黑色。危险性识别号和 UN 编号应清晰可见,放在大火中烧 15 min 后应不影响其显示功能,但所有要素均应与图例比例一致。矩形标志牌图例如图 5-3-2 所示。

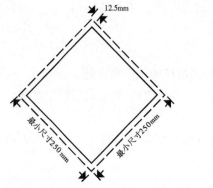

图5-3-1 菱形标志牌图例（第7类除外）

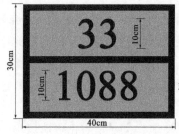

图5-3-2 矩形标志牌图例

危险性识别号由2个或3个阿拉伯数字组成,其含义见附录五。

（1）危险性识别号的双写数字表示重点强调此类特别危害性。

（2）某一物质的危害性由单个数字表示时,数字后应加0。

（3）某种危险性识别号以"X"开头,表示该物质会与水发生危险化学反应。对于这类物质,只有在专家允许后,才能用水进行应急处理。

（4）JT/T 617.3表A.1第（20）栏给出了危险性识别号。

3. 标记

车辆标记包括危害环境物质标记、高温标记。

1）危害环境物质标记

危害环境物质标记与包件的式样一致,应按照 JT/T 617.5 的要求悬挂在车辆上。

2）高温标记

在运输或配送温度大于或等于 100℃ 的液态物质或温度大于或等于 240℃ 的固态物质时,应在车辆的两外侧壁和尾部,集装箱、罐式集装箱、可移动罐柜的两侧壁和前后两端粘贴高温物质标记。

高温物质标记为等边三角形,标记颜色为红色,每边长不应小于250mm,如图5-3-3所示。

图5-3-3 高温物质标记图

二、标志介绍

1. 罐式车辆罐体标志

罐体（车）的标志除应符合《道路运输危险货物车辆标志》（GB 13392）的规定外,还应满足《道路运输液体危险货物罐式车辆 第1部分:金属常压罐体技术要求》（GB 18564.1—2019）的要求:

（1）罐体两侧后部色带的上方喷涂"罐体下次检验日期：××××年××月"，字高应不小于200mm，字体为仿宋体，字体颜色为红色。

（2）罐体两侧前部色带的上方喷涂"罐体设计代码"，字高应不小于200mm，字体为仿宋体，字体颜色为红色。

（3）罐体或与罐体焊接支座的右侧应有金属的罐体铭牌，罐体铭牌的内容应包含罐体唯一性编码、罐体设计代码、罐体容积、生产企业名称、制造日期等内容，且应符合《机动车运行安全技术条件》（GB 7258）和《危险货物道路运输营运车辆安全技术条件》（JT/T 1285）的要求。

2.爆炸品和剧毒化学品车辆的标志

依据《道路运输爆炸品和剧毒化学品车辆安全技术条件》（GB 20300）和《危险货物道路运输规则 第5部分：托运要求》（JT/T 617.5—2018，以下简称 JT/T 617.5），运输爆炸品和剧毒化学品车辆的标志，包括菱形标志牌、矩形标志牌、安全标示牌和反光标识。

运输爆炸品和剧毒化学品车辆悬挂安全标示牌样式如图5-3-4所示，橙色反光带宽度为 150mm±20mm。

品 名		种 类	
罐体容积		装载质量	
施救方法			
联系电话			

a) 罐式车辆安全标示牌

品 名		种 类	
厢体容积		装载质量	
施救方法			
联系电话			

b) 厢式车辆安全标示牌

图 5-3-4 安全标示牌

三、菱形标志牌选择

悬挂的菱形标志牌应显示所运输危险货物的主要和次要危险性，这是确定车辆或集装箱悬挂哪些类项菱形标志牌应遵循的基本原则。在此原则基础上，JT/T 617.5中7.1.2给出了悬挂标志牌的规定。

1.装载某一品名危险货物

JT/T617.3 表 A.1 第（5）栏列出了某一品名危险货物应该悬挂的菱形标志牌。

例如，UN 1073，氧气，冷冻液体，在 JT/T617.3 表 A.1 第（5）栏中，显示的是"2.2+5.1"，意味着装载氧气的罐式集装箱或车辆需要悬挂 2.2 项和 5.1 项的菱形标志牌。

2.装载第 1 类爆炸品、多类危险货物

JT/T 617.5 中 7.1.2 给出了装载第 1 类爆炸品、多类危险货物的集装箱或车辆悬挂菱形标志牌的规定。

3.空的、未消除危害的集装箱或车辆

装运过危险货物但未消除危害的集装箱、罐式车辆、厢式货车，应继续悬挂上一次运输所使用的菱形标志牌。

四、标志牌悬挂

1. 菱形标志牌悬挂

JT/T 617.5指出菱形标志牌应喷涂或固定（如插槽式、折叠翻页式）在危险货物运输集装箱每个侧壁和两端，并应符合JT/T 617.5附录B的悬挂位置要求；对于车辆，菱形标志牌应喷涂或固定在其前后和两侧壁。

JT/T 617.5还针对集装箱、装运集装箱的车辆、运输散装危险货物的车辆和罐式车辆、仅装运包件的车辆等，提出了菱形标志牌的悬挂要求。图5-3-5给出了多隔舱罐式集装箱和车辆悬挂的菱形标志牌要求。

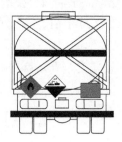

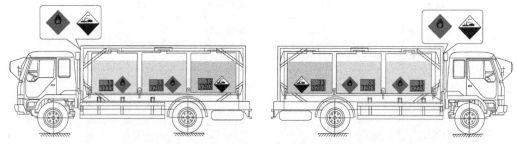

图5-3-5 装运多隔舱罐式集装箱的车辆标志牌的悬挂

《道路运输爆炸品和剧毒化学品车辆安全技术条件》（GB 20300）要求运输爆炸品和剧毒化学品车辆，在车辆后部和两侧应安装安全标示牌和能标示出车辆轮廓的橙色反光带，并给出了安全标示牌、橙色反光带的式样和粘贴的位置要求。

如厢式车辆在厢体两侧除了各设置一块标志牌外，还需要粘贴橙色反光带，悬挂安全标志牌，位置在菱形标志牌下方，如图5-3-6所示。

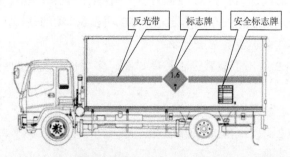

图5-3-6 厢式车辆橙色反光带、标示牌、安全标示牌侧面位置示意图

厢式车辆在厢体后部应分别设置一块菱形标志牌和一块安全标示牌,位置尽量居中,不被遮挡,避开车辆放大号,如图5-3-7所示。

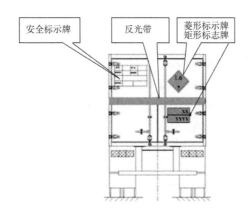

图5-3-7 厢式车辆橙色反光带、菱形标示牌及安全标示牌图

2. 矩形标志牌悬挂

JT/T 617.5给出了矩形标志牌的悬挂要求。

装运危险货物的运输单元应固定两个矩形标志牌,该矩形标志牌应制成竖板,一个固定在运输单元前端,一个固定在运输单元后端,如图5-3-8所示。如果运输危险货物的挂车在运输期间与牵引车分离,矩形标志牌仍应固定于挂车后端。

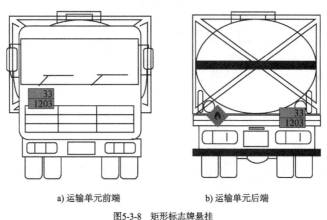

a) 运输单元前端　　　　b) 运输单元后端

图5-3-8 矩形标志牌悬挂

JT/T 617.5还针对JT/T 617.3表A.1第(20)栏中给出的危险性识别号的危险货物,明确了在无包装固体货物、多类危险货物、运输单元仅装有一种危险物质且没有其他非危险物质情况下矩形标志牌的悬挂要求;明确了当具有危险性识别号危险货物用罐式车辆或含有一个及以上罐体的运输单元运输时的矩形标志牌悬挂要求。

装运过危险货物但未消除危害的罐式车辆、空的罐式集装箱、可移动罐柜、散货集装箱、厢式货车,应继续悬挂上一次运输所使用的矩形标志牌。

当矩形标志牌与装运的危险货物或残留物无关时,应移除或遮盖矩形标志牌。若矩形标志牌被遮盖,应确保遮盖物在大火中烧15min后仍完整、没有损坏。

五、标记悬挂

罐式车辆、集装箱或车辆,在运输或配送温度大于或等于100℃的液态物质或温度大于或等于240℃的固态物质时,应在车辆的两外侧壁和尾部,集装箱两侧壁和前后两端粘贴高温物质标记,如图5-3-9a)所示。

若集装箱和车辆按照JT/T 617.5第7.1条的要求固定菱形标志牌时,其内装危险货物属于JT/T 617.2第5.9.7条规定的危害环境的物质,则应在车辆两外侧和两端同时粘贴或固定危害环境物质标记,如图5-3-9b)所示。

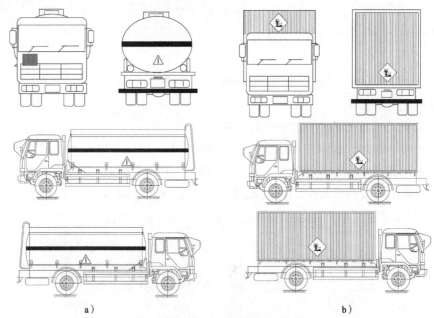

图5-3-9 高温标记和危害环境物质标记悬挂

第四节 危险货物装卸机具及适用

一、典型装卸机具介绍

1. 叉车

叉车是指对包件进行装卸、堆垛和短距离运输作业的轮式搬运车辆,国际标准化组织ISO/TC110称其为工业车辆。

从动力类型看,叉车有内燃式和电动式两种。

1)内燃叉车

内燃叉车又分为普通内燃叉车、重型叉车、集装箱叉车和侧面叉车。这类叉车由于燃料补充方便,因此可实现长时间的连续作业,而且能胜任恶劣的环境下(如雨天)的工作。

①普通内燃叉车，采用柴油、汽油、液化石油气或天然气发动机作为动力，载荷能力为1.2~8.0t，如图5-4-1所示。

②重型叉车，采用柴油发动机作为动力，承载能力为10.0~52.0t，可进行较重货物的装卸搬运作业，如图5-4-2所示。

图5-4-1　内燃平衡重式叉车（4.5~5t）　　　　图5-4-2　内燃平衡重式叉车（12~13.5t）

普通内燃叉车和重型叉车，目前多是内燃平衡重式叉车，属于第二代产品。具有操作舒适、视野开阔、高效耐用和维护便捷等优点。

③集装箱叉车，采用柴油发动机作为动力，承载能力为8.0~45.0t，是用来对集装箱进行装卸、堆码及短距离搬运的专用叉车，是集装箱码头和货场常用的装卸设备。集装箱叉车按照货叉工作位置的不同，分为正面集装箱叉车和侧面集装箱叉车。正面集装箱叉车操作方便，是常用的形式，如图5-4-3所示。

a)　　　　　　　　　　　　　　　b)

图5-4-3　正面集装箱叉车

④侧面叉车（图5-4-4）与一般平衡重式正面叉车的主要区别在于侧叉的工作装置安装在车身侧面，除可以升降、倾斜外，还可以沿车身侧向伸出和收进。适用于长型货物的装卸、堆垛和运输。运输时，货物纵向放置在货台上，对通道宽度的要求较小，能充分有效地利用场地面积。因此广泛适用于石油化工、冶金、交通运输、建筑等行业中，装卸、搬运长形重物尤为适用，可大大提高工作效率。

a) b)

图5-4-4 侧面叉车

2）电动叉车

以电动机为动力，蓄电池为能源，承载能力为1.0~4.8t，没有污染、噪声小。三支点双驱为第二代电动平衡重式叉车（图5-4-5），整车小巧轻便，转弯更为灵活。标配OPS系统，可以感知驾驶人员坐姿是否正常，具有异常时自动停止车辆行走和门架运动功能；具有下降缓冲智能感知功能，能有效保护货物安全；具有车辆限速和弯道自动减速功能，搬运更为安全。

叉车作业过程中偶尔会发生一些事故，如货物不慎从货叉上掉下来或被戳破、叉车撞倒放着的货物等。如果装运的物品属于易燃易爆危险品，则可能会因危险品的泄漏或排放引起火灾或爆炸。因此，危险货物运输装卸用叉车需要配备防火器材，配置防静电、防雷等设施。

2. 集装箱正面吊

正面吊功能与叉车一样，只是与叉车相比，正面吊机动性更强、稳定性更好、轮压更低、堆码层数更高，还可以跨箱作业，充分利用场地。特别适合中小港口、铁路货运站和公路中转站的集装箱装卸，如图5-4-6所示。

图5-4-5 三支点双驱叉车（1.5~2.0t）　　　图5-4-6 集装箱正面吊

二、装卸机具技术要求

由于危险货物的特殊性质，为了保障装卸作业的安全可靠，对于装卸机具除了基本要求以外，还应该根据货物特性有特殊要求。

1. 装卸机具的基本要求

（1）装卸机械必须选用根据国家相关标准生产的正规合格产品，应有可靠的安全系数，符合所装卸危险货物的安全要求。

（2）特种装卸机械的技术性能不得任意改变，如增加起重量、扩大跨度、延长悬臂、接长吊杆等。

（3）装卸机械安全性能和技术指标要符合货场其他设备条件，符合对装卸货物品种的装卸作业全过程工艺要求。

（4）装卸机械实行定期检查、维修，实行责任维护和保养制度。根据作业量大小进行必要的维护，至少每年一次大修，确保设备技术状态完好，以降低消耗、提高生产效率，保障装卸和运输安全。

（5）新投入使用的装卸机械，必须全面检查调整，确认技术状态良好，符合安全技术条件后方可使用。

（6）各种装卸机械因操作、保养、管理不当造成损坏时，应追究有关人员的责任并严肃处理。超过大、中修期的机械，应停止使用。

（7）各种装卸机械禁止超负荷作业。

（8）装卸机械检修分为一级维护（定检）、二级维护（小修）、中修和大修。

一级维护（定检）是给装卸机械擦洗润滑，对易磨损部分进行检查、调整。二级维护（小修）是维护性修理，是对装卸机械进行部分解体检查、清洗、换油、修复、更换超限的易损配件。中修是平衡性修理，是指将装卸机械部分或全部解体，除完成二级保养的各项工作外，修复、更换磨损的主要零部件，保证使用到下一个修程。大修是恢复性修理，是指将装卸机械全部解体、全面检查，恢复机械原有性能或改造性能，修复更换磨损超限零部件，按批准的技术文件进行技术改造。

（9）装卸机具要配有防火器材，配置防静电、防雷等设施。装卸危险货物时，遇有雷鸣、电闪或附近发生火灾，应立即停止作业，并将危险货物妥善处理。在雨雪天气禁止装卸遇水放出易燃气体的物质。

（10）多台机械在一起作业要保持安全间距，在车站也应规定出安全间距，防止碰撞。

2. 装卸机具的特殊要求

（1）利用装卸机具装卸爆炸品、一级易燃液体、毒性物质和放射性物质时，装卸机具应按额定负荷降低25%使用。

（2）装卸易燃易爆危险货物时，电动装卸机械应设有防火星的封闭装置；燃油装卸机械应设置火星熄灭器。

（3）当电源电压低于额定电压7%时，应降低额定负荷30%作业；当电源电压波动超过±10%时应停止作业。

（4）不得以限位开关代替控制器停车，不得以紧急开关代替停止按钮使用。

（5）普通叉车不得进行易燃易爆品的作业；叉车底盘、电阻器要定期擦洗，保持清洁。

（6）油机具设备及输油系统周围要做到"三清""四无""五不漏"。"三清"指设备清洁、场地清洁、工具清洁；"四无"指无油垢、无明火、无易燃物、无杂草；"五不漏"指不漏油、不漏电、不漏火、不漏气、不漏水。

燃油设备及燃油系统除在检修之前要测定可燃气体的含量外，平时也应对可能积存油气的地方，如泵房、管道沟等，定期检测可燃气体含量，避免其达到燃烧爆炸的危险浓度。燃油系统在运行中如发现设备故障，应及时排除或报告有关方面进行检修。

三、装卸机具适用

叉车车型和配置的选择一般要考虑以下几个方面。

1. 作业功能

叉车的基本作业功能分为水平搬运、堆垛/取货、装货/卸货、拣选。根据所要达到的作业功能可以从前文介绍的车型中初步确定。一些危险货物特性会影响到叉车配置要求，如易燃易爆危险货物，要求电动装卸机械应设有防火星封闭装置。

2. 作业要求

叉车的作业要求包括托盘或货物规格、提升高度、作业通道宽度、爬坡度等一般要求，同时还需要考虑作业效率（不同的车型其效率不同）、作业习惯（如习惯坐驾还是站驾）等方面的要求。

3. 作业环境

如果企业需要搬运的货物或仓库环境对噪声或尾气排放等环保方面有要求，在选择车型和配置时应有所考虑。如果是在冷库中或是在有防爆要求的环境中，叉车的配置也应该是冷库型和防爆型的。还需要仔细考察叉车作业时需要经过的地点，并设想可能出现的问题，如出入库时门的高度对叉车是否有影响等。

思考题

（1）简述集装箱的概念。

（2）简述罐式集装箱的概念。

（3）简述干散货集装箱种类及其适用范围。

（4）简述无压干散货集装箱技术条件要求。

（5）简述罐式集装箱的类型。

（6）载货汽车由哪几个基本部分组成？分别是什么？

（7）简述汽车底盘各部分功能。

（8）载货汽车的性能指标有哪些？挑选一项解释其概念。

（9）简述基于使用用途的危货运输车辆分类。

（10）我国从哪些方面提出了危货运输车辆安全要求？

（11）罐式车辆罐体安全附件主要有哪些？挑选其中之一简述其功能。
（12）简述菱形标志牌和矩形标志牌的作用。
（13）简述多隔舱罐式集装箱和车辆的菱形标志牌悬挂要求。
（14）简述危险货物装卸机具的特殊要求。

第六章　危险货物道路运输组织

第一节　危险货物道路运输基本条件

危险货物道路运输基本条件是确保危险货物道路运输安全，提高运输质量的重要保证。本节将从运输合同、保险和技术条件要求三个方面阐述。

一、危险货物道路运输合同

《道路货物运输及站场管理规定》规定，道路货物运输经营者和货物托运人应当按照《中华人民共和国合同法》的要求，订立道路货物运输合同。

危险货物道路运输合同是承、托双方关于货物安全、顺利运输的书面协议与重要保证。为了明确承运人、托运人和收货人在危险货物道路运输过程中的权利、义务和责任，尽量避免和减少运输纠纷，承运人与托运人就所托运的危险货物涉及的相关事项，签订危险货物道路运输合同，保护相关当事人的合法权益。

1. 危险货物道路运输合同的概念

危险货物道路运输合同是承运人将货物从起运地点运输到约定地点，托运人或者收货人支付票款或者运输费用的协议。这里的托运人，可以是法人，也可以是自然人、其他组织。

依据危险货物道路运输合同，承运人应在约定时间内，按照约定的或者通常的运输路线，将货物安全、及时和完整地运送到指定地点，并交付给收货人；托运人或者收货人应及时支付相应的运输费用。

2. 危险货物道路运输合同的构成

危险货物道路运输合同当事人可以根据《中华人民共和国合同法》及其相关规定，商定危险货物道路运输合同的具体内容，一般应具备以下主要条款：

（1）当事人信息。包括承运人、托运人、收货人名称（姓名）、地址等内容。

（2）标的。包括运输对象（具体要写明危险货物品名、编号、类别及项别、包装及规格、数量等）、起运地、到达地等。

（3）价格或报酬，即危险货物道路运输费用。

（4）履行期限、地点和方式。

（5）违约责任。该条款要明确当事人违反危险货物道路运输合同应当承担的法律责任,包括支付违约金和赔偿损失等。

（6）解决争议的方法。

（7）双方商定的其他条款,如双方（或三方）权利义务,合同变更、合同效力等。

3. **危险货物道路运输合同的特征**

危险货物道路运输合同除了合同标的是运输服务的特点外,还具有以下几项特点:

（1）承运人必须是具有危险货物道路运输资质的企业,没有资质的危险货物道路运输企业、个人不允许承运危险货物。

（2）承运危险货物的范围应在许可经营范围内,否则属于违规运输。

（3）运输条款中涉及运输作业要求的,应符合相关的法规、技术标准要求。

（4）承、托运人的权利和义务,应符合相关法规的要求。

4. **危险货物道路运输合同的种类**

合同类型很多,从不同的角度有不同的划分方法。

（1）按照合同方式划分,有书面形式、口头形式和其他形式。当事人约定采用书面形式的,应当采用书面形式。书面形式是指合同书、信件和数据电文（包括电报、电传、传真、电子数据交换和电子邮件）等可以有形地表现所载内容的形式。

（2）按照合同期限划分,有长期合同和短期合同。长期合同是指一年以上的合同,短期合同是指一年或一年以下的合同,如年度、季度和月度合同等。

（3）按照货物数量划分,可分为批量合同和运次合同。批量合同是指托运货物数量较多的大宗货物运输合同;运次合同是指托运货物较少,一个运次就可以完成的合同。

危险货物道路运输合同,一般为短期合同,通常以书面形式明确各自的权利义务,常见期限为一年。也有少数是以电子邮件方式或运单形式明确各自权利义务的运次合同。

如果是有合同性质的运单,还需要包括运输费用、运到期限和双方商定的其他事项。

5. **危险货物道路运输合同当事人的权利和义务**

合同当事人包括托运人、承运人和收货人。

1）托运人的权利和义务

托运人是请求运输货物的企业、组织。在合同中,托运人的权利和义务主要包括以下几个方面:

（1）托运人有权要求承运方按照合同规定的时间、地点,把货物运输到指定的目的地,并交给收货人。由于承运人的原因,超过期限运到货物的,托运人有权要求承运人支付违约金、赔偿金。

（2）托运人有权要求承运人将货物完整无损地运到目的地。由于承运人的原因造成货物灭失、短少、变质、污染和损坏的,托运人有权要求承运人赔偿货物损失。

（3）货物托运后,托运方需要变更到货地点或收货人,或者取消托运时,有权向承运方提出变更合同的内容或者解除合同的要求,但必须在货物未托运到目的地之前通知承运方,并应按有关规定付给承运方所需费用。

（4）对于不符合危险货物营运条件要求的车辆,托运人有权拒绝使用。

（5）托运人的基本义务是按照危险货物道路运输合同约定的时间和要求，向承运人交付符合要求的危险货物和交付运杂费。

（6）托运人有义务对托运的危险货物，按照《危险货物道路运输规则》（JT/T 617—2018，以下简称JT/T 617）的要求确定类项、品名和UN编号；需要添加抑制剂或者稳定剂的，托运人有义务按照规定添加。

（7）对于包装货物，托运人应该妥善包装并在外包装设置相应的危险货物标志。危险货物包装不符合标准的，应由托运人改善后承运。

（8）托运人办理托运时，应当向承运人提交电子或者纸质形式的危险货物托运清单。因托运人托运清单填写信息不实，造成承运人损失的，托运人应当承担损害赔偿责任。

（9）合同规定由托运人装卸危险货物时，托运人应当按照JT/T 617的要求，合规、按时地完成装卸任务。

（10）托运剧毒化学品、民用爆炸物品、烟花爆竹或者放射性物品的，托运人应当向承运人提供相关法规规定的单证，具体规定参见第二章。

2）承运人的权利和义务

承运人是有资质的危险货物道路运输企业。在合同中，承运人的权利和义务主要包括以下几个方面：

（1）承运人有向托运人或收货人收取运杂费的权利。

（2）如果托运人不按照规定交付运杂费，承运人有权收取迟交金和拒绝运输。

（3）托运人不按照规定包装危险货物的，在改善包装前，承运人有权拒绝运输。

（4）承运人有权拒绝办理违反规定的运输变更。

（5）承运人的基本义务是按照合同规定期限，将危险货物完整无损地运到目的地，交付给收货人。

（6）承运人应当使用安全技术条件符合国家标准要求且与承运危险货物性质、重量相匹配的车辆、设备进行运输。承运人使用常压液体危险货物罐式车辆运输危险货物的，应当在罐式车辆罐体的适装介质列表范围内承运；使用移动式压力容器运输危险货物的，应当按照移动式压力容器使用登记证上限定的介质承运。

（7）承运人应当使用具有有效从业资格证的驾驶人员和押运人员，并且对其进行相关业务培训。

（8）承运人应当按照规定投保承运人责任险。

3）收货人的权利和义务

托运人既可以为自己的利益托运危险货物，也可以为第三方利益托运危险货物。因此，在危险货物道路运输合同中，收货人可以是托运人自身，也可以是第三方。如果托运人也是收货人，此时危险货物道路运输合同当事人为托运人和承运人双方；如果第三方为收货人，此时收货人虽未参与合同的签订，却是危险货物道路运输合同的利害关系人。

在合同中,收货人的权利和义务主要包括以下几个方面。

(1)收货人由于特殊原因,有权请求运输变更,还有权向托运人或承运人提出取消约定的运输。

(2)危险货物到达后,承运人应当及时通知收货人,收货人根据到货通知和领货凭证,有权领取危险货物。

(3)收货人有权检验危险货物:

①收货人提货时应当按照约定的期限检验危险货物。对检验危险货物的期限没有约定或者约定不明确,依照《中华人民共和国合同法》第六十一条的规定仍不能确定的,应当在合理期限内检验危险货物。

②收货人在约定的期限或者合理期限内对危险货物的数量、毁损等未提出异议的,视为承运人已经按照运输单证的记载交付。

(4)危险货物到达后,承运人应当及时通知收货人,收货人在接到通知后,应当及时收货。无特殊理由,不得拒绝或者延时收货。

(5)收货人有权要求退还多收的运输费用,也有义务向承运人支付货物发送时未经核收的一切费用,以及负责赔偿或偿付在执行合同时,由于托运人、收货人责任而发生的损失。

6. 危险货物道路运输合同的履行

签订合同只是业务的开始,履行合同才是业务的核心。

(1)托运人的履行。托运人执行合同的基本任务,就是将合规的危险货物,按照合同的要求,在规定的时间内保质保量地交给承运人,运输剧毒化学品、民用爆炸物品、烟花爆竹或者放射性物品的,还要提交相关法规规定的单证;支付合同中约定的运输费用。

(2)承运人的履行。承运人履行合同主要涉及以下三方面的任务:

①承运人要认真检查托运的危险货物是否与运单记载一致;查验危险货物包装是否符合约定或有关规定的要求,不符合要求的应当要求托运人改善包装;在核对无误后要及时办理运输手续。

②承运人要保证按照相关法规和标准的要求,在合同期限内将危险货物从起运地点安全地运输到目的地。

③承运人要保证将危险货物及时交付给收货人。承运人负有通知收货人领取危险货物的义务,负有将危险货物安全完好地交付收货人的义务。

(3)收货人的履行。收货人的履行就是要按承运人的通知,及时到约定地点领取危险货物。根据《中华人民共和国合同法》和有关法律规定,收货人的主要义务有以下两项:

①收货人应当及时领取危险货物,按照安全操作规程进行卸货作业,无特殊理由不得拒绝或者延时收货。

②支付托运人未付或少付的运输费用。对于收货人拒付费用的,承运人可以联系相关部门对危险货物进行处理。

危险货物交接一般是凭现状交接，即危险货物包装完好就认为是正常交付，对于发生货运事故造成危险货物损坏的，要凭货运记录交接。收货人与承运人的交接记录是最重要的证据。由于运输合同大多是格式条款，对于承运人规定的交接方式，如果托运人在签订合同时，没有提出异议，也没有就此签订补充或者修正意见，对收货人来说即具有法律约束力，收货人就要按照规定的方式进行交接；如果有修正，则按修正后的条款进行交接。

二、危险货物道路运输保险

1. 保险的概念

依据《保险术语》（GB/T 36687—2018），保险是指投保人根据合同约定，向保险人支付保险费，保险人对于合同约定的可能发生的事故因其发生所造成的财产损失承担赔偿保险金责任，或者当被保险人死亡、伤残、疾病或者达到合同约定的年龄、期限等条件时，承担给付保险金责任的商业保险行为。保险是个人或组织转移自身所面临风险的一种方法。

（1）保险人，是指与投保人订立保险合同，并按照合同约定承担赔偿，或者给付保险金责任的保险公司。

（2）投保人，是指与保险人订立保险合同，并按照保险合同负有支付保险费义务的人。被保险人，是指其财产或者人身受保险合同保障，享有保险金请求权的人。投保人可以为被保险人。

（3）保险合同，是指投保人与保险人约定保险权利义务关系的协议。

（4）保险标的，是指作为保险对象的财产及其有关利益或者人的寿命和身体。

（5）保险金，是指保险事故发生后，保险人根据保险合同的约定的方式、数额或标准，向被保险人或受益人赔偿或给付的金额。

（6）保险费（保费），是指投保人按保险合同约定向保险人支付的费用。

保险的种类很多，与运输相关的保险主要有财产保险、运输工具保险、货物运输保险、责任保险、信用保险、意外伤害保险等。

2. 危险货物道路运输的基本保险险种

依据法规要求，危险货物道路运输企业需要为签订合同的员工购买"三险"、为危货运输车辆购买机动车交通事故责任强制保险和承运人责任险，这几项属于强制险。此外，一些企业还为驾驶人员购买驾驶人意外险。机动车交通事故责任强制保险、承运人责任险和驾驶人意外险，是与运输相关的险种。

1）机动车交通事故责任强制保险

"机动车交通事故责任强制保险"常被简称为"交强险"，是指由保险公司对被保险机动车发生道路交通事故造成受害人（不包括本车人员和被保险人）的人身伤亡、财产损失，在责任限额内予以赔偿的强制保险。根据《机动车交通事故责任强制保险条例》的规定，从2008年8月开始，所有的新车和保险到期的车辆续保必须购买车辆交强险。

2）承运人责任险

依据《保险术语》（GB/T 36687），责任保险是指以被保险人对第三者依法应负的赔偿责任为保险标的的保险。责任保险又可以细分为公众责任保险、雇主责任保险、职业责任保险、环境污染责任保险等险种。公众责任保险是指以被保险人在约定的地点范围内，进行生产、经营或相关活动时，对因发生意外事故造成第三者人身伤亡或财产损失的赔偿责任为保险标的的责任保险。

承运人责任险，属于公众责任保险范畴，对于危险货物道路运输而言，其保险标的是对收货人货物损失和第三方人身伤亡和财产损失的赔偿责任。承运人责任险是交通运输行业规定危险货物道路运输企业购买的一种强制性运输保险。

3）驾驶人意外险

驾驶人意外险是指在保险期内，被保险人驾驶保险单中载明的机动车辆发生道路交通事故导致身故、伤残或医疗费用支出（可选项）的，保险人依照规定给付保险金。该保险不是强制的，由企业自主选择购买。

交强险、承运人责任险和驾驶人意外险保险标的是不同的，具体见表6-1-1。

各类保险的保险标的　　　　　　　　　　　　　　　表6-1-1

保险名称	事故预防	驾驶人员		运载货物	第三方人身伤亡	第三方财产损失	施救、除污和法律诉讼
		疾病	驾驶意外				
机动车交通事故责任强制保险					√	√	
承运人责任险				√	√	√	√
驾驶人意外险			√				

3. 承运人责任险

承运人责任险对转移运输经营者的责任风险、保障人民群众的合法权益起到了积极作用，同时也提高了运输行业事故预防和抗风险保障能力，保护了运输有关各方当事人的合法权益。

危险货物道路运输业是一个高风险行业，为此，《道路危险货物运输管理规定》规定，危险货物道路运输企业或者单位应当为其承运的危险货物投保承运人责任险。

1）保险责任

保险责任，是指保险合同中约定的保险人向被保险人提供保险保障的范围。危险货物道路运输承运人责任险的保险责任，应当包括：

（1）在危险货物道路运输和卸载过程中，因火灾、爆炸、运输车辆发生碰撞、倾覆，以及危险货物包装破裂或容器损坏等原因造成的货物损失及第三者的人身伤亡和财产损失；

（2）保险事故发生后而产生必要的、合理的除污费用、施救费用以及法律费用。

2）保险限额标准

投保承运人责任险应不低于以下限额标准：

（1）承运人责任险货物损失部分的限额，由道路运输经营者根据运输货物实际价值与保险公司协商确定；

（2）第三者责任保险部分的限额，运输第1~8类危险货物的车辆，每车每次事故责任限额不低于100万元人民币；

（3）运输第9类危险货物的车辆，每车每次事故责任限额不低于50万元人民币；

（4）以上各类运输危险货物的车辆，每次事故每人人身伤亡责任限额不低于40万元人民币。

3）保险条款和费率

承运人责任险条款和费率，要结合当地经济发展和运输、保险经营状况的实际，由道路运输经营者与保险公司本着平等协商、公平合理的原则确定，并根据实际赔付、安全管理等因素实行费率差别和浮动机制；鼓励道路运输经营者与保险公司建立组织化、规模化的合作关系，执行更为有利的保险费率。保险公司应当按照规定向中国保监会报备保险条款和费率。

4）保险投保行为

道路运输经营者应严格按照危货运输车辆《道路运输证》和《车辆行驶证》载明的车辆号牌、核定吨位、运输类型、经营范围等参数办理投保。道路运输承运人责任险的保险期为1年，到期后应及时办理续保，并且应当由车籍所在地省级区域内具备承保资格的保险人办理。

三、基本技术条件

危险货物应满足下列运输条件，方可进行道路运输。

1. 危险货物分类符合《危险货物道路运输规则 第2部分：分类》（JT/T 617.2—2018，以下简称JT/T 617.2）的要求

危险货物被划分成9大类，不同类项的危险货物要求具有适应其理化特性的运输包装、运输条件、运载工具，以及发生突发事件后的应急救援措施和方法。因此，托运危险货物之前，托运人需要按照JT/T 617.2对托运的货物正确分类、分项，确保运输安全。

2. 危险货物包装符合《危险货物道路运输规则 第4部分：运输包装使用要求》（JT/T 617.4—2018，以下简称JT/T 617.4）的要求

"包装"有名词和动词两种词义。作为名词的"包装"，是指"包装"产品；作为动词的"包装"，是指将包装按照一定要求装载物品的活动。

《危险货物道路运输安全管理办法》要求托运人按JT/T 617妥善包装危险货物。"妥善包装"有两层含义：

（1）托运人要选择符合JT/T 617.4要求的包装，这里的"包装"是名词。JT/T 617.4给出了包装的技术要求。

（2）选择包装，按照JT/T 617.4的要求正确包装，这里的"包装"是动词。

符合JT/T 617.4要求的包装，可以减少危险货物在道路运输生产和存储的风险，如能防止危险货物因接触雨雪、潮湿空气杂质、阳光而变质，或发生剧烈的化学反应造成事

故；同时还可以增加装卸、搬运、保管、点验的安全、便利和效率。

3. 托运程序符合《危险货物道路运输规则 第5部分：托运要求》（JT/T 617.5—2018，以下简称JT/T 617.5）的要求

托运人需要按照JT/T 617.5的要求，妥善包装危险货物，并在外包装粘贴所装货物的标志标签，正确填写托运清单。

托运剧毒化学品、民用爆炸物品、烟花爆竹或放射性物品时，应向承运人提供公安部门核发的许可或批准文件；托运《放射性物品安全运输规程》（GB 11806—2019）规定的一级放射性物品时，应向承运人提供国务院核安全监管部门核发的放射性物品运输核与辐射安全报告批准书；托运危险废物（包括医疗废物）时，应向承运人提供环境保护主管部门核发的危险废物转移联单，并准备凭证运输文件。

4. 运输工具选用及装卸作业符合相关要求

正确的运输工具是危险货物运输安全的基本保障。这里的运输工具包括大型集装箱、可移动罐柜、罐式集装箱（以下简称罐箱）和车辆。

包件运输和散装运输需要依据《危险货物道路运输规则 第6部分：装卸条件及作业要求》（JT/T 617.6—2018，以下简称JT/T 617.6）选择适用的运输工具。

货物装卸作业是物流环节中最为频繁、耗时较多的作业，货物装卸作业质量的好坏直接影响着运输效率和安全，包括运送货物的安全和质量。因此，装货人、卸货人必须严格按照JT/T 617.6的要求进行装卸货物操作。

5. 运输作业符合相关要求

在途运输是实现货物位移、完成合同任务的关键环节。由于运输活动是在道路上进行，受到道路、车流、天气等众多因素影响，加上运输环境具有开放、动态、随机、不可控等特性，因此运输作业需要遵守《危险货物道路运输安全管理办法》等相关法规和《危险货物道路运输规则 第7部分：运输条件及作业要求》（JT/T 617.7—2018）等相关标准的规定。

第二节　危险货物道路运输组织及基本要求

一、危险货物道路运输组织基本概念

"组织"可以从静态和动态两个方面来理解。

静态的组织，从管理学角度看是指为了实现某一个目标确定的，使工作任务得以分解、组织和协调的权责结构。

动态的组织，是指通过一定的权力体系，为了实现组织目标，将所进行的各项工作加以分类，对所需要的一切资源进行合理配置的行为和过程。

危险货物道路运输组织中的"组织"，从企业层面看属于"动态的组织"，是指危

险货物道路运输企业依据危险货物道路运输相关法规标准，通过一定的技术手段，对所需要的运力资源进行合理配置的行为和过程，以实现危险货物道路运输安全、迅速、及时、经济。

危险货物道路运输组织工作包括：道路运输生产计划、组织、指挥、监督和协调。按照工作层次，运输组织工作主要有编制货运生产计划、运输调度和运输作业。

货运生产计划是危险货物道路运输企业的年度计划，直接反映计划年度应完成的危险货物道路运输任务，主要包括危险货物道路运输量、危货运输车辆配置、从业人员构成、危货运输车辆利用程度等方面的部署和安排。货运生产计划是危险货物道路运输企业经营计划的核心内容，也是实施危险货物道路运输生产的纲领。

运输调度则是为了保障货运生产计划顺利执行所开展的日常运输生产组织工作。在危险货物道路运输生产过程中，为了在运输需求、道路状况、气候条件、运力资源状况等要素变化的环境下，能完成货运生产计划规定的运输任务，危险货物道路运输企业必须对运输生产过程进行有效地管理和控制，使得运输生产经常处于正常状态下。运输调度是危险货物道路运输企业确保危险货物道路运输生产过程顺利进行的重要手段。

运输作业是将危险货物从始发地运输到目的地、实现危险货物空间位移的系列运输生产活动，是为危险货物道路运输企业直接创造利润的重要环节。从危险货物道路运输企业角度看，这个环节涉及危货运输车辆、装卸机具等运输设备设施，驾驶人员、押运人员、装卸人员及其管理员、收货员等多类操作人员，装卸、在途运输等多项作业。危险货物道路运输企业的运输管理和运输组织工作，就是为了保障运输危险货物作业能安全、高效、经济地进行。

在危险货物道路运输组织工作中，运输作业是企业可获得营运收入的有效工作，其他工作则是围绕运输作业开展的，以保证危险货物道路运输生产正常进行。

二、危险货物道路运输组织方式

在危险货物道路运输中，企业为了保障安全、满足用户需求、提高生产效率、节省运输成本，采取了多种运输组织方式，主要有定点运输、定时运输、甩挂运输、零担货物运输、集装箱运输等。

1. 定点运输

定点运输，是指按发货点固定车队、专门完成固定货运任务的运输组织形式。由于地点固定，便于调度员对运力资源的统筹安排，有利于加速车辆周转、提高运输和装卸工作效率、提高服务质量，并有利于行车安全和节能。例如城市油品二次配送，有固定的加油站和储油罐，属于典型的定点运输方式。

定点运输的方式有定线运输和定区域配送两种：

（1）定线运输。给运输承运人划分一条或几条固定的运输路线，根据这些路线的客户需求，承担这些路线的送货/取货任务。

（2）定区域配送。对客户地理位置进行区域划分，让承运人承担固定区域的送货/取货任务。

定点运输的特点有以下两点：

（1）固定区域或路线运输使运输调度计划的设计相对容易，节省了复杂运输调度计划的时间，提高了运输效率。

（2）定点运输中，送货或取货地点相对比较集中，有利于运输路线优化。定点运输组织形式，既适用于装、卸地点比较固定集中的货运任务，也适用于装货地点集中而卸货地点分散的固定性货运任务。

2. 定时运输

定时运输，是指运输车辆按运行作业计划中所拟定的行车时刻表来进行工作。在汽车行车时刻表中规定了汽车从车场开出的时间、每辆车到达和开出装、卸地点的时间及装卸工作时间等。由于车辆按预先拟定好的时刻表进行工作，加强了各环节工作的计划性，提高了工作效率。

要组织定时运输，必须做到各项定额的制定和检查工作，包括：车辆出车前的准备工作时间定额，车辆在不同运输路线上重、空载行驶时间定额，以及不同货种的装、卸工作时间定额等。同时，还应合理确定驾驶人员的休息和用餐等生活时间。所以要加强货源调查和组织工作，加强车辆调度和日常工作管理以及装卸工作组织等。

定时运输的优点为计划性强、工作效率高，缺点是容易产生车辆放空。

也有一些企业采用组合定点、定时两种方式来组织运输。

3. 甩挂运输

甩挂运输，是指货车按照日运行计划在装、卸地点有目的地甩下指定挂车的运输组织形式。这种组织方式可以减少主车的装、卸停歇时间，提高运输生产效率。

在相同的运输组织条件下，货车运输生产效率由汽车载重量、平均技术速度和装卸停歇时间三个要素决定。采用这种组织方法，就使得货车的装、卸停歇时间减少为牵引车装卸停歇时间加甩挂时间，而不用考虑挂车的装卸时间。

甩挂运输适合在装卸能力不足、装卸时间占货车运行时间比例较大、运距较短的运输条件下采用，可根据运输条件的不同而组织不同形式的甩挂运输。

目前，危险货物道路运输正在试点的甩挂运输方式有以下两种：

（1）空车甩挂方式。这是罐式车辆在停车场甩下空挂车的一种运输组织形式。因为罐体换装许可范围内的介质需要一定时间进行蒸洗罐；或者罐体到了维修期需要一定时间维修；为了减少主车在停车场的等待时间，采取一主多挂、主挂分离的方式，主车到停车场甩挂后，换上适应的挂车即可出车。

（2）重车甩挂方式，与普通货物的重车甩挂方式相同，只是对于危货运输车辆，这种方式的前提条件是装货点或卸货点必须有专用的重车停车位。

4. 零担货物运输

零担货物运输，是指托运人一次托运货物质量不足3t的货物运输组织形式，具有运量零星、批数较多、流向分散、品类多等特点，是汽车货物运输中相对独立的一个部分。相对于其他汽车运输，零担货物运输有其自身的特点：

（1）货源不确定。零担货物运输的货流量、货物数量、货物流向具有不确定性，并且难以计划，无法通过运输合同方式将其纳入计划管理范围。

（2）组织工作复杂。零担货物运输环节多，作业工艺细致，对货物配载和装卸要求也相对较高。

（3）单位运输成本较高。为了适应零担货物运输的要求，仓储要配备一定的仓库、货棚、站台，以及相应的装卸、搬运、堆置的机具。此外，相对于整车货物运输而言，零担货物运输周转环节多，更易出现货损、货差，赔偿费用相对较高。因此，零担货物运输成本较高。

5. 集装箱运输

汽车集装箱运输，是指以汽车集装箱作为运输单元进行货物运输的一种运输形式。随着国际多式联运的发展，汽车集装箱运输正在成为一种重要的危险货物运输方式。

集装箱运输是社会生产大发展的产物，不仅促进了水、陆、空各种运输工具之间的联运，解决了复杂而又零星的小包装货物的零担运输问题，而且吸收了大量的整车货物。随着汽车集装箱运输的广泛应用，其经济效益越来越明显，这是汽车集装箱运输能够迅速发展的根本原因。汽车集装箱运输具有效率高、便于多式联运、运输质量好和利于实现现代化管理等特点。

三、危险货物道路运输组织基本要求

组织危险货物道路运输，除了需要考虑普通货物运输组织所要求的迅速、准时、经济和便利，更重要的是要将运输安全放在运输组织工作的第一位。

1. 安全

安全是危险货物道路运输组织的基本要求。运输组织工作中，影响运输安全的因素主要有危险货物、危货运输车辆、驾驶人员，以及车辆选择、驾驶人员配置、运输任务安排等。要减小危险货物道路运输风险，需要依据法规标准要求进行危险货物道路运输的计划、组织、指挥、监督和协调。

危险货物道路运输组织重点是配置、利用运输资源，实现运输生产经营活动的过程中人、车、货物和路线的统筹安排。

（1）人力资源调配与管理。运输组织要关注运输调度员和危货运输车辆驾驶人员等与危险货物道路运输直接相关人员的技术和安全素质要求，要依据实际工作环境以及人的生理特点安排驾驶人员的出车、休息时间。

（2）危货运输车辆配置与利用。要严格按照国家法规和标准要求，选择符合要求的车型和罐体；要在保证安全的基础上提高设备的利用效率，兼顾安全与效率。

运输组织中，需要考虑危货运输车辆的安全检测、维护和修理情况，只使用技术等级为一级的危货运输车辆，保障行车安全。

（3）考虑环境的变化，适时调整运输能力的利用。例如，适应外界恶劣气候和环境

恶化，采用稳妥安全的运行调整措施，维持正常的行车秩序，保证系统的稳定运行。

（4）从安全运输出发，在运输生产过程中对危险货物实施严格有效的管理和控制，特别是规定危险货物道路运输条件、装载、混载等安全技术要求。

（5）以运输安全作为运输组织水平和业绩考核的重要指标。

2. 迅速

迅速是一个相对的概念。通过采用新的技术设备和运输组织方法，缩短危险货物的装卸作业时间，减少车辆在港口、仓储中转和停留的时间，提高运送速度。

3. 准时

准时是满足用户关于危险货物（特别是高附加值危险货物）送达期限和送达时间的要求。在市场经济高度发展的西方国家，危险货物道路运输是社会商品交易过程的一个组成部分，按时交货成为运输质量和运输服务水平的重要标志。保证危险货物准时送达，应当在运输作业各个环节体现运输的时效性，对非始发直达的运输流组织方式，应保证固定的运输流接续，并严格按时刻表运送。

4. 方便

方便是用户的共同要求，一般包括办理运输手续和费用结算的简便，提供不受时间限制的运输服务和延伸服务。同时，方便性也是相对于使用其他运输方式或者是与过去情况相比较而评价的。因此，尽可能地方便用户，提高服务质量和水平，是改善危险货物运输组织工作、提高竞争力的一个重要方面。

5. 经济

经济，对用户而言是指支付较低的运输费用，对危险货物道路运输企业而言则是指耗费较低的运输成本。这两方面的要求有时是一致的，有时则是矛盾的。

上述基本要求的达成程度，是道路运输安全和运输服务水平的重要标志，也是危险货物道路运输企业市场竞争能力的重要标志。

第三节　危险货物道路运输计划

危险货物道路运输计划包括危险货物道路运输生产计划（以下简称危货运输生产计划）和危货运输车辆运行作业计划。危货运输生产计划只是一个纲领性的生产目标，不是对生产过程的具体安排；危货运输车辆运行作业计划是危货运输生产计划工作的继续，是对日常运输生产任务的具体安排。

一、危货运输生产计划

危货运输生产计划是根据过去一个时期内完成任务的历史实绩、计划期的运输需求、企业现有的运输能力，编制的运量与运力安排计划。危货运输生产计划是危险货物道路运输企业经营计划的组成部分，是实施运输生产的纲领，编制质量良好的危货运输生产计划，对于多快好省地完成运输任务具有重要意义。

危货运输生产计划由运输量计划、危货运输车辆计划和危货运输车辆运用计划组成。

运输量计划和危货运输车辆计划是运输生产计划的基础部分，危货运输车辆运用计划是危货运输车辆计划的补充。运输量计划表明社会对运输的需求，危货运输车辆计划和危货运输车辆运用计划则表明企业为满足这种需求可能提供的运输能力。需要与可能之间必须互相适应，保持一定的平衡关系。计划运输量不能逾越企业可能提供的最大运输生产能力，而危货运输车辆运用计划又必须在确定先进、合理的基础上，尽最大可能"以销定产"满足社会的需求。所以，编制危货运输生产计划的过程，也就是运量和运力、需要和可能之间反复平衡的过程。编制危货运输生产计划，应先编制运输量计划，明确危险货物道路运输任务，据此编制危货运输车辆计划和危货运输车辆运用计划，以满足运输量计划的要求。

1. 运输量计划表

运输量计划是指危险货物道路运输企业在计划期内预计完成的货运量和货物周转量，主要包括：关于货运量、货物周转量、分类项的上年度实际值，本年度及各季度的计划值，以及本年度计划值与上年度实际值比较等内容。常用的运输量计划表见表6-3-1。

运输量计划表　　　　　　　　　　　　　　　　　　表6-3-1

指标		单位	上年实际	本年度计划					本年度计划为上半年实际（%）
				全年合计	第一季度	第二季度	第三季度	第四季度	
货运量		万t	1200	1800	300	500	500	500	150
周转量		万t·km	312000	504000	84000	140000	140000	140000	162
货物分类运量	碳化钙	万t	183	248	41	69	69	69	136
	钙	万t	226	385	64	107	107	107	170
	铝粉	万t	289	400	67	111	111	111	138
	汽油	万t	256	378	63	105	105	105	148
	柴油	万t	246	389	65	108	108	108	158

2. 危货运输车辆计划表

危货运输车辆计划是指企业计划期内的危货运输能力计划，主要用于合理确定危险货运车辆的构成，主要包括各车型的危货运输车辆主车数或挂车数/吨位、增加或减少的各车型的危货运输车辆主车数或挂车数/吨位、年末和全年平均的各车型的危货运输车辆主车数或挂车数/吨位。常用的危货运输车辆计划表见表6-3-2。

危货运输车辆计划表　　　　　　　　　　　　　　　表6-3-2

车辆类型	标记吨位（t）	上半年		本年度								本年末		全年平均	
				增加车数/吨位				减少车数/吨位							
		车数（辆）	吨位（t）	第一季度	第二季度	第三季度	第四季度	第一季度	第二季度	第三季度	第四季度	车数（辆）	吨位（t）	车数（辆）	吨位（t）
江铃	35	5	35						1			4	35	4.38	35

3. 危货运输车辆运用计划表

危货运输车辆运用计划是指危险货物道路运输企业计划期内全部危货运输车辆生产能力利用程度的计划，由危货运输车辆的各项运用效率指标组成，是平衡运力与运量计划的主要依据之一。常用的危货运输车辆运用计划表见表6-3-3。

危货运输车辆运用计划表 表6-3-3

指标		上年度实际	本年度计划					与上年度比较
			全年	第一季度	第二季度	第三季度	第四季度	
主车	平均营运车数							
	总吨位							
	平均吨位							
	车辆完好率							
	工作车日数							
	营运速度							
	平均每日出车时间							
	平均车日行程							
	总行程							
主车	行程利用率							
	载重行程载重量							
	吨位利用率							
	货物周转量							
挂车	托运率							
	货物周转量							
综合	货物周转量							
	平均运距							
	货运量							
	单车期产量							
	车吨期产量							

二、危货运输车辆运行作业计划

危货运输车辆运行作业计划是有计划地、均衡地组织企业日常运输生产活动，建立正常运输生产秩序的重要手段。它的主要任务，一方面是把企业车队和有关的职能科室有机地组织起来，协调一致地开展工作；另一方面是不断提高运输效率，保证企业按日、按期地均衡完成危险货物道路运输任务，全面地完成各项技术经济指标。

1. 危货运输车辆运行作业计划内容

危货运输车辆运行作业计划是企业组织危货运输车辆运行所编制的实施计划，规定了每辆危货运输车辆在一定时间内的具体运输任务，包括按日历顺序安排的危货运输车辆运行作业起止时间、运行路线、装卸货点、运输货物名称、额定装载量、应完成的装载量等，见表6-3-4。

××危货运输车辆5日作业计划表   表6-3-4

日期	作业计划具体内容				运量（t）	周转量（t·km）	执行情况检查
1							
2							
3							
4							
5							

指标	计划	工作率	车日行程	里程利用率	实载率	运量	周转量	说明
	实际							

2.危货运输车辆运行作业计划类型

危货运输车辆运行作业计划有不同类型，根据其间隔期的长短，大致有以下几种。

（1）长期危货运输车辆运行作业计划：这种形式适用于经常性的、大宗危险货物运输任务，其运输路线起讫地点、运送数量和品种都比较固定的情况。计划周期有半月、一月不等，作业计划质量较高，对危货运输车辆发放班次，到、开时间沿途作业内容等作出具体规定，这种作业编制工作量不大，效果较好。

（2）短期危货运输车辆运行作业计划：这种形式适应性较广，对于起讫点较多、流向复杂、货物品类繁多的情况均能适用。计划周期一般为3~5天，作业计划编制工作量较大，对于危货运输车辆调度水平有较高要求。

（3）日危货运输车辆运行作业计划：这种形式适用于货源多变、临时性任务较多的情况，例如短途、城区的货运作业计划。即使采用短期危货运输车辆运行作业计划，适量车辆仍可采用日作业计划形式作为补充。日危货运输车辆运行作业计划编制频繁，工作量较大。

（4）运次危货运输车辆运行作业计划：这种形式往往适用于临时性或季节性的、起讫点固定的短途运输。每日（班）往返运次和完成的运输工作量，主要决定计划周期的长短，并可根据货源多少加以确定。作业计划编制比较容易，车辆调度也方便，尤其是承担港站短途集散运输时较为适用。

3.危货运输车辆运行作业计划编制步骤

1）主要编制依据

（1）危货运输生产计划。

（2）货源调查资料、有关的托运计划和运输合同。

（3）JT/T 617.6中的危货运输车辆车型技术要求、装卸条件要求和混合装载技术要求等。

（4）危货运输车辆的技术状况和保修作业计划。

（5）已确定的危货运输车辆行驶路线。

（6）装卸现场情况及装卸作业能力。

（7）危货运输车辆运行的各项技术参数，具体如下：

①站距，即沿线办理货运业务相邻车站之间的距离，必要时还应考虑食宿点位置。

②平均技术速度，即车辆在纯运行时间内的平均速度。不同类型的车辆在同一道路上行驶时，其技术速度也会有所不同。

③途中技术作业时间，即按技术管理规程的内容，在运行途中停车进行技术检查的时间。

④装卸作业时间定额，即企业规定完成货物装卸作业所需要的时间。

⑤计划期内气象情况。

⑥沿线对危货运输车辆的限行情况。

2）主要编制步骤

（1）汇总装车计划（或托运计划和运输合同），编制"货流汇总分日运送计划"。

（2）认真核对出车能力，编制出车能力计划表，妥善安排危货运输车辆保修日期。

（3）根据各种有关信息，分析研究前期危货运输车辆运行作业计划存在的问题。

（4）着手编制危货运输车辆运行作业计划，依据JT/T 617.6选配适应的车型，采用科学方法确定运行路线，妥善安排运行周期。

（5）组织审核计划质量，如有不妥及时纠正。

日危货运输车辆运行作业计划编制的作业量较大，为提高计划的质量，在可能的条件下，应充分利用空车合理调运方案，组织危货运输车辆循环行驶路线；对于单线复式行驶路线来说，则可先测算运次数和派车数，进而编制危货运输车辆运行作业计划。

城市短途运输中，危货运输车辆技术速度会受道路、交通量、交通管理等因素影响，为了正确计算运次数，必要时可考虑不同技术速度的影响时间来综合测算。根据运次数，结合货运量大小和所用车辆的核定吨位，即可确定派车数。

第四节　危险货物道路运输调度

危货运输生产计划是指导企业运输生产的纲领，但是开展运输生产，还需要将计划中的运输任务要求，通过运输调度落实到具体的危货运输车辆、相关人员和运输路线上，需要对日常运输生产任务进行具体的安排。

危险货物道路运输调度（以下简称危货运输调度），是指通过危货运输车辆运行作业计划，执行或调整日常危险货物道路运输任务、运载工具分布，指挥运载工具运输生产，以及与其他危险货物道路运输企业协调等工作，将危险货物道路运输企业内部各个运输生产环节、各运力资源作出合理安排，使其在时间、空间上平衡衔接、紧密配合，组成一个动作协调的整体，以保证危险货物道路运输生产的连续性和均衡性，确保危货运输生产计划的完成。

由于国内危险货物道路运输企业规模不大，据2018年交通运输部统计，经营性业户平均拥有危货运输车辆 32 辆左右，这些小规模危险货物道路运输企业的运输计划和调整比较简单，加上危险货物道路运输需求具有一定的随机性，许多危险货物道路运输企业的运输组织更多是通过日常调度指挥实现。因此，危货运输调度在运输组织中十分重要。

一、危货运输调度主要任务

（一）危货运输调度原则

危货运输调度工作直接影响运输安全生产和企业的经济效益，因此调度工作必须坚持以下原则：

（1）坚持集中领导、统一指挥、逐级负责、落实到人的原则。调度部门是企业危货运输车辆运行工作的权力机构，它代表企业领导发布生产调度命令。各级调度人员对危货运输调度命令和计划安排，应按本级职责范围，认真贯彻执行，并向上一级调度机构负责。

（2）严格遵守危险货物道路运输相关法规、标准，安全调度。

（3）从全局出发，局部服从全局。在危货运输车辆安排上，必须统筹兼顾，全面安排，做到先急后缓，先合同内，后合同外。

（4）在危货运输车辆配置上，应当使用安全技术条件符合国家标准要求且与承运危险货物性质、重量相匹配的车辆、设备进行运输；使用常压液体危险货物罐式车辆运输危险货物的，选择的罐式车辆罐体，其承运的危险货物在适装介质列表范围内；使用移动式压力容器运输危险货物的，其承运的危险货物，应在移动式压力容器使用登记证上限定的介质范围内。

（5）以均衡完成和超额完成计划任务为出发点，根据危货运输车辆运行作业计划对危货运输车辆进行合理安排，灵活调度。

（二）危货运输调度主要任务

危货运输调度的中心任务就是确保危货运输生产计划的完成。为了达到这个目的，危货运输调度主要工作内容是：编制危货运输车辆运行作业计划，将危货运输生产计划落实到危货运输车辆、驾驶人员、押运人员和运输路线上；同时还需要及时了解运输需求的变化，对车辆运行进行不间断的监督、组织和指挥，根据当前的运输形势及时调整危货运输车辆运行作业计划。

（1）各级调度部门应严肃认真执行国家有关法规，通过运力和运量的平衡，合理安排危险货物道路运输生产。

（2）严格审查受理业务的托运单，逐份检查危险危险货物品名、编号、总量等；按照危货运输生产计划、托运单等相关材料，按照所运的危险货物理化特性、质量，依据 JT/T 617 选择合适的危货运输车辆，指派适应的驾驶人员，编制危货运输车辆运行作业计划。

（3）执行危货运输车辆运行作业计划，并随时了解危货运输车辆运行情况，进行组织指挥和监督检查。对车辆运行中出现的问题，及时分析研究，采取措施，调整出车计划，组织新的平衡，保证运输生产顺利、连续进行。

（4）掌握危险货物的流量、流向，对于临时性的运输任务变动，应采取积极措施，调整运力，尽可能确保任务完成。

（5）加强现场管理和车辆运行指挥。针对现场、路线、货源等具体情况，采取不同的车辆调度方法，提高车辆运行效率，并不断研究改进调度工作。

（6）认真执行危货运输车辆的维护、保修和综合性能检测制度，保证车辆技术等级一级。

（三）计划调整

计划调整是日常危货运输调度的主要工作之一。

一般情况下，货运生产计划所规定的货运生产任务及有关运营指标是按一段时间内的日平均数制订的，而危险货物道路运输生产过程由于受各种因素的影响，具有较强的随机性，每日的运输状态均不相同，经常偏离规定计划。为努力实现运营指标，争取完成货运生产计划，日常需要分析运输生产指标完成情况，根据危险货物道路运输需求的变动、运输生产中突发情况等，如新增运输危险货物，或者因临时性封路危货运输车辆不能及时返回等，对运输生产过程进行调整，以预防或消除运输生产过程中可能或已经发生的困难，保证运载工具的正常分布，经济合理地使用运输设备。为此，需要依据货运生产计划和计划内外货运生产的变动情况，组织、指挥、监督和协调危险货物道路运输生产，以保障一段时间内危货运输车辆、其他运输设备、从业人员的合理使用。

1. 计划变动的类型

危货运输车辆运行作业计划调整是调度日常的主要工作，计划变动的情况很多，主要有以下几种。

1）计划外运输需求

计划外运输需求是指货主未按规定提送托运计划或签订运输合同，临时发生危险货物道路运输需要，对危险货物道路运输企业提出的运输要求。

2）变更运输计划

变更运输计划是指月度货物运输计划虽已经批准，危货运输车辆运行作业计划已经通过，货主临时需要变更货物品名，或者数量，或者到站/发站。

3）运输生产出现问题

运输生产出现问题是指危货运输车辆运输生产作业时，发生了交通事故或者危货运输车辆故障，无法继续运输；或者由于原定路线临时限行需要绕行、装卸货作业时间变化等情况，使得危货运输车辆无法按期返回等。

尽管计划变动情况很多，调整的内容很多，但最主要的是解决运力不足的问题。为此，危险货物道路运输企业应加强计划变动管理。涉及货源问题，应主动与货主密切沟通，在货源组织工作中及时发现变动趋势，早日提出解决方案；如果涉及运输作业问题，应密切与企业车队、装卸货单位联系，找出运输作业中问题的原因并加以解决，从根本上改善计划管理工作。

对于紧急的军事运输，救灾、防汛、抢险等应急物资运输，应不受计划的限制。

2. 变动调整的方法

可采取的调整措施主要有以下几种。

1）运输流的调整

当运输秩序发生混乱、运载工具不能及时到达或积压时，应考虑货流与运载工具的匹配问题，采取措施使其达到新的平衡。主要采用的方法有两个：一是调整货运任务在时间上的分布，通过停止或加速装载货物，调整运载工具的任务量；二是调整运载工具在空间上的分布，紧急调运或疏散部分运载工具。一般调度部门都设有专门的计划人员，既负责作业计划的编制，同时也负责对制订计划的调整，并拟订相应的配套措施。

2）运行秩序的调整

运载工具出现早晚点情况或运输流调整后，运载工具运行时刻发生变化时，需要对运载工具的运行重新组织。由于道路运输方式一般受运输网络能力的限制较小，调整个别运载工具运行时间对整个运行秩序影响不大，调整工作主要是根据运输形势的变化决定并下达调整运行时间的指令，需要注意可能产生冲突的地点集中在进出港站、仓储等集疏运点的通道上，需要与集疏运点上调度人员搞好协调工作。

3）运行路线的调整

由于某些特殊原因，造成局部运输通道堵塞或者临时限行的情况下，可以考虑变更部分运载工具的运行路线。

二、危货运输车辆调度

危货运输调度核心工作是危货运输车辆调度。

国外将车辆优化调度问题归结为车辆调度问题（VSP）和车辆路径问题（VRP）。本书将危货运输车辆调度问题定义为：在一个运输供求关系系统中，有若干台危货运输车辆、若干个装货点和卸货点，要求合理安排危货运输车辆及其装卸货任务、行车路线、出行时间，从而在给定的约束条件下（车型、运输量、混合装载、道路通行限制、时速、周期、运输费用，以及可接受的风险标准等），把危险货物从装货点通过道路送到卸货点，达到一定的目标（如运输风险最小、运输成本最低等）。其目的就是在保障危险货物道路运输安全的条件下使运输效益最高。

下面介绍危货运输车辆调度问题要素、调度问题种类、行驶路线种类。

（一）危货运输车辆调度问题要素

危货运输车辆调度问题主要包括：危险货物、危货运输车辆、装货点、卸货点、运输网络、约束条件和目标函数等要素。

（1）危险货物是调度配送的对象，包括品名、联合国编号、理化特性、包装或散装、重量、体积、适用的车型、装卸货时间、装卸货地点、能否分批送、若是包装能否混合装载等属性。这些属性是决定选择危货运输车辆车型、配置危货运输车辆数量、计划走行路线等运输调度的内容。

（2）危货运输车辆是危险货物的运载工具，其主要属性包括车型、载重量、一次配送最大行驶距离、配送前的停放位置，以及完成任务后的停放位置等。一次配送最大行驶距离包括无距离限制和有距离限制；配送前的停放位置，可以是自身的或某个危货企业停车场、装货点等；完成任务后的停放位置，可以是返回出发时的停车场、其他的停车场，或者原地待命。这些决定了危货运输车辆的运输任务安排、工作时间要求等调度内容。

（3）装货点是装载货物的地点，有的也是卸载货物的地点。装货点可以是物流中心、仓库、化工厂、港口等。在某配送系统中，装货点数量可以是一个，也可以是多个；装载的危险货物可以是包装，也可以是散装；装载的危险货物，可以是同一种，也可以多种。

（4）卸载点是卸载货物的地点，有的也同时是装货点。卸货点也可以物流中心、仓库、化工厂、港口等。在某配送系统中，卸货点数量可以是一个，也可以是多个。

装、卸点的属性值决定了运输任务复杂度。最简单的一种类型是装、卸点各一个，装的危险货物只有一种，且对装卸时间没有限制，这样调度任务也相应简单。但是现实中一般都比这个复杂，如有多个装货点，装货时间有时间窗约束等等，从而增加了调度问题的难度。

（5）运输网络是由危险运输企业停车场、装卸货点、车辆行驶路线构成的运输网络节点和边组成，运输网络边的赋值可以是费用、时间、距离等。

（6）约束条件是危货运输车辆调度时需要考虑的一些要求，主要约束条件包括：危险货物理化特性、数量，危货运输车辆车型，包件混合装载，装载量限制，装卸货的时间范围，道路通行时间、行驶速度、运输费用、沿途风险等。

（7）危货运输车辆调度优化问题通常有多个目标函数，主要目标变量有运输风险和运输成本。

危货运输调度时考虑要素的属性越多，运输问题越复杂，调度工作难度越大。

（二）危货运输车辆调度问题种类

自车辆优化调度问题提出后，国内外众多学者对它进行相关研究，取得了一系列研究成果，分析这些成果所研究的车辆调度问题类型，可以总结成如下几类。

（1）按装、卸货点数量分，可以分为单点和多点车辆运行调度问题。这里的单点是指企业运输作业只涉及一个装/卸货点，如果涉及多个装/卸货点则属于多点车辆运行调度问题。图 6-4-1 所示是多点车辆出行调度，每辆车从停车场出发，到指定仓储装货，完成多个客户配送任务后，返回停车场。

（2）按配送任务特征分，可以分为纯配送货物问题、纯取货物问题和送取货物混合问题。如果整个系统中只需要考虑从物流配送中心向客户进行货物配送，就叫纯配送货物问题；如果属于整个配送系统中只考虑了把每个客户供应的货物单纯地取回到物流配送中心，就是纯取货物问题；如果前面两者都要在整个配送系统中考虑到，则属于送取货物混合问题。

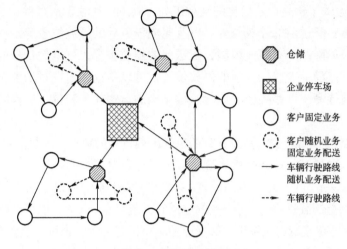

图 6-4-1 多点车辆出行调度

（3）按车辆货运情况分，可以分为满载车辆运输问题、非满载车辆运输问题，以及满载和非满载车辆运输混合问题。如果货运量大于或是等于一辆车的最大承载量，即要想完成这一次物流配送需要一辆及以上数量的车辆，那么就属于满载车辆运输问题；如果每一次的货运量都小于车辆的最大承载量，多种货物共派用一辆车，那么就是非满载车辆运输问题；满载与非满载问题是指一部分客户需求量比车辆的最大承载量大或是等于车辆的最大承载量，同时还有一部分客户的需求量小于车辆的最大承载量，这样就构成了一部分配送车辆是满载运行状态，而另一部分为非满载的状态。

（4）按客户对时间的要求分，可以分为无时间窗问题和有时间窗问题。如果客户对货物的配送没有严格的时间要求，就叫无时间约束问题；如果客户对货物的配送有一定的时间要求，那么就是有时间约束问题。时间窗问题包括硬时间窗问题和软时间窗问题。

（5）按车型分，可以分为单车型问题和多车型问题。如果配送中心的所有物流运送车辆类别和运量都是相同的，就叫单车型问题，单车型问题的管理和装卸比较便利；物流配送中使用的车辆类别和运量不完全相同的，叫多车型问题，这种情况比单车型问题处理起来复杂得多。

（6）按照目标变量的数量分，可以分为单目标问题和多目标问题。

（三）危货运输车辆行驶路线类型

危货运输车辆行驶路线是指危货运输车辆在完成运输工作中的运行路线，包括空驶和有载行程。

危货运输车辆行驶路线有许多种，主要类型有往复式、环形式和汇集式。

整车装卸货运车辆的行驶路线主要是往复式和环形式行驶路线，小批量货物运输路线则多为汇集式行驶路线。本节主要阐述这几种类型的路线，而选择风险低、运输成本低的危险货物道路运输路线方法，在第七章中具体说明。

1. 往复式行驶路线

往复式行驶路线是指危货运输车辆在两个装卸作业点之间的路线上，作一次或多次重载运行的行驶路线。往复式行驶路线一般为长途货物运输组织路线。

根据危货运输车辆往复运输时的载运情况，这种行驶路线可分为单程有载往复式、回程部分有载往复式和双程有载往复式。

1）单程有载往复式行驶路线

单程有载往复式是指回程不载货的往复式，其行驶路线形式如图 6-4-2a) 所示。在危险货物道路运输生产中属于常见方式，但车辆里程利用率较低，运输生产效率在三种行驶路线中效率最低。

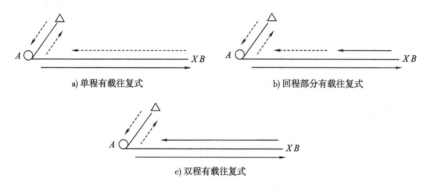

图 6-4-2 往复式行驶路线示意图

采用单程有载往复式行驶路线的车辆，日运行指标可按以下各式确定。

（1）货运量 Q。

$$Q = Z_0 q_0 \gamma \qquad (6\text{-}4\text{-}1)$$

式中：Z_0——车辆完成的周转数（次）；
q_0——车辆额定载重量（t）；
γ——车辆吨位利用率（%）。

（2）货物周转量 P。

$$P = QL_1 = Z_0 q_0 \gamma L_l \qquad (6\text{-}4\text{-}2)$$

式中：L_l——每次周转内车辆的载重行程（km）。

（3）行程利用率 β。

$$\beta = \frac{\sum_{Z=1}^{Z_0} L_{li}}{\sum_{Z=1}^{Z_0} (L_{li} + L_{fi}) + L_H} \qquad (6\text{-}4\text{-}3)$$

式中：L_{li}——车辆第 i 次周转的载重行程（km）；
L_{fi}——车辆第 i 次周转的空载行程（km）；

L_H——日收、发车空驶行程（km）。

2）回程部分有载往复式行驶路线

回程部分有载往复式是指回程部分行程载货，不是全程载货。危货运输车辆在每次周转中也完成了两个运次，但空载行程不等于零。这种方式在危险货物道路运输生产中经常用到，尤其是已经具有网络化运输经营能力的大型危险货物道路运输企业。在回途中，有一段路程有载，或全程有载但实载率低的运输方式，如图6-4-2b)所示。目前许多企业通过回程"配载"的方式尽量减少回程空驶路段或空载现象。

采用回程部分有载往复式行驶路线的车辆，日运行指标可按以下各式确定。

（1）货运量 Q。

$$Q = Z_0 q_0 (\gamma_1 + \gamma_2) \quad (6\text{-}4\text{-}4)$$

式中：γ_1、γ_2——一次周转中，车辆在第一运次和第二运次的载重量利用率（%）。

（2）货物周转量 P。

$$P = Z_0 q_0 (L_{l1}\gamma_1 + L_{l2}\gamma_2) \quad (6\text{-}4\text{-}5)$$

式中：$L_{l1}\gamma_1 + L_{l2}\gamma_2$——一次周转中，车辆在第一运次和第二运次的载重行程（km）。

（3）行程利用率 β。

$$\beta = \frac{Z_0(L_{l1} + L_{l2})}{Z_0(L_{l1} + L_{l2} + L_{f1} + L_{f2})} \quad (6\text{-}4\text{-}6)$$

3）双程有载往复式行驶路线

双程有载往复式行驶是指回程全程载货，在每一次周转中完成两个运次，空载行程为零，是生产率最高的往复式行驶路线，如图6-4-2c)所示。

采用双程有载往复式行驶路线的车辆，日运行指标可按以下各式确定。

（1）货运量 Q。

$$Q = Z_0 q_0 (\gamma_1 + \gamma_2) \quad (6\text{-}4\text{-}7)$$

式中：γ_1、γ_2——一次周转中，车辆在第一运次和第二运次的载重量利用率（%）。

（2）货物周转量 P。

$$P = 2QL_l \quad (6\text{-}4\text{-}8)$$

（3）行程利用率 β。

$$\beta = \frac{2Z_0 L_0}{2Z_0 L_l + L_H} \quad (6\text{-}4\text{-}9)$$

上述三种往复式行驶路线，双程有载运输方式里程利用率最高，是运输生产率最高的行驶路线；其次是回程部分有载的运输方式；单程有载运输方式的运输效率最差。

2. 环形式行驶路线

环形式行驶路线是指不同危险货物道路运输任务的装卸点依次连接成一条闭环的路

线。当危货运输车辆沿环形式行驶路线运输时，一次周转内至少完成两个运次的运输工作。当无法组织双程有载的往复式行驶路线时，为了提高里程利用率，可组织环形式行驶路线。

由于不同货运任务装卸点位置分布不同，环形式行驶路线可能有不同形状，如图6-4-3所示。环形路线的选择，以完成同样货运任务时，里程利用率最高，即空车行程最短为选取原则。

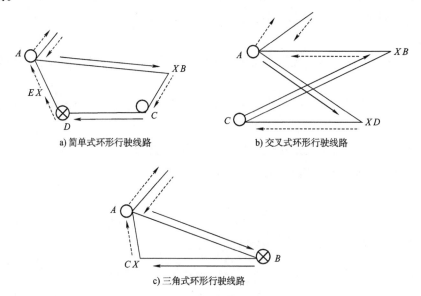

图6-4-3　环形式行驶路线示意图

采用环形式行驶路线的车辆，主要日运行指标可按以下各式确定。

（1）货运量 Q。

$$Q = \sum_{i=1}^{n} q_0 \gamma_i \tag{6-4-10}$$

式中：n——完成的运次数；
　　　γ_i——第 i 运次车辆载重量利用率（%）。

（2）货物周转量 P。

$$P = \sum_{i=1}^{n} q_0 \gamma_0 L_{li} \tag{6-4-11}$$

式中：L_{li}——第 i 运次的载重行程（km）。

（3）行程利用率 β。

$$\beta = \frac{\sum\limits_{i=1}^{n} L_{li}}{\sum\limits_{i=1}^{n} (L_{li} + L_{fi}) + L_H} \tag{6-4-12}$$

式中：L_{li}——第 i 运次的空载行程（km）；
　　　L_H——日收、发车空载行程（km）。

$\beta < 0.5$ 的环形式路线，一般不宜采用。

3. 汇集式行驶路线

汇集式行驶路线是按单程进行货运生产组织的危货运输车辆行驶路线，是针对小批量运输任务的用语。

车辆由起点发车在货运任务规定的各货运点依次进行装（卸）货，并且每运次装（卸）货量都小于一整车，完成各货运点运输任务以后，最终返回原出发点。汇集式运输时，车辆可能沿一条环形路线运行，也可能在一条直线形路线上往返运行，一般汇集式运输可分为三种形式。

（1）分送式（仅送货，先送多者）：车辆沿运行路线上各货运点依次进行卸货，如图 6-4-4a）所示。

（2）收集式（仅收货，先收少者）：车辆沿运行路线上各货运点依次进行装货，如图 6-4-4b）所示。

（3）分送—收集者（先送货后收货）：车辆沿运行路线上各货运点分送或同时进行分送及收集货物，如图 6-4-4c）所示。

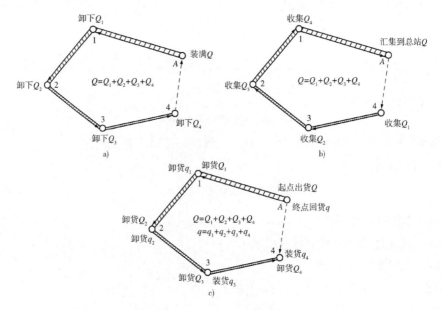

图 6-4-4 汇集式行驶路线示意图

小批量危货运输车辆调度问题，在确定了车型的情况下，除了需要考虑行驶路线外，还需要考虑车型的载重量或载货容积，中间停留点的提货/送货数量、提货/送货时间要求，装、卸货物花费时间，驾驶人员行车时间要求等，约束条件比整车的多，问题复杂，难以取得最优解。

（四）危货运输车辆优化调度基本方法

危货运输车辆优化调度问题解决方法可以分为精确算法和启发式算法。解决规模较小的车辆调度问题时一般采用精确算法，解决规模较大的 VRP 问题主要运用启发式算法；但是启发式算法求解得到的不是精确的最优解，而是合适解。

（1）传统启发式。传统的启发式算法从初始解出发，用邻域搜索的方法对所得解进行改进，并在较短的时间内获得一个可行解。传统的启发式算法有 Rosenkrantz 和 Steams 等提出的邻接点算法、Clarke 和 Wright 的节约算法、Gillett 和 Miller 的扫描算法、Mole 和 Jameson 的插入算法等。

（2）精确算法。精确算法是指用线性规划、非线性规划、整数规划和动态规划等数学规划方法求得最优解的算法。包括割平面法、分枝界定法、动态规划法等。精确算法能够准确地计算出结果，适合于简单的模型求解。对于复杂的多目标问题，精确算法的计算复杂度呈指数增长，不能用来求解规模较大的问题。

（3）智能化启发式。20 世纪 90 年代以来，由于人工智能方法在解决组合优化问题中显示出了强大功能，不少学者开始将人工智能引入车辆路线问题的求解中，并构造了大量的基于人工智能的启发式算法（智能化启发式算法）智能化。相对于传统启发式算法，现代启发式算法不要求在每次迭代中均靠近目标函数值，而是允许在算法中适当接受偏离目标值甚至是不可行的解，目的是防止算法陷入局部最优解。启发式算法包括：Glover 提出的禁忌搜索算法、Metropolis 的模拟退火算法、Holland 的遗传算法、Dorigo 等的蚁群算法等。

第五节　危险货物道路运输作业

从企业角度来看，危险货物道路运输作业是危险货物道路运输企业履行运输合同要求，综合运用相关技术设备和人力资源，组织、协调有关部门，借助载运工具将危险货物从装货点通过道路运送到卸货点的系列生产活动。

依据运输生产活动性质，可以将危险货物道路运输作业划分为承托运作业、发送作业、途中作业和到达作业。

（1）承托运作业，是承、托运双方明确运输任务，递交单据和证明文件的过程。主要作业包括托运、受理。

（2）发送作业，是承运人依据运输任务，依据调度派人、派车，完成托运人与承运人之间货物交接的过程。主要作业包括编制运单、出车、危险货物装载。

（3）途中作业，是驾驶人员完成将货物从指定的装货点送到卸货点的在途运输服务的全过程。主要作业为途中行车。

（4）到达作业，是驾驶人员在卸货点，完成与收货人之间货物交接的过程。主要作业包括办理交接手续和卸货。

罐式车辆危险货物道路运输作业流程如图 6-5-1 所示。

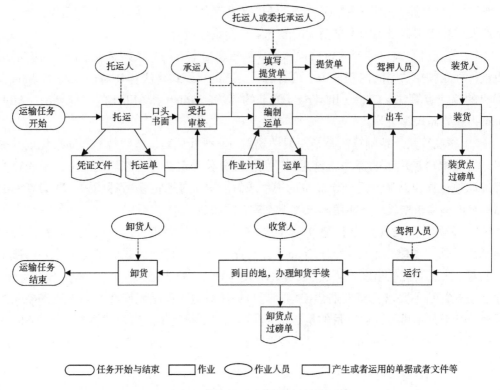

图6-5-1 罐式车辆危险货物道路运输作业流程

一、承托运作业

承托运作业是一次运输的开始,主要是承、托双方明确运输任务,完成单据交接的过程。本节侧重阐述托运、受理作业内容和涉及的单据。

1. 托运

托运是托运人委托具有危险货物道路运输资质的企业为其运送货物,并为此办理托运手续的统称。这里的办理手续,是指若承运人接受委托,托运人将与其签订合同,向承运人提交第二章中介绍的托运清单、相关部门许可或批准文件等运输单位,并依据托运清单按时准备好运输的危险货物。

2. 受理

受理是承运人审核委托的运输任务过程。

对于运次合同运输,承运人审查托运清单,确认委托的货物是否符合企业的经营许可范围,是否满足运输条件,并以此决定是否接受委托。若接受,则在托运单上签章。同时,承运人还要审核托运人提供的相关部门许可或批准文件是否完整、合规,与托运人确定装货日期。

对于批量合同运输,则是接受交待运输任务的过程。承运人明确该批次要运输的货物和数量,接受托运人提交的运输单证,确定装货日期。

二、发送作业

（一）发送作业主要任务

发送作业是指在承运和托运双方明确了运输任务、办理了托运手续的基础上，所完成的危险货物发送前的系列技术作业。

发送作业环节的主要任务包括：编制运单、出车前检查、危险货物装载作业等。

（1）编制运单表示承运人调度派车的发起和驾驶人员、押运人员运输作业的开始。运单可人工编制，也可以通过计算机等方式在线或离线填写，打印出纸质的交驾驶人员，凭此发车。

（2）出车前，承运人和完成运输任务的驾驶人员、押运人员按照法规和运输作业规程要求，对危货运输车辆、驾驶人员和押运人员、随车携带的设备和单证等进行检查，检查内容具体参见第八章。

（3）货物装载是发送作业的最后一项任务，也是危险货物发送作业的重要环节。在危险货物流转过程中，装卸活动是不断出现和反复进行的，它出现的频率高于其他各项物流活动，因此货物装载作业是实现高效运输、保障运输安全的关键。

为了强化危险货物装载安全管理，《危险货物道路运输安全管理办法》提出了装货人在充装或者装载货物前，需要开展"五必查"，检查内容参见第八章。不符合要求的，不得充装或者装载。

JT/T 617.6给出了危险货物装卸作业的基本要求，包括包件运输装卸条件、散装运输装卸条件、罐式运输装卸条件和装卸作业要求。

（二）包件装载作业

包件是指包装及其内装物，这里的包装包括中型散装容器和大型包装。

包件装车前，除了前述规定的装货人查验工作外，驾驶人员也需要凭提货单验货和清点数量等，确保所装载的货物与提货单一致。驾驶人员根据提货单填写的内容，核实货物的编号、品名、数量、件重、总重等，检查货物包件标志标记是否正确，货物包装是否破损等。只有装货人、驾驶人员双方都验收通过，装货人才可进行包件装载作业。

包件装载作业，是指装货人按照JT/T 617.6中关于包件装卸作业要求，将包件装入车辆的活动。

由于危险货物具有理化性，而且不同品名的危险货物理化性不同，有些危险货物相互之间发生化学反应，因此对其装载作业操作有系列标准要求，具体内容参见JT/T 617.6。下面阐述运输量的限制、混合装载要求、堆放和系固的规定。

1. 运输量的限制

《危险货物道路运输规则 第3部分：品名及运输要求索引》（JT/T 617.3—2018，以下简称JT/T 617.3）道路运输危险货物一览表（以下简称表A.1）第（18）栏运输特殊规定中对运输量有特别要求的危险货物,在装载作业时应遵守相应的规定。

对于爆炸品、自反应物质和有机过氧化物,其运量有专门的限制,通过量的限制控制其危害程度。

1)爆炸品的运量限制

(1)同一车辆或集装箱的爆炸性物质净重(或对爆炸物品而言,指所有物品中爆炸物质的总净重),应遵守表6-5-1中的数量限制规定。

同一车辆或集装箱中允许装载的第1类爆炸物质或物品最大净重(kg)　　表6-5-1

运输单元	项别及配装组							
	1.1		1.2	1.3	1.4		1.5和1.6	未清洁的空包装
	1.1A	除1.1A			除1.4S	1.4S		
EX/Ⅱ*	6.25	1000	3000	5000	15000	不限	5000	不限
EX/Ⅲ*	18.75	16000	16000	16000	16000	不限	16000	不限

注:*防爆车型见《危险货物运输车辆结构要求》(GB 21668—2008)。

(2)不同的第1类爆炸品按照规定混合装载在同一车辆或集装箱时,应按照混合装载中危险分类最高(顺序为1.1、1.5、1.2、1.3、1.6、1.4)的爆炸品计算运输数量限制。混合装载中配装组S含有的爆炸性物质净重不计入运输总量。

1.5D的爆炸性物质与1.2项的物质或物品在同一车辆或集装箱时,应遵守1.1项的物质运输数量限制。

2)自反应物质和有机过氧化物的运量限制

B、C、D、E或F型的自反应物质,或B、C、D、E或F型的有机过氧化物,同一车辆或集装箱的最大质量为20000kg。

2. 混合装载要求

1)危险货物包件混合装载要求

由于危险货物理化特性不同,一些危险货物之间会产生化学反应,如易燃物品与爆炸特性的氧化性物质混合,会产生燃烧、爆炸。为了防止危险货物之间相互反应,装载在同一车辆或集装箱的危险货物包件应满足有关要求。表6-5-2仅显示了允许进行混合装载的危险货物包件,表中空格表明不同危险性标志包件不应装载在同一车辆或集装箱中。

危险货物道路运输混合装载通用要求　　表6-5-2

标志	1	1.4	1.5	1.6	2.1 2.2 2.3	3	4.1	4.1+7	4.2	4.3	5.1	5.2	5.2+1	6.1	6.2	8	9
1																	b
1.4		见JT/T 617.6中8.2.2的要求			a	a	a	a	a	a	a	a		a	a	a	a b
1.5																	b
1.6																	b

续上表

标志	1	1.4	1.5	1.6	2.1 2.2 2.3	3	4.1	4.1+1	4.2	4.3	5.1	5.2	5.2+1	6.1	6.2	8	9
2.1 2.2 2.3		a			X	X	X		X	X	X	X		X	X	X	X
3		a			X	X	X		X	X	X	X		X	X	X	X
4.1		a			X	X	X		X	X	X	X		X	X	X	X
4.1+1								X									
4.2		a			X	X	X		X	X	X	X		X	X	X	X
4.3		a			X	X	X		X	X	X	X		X	X	X	X
5.1		a			X	X	X		X	X	X	X		X	X	X	X
5.2		a			X	X	X		X	X	X	X	X	X	X	X	X
5.2+1														X	X		
6.1		a			X	X	X		X	X	X	X		X	X	X	X
6.2		a			X	X	X		X	X	X	X		X	X	X	X
8		a			X	X	X		X	X	X	X		X	X	X	X
9	b	a、b	b	b	X	X	X		X	X	X	X		X	X	X	X

注：X——表示原则上可以混合装载；具体货物能否混合装载，参见其安全技术说明书。
　　a——允许与1.4S物质或货物混合装载。
　　b——允许第1类货物和第9类的救生设施混合装载（UN 2990、UN 3072和UN 3268）。
4.1+1——表示具有第1类爆炸品次要危险性的4.1项物质。
5.2+1——表示具有第1类爆炸品次要危险性的5.2项物质。

带有1、1.4、1.5或1.6标志的包件，在同一车辆或集装箱中混合装载时，应符合表6-5-3的规定。

带有有限数量标志的包件，禁止与其他含有爆炸物质或物品的货物混合装载。

2）危险货物包件与普通货物的隔离要求

危险货物一般不能与含有食品、药品、动物饲料及其添加剂的货物混装在同一车辆或集装箱中。

JT/T 617.6给出了危险货物包件与普通货物装载在同一车辆或集装箱时的隔离要求。确定危险货物包件与普通货物装载在同一车辆或集装箱时，应使用与包件等高的隔离物或四周至少保持0.8m的间隔进行隔离。

含第1类物质或物品不同配装组的包件混合装载要求　　表6-5-3

配装组	A	B	C	D	E	F	G	H	J	L	X	S
A	X											
B		X										X
C			X	X	X		X				b、c	X
D			A	X	X	X		X			b、c	X

续上表

配装组	A	B	C	D	E	F	G	H	J	L	X	S
E			X	X	X		X				b、c	X
F						X						X
G			X	X	X		X					X
H								X				X
J									X			X
L										d		
X			b、c	b、c	b、c						b	X
S		X	X	X	X	X	X	X	X		X	X

注：X——允许混合装载。

a——含有第1类物品的配装组B和含有第1类物质和物品的配装组D的包件，如果经具有专业资质的第三方机构认可的内部使用单独隔舱或者将其中一个配装组放入特定的容器系统从而有效防止配装组B爆炸危险性传递给配装组D，可以装载在同一个车辆或集装箱中。

b——不同类型的1.6项N配装组物品只有通过实验或类推证实物品间不存在附加的殉爆风险时，可以按1.6项N配装组一起运输，否则应被认定具有1.1项的风险。

c——配装组N的物品和配装组C、D、E的物质或物品一起运输时，配装组N的物品应被认为具有配装组D的特征。

d——含配装组L的物质和物品的不同类型的包件可以在同一车辆或集装箱内混合装载。

3. 堆放

包件装载时，应依据货物包装类型、体积、质量、件数和包装储运图示标志等要求合理地堆放，包括考虑货物在运输单元内负荷分布均衡和在车内有效存放。合理堆放是车辆行驶操纵稳定性、车辆使用效率和货物运输安全性的保障。

1）荷载平衡

运输途中，车辆进行转弯、换道等操作，还会引起车辆重心变化，操作不当易于侧滑。如果货物在车内负荷分布不平衡，使得重心过高或者偏离，将会增加车辆倾翻的概率。为此，在《营运货车安全技术条件 第1部分：载货汽车》（JT/T 1178.1—2018）中，提出了荷载布置要求，以及不同载重量下车载货物质心位置的计算方法。

图6-5-2显示了某车型的荷载布置标识曲线示意图。图中横坐标是货物质心位置，纵坐标是最大允许装载质量，曲线代表不同货物质心位置下的最大允许装载质量。图中 a、b 分别为前轴、后轴最大承载限值曲线，c 是最大允许装载质量限值曲线，d、e 分别为转向轴和驱动轴最小荷载曲线。

2）堆码

货车容积和载重量有限，装载不当会使车辆利用效率低下。当然也不能为了追求效益多载货而盲目堆放，这样可能导致包件挤压、破损，引起货物泄漏或洒漏。只有包件设计可以堆码，才能按照设计要求合理堆码，否则不应堆码。例如，在2011年1月1日后制造、修理或改造的所有中型散装容器（IBCs），其外表面要求张贴最大允许堆码负荷标记，如图6-5-3所示。装载时，装货人需要依据IBCs堆码负荷标记确定是否可以堆码，并确定最大的堆码重量。

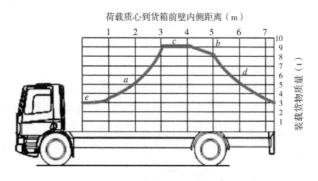

图6-5-2 某车型的荷载布置标志示意图

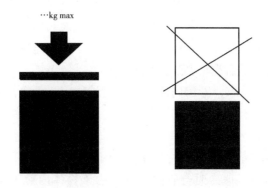

a）可堆码的中型散装容器　　b）不可堆码的中型散装容器

图6-5-3 最大允许堆码负荷标记

不同类型包件装载堆码时，应避免包件堆码可能导致的挤压、破损。堆码不同包件应根据需要使用承载装置，以防下层包件受损。以下是几类常见货物的堆码要求：

（1）爆炸品使用厢式货车运输，车厢装货总高度不得超过1.5m，保留一定的空间通风；无外包装的金属桶只能单独放。

（2）易燃液体装车堆码时桶口、箱盖一律向上，不得倒置。

（3）装载4.1项自反应物质和/或5.2项有机过氧化物，其包件（UN 2956、3241/3242、3251除外）应留有空间，利于空气自由流动，使货物处于同样的温度。货物超过5000kg时，应被分为每个不超过5000kg的堆垛。

（4）运用栏板车辆运输散装气瓶，如果散装气瓶直立摆放，直立气瓶高出栏板高度不得大于气瓶高度的1/4；如果散装气瓶水平放置，则散装气瓶均应横向平放，瓶口朝向统一，最上层不得超过车厢栏板的高度。

4. 系固

由于运输过程中车辆需要加速、减速、转弯、上下坡等，遇到道路不平，还会上下颠簸，这些均会使得货物在场内滑动、倾倒、上下振荡，甚至飞出车外。因此，科学地系固可以保障承运货物运输安全和质量，有效降低事故后果严重度。

JT/T 1178.1给出了N_2、N_3类载货汽车（罐式车除外）货箱系固点数量、安装位置和强度的要求。

（三）罐体充装

这里罐体主要指罐式车辆罐体、可移动罐柜、罐箱等。

装货人进行"五必查"后，按照JT/T 617.6中装卸作业要求进行操作。下面介绍罐体充装过程中充装速度、最大充装度和最低充装度的要求。

1. 充装速度要求

易燃液体在充装过程中，有充装速度的要求。

易燃液体在静止时通常是不带电的，在装卸过程中因其流动引起自身相互"摩擦"或与管壁及周围的气体摩擦会产生静电，如不及时消除静电，积累到一定程度形成高压放电，遇可燃气体浓度在爆炸极限范围内极易发生着火或爆炸事故。充装过程中其带电的强弱主要取决于液体的特性、管壁材质和流速。一般流速越高，带电越强。为了预防静电，采取了限制装卸易燃液体充装速度的措施。

通常装卸易燃液体始末，管道内流速不得超过1m/s，正常作业流速不宜超过3m/s。其他液体产品可采用经济流速。

2. 最大充装度要求

考虑到物体的体积会随着温度变化而变化，因此，罐体充装时有最大充装度的要求。

物体受热时会膨胀，遇冷时会收缩。这是由于物体内粒子（原子）运动随温度改变，当温度上升时，粒子的振动幅度加大，令物体膨胀；当温度下降时，粒子的振动幅度减小，使物体收缩。当物体呈现液体和气体状态时候，这种特征更加明显。

在运输过程中由于车辆经过不同区域，其气温也会不同，将引起罐体内充装介质体积的膨胀，从而造成容器泄漏或永久变形。因此，充装时应遵守所充装物质的最大允许充装度或者每升容积的最大允许充装质量要求。

在室温下运输液体的金属常压罐体最大充装度及其计算方法如下。

（1）充装无毒无腐蚀性的第3类易燃介质，且带安全泄放装置的罐体，最大充装度应按式（6-5-1）计算。

$$\varphi_v = \frac{100}{1+\alpha_3 (50-t_F)} \quad (6-5-1)$$

式中：φ_v——充装温度下的最大充装度（%）；

t_F——充装期间的介质温度（℃）；

α_3——15~50℃（即最大温度变化为35℃）介质的平均体积膨胀系数，按式（6-5-2）计算。

$$\alpha_3 = \frac{d_{15}-d_{50}}{35 \times d_{50}} \quad (6-5-2)$$

式中：d_{15}——介质在15℃时的密度（kg/m³）；

d_{50}——介质在50℃时的密度（kg/m³）。

（2）充装6.1项毒性介质和第8类腐蚀性介质，且带有安全泄放装置的罐体，最大充装度应按式（6-5-3）计算。

$$\varphi_v = \frac{98}{1+\alpha_3(50-t_F)} \quad (6\text{-}5\text{-}3)$$

（3）充装第3类易燃介质、6.1项毒性介质且为包装类别Ⅲ和第8类腐蚀性介质且为包装类别Ⅲ的介质，且不带安全泄放装置的罐体，最大充装度应按式（6-5-4）计算。

$$\varphi_v = \frac{97}{1+\alpha_3(50-t_F)} \quad (6\text{-}5\text{-}4)$$

（4）充装6.1项且为包装类别Ⅰ、包装类别Ⅱ的介质和第8类且为包装类别Ⅰ、包装类别Ⅱ的介质，对于不带安全泄放装置的罐体，最大充装度应按式（6-5-5）计算。

$$\varphi_v = \frac{95}{1+\alpha_3(50-t_F)} \quad (6\text{-}5\text{-}5)$$

3. 最低充装度要求

带有自由液面的液体在受外部激励（扰动）下产生晃动，液体晃动大小与容器的几何特性、液深、外部激励程度、壁面特性等参数有关，其作用在容器上的液动力、力矩等，会对容器及其相关结构安全性、稳定性以及动力学行为产生重要影响。因此，罐体充装时，有最低充装度的要求。

JT/T 617.4规定容量大于7500L、没有安装防波板的可移动罐柜，液体充装度不低于80%（在20℃时或加温物质在运输中的最大温度时，其黏度大于或等于2680mm²/s的液体除外）。

三、途中作业

途中作业是完成货物空间位移的主要作业之一，主要包括安全行车、在途货物检查、整车分卸、运输障碍处理等。

1. 安全行车

在途中运送危险货物，驾驶人员不仅需要遵循道路交通相关法规，还需要遵守危险货物道路运输相关法规和标准要求，包括路线限定、速度限定、时间限定、中途停车规定、在途货物检查等。

1）运输路线限定

运输民用爆炸物品、烟花爆竹和剧毒、放射性等危险物品时，应当按照公安机关批准的路线行驶。

2）速度限定

为了确保危险货物道路运输安全，《危险货物道路运输安全管理办法》限制危货运输车辆行车速度：危货运输车辆在高速公路上行驶，速度不得超过80km/h，在其他道路上行驶，速度不得超过60km/h。道路限速标志、标线标明的速度低于上述规定速度的，车辆行驶速度不得高于限速标志、标线标明的速度。

雨、雾、雪、冰冻、大风等恶劣气候及通过复杂道口、路桥时，车速不超过20km/h，并打开示警灯，警示后车，防止追尾。

通过限制危货运输车辆的行车速度，减少其动能，既可降低事故发生的概率，又可降低交通事故的严重程度。

3）时间限定

驾驶人员应遵守道路限制时段的要求。如一些高速公路有限制危货运输车辆通行时段的规定，一些城市有限制货车进入城区的限制。

遇有高峰期的，应避开高峰时段通行。

驾驶人员一次连续驾驶4小时应休息20分钟以上，夜间一次连续驾驶2小时应休息20分钟以上。

运输民用爆炸物品、烟花爆竹和剧毒、放射性等危险物品时，应当按照公安机关批准的时间行驶。

4）中途停车规定

根据JT/T 617.3表A.1第（19）栏的规定，当危险货物适用于JT/T 617.7附录A 中S1 d）、S14～S24特殊规定时，危险货物车辆停车时应受到监护。应按以下优先顺序选择危险货物车辆停车场所：

（1）未经允许不能进入的公司或工厂的安全场所；

（2）有停车管理人员看管的停车场，驾驶人员应告知停车管理人员其去向和联系方式；

（3）其他公共或私人停车场，但车辆和危险货物不应对其他车辆和人员构成危害；

（4）一般不会有人经过或聚集的、与公路和民房隔离的开阔地带。

JT/T 617.3表A.1第（19）栏列出了运输某些危险货物中途停靠的特殊规定，特殊规定的要求优先于上述的要求。

5）在途货物检查

驾驶人员应确保罐式车辆罐体、可移动罐柜、罐箱的关闭装置在运输过程中处于关闭状态。

运输过程中，押运人员应每隔2小时检查一次货物，及时发现货物的异常状态。

2. 整车分卸

按照整车分卸办理的货物，在途卸载地点要进行货物的分卸作业。散装危险货物在第一个卸货地点卸载后，对车辆和剩余危险货物进行过磅。后续卸货点同样操作，到达最终卸货地点后，先进行重车过磅，如与前一个卸货点过磅重量一致，可以按操作规程进行卸货作业后，再进行空车过磅。

3. 运输障碍处理

1）车辆故障

行驶途中，车辆出现机械设备故障，不能行驶时，必须开启车辆危险报警灯，来车方向按照相应的规定放置警告标示牌。

2）交通事故

发生任何剐蹭、碰撞时，驾驶人员或押运人员必须立即拨打122（12122）报警，等待交警进行事故责任认定，同时报告车队负责人、公司相关部门和保险公司，重车需较长时间停车，还需报110。

4. 道路障碍

由于不可抗力的原因致使行车中断，货物运输发生阻碍时，运输企业对已承运的货物，可指示绕路运输。因货物性质特殊，绕路运输可能导致货物损失时，企业应联系托运人或收货人，请其在要求的时间内提出处理办法。

上述各项途中作业中，货物检查和整车分卸属于正常作业，而运输阻碍的处理属于由某种原因引起的非正常作业。

四、到达作业

到达作业的主要任务就是完成承运人和收货人之间的货物交接，主要作业有重车和票据交接、卸载、卸载后检验清洗等。

《危险货物道路运输安全管理办法》要求收货人应当及时收货，并按照安全操作规程进行卸货作业。

1. 重车和票据交接

主要包括查车、验货、重车和票据交接作业。

（1）查车。检查车辆是否有安全隐患、存在风险，消除风险后方可继续后续作业。

（2）验货。收货人将货物与运输单据核对，检验待接受的货物、货物质量和重量，与运输单据是否一致，如果不一致，则需要与托运人协商解决。

（3）收货人与驾驶人员办理重车和货运票据的接受手续，安排卸货。

若无确认的不可抗拒的原因，收货人不得拒收货物。

2. 卸载

卸载过程中，应遵守JT/T 617.6中有关卸载的作业要求。

对于装有液化易燃气体的压力罐体，卸载时若出现下列异常情况，收货人应立即停止装卸作业，并作妥善处理：

（1）雷击天气；

（2）附近发生火灾；

（3）检测出液化气体泄漏；

（4）液压异常；

（5）其他不安全因素。

对于卸载可燃性气体，或闪点不超过60℃的液体，或包装类别为Ⅱ的UN 1361，应在作业前将车辆底盘、可移动罐柜或罐箱进行接地连接，并限定流速，防止产生静电。

卸载完成后，禁止危货运输车辆直接实施排空作业等活动。

3. 卸载后检验清洗

卸载完成后，收货人需要对罐式车辆空车进行过磅验收，应立即清除卸载过程中粘在罐体、车辆外侧的危险残留物，同时确保按照要求关闭阀门和辅助设备等；应当对车辆进行必要检查、清洗和去污处理。

对于包件运输车辆，若发现有危险货物遗洒，应及时对其进行清洗；如果不能在卸载点清洗，车辆或集装箱应被安全运输到最近的合适地点进行清洗。

五、电子运单管理系统

电子运单是指传统纸面运单上的信息改由电子化方法进行生成、发布、传送或记录。

1. 电子运单的作用

危险货物道路运输运单是托运人（发货人）、承运人与收货人之间在货物交接时，明确各方责任、核对相关信息、认证各方合规性操作的凭证，是相关管理部门在路检路查时，危险货物道路运输合规性操作的重要评判依据，也是将危险货物的危害性由托运人传递给承运人及其他相关人员，使其在运输过程中能有针对性地进行安全防护的信息源。另外，运单中列明的信息是承运人进行运输作业的重要指导，一旦发生事故，承运人和相关管理部门可以参考运单中列明的货物品名、性质及应急处置措施等信息，快速、有效地进行决策和救援。

近年来，信息技术的快速发展为有效执行危险货物运单制度，加强事中事后监管提供了有效手段，尤其是《道路运输车辆动态监督管理办法》的印发实施，为实行电子运单制度提供了良好的技术支撑。电子运单的作用有以下几点。

（1）有利于落实企业安全生产主体责任。企业安全管理制度不健全、主体责任落实不到位是制约安全生产的突出问题，而电子运单是管理部门监督企业落实企业安全生产主体责任的重要载体，能够有效解决企业对所属车辆及人员"监而不控""挂而不管"的问题。

（2）有利于培育良好的市场环境。长期以来，危险货物道路运输托运环节安全监管相对比较薄弱。通过实行电子运单制度，能够促进落实托运人源头责任，打击违法托运行为，推动建立公平竞争的市场秩序。

（3）有利于提高安全监管科学性和针对性。当前，基层管理部门安全监管力量薄弱和监管手段落后的问题比较突出。利用信息化手段对业务过程数据、卫星定位数据、运政数据等进行综合分析，实现静态管理与动态监管的紧密结合，确定企业风险等级和薄弱环节，可以将有限的监管力量投入到安全风险大、违法率高的重点环节和企业上，实现精准化监管。

（4）有利于提高应急处置能力。危险化学品品种繁多、理化性质复杂，危险货物道路运输专业性强、安全风险较高。危险货物道路运输电子运单列明的信息是承运人进行运输作业的重要指导，并且一旦发生事故，承运人和相关管理部门可以参照危险货物道路运输安全卡和电子运单列明的货物品名、性质及应急处置措施等信息进行决策和救援。

2. 电子运单构成

运单主要由企业基本信息、货物基本信息、车辆信息、人员信息及其他四部分组成，具体内容和格式参见第二章图2-2-1。其中"运单编号"由系统自动生成，包括区划代码、承运企业标识、运单生成日期、顺序号、随机数、校验码六部分内容。区划代码是指承运企业所在地行政区划前4位，承运企业标识是指企业危险货物道路运输经营许可证号（或企业危险货物道路运输许可证号）后6位数字。"二维码"是由省级危险货物电子运单管理系统生成二维码信息，企业电子运单管理系统据此生成二维码图形。

3. 电子运单应用

电子运单涉及企业业务层面和危险货物道路运输监管层面。业务层面，主要任务是每单运输任务的运单生成和使用；监督管理层面，主要任务是监督检查、量化分析和评估应用。具体流程如图6-5-4所示。

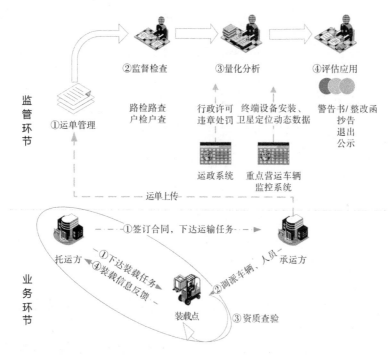

图6-5-4 危险货物道路运输电子运单管理总体流程

1）电子运单编制和使用流程

危险货物道路运输企业可通过计算机、手机APP软件（企业端）等方式，在线或离线填写电子运单信息，具体应用流程如图6-5-5所示。

（1）在运输任务调度时，运输企业应根据托运清单的货物信息，选择与危险货物性质、重量相适应的车辆以及驾驶人员、押运人员，并按要求派发运单。运单派发后，如需更换车辆和驾押人员，应将运单作废后重新生成。

（2）在正式运输前，承运人应按照《危险货物道路运输安全管理办法》第二十五条,对运输车辆、罐式车辆罐体、可移动罐柜、罐式集装箱及相关设备的技术状况以及卫星定位装置进行检查并做好记录。

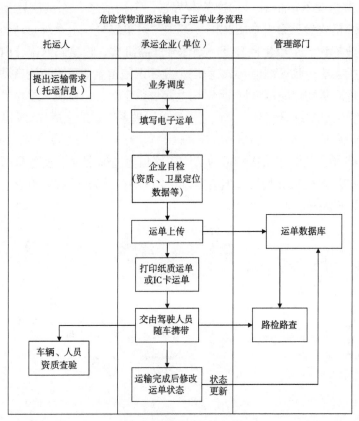

图6-5-5　电子运单编制和使用流程

（3）在运输过程中,应按要求随车携带运单。采用电子运单的,可以通过手机APP软件、微信小程序等方式随车携带；采用纸质运单的,需加盖企业公章（复印或扫描件有效）。

（4）运输任务完成后,驾驶人员或承运人应将运单的状态变更为完成,并同步提交到省级危货监管系统。

（5）使用电子运单的,应在起运前将电子运单信息上传至省级危货监管系统运单监管子系统；使用纸质运单的,应在任务结束10个工作日内,将运单信息补传或录入至省级危货监管系统运单监管子系统。

运输企业在生成电子运单之前,必须通过企业端软件对电子运单的内容进行自检。自检不通过,不能生成电子运单,不能出车。自检的主要内容包括：

（1）车辆卫星定位装置是否正常运行。

（2）上次运输任务期间（或上周）车辆运行轨迹是否正常。

（3）车辆道路运输证经营范围是否与承运货物相符,车辆是否按期维护、年审等。

（4）驾驶人员、押运人员是否具备有效危险货物道路运输从业资格证等。

危险货物道路运输企业应在自检通过后，实时将危险货物道路运输电子运单信息（包括更新信息）上传到管理部门系统，并打印纸质单据或写入IC卡，随车携带备查（不作为处罚依据）。

运输任务完成后，驾驶人员或运输企业通过计算机、手持机、手机APP软件等方式修改危险货物道路运输电子运单状态为完成，标记本次任务调度完成。

托运企业可通过计算机、手机APP软件（企业端）等方式，通过二维码扫描纸质运单、读IC卡证件、登陆证件查询网站等方式查验承运企业（包括车辆和人员）资质。

2）监督检查

道路运输管理机构通过路检路查、户检户查等方式，督促危险货物道路运输企业规范填写、使用和上传电子运单。

3）量化分析

道路运输管理机构对运输企业的电子运单填写、使用及上传情况进行统计梳理，并将电子运单数据与车辆卫星定位监控数据、运政系统中的行政许可及稽查执法数据进行交叉稽核分析，对电子运单管理制度执行情况、企业动态监控情况以及辖区内危险货物种类、数量、分布、流向等进行量化分析。

4）评估应用

根据量化分析的结果，道路运输管理机构按照红（问题严重）、黄（有一定问题）、绿（安全管理良好）的分类评估方法，对违法行为及违法企业进行分类监管。例如对问题严重的企业采取停业整顿、吊销许可等强制措施；对有个别问题风险的企业发放警告书、告知函，提醒企业注意；对安全管理良好的企业通过系统加强宣传、推介等。

另外，交通运输主管部门对发现的违法行为要抄告安监、公安部门；通过系统对危险货物道路运输企业的经营资质、动态信息（如违法违章情况、运单报送情况）及其排名等信息进行公布，方便托运单位择优选择承运企业。

4. 电子运单管理系统

"危险货物道路运输电子运单管理系统"主要包括危险货物道路运输企业子系统（以下简称企业应用子系统）、危险货物道路运输行业服务子系统（以下简称行业服务子系统）、危险货物道路运输行业监管子系统（以下简称行业监管子系统）三部分，如图6-5-6所示。

企业应用子系统可部署在企业端，通过系统接口将数据按规定格式上传到行业管理部门；危险货物道路运输企业也可通过网络版公共软件，在线填写、使用电子运单。

行业服务子系统、行业监管子系统部署在行业管理部门。系统应通过数据中心实现与运政管理系统、重点营运车辆监控管理系统等现有系统的数据共享与业务协同。

1）企业应用子系统

企业应用子系统包括基础数据管理、运单填写、企业自检、运单上传、运单派发、从业人员报备管理、安全管理台账、查询统计和权限管理等功能。

（1）基础数据管理：本企业所属车辆、驾驶人员、押运人员信息管理维护。为减少录入工作量,可通过企业经营许可证号及登陆账号,自动从运政数据库下载相关信息。

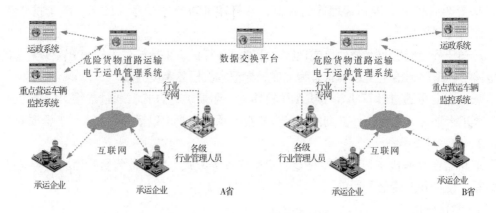

图6-5-6 电子运单管理系统框架

注:1.为保证数据安全,运输企业应通过数字证书/IC卡/VPN等方式经授权后访问管理系统。
2.各省之间通过国家交通运输物流平台区域交换节点实现数据交换共享。

(2)运单填写:按照运单填写规则,在线或离线方式填写电子运单。

(3)企业自检:企业按照运单信息,对车辆卫星定位装置是否正常运行、车辆道路运输证经营范围是否与承运货物相符、驾驶人员及押运人员是否具备有效的从业资格证件等进行检查校验。

(4)运单上传:企业将运单信息上传到行业管理部门数据中心。

(5)运单派发:运单信息校验、上传完成后,可打印纸质单据(带二维码)或写入IC卡道路运输证,交由驾驶人员随车携带备查。纸质单据应由企业管理人员签字。

(6)从业人员报备管理(可选):将公司从业人员情况向管理部门备案,有效防止从业人员持无效证件上岗、驾驶人员和押运人员在多个企业兼职等违规情况发生。从业人员备案的主要内容包括驾驶人员姓名、从业资格证信息、联系方式等。

(7)安全管理台账(可选):企业安全生产教育培训、安全检查、违规人员处理情况等管理台账电子化,实现管理措施与记录台账的及时体现,有效落实危险货物道路运输企业安全生产主体责任。

(8)查询统计:按日期、车辆、驾驶人员等条件,查询统计运单。

(9)权限管理:包括操作用户管理、登陆密码管理等。

2)行业服务子系统

行业服务子系统包括信息查询、业务提醒、信息公告和出行服务等功能。

(1)信息查询:通过网站或数据接口等方式,为企业提供危货运输车辆基本信息、经营范围、年审状况、二级维护等信息查询服务,以及从业人员基本信息、从业资格类别、证件有效期等信息查询服务。

(2)业务提醒:为企业提供经营许可证有效期、所属车辆道路运输证有效期、从业人员从业资格证有效期提醒,车辆年审、二级维护到期提醒等信息服务。

（3）信息公告：通过门户网站等方式，对危险货物道路运输企业的经营资质、动态信息（如违法违章情况、运单报送情况）及其排名、驾驶人员诚信信息等信息进行公布，方便托运单位择优选择承运企业，承运企业择优录取诚实守信、安全驾驶经验丰富的驾驶人员。

（4）出行服务：根据电子运单的起讫点和行驶路线信息，系统自动将沿途道路主要风险点、施工等动态信息、相关服务设施等推送给企业和驾驶人员（车载终端），提供更有针对性的出行服务。

3）行业监管子系统

行业监管子系统主要包括权限管理、监督检查、从业人员诚信管理、与车辆动态监控信息比对分析、危险货物统计分析、分类评估、跨省交换、数据上报等功能。

（1）权限管理：为各级管理人员、运输企业分配登陆账号和业务操作授权，为运输企业操作员发放数字证书或IC卡授权。

（2）监督检查：在路检路查、户检户查过程中，执法人员通过输入单据号码、扫描纸质单据二维码或读IC卡等方式，对企业规范填写、使用和上传电子运单的情况进行监督检查。

（3）从业人员诚信管理：以驾驶人员累计安全行驶里程（运单自动累计）、行车事故、经营违章等数据指标为重点，建立危险货物道路运输驾驶人员信用管理体系，并及时向社会发布。

（4）与车辆动态监控信息比对分析：通过对运输企业填写的电子运单与卫星定位数据比对分析，有效识别未按规定使用运单（有卫星定位数据无运单数据）、车辆非正常不在线（有运单数据无卫星定位数据）等违规行为，为开展有针对性的监督检查提供线索。

（5）危险货物统计分析：对危险货物种类、数量、分布、流向等进行统计分析，以便开展有针对性的从业人员培训和应急救援演练。

（6）分类评估：按照红（问题严重）、黄（有一定问题）、绿（安全管理良好）的分类评估方法，对违法行为及违法企业进行分类监管。

（7）跨省交换：将目的地为外省的危险货物道路运输运单上传到国家交通运输物流平台，各省通过国家交通运输物流平台实现跨区域电子运单信息共享查询。

（8）数据上报：按照统一数据标准格式，系统定期自动将各省相关统计数据（如运单数量、货物流量流向等）上报给部级系统。

思考题

（1）简述危险货物道路运输合同当事人的权利和义务。

（2）危险货物道路运输生产过程包括哪些环节？并简述各个环节的主要内容。

（3）危险货物道路运输组织工作包括哪些内容？

（4）简述危货运输调度的主要任务。
（5）简析危货运输运输生产计划和危货运输调度的联系。
（6）危货车辆调度问题涉及的要素包括哪些？
（7）分析危险货物道路运输作业不同阶段的基本任务。
（8）承托运作业环节托运人和承运人的主要任务。
（9）简述电子运单概念。
（10）说明电子运单应用。

第七章 危险货物道路运输路线优化及风险管控

第一节 风险管控基本方法

一、相关概念

1. 风险的基本概念

根据《风险管理 术语》（GB/T 23694—2013）的规定，风险是指不确定性对目标的影响。影响，是指偏离预期，可以是正面和/或负面的。目标，可以是不同方面（如财务、健康与安全、环境等）和层面（如战略、组织、项目、产品和过程等）的目标。不确定性，是指对事件及其后果或可能性的信息缺失或了解片面的状态。因而，风险的概念可以理解为由于事件及其后果或可能性的信息缺失或片面了解，导致实际结果偏离了预设目标，产生了正面或（和）负面的影响。风险的定义如图7-1-1所示。

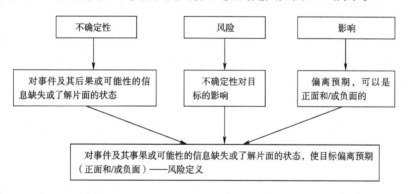

图 7-1-1 风险定义

风险概念中还涉及"事件""后果""可能性"等术语。根据《风险管理 术语》（GB/T 23694），这些术语的含义如下：

（1）事件，是指某一种情形的发生或变化。事件可以是一个或多个情形，并且可以由多个原因导致。事件可以包括没有发生的情形。事件有时可称为"事故"。没有造成后果的事件还可以称为"未遂事件""事故征候""临近伤害""幸免"。

（2）后果，是指某事件对目标影响的结果。一个事件可以导致一系列后果。后果可以是确定的，也可以是不确定的，对目标的影响可以是正面的，也可以是负面的。后果可以定性或定量表述。通过连锁反应，最初的后果可能升级。

（3）可能性，是指某事件发生的机会。可能性可以以客观的或主观的、定性或定量的方式来定义、度量或确定，也可以是用一般词汇或数学术语来描述（如概率，或一定时间内的频率）。可能性经常用"概率"这个词代替。

根据事件、后果、可能性的定义，风险的概念可以进一步理解为：由于对某一事情的发生（变化）及其结果、发生概率的信息缺失或了解片面，导致实际结果偏离了预设目标，产生了正面或（和）负面的影响。影响可以是正面的和负面的，但从安全方面来看，影响往往是负面或不利的。所以涉及安全，风险则被定义为对伤害的一种综合衡量，包括伤害发生的概率和伤害的严重程度。

危险货物道路运输风险可以定义为某一运输单元在运输过程中，即从装货点到卸货点期间，可能发生的货物泄漏事件对利益相关者所带来的影响，即可能出现货物泄漏的概率（可能性）及其相应可能引发的人员伤亡、货物损失以及环境污染等后果的组合。

2. 风险评估的相关概念

风险评估，是指风险辨识、风险分析和风险评价的全过程。

风险辨识，是指发现、列举和描述风险要素的过程。

风险分析，是指理解风险性质，确定风险等级的过程。风险等级由风险发生的后果和可能性的组合决定。

风险评价，是指基于风险分析结果，将风险分析过程中确定的风险程度与风险准则进行比较，作出有关风险是否需要处理或优先处理的决策。

3. 风险管控的基本概念

风险管控是在确定风险准则的基础上，开展风险辨识（识别）、风险分析、风险评价以及后续的风险处理的过程。危险货物道路运输风险评估，可以辨识、分析、评估危险货物道路运输过程中存在的潜在危险并识别、引入有效的风险防控手段，消除或减少对人员、环境或者其他资产可能造成的伤害。

风险管控的根本原则在于根据风险评估分析结果切实采取有效的控制风险的决策和防范措施。

风险管控范围可以分为全面风险管控和专项风险管控。全面风险管控可以是对危险货物运输经营的安全生产风险评估，专项风险管控可以是对某条或某些危险货物运输路线的风险评估，也可以是对运输某个危险货物或者承运人的风险评估。

二、风险管控的方法

风险管控方法可以很简单，比如用层次分析法对风险的种类和层级给出一个粗略的概念；也可以综合全面地详细分析事故发生的概率，甚至是危险货物泄漏或释放的概率和量以及事故所造成的不良影响。风险管控既可以采取定性评估方法，也可以采取定量评估方法。本小节阐述危险货物运输风险评估指数模型法和道路危险货物运输路线风险评估法（BLC法）。

（一）危险货物运输风险评估指数模型法

危险货物运输风险评估指数模型法着力于定量考察危险货物运输路线的综合风险。通过开展风险辨识，可得到在危险货物运输过程和运输路线上的主要风险因素有危险货物自身风险、运输量、路线与居民区距离、路况条件、气象条件、车流量、周边区域人口疏密程度以及相关安全措施规避风险的强弱等。将辨识得到的风险因素予以系统化整理，便形成了危险货物运输风险评估指数模型的基本架构。具体步骤如下。

1. 风险辨识

通过大量调研走访和对历史危险货物运输事故进行分析发现，危险货物道路运输路线安全风险的主要影响因素有危险货物理化性质、道路通行技术条件、交通运行状态、气候环境、路侧人口分布、自然环境敏感区、应急处置资源分布及能力等七个方面，其中部分因素与事故发生概率密切相关，部分因素会影响事故后果的严重程度。

（1）危险货物理化性质。

危险货物种类繁多，我国现有6000多种危险货物，其中常用的有2000多种。不同危险货物之间的物理、化学性质差异性很大，因此发生事故的后果具有多样性、复杂性。例如毒害性或腐蚀性的危险货物事故可导致人员中毒、灼伤或腐蚀，并造成周边环境污染；易燃性的危险货物泄漏后遇火源或高热物体可引发火灾事故；爆炸性危险货物受热或发生撞击后易引发燃爆；液化气体储存温度极低，泄漏将导致人员冻伤；窒息性气体泄漏后蔓延至周围空气，造成周围空气中氧气浓度含量降低，引发人员窒息。

近年来，我国发生的晋济高速公路山西晋城段岩后隧道"3·1"特别重大道路交通危化品燃爆事故、沪昆高速公路湖南邵阳段"7·19"特别重大道路交通危化品爆燃事故等特别重大事故后果表明，起火、爆炸、毒气泄漏等次生灾害是造成重大人员伤亡的主因。相关研究表明，不同危险货物次生灾害的波及范围不同，如对于一般的易燃、腐蚀性液体泄漏，通常选取1.6km作为带状影响区的宽度。对于特定的危险货物运输泄漏事故，其波及范围的形状也是不固定的，其不仅与承运危险货物的性质有关，还与事发时天气、风速、风向和地形特征等因素密切相关。

（2）道路通行技术条件。

危险货物运输路线应具备良好的道路技术条件，若运输路线选择基础条件较差的道路，例如急弯陡坡路段、临水临崖路段、多桥梁隧道路段，必然会对驾驶人员的驾驶行为与操作产生干扰，增加驾驶人员出现失误的概率，加剧事故风险。不利的道路条件还会加剧道路交通事故的严重程度，更易使装载危险货物的容器破损泄漏，进一步扩大事故后果。另外，由于危险货物道路运输一般为跨省运输、运输路线较长，驾驶人员长时间驾驶、甚至疲劳驾驶，也导致事故发生概率升高。

我国学者针对道路技术条件和交通事故率之间的关系开展了大量研究，取得了丰富的研究成果，充分揭示了道路几何线形、特殊构造物等因素对安全风险的影响规律。但由于危险货物道路运输事故相对普通交通事故数量较少，很难直接建立危险货物运输事故率与道路技术条件的相关关系，但考虑危货运输车辆与普通重型货车机械性能、技术参数相近，一般可用重型货车交通事故率表征危货运输车辆交通事故率，进而定量估计其安全风险。

（3）交通运行状态。

危货运输车辆沿运输路线行驶时，其周边交通流构成其动态的交通环境。交通流大小、密度、速度、大车占比、车头时距等参数与安全风险密切相关，进而影响危货运输车辆发生交通事故的概率。因此，历史交通流量及其变化状态，以及未来一段时期的交通流状态对于评估危险货物运输安全风险至关重要。

此外，近年来，我国重大危险货物运输泄漏事故及其后果显示，事故造成的死亡人员多数为路内行驶车辆的驾乘人员。因此，交通流的结构，尤其是营运客车及小型客车占总流量的比例决定了暴露在危险货物事故波及范围内的人员数量，与危险货物泄漏事故后果严重程度密切相关。根据交通运行状态，合理估算道路内车辆驾乘人员、行人分布状态及其变化规律，是准确预估危险货物泄漏事故后果的关键环节。

（4）气候环境。

气候环境是影响运输路线安全的不确定因素之一。降雨会使道路的能见度下降，影响驾驶人员视觉的判断能力，雨水还会降低车轮与地面的摩擦力，影响车辆的制动性能。雾会对光线造成扩散和吸收，加之空气中弥漫的小水珠，导致道路上的物体变得模糊，严重阻碍驾驶人员的视线，极易引发追尾等事故。冰雪天气对安全的影响也主要表现在降低能见度和路面摩擦系数等方面。我国部分地区降雨或降雪融化后渗入路面结构，并在寒冷气候条件下结成暗冰（多发于隧道出入口及桥梁路段），使路面抗滑性能显著下降，给行车带来严重安全隐患。此外，恶劣的气象条件也会对危险货物运输事故的救援工作产生不利影响。

（5）路侧人口分布。

危险货物泄漏事故常伴随起火、爆炸、毒气扩散等次生灾害，其影响区域一般呈扇形、圆形或带状扩散。居住于或临时停留在道路两侧影响区域范围内的人员，是危险货物运输事故的主要潜在受害者。人员的分布方式及其密度往往决定了事故后果的严重程度。

道路两侧人口密度是动态变化的，不同时段的人口密度因白昼、夜间人们的通勤活动变化而不同，这些活动既包括成年人在居住地与工作地之间的往返，也包括学龄儿童在居住地与学校之间的移动，同时旅店、医院等地的人口聚集与消散也是需要考虑的重要因素。

（6）自然环境敏感区。

自然环境与生态资源是人类赖以生存的重要基础。所谓自然环境敏感区，是指容易被破坏、不易恢复的某类自然环境。自然环境敏感区一般包括三类：一是自然保护区，如湿地、濒危物种栖息地等；二是水源地，如饮用水或生活用水的水库、水道等；三是风景名胜区，如风景秀丽的河流、荒野等。

自然环境敏感区一旦遭到危险货物的污染,生态系统将遭到严重破坏,短期内难以自然修复,造成自然资源的巨大损失。因此,对于一些特殊的、重要的自然环境区域,因危险货物泄漏事故造成的污染破坏也应当计入事故后果。

(7)应急处置资源分布及能力。

不同于普通的道路交通事故,危险货物运输事故救援工作专业性较强,操作难度大。应急救援与处置的效果直接影响事故后果的严重程度,及时有力的救援措施可以最大限度地降低事故损失,若救援不利,事故损害后果常常无序扩大。

一般来说,通过应急反应时间、应急资源分布、设施装备、人员技术等评估应急处置能力。应急处置的工作内容主要包括维持事故现场秩序、疏散人员车辆、控制或减缓危险货物泄漏程度、运送并抢救伤员,通常由公安交警、应急消防、医疗卫生等部门按职责分工配合完成。因此,应急处置力量、资源分布,甚至救援队伍的专业能力也是影响危险货物运输事故后果的重要因素。

2. 建立量化评估指标体系

危险货物道路运输路线安全评估的目的在于定量评估某备选路线发生危险货物道路运输泄漏事故的风险,以及可能造成的损害后果。相关部门可在此基础上合理规划危险货物运输许可通行区域并采取改善安全状况的技术措施,以降低道路周边人员伤亡风险,保护自然环境,同时便于事故发生后的救援处置。

针对备选路线的安全风险评估,一般常考虑在一定条件下发生危险货物运输泄漏事故的预期概率及其可能造成的预期人员伤亡数量、自然环境污染面积等方面的评价指标,同时考虑危险货物不同泄漏场景、潜在影响人员位置、应急救援条件、气候条件等内容建立评价指标体系,如图7-1-2所示。

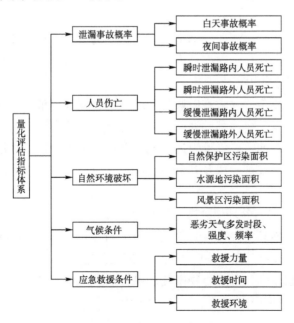

图7-1-2 全风险量化评估指标体系

1）危险货物运输预期泄漏事故概率

危货运输车辆泄漏事故概率可视为危货运输车辆交通事故率和泄漏概率的复合概率，为保守起见，应假设危货运输车辆发生交通事故后即泄漏。对于路线的任意评估单元，其泄漏事故概率可通过全线危货运输车辆白昼或夜间平均交通事故率和道路线形特征、天气、交通状况、路线长度等风险修正因子进行估计。

2）事故预期人员伤亡

危货运输车辆发生泄漏事故后，除对道路两侧居民及临时停留人员造成伤害外，还会导致其前后相邻车辆内人员受伤甚至死亡。因此，事故发生后预期人员伤亡既包括道路内部预期人员伤亡，也包括道路两侧的居民等预期伤亡。

（1）道路内部预期人员伤亡。从近几年国内外危险货物运输事故形态来看，危货运输车辆发生交通事故并泄漏后，一般会出现大量泄漏甚至瞬间起火爆炸、缓慢泄漏经一定时间后产生危害两种情况。对于前者，事故车前后相邻的行进中车辆及人员会受到伤害；对于后者，由于事故造成交通拥堵，危货运输车辆后方一定距离内的排队车辆均在事故影响范围内。故需针对两种情况分别计算可能导致的伤亡人数：

①瞬时泄漏场景下的路内预期伤亡人数。路内伤亡人员主要包括前后车辆驾驶人和乘客，合理假设每辆当量小客车中乘坐的人数，通过估计交通流量和事故影响范围，可以计算瞬时泄漏场景下的路内预期伤亡人数。

②缓慢泄漏场景下的路内预期伤亡人数。危货运输车辆发生交通事故停驶后，后方来车在事故车后排队等候，前方车辆自然驶离后不受泄漏事故影响，因此，该场景下仅考虑后方车队内驾乘人员。假设排队车辆全部为小轿车（其他车型按比例折算），根据一般车身长度、排队间距、道路交叉口分布情况计算缓慢泄漏场景下的路内预期伤亡人数。

（2）道路两侧预期人员伤亡。泄漏事故导致的爆炸、起火、毒气、腐蚀等二次灾害往往造成道路两侧人员伤亡和财产损失，因此，需准确估计道路两侧影响区内居住和临时停留人口密度及其分布、变化特点。

由于活动频繁而复杂，通常难以通过实地走访、调取户籍资料等方式准确计算人口密度的变化规律。随着手机等移动通信终端的普及，通信基站通话数量的多少已经可以作为衡量人口空间分布的重要指标。通过调取电信公司用户通话数据及基站位置分布，可以估算出人口迁徙的宏观规律及其分布密度，进而可以结合事故的影响范围计算道路两侧预期人员伤亡。

3）事故预期造成的自然环境敏感区污染面积

根据道路沿线自然环境敏感区地理位置及其分布，可将区域边界坐标标记至GIS系统，将自然环境敏感区与潜在影响区（对于一般的易燃、腐蚀性液体，可取宽度为1.6km的带状区）重合面积，作为危险货物事故后果影响区。单起事故的预期污染面积，可视当时的天气条件计算污染扩散边界，一般可取圆形。

4) 应急救援条件

危险货物运输事故的应急反应与救援条件、能力也是衡量危险货物运输路线相对安全程度的重要指标。救援条件具体指救援反应时间、救援资源、处置能力、设施装备等。救援任务一般包括维持现场秩序并疏散人群和车辆、控制或减缓危险货物泄漏后果、抢救和运送伤员、后期处置并恢复交通等内容。具体评估指标可包括：警力、医护人员数量、应急消防人员数量、管辖区域大小、警力密度（人/km）、车辆及装备数量、车辆及装备密度（辆/km）、平均救援半径（km）、平均救援时效（min）等。

此外，还应评估道路沿线的气候条件，主要包括雨雪、团雾、暗冰、沙尘暴等恶劣天气的时间分布、发生强度、空间分布等，在定量表述的基础上，对比不同路线的气候条件优劣。

3. 开展具体风险评估作业

在结合当地实际情况拟定数条备选运输路线后，针对每条路线的安全风险情况进行评估，工作路径一般包括以下4个阶段，分别为基础数据采集与处理、风险量化计算与分析、气候及应急救援条件分析、综合分析与对策等。详细实施路径如图7-1-3所示。

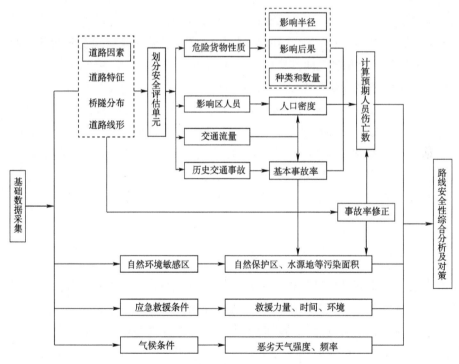

图 7-1-3　危险货物道路运输安全风险量化评估实施路径

1) 基础数据采集与处理

采用仪器测量、现场观测记录、调取档案资料等方式，赴道路沿线、公安交管部门、公路运营公司、道路养护单位、水务部门、电信部门、户籍管理等单位全面采集和调取道路技术参数资料、历史交通事故数据、卡口流量记录、通信基站数据、危货运输车辆拦检记录、环境评估报告、户籍人口分布以及沿线交通设施分布等数据和资料。

2）风险量化计算与分析

安全风险在道路上并不是均匀分布的，而是随公路等级、沿线地形、车道状况、人口密度等因素不断变化。因此，为精确估计全路线安全风险，需要首先将风险特征相似的路段作为评估单元，再根据历史道路交通事故记录和交通流量数据，确定路线基本交通事故率；结合各单元道路安全性技术指标，选取和计算交通事故率修正系数，确定各单元预期危货运输车辆交通事故率；根据交通流特征和基站通话数据确定沿线人口时空分布；结合危险货物理化性质、泄漏影响范围、预期事故率等，计算不同类别危货运输车辆在各单元造成的预期伤亡人数和污染面积。最后，将各单元计算结果集成得到全线安全风险水平。

3）气候及应急救援条件分析

分析道路沿线气候条件，统计分析雪、雾、雷暴、雨、沙尘暴等恶劣天气的多发时段、地理位置以及强度和频率；根据医疗卫生、公安交管、消防应急等救援单位资源分布状况，初步分析路线发生事故后的救援条件和效率。

4）综合分析与对策

结合路线危货运输车辆预期事故概率、伤亡人数以及自然环境、救援、气候等因素，分析并提出安全风险评估结论和路线规划建议。根据风险空间及时间分布特征，进一步提出需采取的风险消减及防控措施。

4. 对风险量化评估的结果进行综合分析

在结合量化评估指标对拟定的备选路线安全水平进行比较和取舍时，应以减少人员伤亡为核心，以保护自然环境为重点，以气候条件适宜和便于救援处置为辅助，综合考虑各评估指标的相对关系后，合理规划确定危险货物道路运输通行或禁行区域。当危险货物运输路线经过重要国防设施、重点保护水源地、特长隧道或隧道群等特殊区域时，可采取专家论证等形式分析潜在危害后果，必要时可针对特定因素实施"一票否决"。

（二）BLC法

BLC法是对运输危险货物路线（主要是各个分段路线）的道路等级信息、发生事故可能性大小、事故发生造成的后果损失等通过分项打分的方式进行表征，进而予以综合并通过评价标准的引入对各分段路线的风险状况予以分级的评价方法。其打分依据来自于路线踏勘、驾驶人员反馈、跟车考察和以往事故的统计资料。由于大部分危险货物道路运输企业所运输的货物相对单一，并且对人员、车辆的管理也相对固定，所以企业更侧重于使用BLC法开展风险评估，定期对运输路线勘查，确定运输路线的风险等级，而后采取相应的防范措施。

BLC法的基本算法为式（7-1-1）：路线风险值R由道路等级基础参数B、发生事故的可能性大小L、事故可能会造成的损失后果C三者的乘积获得。部分企业还会考虑里程风险系数M。

$$R = B \times L \times C \times M \tag{7-1-1}$$

B、L、C值的确定由专家打分法获得，可以由驾驶人员代表、调度人员、安检人员、企业管理人员分别打分后予以平均，以确保风险评定的合理化。

步骤1：确定路线分段。BLC法针对不同路段进行风险评估，分段的主要依据是路况特征、地域环境、事故统计与分布等。

步骤2：确定道路等级基础参数B，由设计车速、双向机动车道数、机动车道宽度、道路总宽、分隔带设置等因素综合确定，分数越大代表道路状况越差、风险越高，具体见表7-1-1。

道路等级基础参数B的确定 表7-1-1

道路等级	设计车速（km/h）	双向机动车道数（条）	机动车道宽度（m）	道路总宽（m）	分隔带设置	分值选取（分）
高速						1
一级	60~80	≥4	3.75	40~70	必须设	1.1
二级	40~60	≥4	3.5	30~60	应设	1.5
三级	30~40	≥2	3.5	20~40	可设	2
四级	30	≥2	3.5	16~30	不设	3
其他	乡村道路、未分级道路等					4

步骤3：确定发生事故的可能性L，由道路特征、交通状况、影响人员分布、气象状况、易疲劳程度等因素综合确定，分数越大代表发生事故的可能性越大、风险越高，具体见表7-1-2。

发生事故的可能性L的确定 表7-1-2

分类	道路特征	交通状况	影响人员分布	气象状况	易疲劳程度	分值选取
分值	0~10分	0~10分	0~10分	0~10分	0~10分	5项值加和
说明	道路特征主要考虑：急弯、坡道、滑坡、积水、路口分叉、隧道、路障、软路肩或有无护栏					
	交通状况主要考虑：照明、指示标志、交通灯、警示灯、电子监控缺陷等					
	影响人员分布主要考虑：村镇、学校、集市、当地人员素质、同行车辆类型（大货、小车、摩托、非机动车等）					
	气象状况主要考虑：雨、雪、雾、沙尘等					
	易疲劳程度主要考虑：运输距离、休憩设施多寡、路况条件等					
	上述所列某类因素完全可以忽略时，选0分；事故高发，完全可以预料时，选10分；其他可能性选择中间值					

步骤4：确定事故可能会造成的损失后果C，由风险评价小组（包括驾驶人员代表、调度人员、安检人员、企业管理人员等）综合确定，分数越大代表发生事故可能会造成的损失后果越严重、风险越高，具体见表7-1-3。

事故可能会造成的损失后果C的确定　　　　表7-1-3

风险后果	事故伤害和损失程度	分值选取（分）
较重大及以上事故	一次死亡1人以上，或重伤4人以上，或直接经济损失50万元以上事故	10
较大事故	一次重伤2~3人，或轻伤4~8人，或直接经济损失10万元以上、50万元以下事故	5
一般事故	一次重伤1人，或轻伤2~3人，或直接经济损失1万元以上、10万元以下事故	3
轻微事故	一次轻伤1人，或直接经济损失1万元以下事故	1

此外，部分企业也会结合运输距离，增加里程风险系数的考虑，距离越长，相应的风险系数取值越大，风险越高，具体见表7-1-4。

里程风险系数M　　　　表7-1-4

里程（km）	说　明	风险取值M
>450	运距大于450km，根据道路的综合路况条件信息，取1.4为风险值	1.4
351~450	运距在351~450km之间，根据道路的综合路况条件信息，取1.2为风险值	1.2
251~350	运距在251~350km之间，根据道路的综合路况条件信息，取1为风险值	1
151~250	运距在151~250km之间，根据道路的综合路况条件信息，取0.8为风险值	0.8
≤150	运距小于150km，根据道路的综合路况条件信息，取0.6为风险值	0.6

步骤5：计算各路段的路线风险值D并分级，具体见表7-1-5。

路线风险值D的确定与分级　　　　表7-1-5

路线风险值D（$D=B\times L\times C$）	路线风险等级	备　注
>250	一级	十分危险，此路段需要专项监控，发现途径此处的车辆异常后，在10min内必须电话沟通确认
151~250	二级	危险性较大，此路段需要重点监控，发现途径此处的车辆异常后，在20min内必须电话沟通确认
101~150	三级	一般危险，此路段正常监控即可，发现途径此处的车辆异常后，在30min内必须电话沟通确认
1~100	四级	潜在危险，此路段正常监控即可，发现途径此处的车辆异常后，在60min内必须电话沟通确认

需要指出的是起讫整条线路风险值是各路段路线风险值D通过相应路线风险值加权平均得出的值，具体见表7-1-6，但整条路线风险等级判断的可靠性较差，在实际运用中，企业主要以各路段的线路风险值作为风险控制的基础并采取差异化防范措施。

整条路线风险等级R 表7-1-6

路线风险值	路线风险等级	路线风险值	备注
>200	一级	1.6	通过路线中各路段风险等级综合评定出：总路线风险值大于200，定为一级路线
151~200	二级	1.4	通过路线中各路段风险等级综合评定出：总路线风险值在150至200之间，定为二级路线
100~150	三级	1.2	通过路线中各路段风险等级综合评定出：总路线风险值在100至150之间，定为三级路线
≤100	四级	1	通过路线中各路段风险等级综合评定出：总路线风险值小于或等于100，定为四级路线

第二节 危险货物道路运输路线优化方法

危险货物在运输中一旦发生事故，易造成群死群伤，后果影响严重。通过合理地规划运输路线，选择事故发生概率较小的路线进行运输，可以降低危险货物道路运输活动给沿线人民群众造成的公共安全风险，确保高质量地提供运输服务。

一、危险货物道路运输路线选择机理

危险货物由于具有易燃性、爆炸性、毒害性等特性，其运输过程选线不同于一般货物运输的路径优化，必须首先考虑其运输安全，即在危险货物道路运输过程中或车辆发生事故时，会因发生危险货物泄漏、爆炸或毒气云扩散等事故，对路径沿线影响区人员和环境造成重大的事故后果，尤其是影响区人员的伤亡。因此，危险货物道路运输路径优化的主要目标就是搜索一条使危险货物道路运输过程人员伤亡风险最小、运输费用最低的路线。

危险货物在途运输涉及政府安全监管部门和运输各参与方。不同的利益主体在路线选择中拥有各自不同的优化准则，因此运输路线的优化选择是各个主体均衡决策的结果。

这里政府安全监管部门主要包括公安部门和交通运输部门。对于政府监管部门而言，对危险货物在途运输监管目的就是维护公共安全。为此，公安部门规定了高速公路等道路通行的限定时间、城区通行的限定路段。对于运输民用爆炸物品、烟花爆竹和剧毒、放射性等危险货物，其行驶路线需要经过公安机关批准。交通运输主管部门规定危险货物在途运输行驶速度限制、中途停车规定和停车休息要求等。前述安全管理规定和要求具体内容见第八章。

这里的运输各参与方主要包括托运人和承运人。作为生产单位，经济利益是其考虑的主要因素之一。因此，承运人在考虑危险货物道路运输安全的同时，也要考虑自身的经济效益。托运人虽然不直接参与危险货物在途运输作业，但也期望运输成本最小，经济利益最大。

上述分析表明，危险货物道路运输减少路线选择应是政府监管部门、承托运人在目标冲突情况下的均衡决策，因此，危险货物道路运输优化路线未必是距离最短、运行时间最小的路线，更可能是兼具运输安全、运输成本等相关主体利益均衡结果。

二、运输路线选择考虑的因素

1. 运输风险

危险货物道路运输风险（以下简称危货运输风险）是指在其运输过程中，因诸多风险影响因素之间的不和谐而导致泄漏、燃烧、爆炸等事故发生的可能性大小和由此带来的后果或损失的度测。该定义表明危货运输风险具有概率和后果的双重性，通常以事故概率与事故后果的函数关系来表示。

危货运输风险常用危货运输风险评估优化模型（VaR模型）表示，其定义如下：假设在给定的运输网络$G=(N, A)$中从起点O到终点D有一次运输，且有一个可选路径的集合P。P中的每一条路径l表示从O运输到D的运输车辆可以选择的方案。对于给定的风险置信水平$\alpha \in (0,1)$，给定的路径$l \in P$，定义风险价值为使风险R^l超过β的概率不大于$1-\alpha$的最小值：

$$VaR_\alpha^l = \min\left\{\beta : \Pr\left\{R^l > \beta\right\} \leqslant 1-\alpha\right\} \quad (7\text{-}2\text{-}1)$$

而每一次危险品运输都可以看作是一系列的独立伯努利试验，假设每条路径l由一个有序路段集合A^l组成，每条路段$(i,j) \in A^l$上有事故概率P_{ij}和后果C_{ij}，其中用$C(k)$表示在$\{C_{ij}:(i,j) \in A^l\}$上的第k小值。于是将各路段事故后果按升序排列得到集合：$\{0, C_1^l, C_2^l, \cdots, C_{m^l}^l\}$，则路径$l$上的风险根据对应的概率在该集合中取值：

$$R^l = \begin{cases} 0, \text{w.p.} 1 - \sum_{i=1}^{m^l} p_i^l \\ C_1^l, \text{w.p.} p_1^l \\ \vdots \\ C_{m^l}^l, \text{w.p.} p_{m^l}^l \end{cases} \quad (7\text{-}2\text{-}2)$$

由概率论累积分布函数可以得出：

$$F_{R^l} = \Pr\left(R^l \leqslant r\right) = \begin{cases} 1 - \sum_{i=1}^{m^l} \pi_{(i)}^l, r \leqslant 0 \\ 1 - \sum_{i=2}^{m^l} \pi_{(i)}^l, 0 < r \leqslant C_{(1)}^l \\ \vdots \\ 1 - \sum_{i=k+1}^{m^l} \pi_{(i)}^l, C_{(k-1)}^l < r \leqslant C_{(k)}^l \\ \vdots \\ 1, C_{(m^l)}^l < r \end{cases} \quad (7\text{-}2\text{-}3)$$

其中 $\pi_{(k)}^l = \Pr\left(R^l = C_{(k)}^l\right)$,则由 $\left(R^l \leqslant VaR^l\right) > \alpha$ 及 R^l 的累积分布函数可以得到:

$$VaR_\alpha^l = \begin{cases} 0, 0 < \alpha \leqslant 1 - \sum_{i=1}^{m^l} \pi^l \omega \\ C_{(1)}^l, 1 - \sum_{i=1}^{m^l} \pi^l \omega < \alpha \leqslant 1 - \sum_{i=2}^{m^l} \pi^l \omega \\ \vdots \\ C_{(k)}^l, 1 - \sum_{i=k}^{m^l} \pi^l \omega < \alpha \leqslant 1 - \sum_{i=k+1}^{m^l} \pi^l \omega \\ \vdots \\ C_{(k)}^l, 1 - \pi_{m^l}^l < \alpha < 1 \end{cases} \quad (7\text{-}2\text{-}4)$$

即问题等价于求解 $\min\beta$。其中风险影响因素是指能增加事故概率或事故后果的影响因素,是事故发生的潜在原因,也是造成后果损失的间接和内在原因;风险事故即是由风险影响因素引发的危险货物道路运输事故,有泄漏、燃烧、爆炸、中毒窒息等多种形式;风险损失是风险事故的结果,是风险承担者不愿看到的后果,是指非故意的、非计划的和非预期的经济价值或生命的减少,主要包括人员伤亡、环境污染、财产损失以及交通延误等四个方面,而事故发生后及时正确的应急响应将极大限度地避免事故扩散,以达到减少风险损失的目的。

2. 运输成本

从托运方的角度,运输成本主要指由运输单价决定的运输费用。危险货物道路运输单价较普通货物高出很多,一是危货运输车辆技术等级高,售价多在数十万元甚至上百万元,而国家规定危货运输车辆使用满十年需强制报废,无疑增加了较高的折旧成本;二是针对危险货物道路运输的高风险特点,运输企业为确保安全,增加了对运输过程的资金投入,而这两者都会转嫁到运输单价上。运输成本除了不包含原料费外,其他如燃料费、工资、折旧、修理费用等都包含在内。通常,危险货物道路运输单价与运行公里数和载重吨数有直接联系。且运输费用一般只考虑重载运费,不考虑空车返程运费。

综合以上分析,考虑我国危险货物道路运输特点,可总结出危险货物道路运输路线选择决策中需遵循的主要原则有:

(1)以国家相关危险货物道路运输的法律法规为依据。

(2)基于某条运输路线风险或多条运输路线的相对风险,即在保证运输安全的前提下,考虑经济效益。

(3)均衡考虑路线运输风险、成本,并合理分配。

(4)具有较强的可操作性,便于危险货物道路运输企业应用。

三、美国的选线程序法

美国交通部联邦公路署的危险货物道路运输选线导则(FHWA-HI-97-003)主要基于影响区人员风险和运输路线长度指定可行路径,并涉及特殊人群风险(如学校、医院、商业购物中心等)、环境敏感区风险(如河流、地下水、自然保护区、湖泊、野生动植物带、国家公园等)、事故应急响应能力、商业负担风险、交通阻塞与延误以及财产损失风险等选线因素。选线程序如图7-2-1所示。

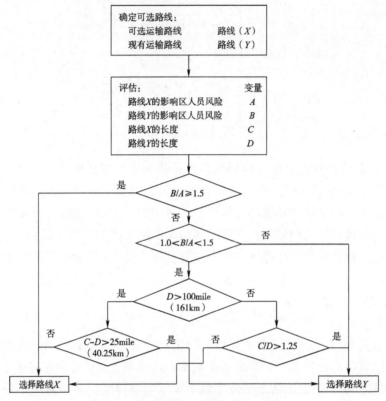

图 7-2-1 美国交通部危险货物道路运输选线程序

对于运输路线长度,有以下两条原则:

(1) 如果现有路线大于100mile(相当于161km),25mile(相当于40.25km)的运输历程偏差可以接受。

(2) 如果现有路线不大于100mile(相当于161km),25%的运输历程增量可以接受。危险货物道路运输路径优化以路径沿线影响区人员风险为主,选线标准及影响因素见表7-2-1,选线分析方法见表7-2-2。

危险货物道路运输路径选线因素　　　　表7-2-1

项目	路径	限制与法律约束			影响区人员风险评估			附加因素分析					排序
序号	长度	时间	限制	法规	风险	风险比值	特殊人群	敏感环境	应急能力	经济损失	运输延误	财产风险	
1													
2													
3													
…													

危险货物道路运输选线分析

表7-2-2

1. 危险货物道路运输路线特征			
可选路线编号 No.	起点：		终点：
路线长度（mile）：	运输时间（min）：		迂回度：$C/D=$

2. 运输路线自然条件和法规约束
自然条件限制：（有？无？描述）
法规约束：（有？无？描述）

3. 影响区人员评估	
运输危险货物类别：EXP（　）　FL（　）　PG（　）　FCL（　）　FS（　）　OXI（　）　POI（　） 　　　　　　　　　COR（　）　OR（　）	
危险货物名称：	影响半径：
路段编号　事故概率 × 影响区域潜在影响人数 / 英里 = 影响区人员风险（ × 10^{-6} ） 1 2 …	

4. 选线		
影响区人员风险： 可选路线编号 No. $A=$ 现有路线　　　　$B=$		
路线长度： 可选路线编号 No. $C=$ 现有路线　　　　$D=$		
$B/A=$	$C-D=$	$C/D=$
$B/A \geq 1.5$？是（　）不是（　）	$C-D > 25$？是（　）不是（　）	$C/D > 1.25$？是（　）不是（　）
初步选择路线：		

5. 其他因素分析
①特殊人群：有（　）无（　）描述： ②环境敏感区：有（　）无（　）描述： 路段编号　环境敏感区面积 × 事故率（ × 10^{-6} ）= 环境敏感区风险（ × 10^{-6} ） 1 2 … ③应急响应能力： 应急能力 =10min 之内可以到达事故现场的应急单位个数 / 路线长度 = ④商业经济损失：有（　）无（　）描述： ⑤交通阻塞 / 延误： 延误风险 = 阻塞序列距离 × 总时间（h）× 车道数 × 车辆长度 × 事故率 　　　　 = 延误车辆时间（h）× 事故率 ⑥财产损失风险（可选）： 路段编号　事故率（ 10^{-6} ）× 影响区内财产价值（百万）/ 英里 = 财产损失风险（ 10^{-6} ） 1 2 … 总共：

四、运输路径优化建模方法

危险货物道路运输路径优化问题一般定义为：对于一系列危险货物装卸点，组织适当的运输路线，使危货运输车辆有序地通过，在满足一定的约束条件（如运输量、时速、周期以及可接受风险标准等）下，实现目标（如影响人员风险最小、路程最短、费用最低、时间尽量少等）最优，保障运输安全。

由此可见，运输路径选择的优化模型可以是单目标的，也可以是多目标的。其中，路径优化单目标模型，是指在危险货物最优运输路径问题的研究中，所设定的目标是指以单一优化值为目标函数，选择一条目标函数值最小的路径，即在有约束的危险货物道路运输网络中搜索目标函数值最小的路径。路径优化多目标模型，是指在危险货物道路运输过程中，通常涉及不同的利益主体，最主要的有政府管理部门、运输企业和路径附近的居民。不同利益主体在路径选择过程中扮演不同的决策者，并且拥有各自不同的要求。因此，道路危险货物道路运输路径优化问题的本质是一个"多决策者、多准则"的路径决策问题。由于不同决策者的优化准则具有冲突性，往往一个单一目标下的优化方案并不能满足所有决策者的优化需求。

（一）单目标路径选择优化模型

1. 物理量名称及符号表

将研究的危险货物道路运输网络设为$G=(N, A)$，其中N是点的集合，即代表路网节点集合，节点数量为n；A是弧集，弧集A代表的是路网上的路段集合。通常用$l(i,j)$表示路段，则$i,j \in N$，而$l(i,j) \in A$。

d_{ij}——路段ij的长度；
s——OD对的起点；
t——OD对的终点。

$$x_{ij} = \begin{cases} 1, & \text{危险货物车辆经过路段} ij \\ 0, & \text{否则} \end{cases} \quad \text{（决策变量）}$$

2. 模型表示

单目标的危险货物道路运输问题可以描述为：将货物从一个配送中心运输到一个需求地，使得运输距离最短（或运输风险等最小）。这类问题可直接通过对最短路问题进行求解，以得到距离最短最优化目标。V_i和V_j是G中的两个节点，G的从V_i到V_j的所有路径中，路权最小的路径称为最短路(V_i, V_j)。其数学模型为：

$$\min Z = \sum_{(i,j) \in A}^{n} x_{ij} d_{ij} \quad (7\text{-}2\text{-}5)$$

$$s.t \quad \sum_{j:(i,j)\in A}^{n} x_{ij} - \sum_{j:(j,i)\in A}^{n} x_{ji} = \begin{cases} 1, i=s \\ -1, i=t \\ 0, i\neq s,t \end{cases} \quad (7\text{-}2\text{-}6)$$

$$x_{ij} \in \{0,1\} \quad \forall (i,j) \in A \quad (7\text{-}2\text{-}7)$$

目标函数（7-2-5）表示最小化危险货物道路运输距离（或运输风险）；
约束条件（7-2-6）判断i是路段的起点还是终点。

3. 算例分析

某危险货物配送中心的配送网络如图7-2-2所示，配送中心为V_1，物品被送往$V_2 \sim V_9$共8个用户，运输距离已标在图中。现每个用户均需一整车原材料，配送中心应如何安排运输路径才能使得运输距离最短？

目前求解最短路问题的算法有很多，可以通过matlab编写两点间最短路算法计算程序和任意一点到其他点的最短距离及路径计算程序进行求解。

计算结果见表7-2-3。

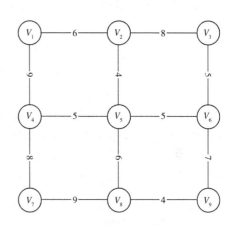

图7-2-2 某配送网络运距示意图

单目标路径选择优化模型算例计算结果 表7-2-3

序 号	起 点	终 点	路 径	距 离
1		V_1	1	0
2		V_2	1→2	6
3		V_3	1→2→3	14
4		V_4	1→4	9
5	V_1	V_5	1→2→5	10
6		V_6	1→2→5→6	15
7		V_7	1→4→7	17
8		V_8	1→2→5→8	16
9		V_9	1→2→5→8→9	20

（二）多目标路径选择优化模型

危险货物道路运输的路径选择与优化问题是选择一条时间、费用、风险或其他属性最小化的路径，具有一定的复杂性。危险货物运输路径选择与优化研究中大部分人员主要从风险和成本的角度进行分析，常以道路风险、运输成本、风险公平性作为优化目标，根据风险和成本的影响因素设置约束条件，主要包括路段特征、路段限行政策、运输总量、影响人员、个人风险和社会风险等。

危险货物道路运输路径选择一般需要考虑多个利益群体的影响，如运输者、托运人、政府等，各群体对路径选择优化选择的侧重点是不一样的。政府主要侧重于运输路线的安全性，保证危险货物道路运输风险最小，即事故率以及事故后果程度最小；企业在路径选择时，一般需要考虑运输风险和成本的影响，侧重于成本，会尽可能地选择成本最小、运输效率最高的路线；托运人侧重于运输的时效性；路线周边居民侧重考虑自身的安全性，通常不希望危险货物车辆经过生活、工作的区域。各个主体之间的需求存在着不可调和的矛盾，路线选择与优化必然会导致一部分人员的利益受损，因此危险货物道路运输路径选择与优化是一个多目标规划问题，需要在运输成本与风险中找到平衡点。

1. 考虑运输路线的多目标路径选择优化模型

目标考虑运输时间最短和运输风险最小。

（1）物理量名称及符号表。

将研究的道路危险货物道路运输网络设为 $G=(N, A)$，其中 N 是点的集合，即代表路网节点集合，节点数量为 n；A 是弧集，弧集 A 代表的是路网上的路段集合。通常用 (i, j) 表示路段，则 $i, j \in N$，而 $(i, j) \in A$。

d_{ij}——路段 ij 的长度；

s——OD对的起点；

t——OD对的终点；

R——运输总风险值；

D——运输路线的运输成本，与距离呈线性相关；

$R_{ij}(t_i)$——在 t_i 时刻，路段 ij 的风险值；

μ_{ij}——通过路段 ij 需要消耗的单位成本。

$$x_{ij} = \begin{cases} 1, & \text{危险货物运输车辆经过路段路段}(i\ j) \\ 0, & \text{不经过} \end{cases} \quad \text{（决策变量）}$$

$$y_{ij} = \begin{cases} 1, & \text{路段}(i, j)\text{允许危险货物运输车辆通行} \\ 0, & \text{不允许} \end{cases} \quad \text{（决策变量）}$$

（2）模型表示。

$$\min R = \sum_{i,j=0}^{n} R_{ij}(t_i) x_{ij} \qquad (7\text{-}2\text{-}8)$$

$$\min D = \sum_{i,j=0}^{n} \mu_{ij} x_{ij} d_{ij} \qquad (7\text{-}2\text{-}9)$$

$$s.t.\ y_{ij} = y_{ji} \qquad (7\text{-}2\text{-}10)$$

$$x_{ij} \leq x_{ij} \qquad (7\text{-}2\text{-}11)$$

$$\sum_{j:(i,j)\in A}^{n} x_{ij} - \sum_{j:(j,i)\in A}^{n} x_{ji} = \begin{cases} 1, i=s \\ -1, i=t \\ 0, i\neq s,t \end{cases} \quad (7\text{-}2\text{-}12)$$

$$x_{ij} \in \{0,1\} \quad \forall (i,j) \in A \quad (7\text{-}2\text{-}13)$$

$$y_{ij} \in \{0,1\} \quad \forall (i,j) \in A \quad (7\text{-}2\text{-}14)$$

该模型共有两个优化目标，分别是运输风险最小和运输成本最低。

目标函数（7-2-8）表示最小化危险货物道路运输风险；

目标函数（7-2-9）表示最小化道路运输路径运输成本，通过单位运输成本乘以运输距离得到；

约束条件（7-2-10）表示该道路是双向的，且这两个方向道路的限行情况是一致的；

约束条件（7-2-11）表示当路段 ij 被限行时，车辆不能在该路段通行；

约束条件（7-2-12）判断 i 是路段的起点还是终点；

约束条件（7-2-13）表示路段的限行状态，1表示路段允许车辆通行；

约束条件（7-2-14）表示车辆是否通过路段，1表示车辆通过该路段。

2. 考虑运输车辆的多目标危险货物道路运输 VRP 模型

车辆路径问题最早由Dantzig和Ramser于1959年首次提出，此问题的研究目标是对一系列的顾客需求点设计适当的路线，使车辆有序通过它们，在满足一定约束条件下，达到一定的优化目标。其中约束条件可能是需求量、发送量、交货时间、距离限制和时间限制等，优化目标可以是距离最短、费用最少、时间尽量少等。不同于一般的VRP问题，危险货物道路运输的车辆路径和时间安排问题，是降低风险的关键决策。通过选择使风险最小的有效路径能够有效地减小危险货物的运输风险，从而降低潜在危害程度。

（1）物理量名称及符号表。

以图 $G=(N, A)$ 表示道路网络，其中 N 为节点集，A 表示路段弧集。以 V 表示配送中心的车辆，每条路段 (i,j) 具有两重属性，包括旅行时间 t^v_{ij} 和运输风险 R^v_{ij}。每个运输车辆 $v \in V$ 都包含着一系列车厢 C^v，每个车厢 $c \in C^v$ 的容量为 K^v_c。用 U 来表示需求点的危险货物品类集合，为研究方便用节点0和 $n+1$ 表示同一个仓库，n 个客户分别位于 $L=\{i_1,...,i_n\}\in N$。那么危险货物道路运输的VRP问题为在各种约束条件下尽可能使得时间最小和风险最小。

T^v_i——车辆 v 从节点 i 出发或者开始服务的时间，则 T^v_0 表示车辆 v 从仓库出发的时间，T^v_{n+1} 表示车辆 v 从返回仓库的时间。

M——足够大的常数。

q_{iu}——节点 i 对危险货物 u 的需求量。

s_i——节点 i 的持续服务时间。

$$x_{ij}^v = \begin{cases} 1, & \text{车辆} v \text{经过路段} ij \\ 0, & \text{否则} \end{cases} \quad (\text{决策变量})$$

$$Y_{cu}^v = \begin{cases} 1, & \text{车辆} v \text{的车厢} c \text{装载危险货物} u \\ 0, & \text{否则} \end{cases} \quad (\text{决策变量})$$

（2）模型表示。

建立以运输时间最短和运输风险最小的危险货物VRP模型：

$$\min z_1 = \sum_{i \in N} \sum_{j \in N} \sum_{v \in V} x_{ij}^v t_{ij}^v \tag{7-2-15}$$

$$\min z_2 = \sum_{i \in N} \sum_{j \in N} \sum_{v \in V} x_{ij}^v R_{ij}^v \tag{7-2-16}$$

$$s.t \sum_{j \in N \setminus \{0\}} x_{0j}^v = 1, v \in V \tag{7-2-17}$$

$$\sum_{j \in N \setminus \{n+1\}} x_{i(n+1)}^v = 1, v \in V \tag{7-2-18}$$

$$\sum_{i \in N} \sum_{v \in V} x_{ij}^v = 1, j \in L \tag{7-2-19}$$

$$\sum_{j \in N} \sum_{v \in V} x_{ij}^v = 1, i \in L \tag{7-2-20}$$

$$\sum_{i \in N} x_{ik}^v - \sum_{j \in N} x_{kj}^v = 0, v \in V, k \in N \setminus \{0, n+1\} \tag{7-2-21}$$

$$\sum_{c \in C_v} Y_{cu}^v K_c^v \geq \sum_{(i,j) \in A} x_{ij}^v q_{ij}^u, \forall u \in U, v \in V \tag{7-2-22}$$

$$\sum_{u \in U} Y_{cu}^v = 1, \forall v \in V, c \in C_v \tag{7-2-23}$$

$$T_i^v + s_i + t_{ij}^v \leq T_j^v + (1 - x_{ij}^v) M, i, j \in N, v \in V, M > 0 \tag{7-2-24}$$

$$T_i^v + s_i + t_{i(n+1)}^v \leq T_{n+1}^v + [1 - x_{i(n+1)}^v] M, i, j \in N \setminus \{0\}, v \in V, M > 0 \tag{7-2-25}$$

$$T_0^v + t_{0j}^v \leq T_j^v + (1 - x_{0j}^v) M, j \in N \setminus \{n+1\}, v \in V, M > 0 \tag{7-2-26}$$

$$a_i \leq T_i^v \leq b_i, i \in L \tag{7-2-27}$$

$$a_0 \leq T_0^v \leq b_0, v \in V \tag{7-2-28}$$

$$a_{n+1} \leq T_{n+1}^v \leq b_{n+1}, v \in V \tag{7-2-29}$$

$$x_{ij}^v \in \{0,1\}, i, j \in N, v \in V, Y_{cu}^v \in \{0,1\}, c \in C_v, u \in U \tag{7-2-30}$$

$$T_i^v, T_0^v, T_{n+1}^v \in R_+, i \in N \setminus \{0, n+1\} \tag{7-2-31}$$

目标函数（7-2-15）表示使配送路径的总旅行时间最短；

目标函数（7-2-16）表示使总的运输风险最小；

约束条件（7-2-17）和（7-2-18）表示要求每一运输车离开和返回仓库恰好一次；

约束条件（7-2-19）和（7-2-20）表示恰好有一辆车到达节点 j 和恰好有一辆车离开节点 j；

约束条件（7-2-21）表示要求中间客户节点的车辆量平衡；

约束条件（7-2-22）表示保证运输车所服务客户的危险货物需求量不能超过其装载容量；

约束条件（7-2-23）表示要求运输车的每一个车厢最多装载一种危险货物；

约束条件（7-2-24）（7-2-25）和（7-2-26）表示运输车最少要经过服务时间和旅行时间才能到达下一个节点；

约束条件（7-2-27）表示客户要求的服务时间窗；

约束条件（7-2-28）表示运输车从仓库出发的时间窗约束；

约束条件（7-2-29）表示运输车必须返回仓库的时间窗约束。

（3）算例分析。

已知配送中心有4t车型的货车，货车每次巡回行驶里程不能超过30km，每节点的坐标和需求量见表7-2-4，运输节点如图7-2-3所示，求令配送中心满意的运输方案。

配送网络基础数据　　　　　　　　　　表7-2-4

序 号	x	y	需 求	序 号	x	y	需 求
1	4	4	2	6	5	7	1.8
2	1.5	3	3	7	6	2	2
3	2	2	1.6	8	7	3	1.5
4	3.3	6	1	9	4.3	3	2.4
5	4	3	2.2	—	—	—	—

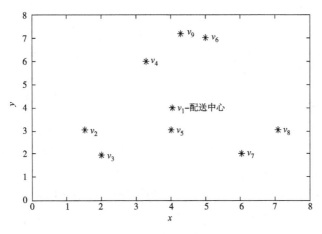

图 7-2-3　运输节点坐标图

在数学领域中有精确算法和启发式算法两种求解VRP问题的手段，这些手段中的主要方法见表7-2-5。

车辆路径问题的常用算法　　　　　　　　　　　　　　　　　　表7-2-5

精确算法	启发式算法	精确算法	启发式算法
节约矩阵法	模拟退火算法	动态规划算法	神经网络方法
分枝定界法	禁忌搜索算法	网络流算法	蚁群算法
割平面法	遗传算法	—	—

算例选用蚁群算法并用matlab编写程序进行求解。

计算结果见表7-2-6。

VRP问题计算结果　　　　　　　　　　　　　　　　　　　　　表7-2-6

序号	路径	满载率	序号	路径	满载率
1	V_1-V_5-V_3	95.0%	4	V_1-V_6	45.0%
2	V_1-V_7-V_8	87.5%	5	V_1-V_2	75.0%
3	V_1-V_4-V_9	85.0%	—	—	—

一般地，危险货物道路运输路径优化模型常常考虑的目标函数和约束条件，归纳见表7-2-7。

危险货物道路运输路径优化模型的目标函数和约束条件　　　　表7-2-7

目标函数	含义	符号解释	约束条件
$\min Z=\sum_{(i,j)\in A}^{n} x_{ij} d_{ij}$	运输距离最短	$x_{ij}=\begin{cases}1, & \text{危险货物车辆经过路段}ij \\ 0, & \text{否则}\end{cases}$ d_{ij}：路段ij的长度 μ_{ij}：通过路段ij需要的消耗的单位成本 $R_{ij}(t_i)$：在t_i时刻，路段ij的风险值 $x_{ij}^v=\begin{cases}1, & \text{车辆}v\text{经过路段}ij \\ 0, & \text{否则}\end{cases}$ t_{ij}^v：车辆v在路段ij的旅行时间	常规约束： ①路段起点约束； ②路段限行约束； ③危险货物需求量约束； ④货物交付时间窗约束； ⑤货物种类约束
$\min D=\sum_{i,j=0}^{n} \mu_{ij} x_{ij} d_{ij}$	运输成本最小		
$\min D=\sum_{i,j=0}^{n} R_{ij}(t_i) x_{ij}$	运输风险最低		危险货物特色约束，主要体现在运输风险中： ①危险货物泄漏事故概率； ②不同危险货物泄漏影响范围； ③暴露人口需考虑室内人口； ④环境污染
$\min D=\sum_{i\in N}\sum_{j\in N}\sum_{v\in V} x_{ij}^v t_{ij}^v$	运输时间最短		

危险货物道路运输风险影响因素常考虑的有通行系数、事故率、道路行驶频率、影响人数、环境影响、应急救援能力。

无论是单目标优化还是多目标优化，危险货物道路运输优化选线标准主要涉及运输成本、运输距离、运输风险，其中运输风险主要包括影响区人员风险、环境风险和财产损失风险三类。

第三节　危险货物道路运输路线风险评估管控方法

在现有已经开展风险评估的企业，主要集中在外资企业以及中资大型企业，并且基本都选择了运输路线并且运用BLC法进行风险评估，形成具体路线风险评估报告，也就是通常所说的路书。

一、制定路线风险等级评定标准（风险接受准则）

路线风险等级评定标准的建立是开展风险分析的重要步骤，与后续采取的防范措施密切相关。由于路线是由若干不同技术等级道路构成，所以评定标准一般以道路等级为基础参数（B，表7-1-1），并综合考虑道路特征、交通状况、影响人员分布、气象状况、环境给驾驶人员带来的易疲劳程度等因素所带来的道路风险可能性（L，表7-1-2）以及风险后果（C，表7-1-3），部分企业还会考虑里程风险系数（M，表7-1-4）所带来的影响，通过B、L、C、M三者或四者的乘积得出路线中某段道路风险值（D，表7-1-5），而后综合得出路线风险等级（R，表7-1-6）。具体的BLC法的公式见前述介绍。

二、路线风险辨识

围绕路线风险等级评定标准中考虑的各项因素，通过驾驶人员反馈、跟车考察等途径对运输路线沿途环境实地勘查，将路线上存在的危险进行记录、分析，并针对每项辨识出的危险结果提出相应的防范措施。在实地勘查中，需要记录的要点如下。

1. 道路等级

在对整条路线进行辨识之前，需要根据道路等级的不同将路线分成不同路段。根据道路设计的车速、机动车道数、机动车道宽度、道路总宽、分隔带设置等判断道路等级是高速公路、一级公路、二级公路、三级公路、四级公路还是等外公路。

2. 道路特征

需要记录道路是否存在急弯、坡道、滑坡、积水、路口分叉、隧道、路障、软路肩或无护栏、施工路段、禁行路段等情况，是否有拥堵、人车混行等现象。

3. 交通设施状况

需要记录道路交通设施是否存在沿途道路的照明、指示标志、交通灯、警示灯、电子监控等缺陷问题。

4. 影响区人员分布

危险货物道路运输事故影响区人员分布通常以影响区人员密度表示。人口密度主要考虑整个路径带宽（运输路径两侧事故后果下风向最大影响距离之间的宽度）内人口密度的变化情况。人员密度可以从多渠道获得，如调查报告、地区人口统计数据、地图以及对路线的实地考察等。

在确定人口密度的过程中，还需要注意以下几点：

（1）人口的暂时变化情况应予以考虑。例如，人口的昼夜变化情况（如工业区、居民区等）应给予特别的注意，事故后果导致死亡的人数与人员在室内或在户外密切相关。

（2）如果路线的一侧为森林、河流、湖泊、海洋或其他无人区，则人口密度主要考虑有人的一侧。

（3）需考虑敏感人群，如医院、学校、监狱、体育场馆等。这些群体对危险货物道路运输事故特别敏感，或是不容易被疏散。

需要指出的是，在路线勘查过程中，应当对存在的危险点，比如特殊的路段进行照片拍摄，可以在出车之前的驾驶人员安全培训过程中予以图片展示，有利于驾驶人员对危险点的认识和掌握。同时，不同时间段进行实地勘查所得出的风险辨识结果会存在很大差异，所以企业需要根据驾驶人员运行反馈及时进行调整，并且也需要定期组织安全管理人员对路线进行重新勘查。

三、路线风险评估防控

在路线风险辨识的基础上，运用路线风险等级评定标准，企业可以组织安全管理人员，或选取该路段的驾驶人员，集中对每段道路风险值进行打分，而后经过数据处理，得出每段道路风险值并进行等级判断。安全管理人员可以根据不同的路段风险等级设置不同的防控措施，见表7-1-5。

对危险货物道路运输风险防控的措施，需要结合企业信息管理系统，在系统标注危险点，通过信息推送等方式及时提醒驾驶人员应注意的危险点以及驾驶操作要求。通过路段风险等级划分提高监管效率和安全之外，企业还可以将路段风险等级的高低与驾驶人员的薪酬结合，也可以提高驾驶人员安全驾驶的积极性。

四、路线风险管理案例解析

综合BLC法和PHA法，对XX能源物流有限公司LNG运输典型路线北海铁山港至永安电厂段进行风险分析。

解析：

危险货物运输路线的风险分析，包括路线风险辨识、风险评估，以及风险决策和防范三个重要环节，具体阐述如下。

（一）路线风险辨识

该运输路线起点为北海铁山港槽车灌装站，位于广西北海市铁山港LNG接收站，终点为永安电厂门站（中山小榄镇中山市永安电厂），全长约500km，跨越广西、广东两省。经过S21、G75、G15、S26深罗高速公路、G94珠三角环线、庆丰路、沙古、古神公路、永宁工业大道和联岗路到达门站。

1. 路线指引

具体运输路线如表7-3-1和图7-3-1所示。

路 线 描 述   表7-3-1

序号	路 线 描 述
1	从站点出来，朝北行驶4.5km，左转进入四号路
2	沿四号路行驶7.5km，稍向右转进入北铁一级公路
3	沿北铁一级公路行驶2.5km，左转
4	沿资铁高速公路/玉铁高速公路/S21行驶15km（经铁山港收费站），从湛江/海口/G75出口离开，进入兰海高速公路/G75
5	沿兰海高速公路/G75行驶91.0km（经桂海收费站），从海口/广州出口离开，朝广州/G15方向，进入沈海高速公路/G15
6	沿沈海高速公路/G15行驶328.2km，从江门/共和/中山/深圳/珠海/S26/S270出口离开，进入深罗高速公路/S26
7	沿深罗高速公路/S26行驶36.1km，从横栏/古镇出口离开（经横栏收费站），朝古镇/江门/小榄方向，左转进入S268（旧）/长安北路
8	沿S268（旧）/长安北路行驶140m，稍向右转进入庆丰路
9	沿庆丰路行驶1.0km，左转行驶0.5km，进入沙古公路，沿沙古公路行驶1.3km，稍向右转行驶350m，稍向右转进入古神公路
10	沿古神公路行驶5.1km，右转进入S364/菊城大道中
11	沿S364/菊城大道中行驶0.7km，左转进入永宁工业大道，沿永宁工业大道行驶2.6km，左转进入联岗路，沿联岗路行驶1.5km，到达永安电厂

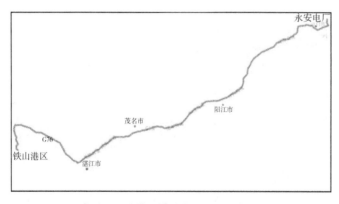

图7-3-1 北海铁山港至永安电厂段运输路线图

2. 路线风险描述

根据路线自身条件、路况情况、地域环境等，分别对沿路线段存在的风险进行描述，具体如下：

1）门站到高速公路路口

（1）门站—北铁公路（图7-3-2）。双向三车道，多车，多行人，容易发生超车、追尾，需要严控车速在30km/h，禁止强行超车。

（2）北铁公路—资铁高速公路/玉铁高速公路（图7-3-3）。单向两车道，有隔离带，途径工业园、村镇，多行人，道路施工，易发生碰撞、剐蹭，需要控制车速60km/h以下，避让行人。

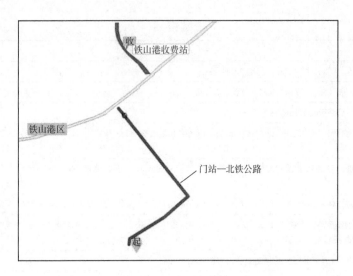

图7-3-2　门站—北铁一级公路段风险辨识和控制措施图

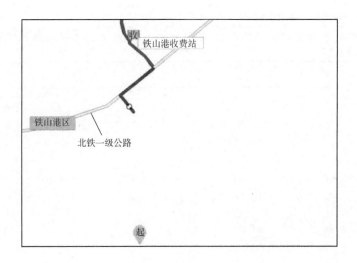

图7-3-3　北铁公路—资铁高速公路/玉铁高速公路路段风险辨识和控制措施图

2）高速公路路段

（1）玉铁高速公路北铁—罗屋路段（图7-3-4）。双向两车道，车流量较少、路况好，控制好车速在80km/h以下，避让入口处车辆，防止超速、追尾。

（2）铁山港大桥。双向两车道，需要控制车速在60km/h以下，禁止强行超车。

（3）G75湛江—合山高速公路段（图7-3-5）。双向两车道，道路起伏颠簸、隧道较多，严控车速在80km/h以下。

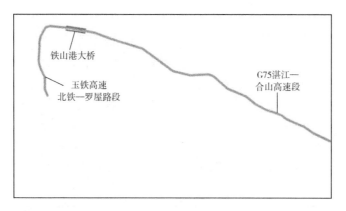

图 7-3-4 玉铁高速公路入口—G75 湛江—合山高速公路路段风险辨识和控制措施图

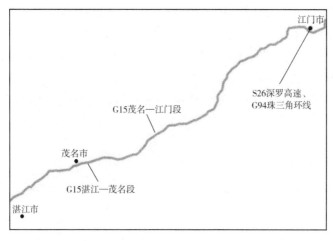

图 7-3-5 G15 湛江—茂名段—高速公路出口路段风险辨识和控制措施图

（4）G15 湛江—茂名段。双向两车道，有长坡。茂名段多油罐车，官渡地区多维修、路况较差，严控车速在 80km/h 以下，避让入口处车辆，防止超速、追尾。

（5）G15 茂名—江门段。双向两车道，丘陵路段，道路起伏颠簸，严控车速在 80km/h 以下，防止超速、追尾。

（6）S26 深罗高速公路、G94 珠三角环线。双向两车道，多弯道、缓坡，台风暴雨下行车困难，严控车速在 80km/h 以下，防止超速、追尾。

3）高速公路出口—门站路段

（1）高速公路出口站（图 7-3-6）。高速公路路口车流量较大，行人车辆混乱，容易发生剐蹭；出口左转后马上右转，容易错过路口。在该路段需要运用防御性驾驶人员要点，主副驾驶人员同时观察，注意前后左右车辆和行人，并按图示转向。

（2）沙田公路—门站。单向三车道，城镇道路，人员、摩托车和社会车辆行驶混乱。车道变窄，容易发生抢道剐蹭。同时由于人员、车辆不遵守交规，行驶混乱，易发生危险。在该路段，主副驾驶人员同时观察，运用防御性驾驶要点，躲避行人和社会车辆。

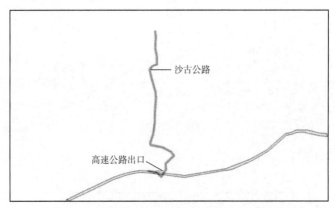

图 7-3-6　高速公路出口—门站路段风险辨识和控制措施图

需要指出的是，企业在风险辨识的过程中可以配以在实地勘查过程中拍摄的图片或视频予以展示，以加深驾驶人员在驾驶过程中对风险点的识别。同时，企业还可以根据沿线风险点识别情况，制作路线安全卡，将关键的路线风险及防控措施、车速、路线节点等信息予以标记，如图7-3-7所示。

在路线安全卡的背面，还应标注防御性驾驶的要点、路途中遇见的主要交通标志牌等信息。

（二）风险评估

结合上述风险描述，主要考虑路段的道路技术等级以及路况特征，将路线分成5段进行风险等级评估。

1. 门站—北铁公路段

本段运输路线以双向三车道，车道宽度达到3.75m，车速控制在30km/h，有分隔带，$B=2$。平路、直路为主，沿线车多，道路特征取值9分；照明、指示标志灯交通设施良好，交通状况取值5分；沿线人口密度大，影响区人员分布取值为8分；当日天气晴朗，状态良好，气象状况取值为3分；易疲劳程度取值为4分，因此，道路风险可能性$L=9+5+8+3+6=29$分。道路风险后果C为较大事故，取值为5分。该段全长15km，风险取值为0.6。根据公式可计算得到该路段下危险货物道路风险值为：$D=2\times29\times5\times0.6=174$。

2. 北铁公路—资铁高速/玉铁高速

该段运输路线是单向两车道的一级公路，$B=1.1$。平路、直路为主，途径工业园、村镇，车多，道路特征取值9分；照明、指示标志灯交通设施良好，交通状况取值5分；沿线多行人，人口密度大，影响区人员分布取值为8分；当日天气晴朗，状态良好，气象状况取值为3分；平路为主，易产生疲劳，易疲劳程度取值为6分。因此，道路风险可能性$L=9+5+8+3+6=31$分。道路风险后果C为较大事故，取值为5分。该段全长15km，风险取值为31。根据公式可计算得到该路段下危险货物道路风险值为$D=1.1\times31\times5\times0.6=102.3$。

3. 玉铁高速北铁—罗屋路段—铁山港大桥

该段运输路线是双向两车道高速公路，$B=1$。车流量较少、路况好，道路特征取值3

分；照明、指示标志灯交通设施良好，交通状况取值5分；沿线居民少，影响区人员分布取值4分；当日天气晴朗，状态良好，气象状况取值为3分；平路为主，易产生疲劳，易疲劳程度取值为6分。因此，道路风险可能性$L=3+5+4+3+6=21$。道路风险后果C为一般事故，取值为3分。该段全长90km，风险取值为0.6。根据公式可计算得到该路段下危险货物道路风险值为：$D=1×21×3×0.6=37.8$。

路段分险概述及控制措施			路线关键节点	
高速公路出口至客户路段	路段：路况：单向两车道、有隔离带、途径工业园、村镇、多行人。		500	横栏出口到达客户
	风险：碰撞、刮蹭。		485	S26深罗高速公路从横栏下
	控制：严控车速在30km/h以下，主副驾驶人员共同驾驶、注间避让行人、避免上下班时间通行			
高速路段	路段：G75 湛江—高速公路出口。		429	G15转深罗高速公路
	路况：双向两车道、多隧道、长坡、弯道。			
	风险：超速、追尾。			
	控制：车速控制、一般情况下车速控制在80km/h以下。隧道、弯道处控制在50km/h以下。隧道：进入隧道前提前打灯、减速、隧道内禁止变道。长坡：下坡控制车速在60km/h以下。上坡时靠右车道行驶，保持正常速度、避免超低速引起追尾。桥梁限速60km/h，注意控制车速		120	S21玉铁高速公路行驶15km从湛江出口离开进入G75
	路段：玉铁高速北铁—罗屋路段—铁山港大桥段。			
	路况：双向四车道、有隔离带、限速在80km/h、有无交通灯控制路口、路况较好、社会车辆车速快。		30	进入铁山港收费站
	风险：超速、追尾。			
	控制：主副驾驶人员共同驾驶、严控车速在60km/h以下、靠右侧车道行驶、建议选择右边第二车道通过路口时提前减速		15	北铁一级公路
门站至高速入口路段	路段：北铁公路—资铁高速公路/玉铁高速公路段。			
	路况：单向两车道、有隔离带、途径工业园、村镇、多行人、道路施工。		4.5	第一个交通灯转左
	风险：超速、追尾、刮蹭。			
	控制：严控车速在60km/h以下、主副驾驶人员共同驾驶、观察路面信息、做好防御性驾驶			
	路段：门站—北铁公路段。		0	北海铁山港LNG站
	路况：槽车站—检查站双向两车道、无隔离带、限速30km/h。检查站—交通灯路况双向三车道、有隔离带、限速70km/h。该路段通行的危险品车辆、货柜车较多。因码头施工、泥头车较多，车速快。			
	风险：碰撞、刮蹭。			
	控制：主副驾驶人员共同驾驶、严控车速：两车道危险货物车辆建议限速30km/h。车辆槽车频繁进出。禁止插队、抢道、排压			

图 7-3-7 路线安全卡

4. G75 湛江—高速路出口

该段运输路线是双向两车道高速路，$B=1$。道路起伏颠簸、隧道较多，长坡，官渡地区多维修、路况较差，道路特征取值10分；照明、指示标志灯交通设施良好，交通状况取值5分；沿线居民少，影响区人员分布取值4分；当日天气晴朗，状态良好，气象状况取值为3分；易疲劳程度取值为6分。因此，道路风险可能性L=10+5+4+3+6=28。道路风险后果C为一般事故，取值为3分。该段全长365km，风险取值为1.2。根据公式可计算得到该路段下危险货物道路风险值为$D=1\times 28\times 3\times 1.2=100.8$。

5. 高速出口—门站路段

该段运输路线是双向六车道一级公路，车速控制在30km/h，B=2。以平路、直路为主，但城镇道路，人员、摩托车和社会车辆行驶混乱，道路特征取值9分；照明、指示标志灯交通设施良好，交通状况取值5分；沿线人口密度大，影响区人员分布取值为8分；当日天气晴朗，状态良好，气象状况取值为3分；易疲劳程度取值为4分。因此，道路风险可能性L=9+5+8+3+4=29。道路风险后果C为较大事故，取值为5分。该段全长15km，风险取值为0.6。根据公式可计算得到该路段下危险货物道路风险值为$D=2\times 29\times 5\times 0.6=174$。

（三）风险决策和防范

从以上5个路段的风险评价结果来看，运输路线"两头"即门站—北铁公路段、高速公路出口—门站路段的风险最高，指数值为174，主要由于其所处市郊，人流、车流较大，对危险货物事故反应敏感；其次为G15湛江—高速公路出口段，指数值为100.8，主要因其道路起伏颠簸，多弯道、长缓坡；北铁公路—资铁高速公路/玉铁高速公路段风险值则为102.3；而玉铁高速公路北铁—罗屋路段—铁山港大桥段风险指数值最低，为37.8。道路风险等级划分标准，除玉铁高速公路北铁—罗屋路段—铁山港大桥段为风险等级四级以及"两头"路段风险等级二级外，其余两个路段均为风险等级三级。除玉铁高速公路北铁—罗屋路段—铁山港大桥段风险可忽略、目前无须采取任何措施外，其余4个路段均应根据采取不同程度的风险监控或应对措施。

（1）门站—北铁公路段、高速公路出口—门站路段。该路段应采取利用车载GPS系统，对车辆的行驶状态进行重点监控，发现途径此处的车辆存在超速、强行超车等异常情况后，在20min内必须电话沟通确认；并在事后对驾驶人员进行相应的警示和处理。

（2）G15湛江—高速公路出口段、北铁公路—资铁高速公路/玉铁高速公路段。该路段应对车辆的行驶状态进行正常监控，发现途径此处的车辆存在超速、强行超车等异常情况后，在30min内必须电话沟通确认；并在事后对驾驶人员进行相应的警示和处理。

（3）玉铁高速公路北铁—罗屋路段—铁山港大桥段。该路段应对车辆的行驶状态进行正常监控，发现途径此处的车辆存在超速、强行超车等异常情况后，在60min内必须电话沟通确认；并在事后对驾驶人员进行相应的警示和处理。

💡思考题

（1）危险货物风险管控基本原则是什么？

（2）简要概述危货运输风险评估指数模型法的实施步骤。

(3) 简要概述 BLC 法的实施步骤。基于 BLC 法的风险辨识需考虑哪些因素？
(4) 危险货物道路运输路线选择决策中需遵循的主要原则是什么？
(5) 美国的选线程序法考虑哪些选线因素？对于运输路线长度的原则是什么？
(6) 简要概述危险货物道路运输路径优化模型经常考虑的目标函数和约束条件。
(7) BLC 法中路线风险辨识需考虑哪些因素？
(8) 在路线风险评估防控时，不同的路段风险等级对应的防控措施是什么？

第八章 危险货物道路运输安全管理

第一节 安全管理基本知识

一、安全管理的基本概念

1. 安全

安全,包括绝对安全和相对安全。

绝对安全观是人们较早时期对安全的认识,目前仍然有一部分现场生产管理人员和科技工作者有此认识。绝对安全观认为,安全是指没有危险、不受威胁、不出事故,即消除能导致人员伤害,发生疾病、死亡或造成设备财产破坏、损失以及危害环境的条件。无危则安,无损则全。《简明牛津词典》中将安全定义为"不存在危险和风险"。由于绝对安全观过分强调安全的绝对性,使其应用范围受到了很大的限制,特别是在分析社会技术系统的安全问题时更是如此。

与绝对安全观相对应的是人们现在普遍接受的相对安全观。相对安全观认为,安全是相对的,绝对安全是不存在的。《英汉安全专业术语词典》中将安全定义为"安全意味着可以容许的风险程度,比较地无受损害之忧和损害概率低的通用术语"。

由相对安全的定义可知,安全是在具有一定危险性条件下的状态,安全并非绝对无事故。事故与安全是对立的,但事故并不是不安全的全部内容,而只是在安全与不安全这一对矛盾斗争过程中某些瞬间突变结果的外在表现。

因此,安全是指在生产活动过程中,能将人或物的损失控制在可接受水平的状态,换言之,安全意味着人或物遭受损失的可能性是可以接受的,若这种可能性超过了可接受的水平,即为不安全。该定义具有下述含义:

(1)这里所讨论的安全是指生产领域中的安全问题,既不涉及军事或社会意义的安全与保安,也不涉及与疾病有关的安全。

(2)安全不是瞬间的结果,而是对于某种过程状态的描述。

(3)安全是相对的,绝对安全是不存在的。

(4)构成安全问题的矛盾双方是安全与危险,而非安全与事故。因此,衡量一个生产系统是否安全,不应仅仅依靠事故指标。

(5)不同的时代,不同的生产领域,可接受的损失水平是不同的,因而衡量系统是否安全的标准也是不同的。

2. 事故

"事故"一词极为通俗,事故现象也屡见不鲜,但对于事故的确切内涵,至今尚无一致的认识。《简明牛津词典》中,将事故定义为"意外的、特别有害的事件",美国安全工程师海因里希认为,事故是"非计划的、失去控制的事件"。尽管对事故的表述很多,但从人们对生产活动实践来看,事故是指在生产活动过程中,由于人们受到科学知识和技术力量的限制,或者由于认识上的局限,当前还不能防止,或能防止而未有效控制所发生的违背人们意愿的事件序列。它的发生,可能迫使系统暂时或较长期地中断运行,也可能造成人员伤亡、财产损失或者环境破坏,或者其中两者或三者同时出现。

3. 事故隐患

隐患,是指隐藏的祸患。事故隐患,即指隐藏的、可能导致事故的祸患,一般是指那些有明显缺陷、毛病的事物,亦即人的不安全行为和物的不安全状态。

隐患是事故发生的必要条件,隐患一旦被识别,就要予以消除。对于受客观条件所限不能立即消除的隐患,要采取措施降低其危险性或延缓危险性增长的速度,减少其被触发的"概率"。

4. 安全管理

生产活动是人类认识自然、改造自然过程中最基本的实践活动,它为人类创造着巨大的社会财富,是人类赖以生存和发展的必要条件。然而,自有生产活动以来,生产过程中潜伏的各种不安全因素也随之同行,若不采取有效的预防和保护措施,它所造成的危害将是严重的,有时其产生的损失甚至是不可挽回的。安全管理便是将安全与管理相结合而发展起来的一种管理手段,它从安全问题的诱发因素入手,运用管理学的相关知识和理论进行生产安全管理,以科学的管理方法和系统有效的管理机制扼制事故的发生,达到防患未然和安全生产的目的。因此,安全管理是指以安全为目的,进行有关决策、计划、组织和控制方面的活动。

安全管理工作的核心就是控制事故,这也是在已建立的安全管理体制、机制下,具体实施的安全目标和计划。控制事故最好的方式就是实施事故预防,即通过管理和技术手段的结合,消除事故隐患,控制不安全行为,保障劳动者的安全,这也是"预防为主"的本质所在。

5. 安全监管

"监管"是监督和管理的合称,"监"为监视、观察,"督"为责成、催促。现代管理学中,监管是指管理主体为获得好的管理效果,对管理运行过程中的各项活动所实行的检查、审核、监督督导和防患促进的一种管理活动。

安全监管是指为了维护人民群众的生命财产安全,政府运用政治的、经济的、法律的手段和力量,对各行业、部门和领域企事业单位的安全生产活动,进行监督与管制的一种管理活动。以引导、规范和制约市场主体行为,维护市场和社会秩序,解决市场失灵问题,实现特定的政策目标。

二、事故致因理论

为了防止事故发生,必须要调查了解事故为什么发生、事故是怎样发生的,以及如何防止事故发生等问题。事故致因理论,就是着重解释事故原因及有效防范措施的理论。事故致因理论有多种,最为经典的是海因里希因果连锁论、博德的管理失误论。

1. 海因里希因果连锁论

因果连锁论,是1936年由美国安全工程师海因里希在《工业事故防止》一书中提出的。海因里希把工业伤害事故的发生发展过程描述为具有一定因果关系事件的连锁,即:人员伤亡的发生是事故的结果,事故的发生原因是人的不安全行为或物的不安全状态,人的不安全行为或物的不安全状态是由于人的缺点造成的,人的缺点是由于不良环境诱发或者是由先天的遗传因素造成的。

海因里希将事故因果连锁过程概括为以下五个因素:

(1) 遗传及社会环境。遗传及社会环境是造成人的性格上缺点的主要原因。社会环境是妨碍教育、助长性格上缺点发展的主要原因。

(2) 人的缺点。人的缺点是使人产生不安全行为或造成机械、物质不安全状态的原因。它包括鲁莽、固执等先天的缺点,以及缺乏安全生产知识和技能等后天缺点。

(3) 人的不安全行为或物的不安全状态。不安全行为,是指引起过事故或者可能引起事故发生的人的行为;物的不安全状态,是指引起过事故或者可能引起事故发生的物的状态。

(4) 事故。事故是指使人员受到伤害或可能受到伤害的、出乎意料之外的、失去控制的事件。

(5) 伤亡。伤亡是指事故引起的人身伤害或死亡。

海因里希用多米诺骨牌来形象地描述这种事故因果连锁关系,如图8-1-1所示。在多米诺骨牌系列中,一颗骨牌被碰倒了,则将发生连锁反应,其余的几颗骨牌继续被碰倒。如果移去中间的一颗骨牌,则连锁被破坏,事故过程被中止。他认为,企业安全工作的中心就是防止人的不安全行为,消除机械的或物的不安全状态,中断事故连锁的进程而避免事故的发生。

2. 博德的管理失误论

博德(Frank Bird)在海因里希事故因果连锁理论的基础上,提出了与现代安全观点更加吻合的事故因果连锁理论。

博德的事故因果连锁过程同样为五个因素,只是第一个因素与海因里希因果连锁论中"遗传及社会环境"不同,博德的第一个因素为"管理失误"。博德事故因果连锁理论认为:事故的直接原因是人的不安全行为、物的不安全状

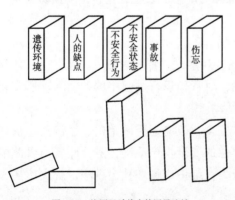

图 8-1-1 海因里希将事故因果连锁

态；间接原因包括个人因素及与工作有关的因素。根本原因是管理的缺陷，即管理上存在的问题或缺陷是导致间接原因存在的原因，间接原因的存在又导致直接原因存在，最终导致事故发生。

3. 轨迹交叉理论

随着生产技术进步，人们对事故认识也逐渐深入。工业事故发生，除了人的不安全行为外，还存在着物的不安全状态，只有二者在时间和空间上有交点时，才能导致事故发生。轨迹交叉论事故模型如图 8-1-2 所示。

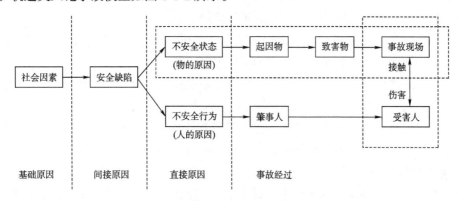

图 8-1-2　轨迹交叉论事故模型

三、事故预防理论

1. 事故预防的原则

事故的预防工作应该从技术和组织管理两个方面考虑，应当遵循的基本原则是技术原则和组织原则。

技术原则是指针对事故隐患采取有效的技术措施进行治理，在采取有效技术措施进行治理过程中，应当遵循的基本原则主要包括如下几项。

（1）消除潜在危险原则。尽可能从根本上消除危险、危害因素。基本做法是采用新系统、新技术和工艺，代替旧的不安全系统和工艺等。

（2）降低潜在危险严重度的原则。当消除危险、危害因素有困难时，可采取减少危险、危害的措施，最大限度降低危险程度。

（3）闭锁原则。系统中通过一些元器件的机器联锁或机电、电气互锁，作为保障安全的条件。当操作者失误或设备运行一旦达到危险状态时，应通过联锁装置终止危险、危害发生。

（4）能量屏蔽原则。在无法消除、降低危险、危害的情况下，在人、物和危险源之间设置屏障，防止能量作用到人体和物体上，以保证人和设备安全。

（5）警告原则。在易发生故障和危险性较大的地方，配置醒目的安全色、安全标志；必要时，设置声、光或声光组合报警装置。

组织管理原则是指在组织管理上采取相关的措施，最大限度地减少事故发生的可能性，组织管理原则主要包括：

（1）系统整体性原则。安全工作的整体性要体现出有明确的工作目标，综合地考虑问题的原因，动态地认识安全状况；落实措施要有主次，要有效地抓住各个环节，并且能够适应变化的要求。

（2）计划性原则。安全工作要有计划和规划，近期的目标和长远的目标要协调进行。

（3）效果性原则。安全工作的好坏，要通过最终成果的指标来衡量。但是，由于安全问题的特殊性，安全工作的成果既要考虑经济效益，又要考虑社会效益。正确认识和理解安全的效果性，是落实安全生产措施的重要前提。

（4）协同原则。党制定正确的安全生产方针和政策，政府实行安全监督管理职责，工会代表工人的利益，监督政府和企业把安全工作做好。

（5）责任制原则。各级政府部门、企事业单位应当实行安全生产责任制，只有将安全责任落到实处，安全生产才能得以保证，安全管理才能有效。

综上所述，事故的预防要从技术、组织管理和教育多方面采取措施，从总体上提高预防事故的能力，才能有效地控制事故，保证生产和生活的安全。

2. 事故预防的3E准则

海因里希在《工业事故防止》书中提出了工业事故预防的十项原则，其基本观点为：事故是由人的不安全行为和物的不安全状态引起的，而人的不安全行为和物的不安全状态则主要归结于人的不正确态度、技术和知识不足、身体不适和不良的工作环境四个方面，并认为工程技术方面改进、说服教育、人事调整和惩戒，是防止工业事故的四种有效预防对策。这四种安全对策后来被归纳为众所周知的3E原则，主要内容为：

（1）工程技术（Engineering），即利用工程技术手段消除不安全因素，实现生产工艺、机械设备等生产条件的安全。

（2）教育（Education），即利用各种形式的教育和训练，使职工树立"安全第一"的思想，掌握安全生产所必须的知识和技能。

（3）强制（Enforcement），即借助于规章制度、法规等必要的行政乃至法律的手段约束人们的行为。

这里，安全技术对策着重解决物的不安全状态的问题。安全教育对策和安全管理对策则主要着眼于人的不安全行为的问题，安全教育对策主要使人知道应该怎么做，而安全管理对策则要求人必须怎么做。但在采取技术和教育措施下，仍然需要运用强制手段来规范人的行为，避免不安全行为的发生。

一般来说，在选择安全对策时应该首先考虑工程技术措施，然后是教育、训练，最后才是强制手段。为了防止事故发生，不仅要在上述三个方面实施事故预防与控制的对策，而且还应始终保持三者间的均衡，合理地采取相应措施，并综合使用上述措施，才有可能做好事故预防工作。

3E原则中的工程技术、教育和强制，是事故预防中的三项重要手段，在运输安全管理中广泛运用。

第二节　危险货物道路运输行业安全监管

一、危险货物道路运输政府安全监管概述

政府监管，是指政府行政机构依据相关的法律授权，通过制定法规规章、设定许可、监督检查、行政处罚和行政裁决等行政处理行为对社会经济个体的行为实施的直接控制。政府安全监管属于政府监管的一种。

政府安全监管涉及专项监管和综合监管，专项监管是指针对化工安全、交通安全、设备设施制造安全、煤矿安全、建筑安全等各领域的安全监管等；综合监管则是指运用系统观点，加强专项安全监管统筹、协调，提高整体安全水平，同时发挥各种监管资源的最大效益。

危险货物道路运输政府安全监管属于专项安全监管。危险货物道路运输政府监管部门，在《中华人民共和国安全生产法》《危险化学品安全管理条例》的授权范围内，在国家安全生产战略、规划的框架下，贯彻安全发展理念，坚持安全生产工作方针，依据危险货物道路运输相关法规，通过制定部门规章、政策和技术标准，综合运用法律、行政、技术、经济等手段和力量，对危险货物道路运输企业或单位的安全运输生产活动进行引导、监督与管制，督促企业或单位全面落实危险货物道路运输安全生产主体责任，维护人民群众的生命财产安全。

（1）法律手段是指国家或政府安全监管部门通过制定和运用法律法规，监督危险货物道路运输市场经济活动的手段。

（2）行政手段则是通过设置危险货物道路运输企业、从业人员和危货运输车辆行政许可，采取行政命令、指示、指标、规定等行政措施来调节和进行安全管理的手段。

（3）技术手段是指通过强制要求危险货物道路运输企业采用卫星定位技术、车载智能视频技术、电子运单技术等先进技术，实现运输途中危货运输车辆动态跟踪、驾驶人员驾驶行为实时监测和危险货物信息源头采集等手段。

（4）经济手段是运用经济政策和计划通过对经济利益的调整而影响和调节社会经济活动的措施，就是采用税费减免、财政补贴、用地优惠等方式，鼓励技术力量雄厚、设备和运输条件好的大型专业危险化学品生产企业从事危险货物道路运输，鼓励危险货物道路运输企业实行专业化、集约化经营，鼓励创新甩挂运输、多式联运等新模式。

二、危险货物道路运输政府安全监管组织

在危险货物道路运输政府安全监管中，其安全监管组织系统是保障危险货物道路运输安全的基础，在政府安全监管中起到重要作用。

这里的政府安全监管组织，是指国家设立的依法行使国家安全监督管理职权的政府管理部门。

1. 危险化学品运输政府安全监管组织

危险化学品包括生产、经营、储存、使用、运输和处置废弃等环节，对其负有安全监督管理职责的部门有应急管理部门、公安机关、市场监督部门、生态环境部门、交通运输主管部门、卫生主管部门、工商行政管理部门、邮政管理部门等，《危险化学品安全管理条例》明确规定了这些部门的监管职责。

（1）安全生产监督管理部门（现应急管理部门），属于综合监管部门，负责危险化学品安全监督管理综合工作，组织确定、公布、调整危险化学品目录。

（2）公安机关，负责危险化学品的公共安全管理，核发剧毒化学品购买许可证、剧毒化学品道路运输通行证，并负责危险化学品运输车辆的道路交通安全管理。

（3）质量监督检验检疫部门（现市场监督部门），负责核发危险化学品及其包装物、容器（不包括储存危险化学品的固定式大型储罐，下同）生产企业的工业产品生产许可证，并依法对其产品质量实施监督；负责对进出口危险化学品及其包装实施检验。

（4）环境保护主管部门（现生态环境部门），负责废弃危险化学品处置的监督管理，依照职责分工调查相关危险化学品环境污染事故和生态破坏事件；负责危险化学品事故现场的应急环境监测。

（5）交通运输主管部门，负责危险化学品道路运输、水路运输的许可以及运输工具的安全管理，对危险化学品水路运输安全实施监督；负责危险化学品道路运输企业、水路运输企业驾驶人员、船员、装卸管理人员、押运人员、申报人员、集装箱装箱现场检查员的资格认定。铁路监管部门负责危险化学品铁路运输及其运输工具的安全管理。民用航空主管部门负责危险化学品航空运输以及航空运输企业及其运输工具安全管理。

（6）卫生主管部门，负责危险化学品毒性鉴定的管理；负责组织、协调危险化学品事故受伤人员的医疗卫生救援工作。

（7）工商行政管理部门，依据有关部门的许可证件，核发危险化学品生产、储存、经营、运输企业营业执照。

（8）邮政管理部门，负责依法查处寄递危险化学品的行为。

由此看出，危险货物道路运输安全监管部门，涉及应急管理部门、公安机关、市场监督部门、交通运输部门等，属于多个政府部门联合监管模式。

2. 危险货物道路运输政府安全监管组织

《危险货物道路运输安全管理办法》从危险货物道路运输全链条视角，明确规定了各相关部门监督职责。

（1）国务院交通运输主管部门主管全国危险货物道路运输管理工作。县级以上地方人民政府交通运输主管部门负责组织领导本行政区域的危险货物道路运输管理工作。

（2）工业和信息化、公安、生态环境、应急管理、市场监督管理等部门按照各自职责，负责对危险货物道路运输相关活动进行监督检查。

为了各部门能够有效地加强事中事后监管，《危险货物道路运输安全管理办法》进一步明确规定了各相关部门的安全监督检查职责：

（1）交通运输主管部门，负责核发危险货物道路运输经营许可证，定期对危险货物道路运输企业动态监控工作的情况进行考核，依法对危险货物道路运输企业进行监督检查，负责对运输环节充装查验、核准、记录等进行监管。

（2）工业和信息化主管部门，负责依法对《道路机动车辆生产企业及产品公告》内的危险货物运输车辆生产企业进行监督检查，依法查处违法违规生产企业及产品。

（3）公安机关，负责核发剧毒化学品道路运输通行证、民用爆炸物品运输许可证、烟花爆竹道路运输许可证和放射性物品运输许可证明或者文件，并负责危货运输车辆的通行秩序管理。

（4）生态环境主管部门，应当依法对放射性物品运输容器的设计、制造和使用等进行监督检查，负责监督核设施营运单位、核技术利用单位建立健全并执行托运及充装管理制度规程。

（5）应急管理部门和其他负有安全生产监督管理职责的部门，依法负责危险化学品生产、储存、使用和经营环节的监管，按照职责分工督促企业建立健全充装管理制度规程。

（6）市场监督管理部门，负责依法查处危险化学品及常压罐式车辆罐体质量违法行为和常压罐式车辆罐体检验机构出具虚假检验合格证书的行为。

三、交通运输主管部门安全监管工作

（一）安全监督管理工作内容

交通运输主管部门对危险货物道路运输安全监督管理工作具体包括五个方面：制定或修订与危险货物道路运输相关的法规、政策和标准，建立健全危险货物道路运输法规体系；确定和审批危险货物道路运输企业、危货运输车辆和从业人员的行政许可事项，并对之监督检查；强化企业安全生产主体责任落实；加强市场监管、维护市场秩序；加强突发事件应急管理。

1. 建立健全危险货物道路运输法规体系

交通运输主管部门以安全发展理念为指导，完善行业规章、规范和标准，加强构建了层次分明、相互协调的危险货物道路运输法规体系，加强执行力度。

采取多种形式和手段，广泛宣传危险货物道路运输法规标准；适时开展对危险货物道路运输相关法律法规规章实施情况的监督检查，强化制度执行。

2. 严格执行"三关一监督"

交通运输主管部门的法定职责是：负责危险化学品道路运输的许可以及运输工具的安全管理，负责危险化学品道路运输企业驾驶人员、装卸管理人员、押运人员的资格认定，即"三关一监督"。也就是把好危险货物道路运输企业的资质认定关、危险货物道路运输从业人员（驾驶人员、装卸管理人员、押运人员）的资格认定关、危货运输车辆的技术关,并对"三关"工作监督检查。

交通运输主管部门审批时,把好准入的"三关",这是静态的监督。但当企业或单位运营后,许可时要求的许可条件会发生变化,需要进行动态监管。《中华人民共和国安全生产法》第六十条指出:对已经依法取得批准的单位,负责行政审批的部门发现其不再具备安全生产条件的,应当撤销原批准。即对已获得行政许可的企业或单位,在其运营过程中如果做不到许可时的"三关"要求,例如增加了危货运输车辆,但是停车场面积达不到许可条件要求的等,交通运输主管部门就应要求其限期整改;限期不整改的,应取消其危险货物道路运输经营许可。

3. 强化危险货物道路运输安全生产管理

从危险货物流转的过程来看,危险货物道路运输生产包括危险货物托运、承运、装载、在途运输、卸载、接受等作业环节,涉及主体主要包括托运人、承运人、装货人/充装人、卸货人、收货人等,客体主要包括危险货物、危货运输车辆、罐式车辆罐体、可移动罐柜、罐式集装箱等。

交通运输主管部门通过出台相关法规标准,规范约束危险货物道路运输生产活动,联合相关部门依法依责强化托运、承运、装卸、在途运输等运输生产链上各个环节,以及托运人等相关企业或单位、运输装备设施等各个要素的安全监管。

通过引入现代先进技术,建立危货运输车辆动态监管制度和电子运单制度,并督促危险货物道路运输企业认真落实,以强化事中事后安全监管。

4. 督促安全生产主体责任全面落实

安全生产主体责任,是指有关安全法律法规所规定的企业应当履行的安全生产法定职责和义务。《中华人民共和国安全生产法》明确指出,安全生产工作是生产经营单位的主体责任,由此危险货物道路运输安全生产是危险货物道路运输企业的主体责任。

交通运输主管部门安全监督管理的第一要务就是通过建章立制、服务和监督,督促危险货物道路运输企业落实运输安全生产主体责任,这也是政府安全监管的出发点和落脚点。交通运输主管部门可以通过加强安全生产督查检查执法、加大信用约束和奖罚力度、督促落实安全生产投入和教育培训责任等工作,强化危险货物道路运输企业安全生产主体责任全面落实。

5. 加强市场监管,规范市场秩序

良好的市场环境,是危险货物道路运输安全的基本保障。严厉打击违法违规经营行为,维护市场秩序,为危险货物道路运输安全生产创造良好的市场环境,降低系统性风险,是交通运输主管部门安全监管重点任务之一。对于无牌、无照非法经营行为,对于未依法取得批准或者验收合格的企业或单位擅自从事危险货物道路运输活动行为,对于超范围进行危险货物道路运输等违规行为,交通运输管理机构发现或者接到举报后应当立即予以取缔,并依法予以处理。

对不具备安全生产条件或存在严重安全隐患的企业,要限期整改;逾期不改或整改后仍达不到要求的,要加强督查的频次,屡不改造的取消经营许可。

6. 突发事件应急管理

突发事件应急管理包括应急准备、监测与预警、应急处置、终止与善后、监督检查等相关内容。强化危险货物道路运输突发事件应急管理，有利于提高危险货物道路运输行业应对突发事件的能力。交通运输主管部门的应急管理工作，重点内容包括：

（1）加强对运输企业应急预案的核查管理。

（2）根据本级及上级主管部门的应急预案，编制应急手册，其内容包括应急预案、应急车队组成、应急通信联络表，并发至各级有关人员，确保突发事件发生时，召之即来、来之能战。

（3）监督运输企业进行应急演练，使其熟悉预案，能够在突发事件发生时正确采取应对措施，应注意纠正脱离实际情况的演练。

（二）危险货物道路运输行政许可

危险货物具有易燃易爆等危险特性，因为对其运输需要满足一定的安全技术条件，专业性非常强。为了保障公共安全，保护国家和公民的合法权益，交通运输主管部门需要充分运用行政许可制度，对危险货物道路运输行业实行有效管理，防止各种危害社会秩序的事件发生，并对国家和公民的合法权益实施有效的保护。

为此，《道路危险货物运输管理规定》确定了危险货物道路运输企业、从业人员和危货运输车辆行政许可的实施机关、行政许可申请条件等内容。

设区的市级交通运输主管部门为行政许可的机关，应当按照《中华人民共和国道路运输条例》和《交通行政许可实施程序规定》，以及《道路危险货物运输管理规定》所明确的程序和时限实施危险货物道路运输行政许可，并进行实地核查；决定准予许可的，应当向被许可人出具《道路危险货物运输行政许可决定书》，并在10日内向危险货物道路运输经营申请人发放《道路运输经营许可证》，向非经营性危险货物道路运输申请人发放《道路危险货物运输许可证》；不符合许可条件的，不得批准通过。

原许可机关应当对被许可人落实的危货运输车辆、设备予以核实，对符合许可条件的危货运输车辆配发《道路运输证》。

不得审批一次性、临时性道路运输危险货物项目。

1. 企业或单位行政许可

危险货物道路运输企业行政许可条件，主要涉及以下几方面要求：

（1）有符合要求的危货运输车辆及设备；

（2）有符合要求的停车场地；

（3）有符合要求的从业人员和安全管理人员；

（4）有健全的安全生产管理制度。

有特殊需求的军工、科研等企事业单位，可以使用自备危货运输车辆从事为本单位服务的非经营性危险货物道路运输。其行政许可条件中，没有对自有危货运输车辆（挂车除外）的数量要求，但仍然要求申请许可的军工、科研等企事业单位需具备危险货物道路运输企业行政许可基本条件的其他条件。

对于放射性物品道路运输企业或单位的行政许可，则由《放射性物品道路运输管理规定》进行规定。

2. 从业人员行政许可

从业资格是对危险货物道路运输从业人员所从事的危险货物道路运输相关岗位职业素质的基本评价。

从事危险货物道路运输的驾驶人员、装卸管理人员、押运人员等从业人员，应当取得相应的从业资格证。从事放射性物品运输的，应当在从业资格证注明"放射性物品道路运输"。

从事第1类爆炸品运输的驾驶人员，应当在从业资格证注明"含爆炸品运输"等要求。

凡未取得上岗资格证的，一律不得从事道路运输危险货物的工作。

3. 危货运输车辆许可的技术要求

危货运输车辆应当符合《道路运输车辆技术管理规定》的有关规定，配备符合相应标准的、具有行驶记录功能的卫星定位装置，罐式车辆罐体应具有指定部门出具有效证件。

4. 运输许可

国家对剧毒化学品、民用爆炸物品、烟花爆竹、放射性物品（包括一类放射性物品）、危险废物（包括医疗费用），实行许可制度。通过道路运输，分别需要通过公安机关、国务院核安全主管部门、生态环境主管部门的行政许可，并取得许可或批准文件，许可机关和许可文件见第二章。

第三节　危险货物道路运输企业安全管理

一、危险货物道路运输企业安全管理基本概念

危险货物道路运输企业安全管理，依据安全管理概念可以定义为：以危险货物道路运输安全为目的，进行有关决策、计划、组织和控制方面活动。危险货物道路运输企业通过安全管理的手段，实现控制事故、消除隐患、减少损失的目的，使危险货物道路运输企业达到最佳的安全水平，为危险货物道路运输创造良好的安全生产条件和环境。

二、危险货物道路运输企业安全管理组织

《中华人民共和国安全生产法》中明确道路运输单位应当设置安全生产管理机构或者配备专职安全生产管理人员。而且明确了各级人员的安全管理职责：生产经营单位的主要负责人对本单位的安全生产工作全面负责；生产经营单位的从业人员有依法获得安全生产保障的权利，并应当依法履行安全生产方面的义务；工会依法对安全生产工作进行监督。

危险货物道路运输企业中，企业法定代表人为安全生产第一责任人，分管安全的领导为直接责任人，其他分管领导对分管范围的安全工作负责。危险货物道路运输企业安全生产管理机构和岗位或者专职安全管理员，负责本单位运输安全生产相关工作组织和实施。危险货物道路运输企业管理人员、员工都实行"一岗双责"制，既对分管的业务负责，又对分管业务范围的安全工作负责。

危险货物道路运输企业主要负责人，应该负有的安全管理责任主要包括：
（1）建立、健全本单位安全生产责任制；
（2）组织制定本单位安全生产规章制度和操作规程；
（3）组织制定并实施本单位安全生产教育和培训计划；
（4）保证本单位安全生产投入的有效实施；
（5）督促、检查本单位的安全生产工作，及时消除生产安全事故隐患；
（6）组织制定并实施本单位的生产安全事故应急救援预案；
（7）及时、如实报告生产安全事故。

危险货物道路运输企业的安全生产管理机构或者专职安全管理人员，应履行的运输安全生产管理职责主要包括：
（1）组织或者参与拟定本单位安全生产规章制度、操作规程和生产安全事故应急救援预案；
（2）组织或者参与本单位安全生产教育和培训，如实记录安全生产教育和培训情况；
（3）督促落实本单位重大危险源的安全管理措施；
（4）组织或者参与本单位应急救援演练；
（5）检查本单位的安全生产状况，及时排查生产安全事故隐患，提出改进安全生产管理的建议；
（6）制止和纠正违章指挥、强令冒险作业、违反操作规程的行为；
（7）督促落实本单位安全生产整改措施。

三、危险货物道路运输企业安全管理工作

危险货物道路运输企业安全管理涉及面很广，内容非常丰富，依据对危险货物道路运输企业安全管理的界定，以保障行车安全为主线，梳理和总结危险货物道路运输安全管理内容，主要包括：安全组织管理、安全生产制度管理、生产要素安全管理、运输生产安全管理、安全检查和隐患治理、事故应急管理、安全生产资金投入管理等七大方面。这里的生产要素，主要是指从业人员和危货运输车辆。

1. 安全组织管理

安全组织管理是安全管理实施的主体，负责安全的组织领导、协调平衡、监督检查等工作，使危险货物道路运输企业安全管理体制有效运转，保证安全目标实现。

1）安全生产目标管理

安全生产目标是指安全生产想要达到的境地或标准，为安全生产管理指明方向。安

全生产目标一般用系列量化指标表示,便于目标的落实与考核。

危险货物道路运输企业安全生产目标主要包括运输责任事故控制目标和运输安全管理工作目标。依据公安部《关于交通事故死亡率计算方法的通知》,结合危险货物道路运输企业的实际情况,提出运输责任事故控制目标,其包括的主要指标有:

(1)年度行车责任事故次数(次);

(2)年度行车责任事故率(次/百车);

(3)年度行车责任事故死亡率(人/百车);

(4)年度行车责任事故受伤率(人/百车);

(5)年度直接经济损失(万元)。

上述指标也可以只选其中一个指标,如年度行车责任事故死亡率,作为企业运输责任事故控制目标。

危险货物道路运输企业安全管理的科学方法首先是确定科学的安全生产管理目标,然后在目标指导下优化安全管理体制、机构及安全生产责任体系,落实安全生产责任。

2)安全行政管理

安全行政管理包括各级安全管理机构设置、安全职责划分、安全工作的组织和实施。

在危险货物道路运输企业中,企业法定代表人为运输安全生产第一责任人,分管运输安全的领导为直接责任人,其他分管领导对分管范围的安全工作负责。危险货物道路运输企业安全生产管理机构和岗位或者专职安全管理员,负责本单位运输安全生产相关工作组织和实施。危险货物道路运输企业管理人员、员工都实行"一岗双责"制,既对分管的业务负责,又对分管业务范围的安全工作负责。运输安全生产第一责任人是做好运输安全生产的关键,运输安全生产管理机构或专职安全管理人员,是安全目标实现、安全生产责任落实的基本保障。

3)安全行为管理

安全行为管理,主要是运用各种管理手段,对个人行为、群体行为、管理行为及人际关系进行激励、约束和协调。

危险货物道路运输企业以安全生产责任为主线,在设立目标、明确责任,创造条件、落实责任的同时,也应建立有效的激励和处罚机制。对运输安全方面的优秀员工给予一定的奖励,激发员工开展运输安全生产的热情,提高员工责任心和安全意识。对于出现责任事故的员工要给予一定的处罚,预防类似事故的再次发生。强化危险货物道路运输企业安全生产主体责任落实。

2. 安全生产管理制度管理

贯彻执行国家有关安全生产的法律、法规和政策,合规经营,规范操作是危险货物道路运输企业或单位的责任和义务。完善、健全安全生产管理制度和操作规程,是危险货物道路运输企业或单位履行职责、完成义务的主要内容之一。

1) 完善安全生产管理制度

安全生产管理制度是企业和职工在生产活动中共同遵守的安全行为规范和准则，建立的目的主要是控制风险，将危害降到最低。

建立健全系列安全生产管理制度是危险货物道路运输企业或单位申报行政许可条件之一，非常重要。虽然在申报许可时已经建立起来，但是在危险货物道路运输企业或单位的运输生产经营过程中，随着国家新颁布法规或修订法规提出新的安全管理制度要求，随着危险货物道路运输企业或单位自身的危货运输车辆、从业人员或者经营范围的调整，以及新的技术、方法和措施的应用，还需要不断修改、完善、健全已经建立的安全管理制度，确保安全管理制度反映危险货物道路运输企业或单位的现实情况。

2) 完善安全生产操作规程

安全生产操作规程是相关人员安全操作设备或办理业务时必须遵循的程序或步骤，以保证生产、工作能够安全、稳定、有效运转。危险货物道路运输企业的安全生产操作规程主要包括：危险货物道路运输企业安全管理手册，驾驶人员、押运人员和装卸管理人员的操作规程，调度员安全操作规程，企业安全监控平台监控员和电子运单系统操作员的操作规程等。

3. 生产要素安全管理

驾驶人员、危货运输车辆和通行线路是危险货物道路运输的三个主要生产要素，也是影响危险货物道路运输安全要素。

1) 从业人员安全管理

危险货物道路运输从业人员，特别是驾驶人员，是危险货物道路运输安全的保障，也是造成危险货物道路运输事故的主要原因，因此需要加强对从业人员的安全管理。从业人员安全管理中最重要的就是加强从业人员安全教育培训。

安全教育培训是事故预防3E原则中事故预防重要手段之一，是实现安全生产的一项主要基础工作。

《危险货物道路运输安全管理办法》明确要求承运人对本单位相关从业人员应当按照相关法律法规和《危险货物道路运输规则》（JT/T 617）的要求，进行岗前安全教育培训和定期安全教育。未经岗前安全教育培训考核合格的人员，不得上岗作业。岗前安全教育培训课时不得少于16小时。每季度至少开展一次定期安全教育，培训课时不得少于2小时。上述规定明确了承运人是对本单位从业人员培训责任人，并规定了培训对象、培训内容、培训时间和频次。

2) 危货运输车辆安全管理

危货运输车辆安全管理，是指危险货物道路运输企业依据相关法规和标准要求，对危货运输车辆使用、维护和修理方面的管理，以切实保证危险货物道路运输安全。

危险货物道路运输企业应该按照相关的法规及标准要求，在危险货物道路运输生产中使用危货运输车辆，正确悬挂标记和标志牌，配备符合标准要求的消防、防护设施。

危货运输车辆驾驶人员、押运人员在起运前，应当对承运危险货物的运输车辆、罐式车辆罐体、可移动罐柜、罐式集装箱进行外观检查并做好记录，确保没有影响运输安全的缺陷。

危险货物道路运输企业或单位应当对运输车辆、罐式车辆罐体进行日常技术状况检查并做好记录，发现安全隐患的，应当及时维修或更换。

危险货物道路运输企业应当按照《道路运输车辆技术管理规定》要求开展危货运输车辆技术管理，确保危货运输车辆技术等级一级。

危险货物道路运输企业或单位应当自危货运输车辆首次取得《道路运输证》当月起，按照一定周期和频次，委托汽车综合性能检测机构进行综合性能检测和技术等级评定。而且应向设区的市级交通运输主管部门申请危货运输车辆年度审验，审验按照《道路运输车辆技术管理规定》进行。

危险货物道路运输企业或单位应建立、完善《车辆技术档案》。《车辆技术档案》是车辆从购置到报废全过程的技术状况的系统记录，是全程把握车辆技术状况的重要依据，实行"一车一档"，车辆过户或转籍随车移交车辆技术档案。

3）危险货物道路运输线路风险管控

一些危险货物道路运输企业，对新选择的危险货物道路运输线路要进行线路风险辨识、评估，形成线路风险评估报告。线路风险评估报告主要说明线路沿途的路段路况、通行限制、风险关键节点及其防控措施。有些企业为了驾驶人员便于随车携带，还将其制作成路线安全卡。

行驶该条线路的驾驶人员和押运人员，在执行运输任务前了解该条线路及其具有的风险点，便于提前预防，有效化解风险，降低危化品运输事故率。

4. 运输生产安全管理

从危险货物道路运输企业层面来看，运输生产的安全管理涉及到对承、托运、发送作业、在途运输和到达作业等环节的安全管理。《危险货物道路运输安全管理办法》等法规，具体规定了运输生产各个环节参与方的安全生产责任和安全管理技术要求，内容参见第二章。

由于在途运输是危险货物道路运输企业运输生产主要环节，为了更好地加强安全管理，《道路运输车辆动态监督管理办法》要求道路危险货物运输企业应按照标准建设道路运输车辆动态监控平台，或者使用符合条件的社会化卫星定位系统监控平台，对所属道路运输车辆和驾驶员运行过程进行实时监控和管理，并明确道路运输企业是道路运输车辆动态监控的责任主体。

5. 安全检查和隐患治理

1）运输安全检查

安全生产检查主要是对企业安全生产过程及安全管理中可能存在的隐患、危险因素等进行检查，是保障安全生产责任贯彻落实的主要手段之一。

危险货物道路运输企业安全检查主要内容如下：

（1）对危险货物道路运输企业管理人员和从业人员日常管理和安全运营的全过程监

督，考核安全生产责任制落实情况，并建立相应的监督考核机制，保证安全生产责任制的落实。

（2）利用企业安全监控平台，监控车辆的安全营运情况和驾驶人员驾驶行为，对观察到的驾驶人员不安全行为和车辆不安全状态，提出纠正措施和建议。

（3）依据危险货物道路运输企业运输生产经营特点、安全考核要求和运输重要季节的需要，对运输安全管理和安全生产状况进行经常性检查；对检查中发现的安全问题、生产安全事故隐患，应当按照规定立即报告、处理。

制止和纠正违章指挥、强令冒险作业、违反操作规程的行为。

2）事故隐患治理

事故隐患是指生产经营单位违反安全生产法律、法规、规章、标准、规程和安全生产管理制度等规定，或因其他因素在生产经营活动中存在的可能导致安全生产事故发生的人的不安全行为、物的不安全状态、场所的不安全因素和管理上的缺陷。

按照隐患整改、治理和排除的难度及其影响范围，可以将隐患分为一般事故隐患和重大事故隐患：

（1）一般事故隐患是指危害和整改难度较小，发现后能够立即整改排除的隐患。

（2）重大事故隐患是指危害和整改难度较大，应当全部或者局部停产停业，并经过一定时间整改治理方能排除的隐患，或者因外部因素影响致使生产经营单位自身难以排除的隐患。

依据《公路水路行业安全生产隐患治理暂行办法》，生产经营单位是隐患治理的主体，应当建立健全隐患排查、告知（预警）、整改、评估验收、报备、奖惩考核、建档等制度，逐级明确隐患治理责任，落实到具体岗位和人员。

生产经营单位应当建立隐患日常排查、定期排查和专项排查工作机制，明确隐患排查的责任部门和人员、排查范围、程序、频次、统计分析、效果评价和评估改进等要求，及时发现并消除隐患。

隐患日常排查是生产经营单位结合日常工作组织开展的经常性隐患排查，排查范围应覆盖日常生产作业环节。

隐患专项排查是生产经营单位在一定范围、领域组织开展的针对特定隐患的排查。隐患专项排查内容主要包括：

（1）根据政府及有关管理部门安全工作专项部署，开展针对性的隐患排查。

（2）根据季节性、规律性安全生产条件变化，开展针对性的隐患排查。

（3）根据新工艺、新材料、新技术、新设备投入使用对安全生产条件形成的变化，开展针对性的隐患排查。

（4）根据安全生产事故情况，开展针对性的隐患排查治理。

隐患定期排查是由生产经营单位根据生产经营活动特点，组织开展涵盖全部交通运输生产经营领域、环节的隐患排查。

生产经营单位对发现或排查出的隐患，依据隐患等级，立即组织整改。

对于一般事故隐患，依据整改、治理和排除的难度，可以采取现场立即整改或者限期整改方式。

对于重大隐患，企业应向属地的交通运输主管部门及时报备，同时应制定专项整改方案，整改完成后需要进行专项验收，出具整改验收结论。重大隐患整改验收完成后，生产经营单位应对隐患形成原因及整改工作进行分析评估，及时完善相关制度和措施，依据有关规定和制度对相关责任人进行处理，并开展有针对性的培训教育。

重大隐患整改验收通过的，危险货物道路运输企业或单位应向属地的交通运输主管部门报备，并申请销号。

6. 事故应急管理

危险货物道路运输企业的运输事故应急管理工作，主要包括建立企业应急组织、做好应急准备工作。依据《生产安全事故应急条例》，主要负责人对本单位的应急工作全面负责。

企业应急组织，主要指组建企业的应急指挥机构，建立健全生产安全事故应急工作责任制。

企业应急准备工作，主要包括编制运输事故应急救援预案、建立应急救援队伍等。

企业要针对本单位可能发生的运输事故的特点和危害，制定运输事故应急救援预案，并适时修订；依据制定的预案，每半年组织进行一次应急演练。

企业应建立应急救援队伍，对于小型企业或者微型企业等规模较小的生产经营单位，可以不建立应急救援队伍，但应当指定兼职的应急救援人员，并且可以与邻近的应急救援队伍签订应急救援协议。

企业应建立应急值班制度，配备应急值班人员。规模较大、危险性较高的易燃易爆、危险化学物品的运输单位应该成立应急处置技术组，实行24小时值班。

7. 安全生产资金投入

《中华人民共和国安全生产法》规定，危险货物道路运输企业或者单位需要为保障危险货物道路运输安全的生产条件，投入所必需的资金。并指出安全生产第一责任人，应该保证本单位安全生产投入有效实施。

对于危险货物道路运输企业而言，应将上年度营运收入的1.5%作为安全费用，专项用于安全生产，保证安全生产事故的抢险救灾和善后处理工作等安全投入资金的稳定来源，形成危险货物道路运输企业安全生产投入的长效机制。同时，企业应当做好安全生产基础保障工作，配备安全管理工作所需的交通工具、计算机及配套设备等办公和安全检查有关设备。

第四节　重点营运车辆联网联控系统

重点营运车辆，是指"两客一危"车辆，即危货运输车辆、县区级以上长途客运班线和旅游包车。重点营运车辆联网联控系统，是指利用卫星定位系统和信息管理系统对重点营运车辆重点监管，规范重点营运车辆运营行为，有效降低道路运输事故的发生概率。

联网联控系统在保障重点营运车辆运输安全、促进行业降本增效、提升行业监管能力、维护行业健康稳定发展方面发挥了积极作用。

一、联网联控系统及其组成

1. 联网联控系统建设背景

2008年前后，我国公路客运量和货运量增长迅速，交通事故也呈现总体上升的趋势。其中，"两客一危"等重点营运车辆引发的交通事故，不仅会造成群死群伤等严重后果，也会对环境造成难以恢复的破坏，因而，加强重点营运车辆监管，避免生命财产损失成为亟待解决的问题。为此，全国许多省、市、地区的交通运输主管部门，相继建设了以卫星定位导航系统为基础的各省重点营运车辆联网联控系统，用以监测、管理重点营运车辆在途运行行为。2009年，为落实关于上海世博会安保工作总体部署，全力配合地方政府做好上海世博会期间公路交通和道路运输安全保障工作，交通运输部组织规划建设了重点营运车辆动态信息公共交换平台工程，2011年部署建设了重点营运车辆联网联控系统。当前，所有危货运输车辆都安装了卫星定位车载终端，接入了联网联控系统。

2. 联网联控系统体系结构

重点营运车辆联网联控系统的建设以联网为手段、联控为目的，采用纵向分级、横向对接的体系结构，如图8-4-1所示。

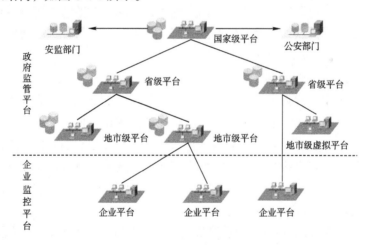

图 8-4-1　重点营运车辆联网联控系统体系结构示意图

（1）纵向分级，指系统由交通运输部、各级交通运输主管部门和相关企业建立的依托卫星定位系统技术的各级营运车辆动态监管、监控平台、车载终端和计算机通信网络等组成，监管、监控平台具体包括重点营运车辆动态信息公共交换平台（以下简称部级平台）、地方交通运输主管部门的政府监管平台（省级、地市级）、道路运输企业的企业监控平台（以下简称监控平台），构成纵向多级层次结构。平台、车载终端之间通过系统各组成部分之间的互联互通，实现业务管理以及数据交换和共享。

（2）横向对接，指不同级别的平台对接交通、公安、应急管理部门等政府部门和相关支撑性企业的信息资源，实现信息共享与联合监管。

3. 部级平台技术实现

1）部级平台总体架构

联网联控部级平台主要由数据库系统、应用系统、应用支撑平台和外部接口组成，部级平台总体技术架构关系如图 8-4-2 所示。

（1）数据库系统，包含大数据基础平台、内存数据库、关系型数据库以及与外部的数据接口。大数据平台从动态信息交换平台中获取订阅数据后通过分析挖掘，将结果存入关系型数据库，内存数据库保存需要快速查询的数据，关系型数据库保存基础数据、仅需要查询业务数据以及大数据分析结果数据。

（2）应用系统，包含动态信息交换平台，平台运行监测系统，车辆事故辅助分析系统，省级平台考核管理系统，考核指标分析系统，长途客运接驳运输车辆动态监控平台，车辆抽检系统，动、静态业务数据融合分析系统，信息服务平台，车辆运行特征分析平台。实现动静态数据的采集交换、道路运输车辆的动态监管、联网联控平台的考核管理、信息共享服务以及基于大数据平台的数据分析展现。

（3）应用支撑平台，主要功能是获取订阅数据后对数据进行整合，为应用系统提供数据源，为系统运行提供支撑。

（4）外部接口，联网联控省级政府监管平台（以下简称省级平台）、危险货物运输电子运单部级平台、包车管理系统、全国道路货运车辆公共监管与服务平台、全国道路运政管理信息系统和道路客运联网售票系统等外部系统为本系统提供数据源，并且可以从本系统中获取共享数据。

2）部级平台数据处理逻辑

联网联控系统作为营运车辆动态数据基础性管理和处理平台，需要将动态数据与运政基础数据、客货系统业务数据融合处理，以实现大数据分析和支撑其他业务系统完成动态监管和应用服务。联网联控动态数据量大，数据交互频次高，根据不同数据元属性和特性，将大数据处理平台与动态数据处理相结合，其他低频次数据交互至联网联控部级平台进行数据分析处理，并将处理结果反馈业务管理系统，实现业务技术管理的闭环，数据处理逻辑架构如图 8-4-3 所示。

（1）联网联控省级平台、全国道路货运车辆公共监管与服务平台、危险货物运输电子运单系统、包车管理系统等系统的数据通过接口传输到本平台的数据接口服务，数据接口服务将数据提交到分布式消息队列中。客运联网售票、运政系统数据直接通过适配器接入，存入关系型数据库中。

（2）大数据分析的全量数据由流式计算服务订阅，经过处理后，将完整数据存入分布式存储系统，将关键字段存入列式数据库及数据仓库，将实时计算结果存入内存数据库。

第八章 危险货物道路运输安全管理

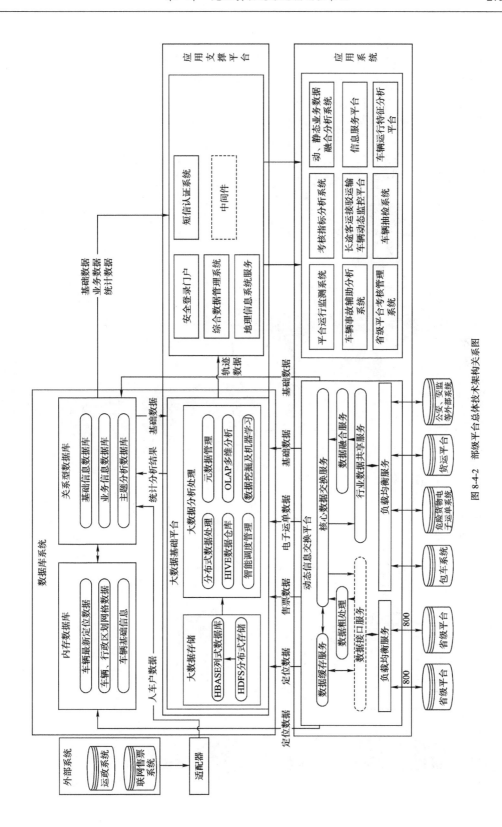

图 8-4-2 部级平台总体技术体系构架关系图

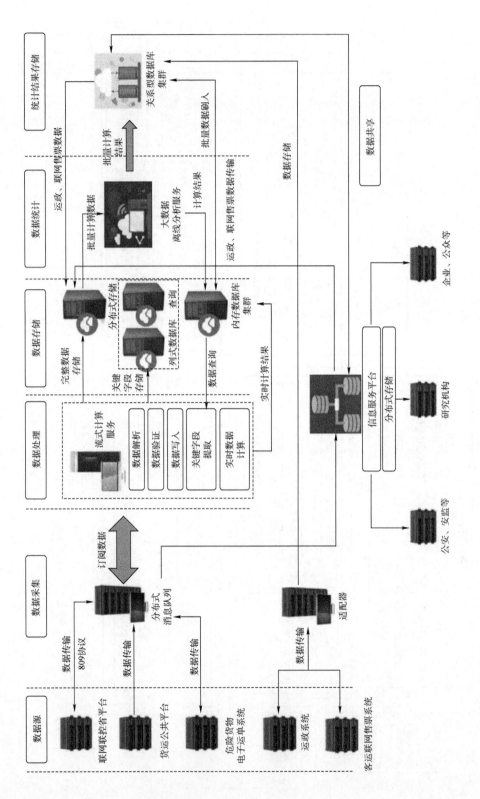

图 8-4-3 数据处理逻辑架构

(3) 大数据分析服务（MR 和 spark MR）通过对在线数据和离线数据进行分析挖掘后，将计算结果根据应用场景不同，分别存入内存数据库集群和关系型数据库集群。

(4) 部分大数据分析处理的结果数据，通过原接口，返回给相应业务接口，比如跨省数据转发给省级平台，以及运政、电子运单、联网售票等系统数据融合分析的结果返回给原平台。

(5) 根据业务需要，将从在线数据、内存数据库集群、关系型数据库集群中获取的信息，通过信息共享平台，对公安、安监、研究机构、从业企业人员等外部提供信息服务。

二、联网联控系统中各级平台功能

联网联控系统涉及三层平台：联网联控部级平台、省级平台和企业监控平台。

（一）联网联控部级平台

联网联控部级平台主要功能是省际漫游车辆的跨区域信息交换和国务院相关部门间的信息共享。同时，还兼顾车辆动静数据整合应用、车辆动态运行和分布情况统计。主要包括动态信息交换平台、平台运行监测系统、车辆事故辅助分析系统、动静态业务数据融合分析系统等，具体如图 8-4-4 所示。

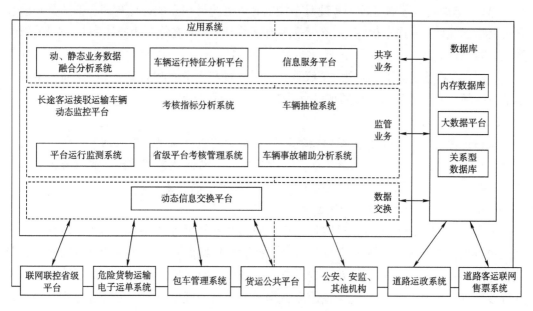

图 8-4-4　联网联控部级平台主要功能模块

1. 动态信息交换平台

动态信息交换平台是联网联控部级平台中的主要组成部分。该平台与联网联控省级平台、危险货物道路运输电子运单系统、全国道路货运车辆公共监管与服务平台、包车管理系统等部内多个平台，以及公安、安监和其他管理部门信息系统平台连接，实现跨域跨部门信息交换和共享。主要功能有：

（1）核心数据交换服务，实现与联网联控各省平台以及货运公共平台的数据传输功能，同时向其他子系统功能模块提供车辆动态定位数据。

（2）大数据查询服务，运行于大数据平台之上，根据接口输入的条件，获取车辆历史轨迹数据，生成轨迹数据和所需的分析内容。

（3）定时数据推送服务，定时向"数据库入库代理服务"推送；同时，还将定时调用"大数据提交服务"，向大数据平台提交数据。

（4）数据融合服务，作为数据访问的中间层，可以屏蔽异构数据访问的差异性，提供统一的访问界面，为公共服务提供有力的数据访问支撑。

（5）行业数据共享服务，提供与联网联控系统省级平台、包车管理信息系统、全国道路运政信息系统、全国道路货运车辆公共监管与服务平台、危险货物道路运输电子运单系统、道路客运联网售票部级平台等信息交互服务。

2. 运行监测系统

实现各类用户对车辆实时数据统计、车辆动态监管、静态信息查询、大数据信息统计以及每月考核管理，从而为应急指挥奠定基础。包含有车辆实时数据统计模块、车辆动态监管模块、静态信息查询模块、大数据信息统计模块以及每月考核管理模块等模块。主要功能有：

（1）车辆实时数据统计，实现对车辆实时数据统计信息的统计管理功能。其功能包含营运车辆统计、入网车辆统计、今日车辆在线统计、实时在线车辆统计、跨省车辆统计、异地车辆统计。

（2）车辆动态监管，实现对下级平台在线车辆和人员实时监管、车辆实时位置和基本信息展现、实时跨区域运输展现以及异常车辆信息展现等。

3. 车辆事故辅助分析系统

通过道路运输轨迹分析系统监督查询运政车辆的轨迹信息及事故信息，包括：轨迹查询、轨迹回放、超速统计、疲劳统计、停靠统计、轨迹完整率统计、漂移统计、单车文档下载、企业文档下载、运政文档下载、车辆简报文档下载。

4. 动、静态业务数据融合分析系统

将联网联控系统以及全国道路货运车辆公共监管与服务平台中车辆轨迹数据、运政基础数据及业务数据、联网售票发班数据、接驳运输线路数据、危险货物运输电子运单数据等进行结合分析，检查道路运输车辆是否按照规定运输。该系统包括运政系统车辆基础数据融合分析、运政系统车辆业务数据融合分析、接驳运输线路融合分析、接驳运输运行状态融合分析、危险货物道路运输运行状态融合分析、客运班线车辆运行状态融合分析、客运班线车辆运行线路融合分析等功能模块。

（二）省级平台

省级平台的基本任务是负责地区间漫游车辆的跨区域信息交换和当地相关部门间的信息共享，并负责向联网联控部级平台传输重点运营车辆的动态信息，接收联网联控部级平台传输的跨省车辆动态信息。

1. 省级平台监管基本功能

省级平台监管基本功能包括接入平台管理、车辆数据定时同步功能、报警管理、基本资料管理、危货运输车辆等重点营运车辆/企业管理、车辆动态监控管理、车辆视频监控、电子地图管理。主要实现按照车辆、线路、区域、危险货物品种以及报警信息等的查询统计和区域性分析功能；并提供对车辆的实时监控、单向监听、车辆跟踪、报文发送、车辆拍照和事件提示等功能。

2. 省级平台统计分析功能

统计分析功能由平台管理统计分析、车辆管理统计分析、其他统计分析组成。平台统计分析从车辆数据收集、处理、分析、展现等几个层面，规定了平台数据分析处理能力。系统内积累了大量的车辆定位数据、运输企业数据、从业人员数据。对这些数据进行专业的分析，能够促进运输企业更好更精准的发展，也能辅助政府管理部门做出更好的管理政策，让"大数据""互联网+"与联网联控联系更加紧密。

3. 省级平台接口功能

平台接口功能由平台间信息交换、数据共享接口两部分组成。政府平台应具备与上级政府平台及接入平台之间的信息交换功能，包括车辆动态信息交换、静态信息交换和跨域信息的交换。同时，联网联控系统与运政系统互通互连，多源数据交叉对比，形成数据闭环，保证数据真实、准确、完整、有效，提高监管效率。

另一方面，与其他政府部门提供数据共享接口服务。但各地各部门数据收集、加工、存储、利用的标准不一，缺乏统一管理，很大程度上制约着政府数据开放的范围和水平，也限制了部门和公众检索、获取和利用数据。数据共享接口，能有效打破"信息孤岛"现象，助力政府管理部门治理体系和治理能力现代化水平的提升。

（三）监控平台

根据职责划分，危货运输车辆运输安全监控职能主要由车辆所属企业通过自有车辆监控系统完成，企业车辆动态数据通过省级平台输入联网联控部级平台。监控平台具有的基本功能如下。

1. 车辆监控功能

车辆监控功能包括车辆上下线实时提醒、调度、监控、跟踪、点名、查找和远程控制、历史轨迹回放、终端运行监控、车辆视频和图像监控和电子地图管理等功能。车辆监控功能要求监控平台应具体完备的车辆监控设备，一切以保障车辆安全行驶为前提，通过车辆查找定位，下发调度信息和终端控制功能，对车辆行驶的全过程进行监控和远程干预。

2. 报警和警情处理功能

报警和报警信息处理是监控平台的核心业务流程，监控平台不仅要对终端上报的报警信息进行处理，还要根据动态监控数据分析结果进行处理，并将处理结果信息实时传送到上级平台，响应上级平台下发的报警处置请求指令。

监控平台报警种类包括偏离路线报警、路线关键点监控、区域报警、分路段限速监控、疲劳驾驶报警、驾驶人员身份识别、班线客运特殊业务功能、ACC信号异常报警、位置信息异常报警。

报警信息处理过程包括报警信息确认、报警处置、报警处理情况登记和报警信息处理状态跟踪。报警处理可以依据不同报警类型，对车辆监听、拍照、解除报警和下发信息等。报警和报警处理流程的功能要求让监控人员能及时接收、处理车辆报警信息，切实落实生产企业安全主体责任。同时实时上传报警信息和报警处理信息机制，让政府监管部门能够实时了解道路运输安全生产情况。

3.统计分析功能

监控平台应具备对车队或车辆报警、行驶里程、车辆上线率、历史轨迹有效性等信息的统计分析功能，并以文字或图表方式表示统计分析结果。

监控平台除了上述基本功能外，有的监控平台还加入了车辆主动防护功能，包括偏离路线报警、线路关键点监控、限制区域出入报警、分路段限速监控报警、疲劳驾驶报警和驾驶人员身份识别等。

三、危货运输车辆智能视频监控报警系统

人为因素是导致交通运输事故发生的主要原因，因此需要采取智能视频监控报警技术等主动防护技术，辨识、评估、预警和纠正驾驶人员的不安全行为，减少和遏制重特大事故的发生。

智能视频监控系统主要由监控平台和视频终端两部分组成。在系统架构上兼容了现有的终端营运车辆联网联控系统，保留卫星定位系统的主要功能的同时，增加了视频监控、驾驶员行为监测（DMS）、主动安全辅助驾驶（ADAS）的功能。智能视频监控系统架构如图8-4-5所示。

智能视频监控终端采集音视频模块和车载摄像头，采集驾驶员驾驶行为数据，并通过主动安全算法和驾驶员行为分析算法，可实现车道偏离、前向碰撞、转向盲区、疲劳驾驶等不安全驾驶行为的监测、预警功能。

四、在危货运输车辆动态监督管理中运用

在途运输是实现货物空间位移的主要运输生产活动，在途运输安全是危险货物道路运输企业安全管理的中心任务，也是企业落实安全生产主体责任的落脚点，因此需要从企业层面和政府层面加强危货运输车辆在途运输行为监督管理。

《道路运输车辆动态监督管理办法》明确了企业、政府监管部门对车辆动态监管的职责，提出了道路运输车辆动态监督管理应当遵循企业监控、政府监管、联网联控的原则。

从企业层面来讲，危险货物道路运输企业，应当按照标准建设道路运输车辆动态监控平台，或者使用符合条件的社会化卫星定位系统监控平台，对所属道路运输车辆和驾驶人员运行过程进行实时监控，对违反规定的驾驶人员提醒、警告、处理，加强运输过

程动态管理。

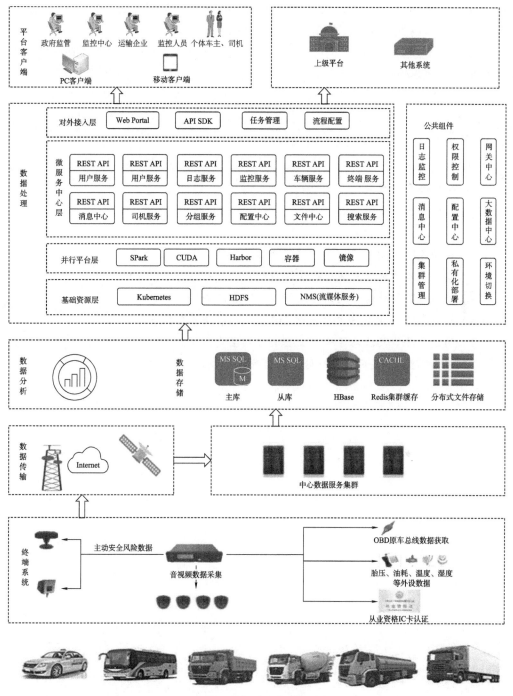

图 8-4-5　智能视频监控系统架构

从政府层面来讲，交通运输主管部门、公安机关等负有安全监管责任的相关部门，依据法定职责，对道路运输车辆动态监控工作实施联合监督管理。

省级交通运输主管部门,通过建设省级平台,定期考核企业或单位运输动态监控工作,并将其纳入企业质量信誉考核,作为运输企业年度审验的重要依据,也是省、市级交通运输主管部门确定重点监管对象和监管内容的依据。

公安机关交通管理部门可以将道路运输车辆动态监控系统记录的交通违法信息作为执法依据,依法查处。

思考题

(1)简述安全概念。
(2)简述安全管理概念。
(3)简述安全监管概念。
(4)简述政府监管含义。
(5)论述危险货物道路运输政府安全监管工作。
(6)简述危险货物道路运输行政许可的目的。
(7)简述危险货物道路运输企业行政许可基本条件。
(8)简述危险货物道路运输企业主要负责人安全管理职责。
(9)简述危险货物道路运输企业安全管理主要内容。
(10)简述企业卫星定位系统监控平台基本功能。

附　　录

附录一　危险货物道路运输安全卡

事故或事件应急救援措施　　　　　　　　　　　　　　　　　　　附表1-1

若运输过程中发生事故或事件，车组人员应在安全可行的情况下采取如下措施：
a）制动，通过汽车电器总开关关闭发动机和隔离蓄电池电源；
b）避免火源，特别禁止吸烟，禁止使用电子香烟（或相似设备），禁止打开任何电子设备；
c）向相关主管部门报告，尽可能多提供关于事故或事件的信息、运输的货物信息；
d）穿上警示背心，并在恰当的地方放置自立式警示标志；
e）准备好运输单据，以便救援人员赶到时及时获取有关信息；
f）不应走近或碰触泄漏的危险货物，应站在上风向，避免吸入烟雾、粉尘、蒸气；
g）在安全可行情况下，可使用灭火器扑灭轮胎、制动系统和发动机的小火或初期火灾；
h）车组人员不可处理车厢（货箱）的火源；
i）在安全可行情况下，可使用随车工具阻止物质渗漏到水生环境或下水道系统中，收集泄漏的危险货物；
j）撤离事故或应急事件现场，建议其他人员撤离并听从应急救援人员的建议；
k）脱掉被污染的衣物，以及已使用且被污染的防护设备，并对其进行安全处理

菱形标志牌危险特性及防护措施建议列表　　　　　　　　　　　附表1-2

菱形标志牌	危险特性	防护措施建议
爆炸品 1　　1.5　　1.6	可能产生一系列的反应和影响（如大规模爆炸、碎片迸射、由火源或热源产生强烈的反应、发出强光、产生大量的噪声或烟雾）； 对振动和/或冲击和/或热敏感	利用掩护物躲避，并远离窗口
爆炸品 1.4	发生爆炸和火灾的轻度危险性	躲藏
易燃气体 2.1	火灾危险； 爆炸危险； 可能处于压力下； 窒息危险； 可能引起烧伤和/或冻伤； 容器受热时可能爆炸	躲藏； 禁止进入低地势区域

续上表

菱形标志牌	危险特性	防护措施建议
非易燃无毒气体 2.2	窒息危险； 可能处于压力下； 可能引起冻伤； 容器受热时可能爆炸	利用掩护物躲避； 禁止进入低地势区域
毒性气体 2.3	中毒危险； 可能处于压力下； 可能引起烧伤和/或冻伤； 容器受热时可能爆炸	使用应急逃生面具； 躲藏； 禁止进入低地势区域
易燃液体 3	火灾危险； 爆炸危险； 容器受热时可能爆炸	躲藏； 禁止进入低地势区域
易燃固体，自反应物质和固态退敏爆炸品 4.1	为易燃或可燃物，可能通过受热、火花或火焰点燃，具有火灾危险； 可能会含有自反应物质，当自反应物质受热、与其他物质接触（如酸、重金属混合物或胺类物质）、摩擦或者振动时，有发生受热分解反应的风险，进而导致有害和易燃气体或蒸气产生，或者生成自燃物质； 容器受热时有爆炸危险； 对于退敏爆炸品，当退敏剂缺失时，可能会导致爆炸	
易于自燃的物质 4.2	如果包件被损坏或内装物溢出，会通过自燃而产生火灾危险； 遇水可能产生剧烈反应	
遇水放出易燃气体的物质 4.3	遇水产生火灾和爆炸的危险	通过遮盖溢出物，保持溢出物质干燥

续上表

菱形标志牌	危险特性	防护措施建议
氧化性物质 5.1	遇易燃或可燃物质时，具有产生剧烈反应、着火和爆炸的危险	避免与易燃或可燃物质（如锯屑）混合
有机过氧化物 5.2	当温度升高时，与其他物质（如酸、重金属混合物或胺类物质）接触、摩擦或振动时，有发生受热分解的风险，进而导致有害和易燃气体或蒸气产生，或者生成自燃物质	避免与易燃或可燃物质（如锯屑）混合
毒性物质 6.1	通过吸入、皮肤接触或摄入可能导致中毒；对水生环境或排水系统有危害	使用应急逃生面具
感染性物质 6.2	感染风险； 可能引起人类或动物的严重疾病； 对水生环境或排水系统有危害	
放射性物质 7A 7B 7C 7D	有吸入及外辐射风险	限制暴露时间
可裂变物质 7E	核裂变危险	

续上表

菱形标志牌	危险特性	防护措施建议
腐蚀性物质 8	由腐蚀导致的灼伤危险； 遇水和其他物质，彼此会发生剧烈反应； 溢出物质可以形成腐蚀性液化气； 对水生环境或排水系统有危害	
杂项危险物质和物品 9	灼伤危险； 火灾危险； 爆炸危险； 对水生环境或排水系统有危害	

注 1. 对于具有多种危险性并混合装载的危险货物，每一适用条目都应满足。
　2. 上述内容随着运输的危险货物类别和运输方式不同可能有所差异。

标记危险特性及防护措施建议列表　　　　　　　　　　　　　　　　　　附表1-3

标　记	危害特性	防护措施建议
危害环境物质标记	对水生环境或排水系统有危害	
高温物质标记	高温灼伤危险	避免与运输单元的发热部位和溢出物质接触

运输过程中应随车携带的基本安全应急设备　　　　　　　　　　　　　附表1-4

运输单元应配备以下装备：
a) 每辆车携带与最大载质量和车轮尺寸相匹配的轮挡；
b) 一个三角警告牌；
c) 眼部冲洗液（第1类和第2类除外）

每位车组人员，应携带：
a) 反光背心；
b) 防爆的（非金属外表面不产生火花）便携式照明设备；
c) 合适的防护性手套；
d) 眼部防护装备（如护目镜）

特定类别危险货物附加装备应包括：
a) 若危险货物危险标志式样为2.3或6.1项，为每位车组人员随车携带一个应急逃生面具，逃生面具的功能需与所装载化学品相匹配（如具备气体或粉尘过滤功能）；
b) 对于危险货物危险标志式样为第3类、4.1项、4.3项、第8类、第9类固体或液体的危险货物，还应至少配备以下装备：
　1) 一把铲子（对具有第3类、4.1项、4.3项危险性的货物，铲子应防爆）；
　2) 一个下水道口封堵器具，如堵漏垫、堵漏袋等

附录二 A类感染性物质示例

A类感染性物质示例　　　　　　　　　　　　　　　　　　　　　附表2-1

	列入A类感染性物质示例,以任何形式存在,除非另有说明
UN编号和中文名称	微生物
UN 2814 感染性物质对人类感染	炭疽杆菌（仅培养物） 流产布鲁氏杆菌（仅培养物） 马尔他布鲁氏杆菌（仅培养物） 猪布鲁氏杆菌（仅培养物） 鼻疽假单胞菌-锤骨假单胞菌-鼻疽病（仅培养物） 类鼻疽杆菌-类鼻疽假单胞菌（仅培养物） 鹦鹉热衣原体-禽菌株（仅培养物） 肉毒梭状芽胞杆菌（仅培养物） 粗球孢子菌（仅培养物） 伯氏考克斯体（仅培养物） 克里米亚-刚果出血热病毒 登革热病毒（仅培养物） 东方马脑炎病毒（仅培养物） 大肠杆菌，vero毒素（仅培养物）[a] 埃博拉病毒 Flexal病毒 土拉热弗朗西斯杆菌（仅培养物） 瓜瑞纳托病毒 汉坦病毒 导致出血热合并肾脏综合征的汉坦病毒 亨德拉病毒 乙型肝炎病毒（仅培养物） 乙型疱疹病毒（仅培养物） 人类免疫缺陷病毒（仅培养物） 高致病性禽流感病毒（仅培养物） 日本乙型脑炎病毒（仅培养物） 胡宁病毒 科萨努尔森林病毒 拉沙病毒 马丘坡病毒 马尔堡病毒 猴痘病毒 结核丝杆菌（仅培养物）[a] 尼帕病毒 鄂木斯克出血热病毒 脊髓灰质炎病毒（仅培养物） 狂犬病病毒（仅培养物）

续上表

UN 编号和名称	列入 A 类感染性物质示例，以任何形式存在，除非另有说明
	微 生 物
UN 2814 感染性物质对人类感染（续）	普氏立克次体（仅培养物） 立氏立克次体（仅培养物） 裂谷热病毒（仅培养物） 俄罗斯春夏脑炎病毒（仅培养物） 沙比亚病毒 1 型痢疾志贺氏菌（仅培养物）[a] 森林脑炎病毒（仅培养物） 天花病毒 委内瑞拉马脑炎病毒（仅培养物） 西尼罗河病毒（仅培养物） 黄热病病毒（仅培养物） 鼠疫耶氏菌（仅培养物）
UN 2900 感染性物质仅对动物感染	非洲猪瘟病毒（仅培养物） 1 型禽副粘病毒 - 纽卡斯尔病病毒强毒株（仅培养物） 猪瘟病毒（仅培养物） 口蹄疫病毒（仅培养物） 牛结性疹病毒（仅培养物） 丝状支原体山羊 - 牛感染性胸膜肺炎（仅培养物） 小反刍动物病毒（仅培养物） 牛瘟病毒（仅培养物） 羊痘病毒（仅培养物） 羊痘病毒（仅培养物） 猪水疱病病毒（仅培养物） 水疱性口炎病毒（仅培养物）

[a] 用于诊断或临床目的的培养物可被划分为 B 类感染性物质。

注：1.UN 2814 的正式运输名称是"感染性物质，对人感染"。UN 2900 的正式运输名称是"感染性物质，只对动物感染"。
　　2.表中并不是详尽的。表中未出现但符合同样标准的感染性物质，包括新的或刚刚出现的病原体也应划入 A 类。此外，如果对某种物质是否符合标准持有疑虑，也应归入 A 类。
　　3.表中斜体书写的微生物为细菌、支原体、立克次氏体或真菌。

附录三 道路运输危险货物一览表部分品名信息

附表3-1 道路运输危险货物一览表部分品名信息

联合国编号	中文名称和描述	英文名称和描述	类别	分类代码	包装类别	标志	特殊规定	有限数量和例外数量		包装			可移动罐柜和散装容器		罐体		罐式运输车辆	运输类别(隧道通行限制代码)	运输特殊规定			危险性识别号	联合国编号	中文名称和描述
										包装指南	特殊包装规定	混合包装规定	指南	特殊规定	罐体代码	特殊规定			包件	散装	装卸	操作			
(1)	(2a)	(2b)	(3a)	(3b)	(4)	(5)	(6)	(7a)	(7b)	(8)	(9a)	(9b)	(10)	(11)	(12)	(13)	(14)	(15)	(16)	(17)	(18)	(19)	(20)	(1)	(2a)
1050	氯化氢，无水的	HYDROGEN CHLORIDE, ANHYDROUS	2	2TC	I	2.3 +8		0	E0	P200		MP9	(M)		PxBH (M)	TA4 TT9 TT10	AT	1 (C/D)			CV9 CV10 CV36	S14	268	1050	氯化氢，无水的
1052	氟化氢，无水的	HYDROGEN FLUORIDE, ANHYDROUS	8	CT1	I	8 +6.1		0	E0	P200		MP2	T10	TP2	L21 DH (+)	TU14 TU34 TC1 TE21 TA4 TT9 TM3	AT	1 (C/D)			CV13 CV28 CV34	S14	886	1052	氟化氢，无水的
1202	柴油，符合EN590:2004标准的，或瓦斯油或轻质燃料油，其闪点列入EN590:2009+A1:2010的	DIESEL FUEL, complying with standard EN590:2004 or GAS OIL or HEAT ING OIL, LIGHT with a flash-point as specified in EN590: 2009+A1:2010	3	F1	III	3	363 640L 664	5L	E1	P001 IBC03 LP01 R001		MP19	T2	TP1	LGBF		AT	3 (D/E)	V12			S2	30	1202	柴油，符合EN590:2004标准的，或瓦斯油或轻质燃料油，其闪点列入EN590:2009+A1:2010的

续上表

联合国编号	中文名称和描述	英文名称和描述	类别	分类代码	包装类别	标志	特殊规定	有限数量和例外数量		包装			可移动罐柜和散装容器		罐体		罐式运输车辆	运输类别（隧道通行限制代码）	运输特殊规定				危险性识别号	联合国编号	中文名称和描述
										包装指南	特殊包装规定	混合包装规定	指南	特殊规定	罐体代码	特殊规定			包件	散装	装卸	操作			
(1)	(2a)	(2b)	(3a)	(3b)	(4)	(5)	(6)	(7a)	(7b)	(8)	(9a)	(9b)	(10)	(11)	(12)	(13)	(14)	(15)	(16)	(17)	(18)	(19)	(20)	(1)	(2a)
1202	瓦斯油或柴油或燃料油，轻的（闪点大于60℃，但不高于100℃）	GAS OIL or DIESEL FUEL or HEATING OIL, LIGHT (flash-point more than 60℃ and not more than 100℃)	3	F1	Ⅲ	3	363 640M 664	5L	E1	P001 IBC03 LP01 R001		MP19	T2	TP1	LGBV		AT	3 (D/E)	V12				30	1202	瓦斯油或柴油或燃料油，轻的（闪点大于60℃，但不高于100℃）
1203	车用汽油或汽油	MOTOR SPIRIT or GASOLINE or PETROL	3	F1	Ⅱ	3	243 534 363 664	1L	E2	P001 IBC02 R001	BB2	MP19	T4	TP1	LGBF		FL	2 (D/E)				S2 S20	33	1203	车用汽油或汽油
1207	己醛	HEXALDEHYDE	3	F1	Ⅲ	3		5L	E1	P001 IBC03 LP01 R001		MP19	T2	TP1	LGBF		FL	3 (D/E)	V12			S2	30	1207	己醛
1474	硝酸镁	MAGNESIUM NITRATE	5.1	O2	Ⅲ	5.1	332	5kg	E1	P002 IBC08 LP02 R001	B3	MP10	T1 BK1 BK2		SGAV	TU3	AT	3 (E)	VC1	VC1 VC2 AP6 AP7	CV24		50	1474	硝酸镁
3107	E型有机过氧化物，液体的	ORGANIC PEROXIDE TYPE E, LIQUID	5.2	P1	Ⅲ	5.2	122 274	125mL	E0	P520		MP4		TP33				2 (D)	V1		CV15 CV22 CV24			3107	E型有机过氧化物，液体的

附录四 菱形标志牌图形

菱形标志牌图形 附表4-1

序号	名　称	图　形	对应的危险货物类项号
1	爆炸性物质或物品	（符号：爆炸的炸弹，黑色； 底色：橙色；数字"1"写在底角） ** 项号的位置；如果爆炸性是次要危险性，此处为空白 * 配装组字母的位置；如果爆炸性是次要危险性，此处为空白	1.1 1.2 1.3
2	爆炸性物质或物品	（符号：数字，高约30mm、宽约5mm，黑色； 底色：橙色；数字"1"写在底角） * 配装组字母的位置；如果爆炸性是次要危险性，此处为空白	1.4
3	爆炸性物质或物品	（符号：数字，高约30mm、宽约5mm，黑色； 底色：橙色；数字"1"写在底角） * 配装组字母的位置；如果爆炸性是次要危险性，此处为空白	1.5

续上表

序号	名称	图形	对应的危险货物类项号
4	爆炸性物质或物品	1.6 * 1 （符号：数字，高约 30mm，宽约 5mm，黑色； 底色：橙色；数字"1"写在底角） *配装组字母的位置；如果爆炸性是次要危险性，此处为空白	1.6
5	易燃气体	2　　2 （符号：火焰， 黑色或白色（6.2.1.2（d）规定的情况除外）； 底色：正红色；数字"2"写在底角）	2.1
6	非易燃无毒气体	2　　2 （符号：气瓶，黑色或白色；底色：绿色； 数字"2"写在底角）	2.2
7	毒性气体	2 （符号：骷髅和两根交叉的大腿骨，黑色； 底色：白色；数字"2"写在底角）	2.3

续上表

序号	名称	图形	对应的危险货物类项号
8	易燃液体	（符号：火焰，黑色或白色； 底色：正红色；数字"3"写在底角）	3
9	易燃固体、自反应物质和固态退敏爆炸品	（符号：火焰，黑色； 底色：白色，并带有7条红色的垂直条纹；数字"4"写在底角）	4.1
10	易于自燃的物质	（符号：火焰，黑色； 底色：上半部分为白色，下半部分为红色；数字"4"写在底角）	4.2
11	遇水放出易燃气体的物质	（符号：火焰，黑色或白色； 底色：蓝色；数字"4"写在底角）	4.3

续上表

序号	名称	图形	对应的危险货物类项号
12	氧化性物质	（符号：圆圈上一团火焰，黑色；底色：柠檬黄色；数字"5.1"写在底角）	5.1
13	有机过氧化物	（符号：火焰，黑色或白色；底色：上半部分红色，下半部分柠檬黄色；数字"5.2"写在底角）	5.2
14	毒性物质	（符号：骷髅和两根交叉的大腿骨，黑色；底色：白色；数字"6"写在底角）	6.1
15	感染性物质	（标志下半部分可写入"感染性物质"和"如有破损或渗漏，立即通知公共卫生机构"；符号和文字：三个新月形重叠在一个圆圈上，黑色；底色：白色；数字"6"写在底角）	6.2

附　录

续上表

序号	名　称	图　形	对应的危险货物类项号
16	放射性物质	（符号：三叶形，黑色；底色：白色；文字（应有）：黑色，在标志下半部分写上"放射性"、"内容物…"、"活度…"，在"放射性"字样之后应加一红杠；数字"7"写在底角）	No.7A Ⅰ级 - 白色
17	放射性物质	（符号：三叶形，黑色；底色：上半部分黄色带白边，下半部分白色；文字（应有）：黑色，在标志下半部分写有"放射性"、"内容物…"、"活度…"，在一个黑边框格内写上"运输指数"在"放射性"字样后面应有两条垂直红杠，数字"7"写在底角）	No.7 B Ⅱ级 - 黄色
18	放射性物质	（符号：三叶形，黑色；底色：上半部分黄色带白边，下半部分白色；文字（应有）：黑色，在标志下半部分写有"放射性"、"内容物…"、"活度…"，在一个黑边框格内写上"运输指数"在"放射性"字样后面应有三条垂直红杠，数字"7"写在底角）	No.7C Ⅲ级 - 黄色
19	易裂变物质	（底色：白色；文字（应有）：黑色，在标志上半部分写上"易裂变"，在标志下半部分的一个黑边框架内写上"临界安全指数"；数字"7"写在底角）	No.7E

续上表

序号	名 称	图 形	对应的危险货物类项号
20	腐蚀性物质	（符号：从两个玻璃器皿中溢出的液体腐蚀着一只手和一块金属，黑色；底色：上半部分为白色，下半部分为黑色带白边；数字"8"写在底角）	8
21	杂项危险物质和物品	（符号：上半部分为七条垂直条纹，黑色；底色：白色；下划线数字"9"写在底角）	9

附录五 危险性识别号及含义

危险性识别号及含义　　　　　　　　　　　　　　　　　　　　　附表5-1

危险性识别号	含　义
20	导致窒息的气体或无次要危险性的气体
22	冷冻液化气体，窒息性
223	冷冻液化气体，易燃性
225	冷冻液化气体，氧化性（助燃型）
23	易燃气体
238	气体，易燃且具有腐蚀性
239	易燃气体，能自发引起剧烈反应
25	氧化性（助燃型）气体
26	毒性气体
263	毒性气体，易燃性
265	毒性气体，氧化性（助燃型）
268	毒性气体，腐蚀性
28	气体，腐蚀性
30	易燃液体或自发热液体
323	遇水反应的易燃液体，释放易燃气体
X323	遇水发生危险化学反应的易燃液体，释放易燃气体（专家允许后，才能用水进行应急处置）
33	高易燃性液体（闪点低于23℃）
333	自燃液体
X333	遇水发生危险化学反应自燃液体（专家允许后，才能用水进行应急处置）
336	高易燃性液体，毒性
338	高易燃性液体，腐蚀性
X338	高易燃性液体，腐蚀性，遇水发生危险化学反应（专家允许后，才能用水进行应急处置）
339	高易燃性液体，自发引起剧烈反应
36	易燃性液体，轻微毒性；或自发热液体，毒性
362	易燃液体，毒性，遇水反应，释放可燃气体
X362	易燃毒性液体，遇水发生危险化学反应，释放易燃气体（专家允许后，才能用水进行应急处置）
368	易燃液体，毒性，腐蚀性
38	易燃液体，轻微腐蚀性；或自发热液体，腐蚀性
382	易燃液体，腐蚀性，遇水反应，释放易燃气体
X382	易燃液体，腐蚀性，遇水发生危险化学反应，释放易燃气体（专家允许后，才能用水进行应急处置）

续上表

危险性识别号	含义
39	易燃液体，自发引起剧烈反应
40	易燃固体，或自反应物质，或自发热物质
423	遇水反应的固体，释放易燃气体，或遇水反应的易燃固体，释放易燃气体或遇水反应的自发热固体，释放易燃气体
X423	遇水发生危险化学反应的固体，释放易燃气体，或遇水发生危险化学反应的易燃固体，释放易燃气体，遇水发生危险化学反应的自发热固体，释放易燃气体（专家允许后，才能用水进行应急处置）
43	自发易燃（自燃）的固体
X432	遇水发生危险化学反应的自发易燃（自燃）固体，释放易燃气体（专家允许后，才能用水进行应急处置）
44	易燃固体，在高温下呈融化状态
446	易燃固体，毒性，在高温下呈融化状态
46	易燃或自发热固体，毒性
462	遇水反应的毒性固体，释放易燃气体
X462	遇水发生危险化学反应的固体，释放有毒气体（专家允许后，才能用水进行应急处置）
48	易燃或自发热固体，腐蚀性
482	遇水反应的腐蚀性固体，释放易燃气体
X482	遇水发生危险化学反应的固体，释放腐蚀性气体（专家允许后，才能用水进行应急处置）
50	氧化性（助燃型）物质
539	易燃有机过氧化物
55	强氧化性（助燃型）物质
556	强氧化性（助燃型）物质，毒性
558	强氧化性（助燃型）物质，腐蚀性
559	强氧化性（助燃型）物质，能自发引起剧烈反应
56	氧化性物质（助燃型），毒性
568	氧化性物质（助燃型），毒性，腐蚀性
58	氧化性物质（助燃型），腐蚀性
59	氧化性物质（助燃型），能自发引起剧烈反应
60	毒性或轻微毒性物质
606	感染性物质
623	遇水反应的毒性液体，释放易燃气体
63	毒性物质，易燃（闪点在23℃和60℃之间，包含23℃和60℃在内）
638	毒性物质，易燃（闪点在23℃和60℃之间，包含23℃和60℃在内），腐蚀性
639	毒性物质，易燃（闪点不高于60℃），能自发引起剧烈反应
64	毒性固体，易燃火自发热
642	遇水反应的毒性固体，释放易燃气体
65	毒性物质，氧化性（助燃型）

续上表

危险性识别号	含　义
66	高毒性物质
663	高毒性物质，易燃（闪点不高于60℃）
664	高度毒性固体，易燃或自发热
665	高毒性物质，氧化性（助燃型）
668	高毒性物质，腐蚀性
X668	高毒性物质，腐蚀性，遇水发生危险化学反应（专家允许后，才能用水进行应急处置）
669	高毒性物质，能自发引起剧烈反应
68	毒性物质，腐蚀性
69	毒性或轻微毒性物质，能自发引起剧烈反应
70	放射性材料
78	放射性材料，腐蚀性
80	腐蚀性或轻微腐蚀性物质
X80	腐蚀性或轻微腐蚀性物质，遇水发生危险化学反应（专家允许后，才能用水进行应急处置）
823	遇水反应的腐蚀性液体，释放易燃气体
83	腐蚀性或轻微腐蚀性物质，易燃液体
X83	腐蚀性或轻微腐蚀性物质，易燃液体，遇水发生危险化学反应（专家允许后，才能用水进行应急处置）
839	腐蚀性或轻微腐蚀性物质，易燃（闪点在23℃和60℃之间，包含23℃和60℃在内），自发引起剧烈反应
X839	腐蚀性或轻微腐蚀性物质，易燃（闪点在23℃和60℃之间，包含23℃和60℃在内），自发引起剧烈反应，遇水发生危险化学反应（专家允许后，才能用水进行应急处置）
84	腐蚀性固体，易燃或自发热
842	遇水反应的腐蚀性固体，放射易燃气体
85	腐蚀性或轻微腐蚀性物质，氧化性（助燃型）
856	腐蚀性或轻微腐蚀性物质，氧化性（助燃型）和毒性
86	腐蚀性或轻微腐蚀性物质，毒性
88	高度腐蚀性物质
X88	轻微腐蚀性物质，遇水发生危险化学反应（专家允许后，才能用水进行应急处置）
883	高度腐蚀性物质，易燃性（闪点在23℃和60℃之间，包含23℃和60℃在内）
884	高度腐蚀性固体，易燃或自发热
885	高度腐蚀性物质，氧化性（助燃型）
886	高度腐蚀性物质，毒性
X886	高度腐蚀性物质，毒性，遇水发生危险化学反应（专家允许后，才能用水进行应急处置）
89	腐蚀性或轻微腐蚀性物质，能自发引起剧烈反应

续上表

危险性识别号	含义
90	危害环境物质，杂项危险物质
99	在高温环境中运输的杂项危险物质

注：第1列中每个数字含义如下：
2——由压力或化学反应导致的气体泄漏；
3——液体（蒸汽）、气体和自发热液体的易燃性；
4——固体或自发热固体的易燃性；
5——氧化（助燃型）作用；
6——毒性或感染性危险；
7——放射性；
8——腐蚀性；
9——自发剧烈反应引起的危险（包括物质本身性质具有爆炸性而产生的爆炸可能性，分解和聚合反应后释放大量的热或易燃和/或有毒气体）。

参 考 文 献

[1] 交通运输部."十三五"现代综合交通运输体系发展规划.2017(03).

[2] 交通运输部."十三五"交通领域科技创新专项规划.

[3] 交通运输部.交通运输"十二五"发展规划.2011(04).

[4] 梁严,周淑慧,王占黎,等.LNG罐式集装箱发展现状及前景[J].国际石油经济,2019,27(06):65-74.

[5] 任春晓,唐歌腾.我国危险货物道路运输车辆技术标准体系改进建议[J].交通节能与环保,2017,13(06):51-53.

[6] 吴金中.透视危险货物道路运输行业发展政策七大趋势[N].现代物流报,2016-04-22(D03).

[7] 钱大琳,罗江浩,姜秀山,等.国内外危险货物运输安全管理[M].北京:人民交通出版社,2011.

[8] 于景元.钱学森的科学思想和科学精神[J].上海交通大学学报,2005,13(3)-26-33.

[9] 封丽霞.新中国法治70年:历程、轨迹与展望[J].公民与法(综合版),2019(10):4-7.

[10] 梅庆慧,王红松,丁晓阳.危化品危害性分类与信息传递和危险货物安全法规[M].上海:华东理工大学出版社,2018.

[11] 刘君.国外危险货物道路运输安全管理启示[J].劳动保护,2018(08):28-30.

[12] 张燕.物流运输组织与实务[M].西安:西安电子科技大学出版社,2017.

[13] 刘清主.汽车货运组织[M].武汉:武汉理工大学出版社,2016.

[14] 刘作义,等.铁路货物运输[M].北京:中国铁道出版社,2011.

[15] 崔书堂,朱艳茹.交通运输组织学[M].南京:东南大学出版社,2008.

[16] 杨浩雄,胡静,何明珂.配送中多车场多任务多车型车辆调度研究[J].计算机工程与应用,2013,49(10):243-246.

[17] 郎茂祥.配送车辆优化调度模型与算法[M].北京:电子工业出版社,2009.

[18] 张再兴,石纯一.运输调度问题图上作业法的改进及其计算机实现[J].清华大学学报（自然科学版）,1985(02):92-102.

[19] 李维铮,等.运筹学[M].北京:清华大学出版社.1982.

[20] Kumar A, Roy D, Verter V, et al. Integrated fleet mix and routing decision for hazmat transportation: a developing country perspective. European Journal of Operational Research, 2018, 264:225-238.

[21] Bula G A, Prodhon C, Gonzalez F A, et al. Variable neighborhood search to solve the vehicle routing problem for hazardous materials transportation. Journal of Hazardous

Materials, 2017, 324(Pt B):472.

[22] Bronfman A, Marianov V, Paredes-Belmar G, et al. The maxisum and maximin-maxisum HAZMAT routing problems. Transportation Research Part E: Logistics and Transportation Review, 2016, 93:316-333.

[23] Wang Y, Zheng Y, Xue Y Travel time estimation of a path using sparse trajectories [C]. ACM SIGKDD International Conference on Knowledge Discovery and Data Mining. ACM, 2014:25-34.

[24] Hu J H, Huang Z, Deng J. A Hierarchical Path Planning Method Using the Experience of Taxi Drivers [C]. Proceedings of the 13th COTA International Conference of Transportation Professionals (CICTP), 2013:1898-1909.

[25] 刘兰芬,杨信丰,何瑞春,等.基于路段风险度的城市危险品运输路径优化选择[J].兰州交通大学学报,2013,32(6):129-133.

[26] 刘慧怡.危险品的多目标运输路径优化研究[J].武汉理工大学学报(交通科学与工程版),2013,37(3):585-588.

[27] Rahiman W, Zainal Z. An overview of development GPS navigation for autonomous Car [C]. Industrial Electronics and Applications(ICIEA), 2013 8th IEEE Conference on IEEE, 2013: 1112-1118.

[28] Yuan J, Zheng Y, Xie X, et al. Driving with knowledge from the physical world [C]. ACM SIGKDD International Conference on Knowledge Discovery and Data Mining. ACM, 2011: 316-324.

[29] Li Q, Zeng Z, Zhang T, et al. Path-finding through flexible hierarchical road networks: An experiential approach using taxi trajectory data [J]. International Journal of Applied Earth Observations & Geoinformation, 2011, 13(1):110-119.

[30] 魏航,李军,魏洁.时变条件下有宵禁限制的有害物品运输最短路研究[J].管理工程学报,2007(03):79-85.

[31] 交通运输部危险货物道路运输专家组.危险货物道路运输安全管理实用手册[M].北京:人民交通出版社股份有限公司,2020.

[32] 吕亚君.公路运输管理实务[M].北京:人民邮电出版社,2018.

[33] 严季,常连玉,张玉玲.危险货物道路运输安全管理手册(风险管理和隐患排查篇)[M].北京:人民交通出版社股份有限公司,2018.

[34] 严季.危险货物道路运输企业专职安全管理人员培训教材[M].北京:人民交通出版社股份有限公司,2016.

[35] 吴宗之,任常兴,多英全.危险品道路运输事故风险评价方法[M].北京:化学工业出版社,2014.

[36] 刘浩学,严季,沈小燕.道路运输危险货物从业人员必读[M].北京:化学工业出版社,2011.

[37] 刘茂. 事故风险分析理论与方法［M］. 北京：北京大学出版社，2011.

[38] 张景林，吕春玲，苟瑞君. 危险化学品运输［M］. 北京：化学工业出版社，2006.

[39] 刘敏文，范贵根，方洪仙，等. 危险货物运输管理教程［M］. 北京：人民交通出版社，2001.

[40] Chakrabarti U K, Parikh J K. A societal risk study for transportation of class-3 hazmats - A case of Indian state highways［J］. Process Safety and Environmental Protection, 2013, 91(4):275-284.

[41] Erkut E, Ingolfsson A. Transport risk models for hazardous materials: Revisited［J］. Operations Research Letters, 2005, 33(1):81-89.

[42] Fabiano B, F Currò, Palazzi E, et al. A framework for risk assessment and decision-making strategies in dangerous good transportation［J］. Journal of Hazardous Materials, 2002, 93(1):1-15.

[43] Callendo, C, de Gugllelmo, M.L., 2017. Quantitative risk analysis on the transport of dangerous goods through a bi - directional road tunnel.Risk Anal.37(1), 116-129.

[44] 赵永臣. 基于多层次灰色关联分析的道路危险货物运输企业安全管理综合评价［J］. 价值工程，2016，35(15) : 46-48.

[45] 吴宗之，任常兴，多英全. 危险品道路运输事故风险评价方法［M］. 北京：化学工业出版社，2014.